쉽게 배우는
파이썬 with 컴퓨팅 사고력

Python Programming

지은이

황혜정
- 현) 배화여자대학교 스마트IT과 교수
- 산업기술정보원 책임연구원

유현수
- 현) 공룡컴 평생교육원 이사
- 현) 동양미래대학교 겸임교수
- (주) 한화 S&C SI프로젝트팀
- 안양 신성 중고등학교 컴퓨터 정교사

박진영
- 현) 공룡컴 평생교육원 강사
- 삼양 데이터 시스템 SM 사업팀

최리사
- 현) 공룡컴 평생교육원 강사
- 대우정보시스템 시스템 SM본부

쉽게 배우는 파이썬 with 컴퓨팅 사고력

초판발행 2017년 8월 14일

지은이 황혜정, 유현수, 박진영, 최리사
펴낸이 신현훈
펴낸곳 도서출판 글로벌, 필통
등 록 1998년 4월 15일 제2-2545호
주 소 경기도 파주시 문발로 207 (문발동, 파주출판단지)
　　　　서울특별시 중구 충무로 54-10 (을지로3가) 2층
전 화 02-2269-4913
팩 스 02-2275-1882
ISBN 978-89-5502-738-9
홈페이지 http://www.gbbook.com

정 가 20,000원

잘못된 책은 구입하신 서점에서 교환해 드립니다.
저작권법에 의해 보호를 받는 저작물이므로 무단 복제를 금합니다.

머리말

4차 산업혁명시대는 정보통신기술(ICT) 기반의 새로운 산업혁명으로 모든 것이 컴퓨터와 관련된 디지털 기술을 활용합니다. 그로 인해 컴퓨터 응용 프로그램을 활용하는 데 치중했던 기존의 컴퓨터 교육에서 벗어나 최근에는 기본적인 컴퓨터 원리를 이해하고 컴퓨팅 사고력을 키우기 위한 소프트웨어 교육이 각광받고 있습니다. 소프트웨어 교육을 통하여 수동적인 소비자가 아니라 능동적인 생산자가 되어 창조적으로 생각하고 분석적인 사고를 할 수 있는 인재를 키우는 게 컴퓨터 교육의 목적이 되었습니다. '컴퓨팅 사고력'과 '프로그래밍(코딩)'은 국가의 일자리 창출은 물론 국가 경쟁력 확보에도 필수사항인 것입니다.

part 1에서는 컴퓨팅 사고력과 컴퓨터 이론을 이해할 수 있는 기초 학습서로 구성하였습니다.

기초적인 컴퓨팅 사고력 학습을 통해 일상생활 혹은 산업분야에서 복잡한 문제를 컴퓨터를 사용하여 해결하는 방안을 제시할 수 있는 능력을 배양할 수 있도록 구성하였습니다. 프로그램의 논리적인 흐름을 설명하는 순서도와 알고리즘을 통해 코딩 이전 과정을 이해함으로써 초보자가 쉽게 프로그램 개념을 이해하고 접근할 수 있으며, 컴퓨터 기초 개론을 학습할 수 있어 교양서 또는 전공자가 처음 접하는 컴퓨터 학습서의 기본 발판을 다지도록 구성하였습니다.

part 2에서는 본격적으로 파이썬을 학습할 수 있도록 구성하였습니다.

이 책에서는 초보 개발자들이 파이썬의 기능과 프로그래밍 언어의 기본 개념을 이해하기 쉽게 소개하려고 노력했습니다. 쉽고 다양한 예제를 활용하여 파이썬의 기능을 학습한 후 제시된 여러 도전 과제를 통해 소개된 개념들을 이해했는지 학습 결과를 확인해 보고 더 발전시켜 볼 수 있도록 구성하였습니다. 여기에 자료구조 개념과 이를 활용한 예제를 학습하여 자료 상호간의 관계를 이해할 수 있도록 하였습니다. 또한, 객체지향개념을 학습할 수 있도록 하여, 또 다른 객체지향 언어를 학습할 수 있는 발판이 될 수 있도록 하였습니다.

본 학습서를 통해 현실 혹은 산업의 문제를 컴퓨터에 적용할 수 있도록 정의하고 생각하는 컴퓨팅 사고력을 키우고 파이썬으로 직접 구현해 봄으로써 미래 사회의 인재로 거듭나게 되시길 바라겠습니다.

감사합니다.

저자 일동

이 책의 구성

프로그램 작성 전 순서도를
이용하여 흐름을 익힙니다.

주의 할 점이나 알아두면
좋은 정보를 설명 하였습니다.

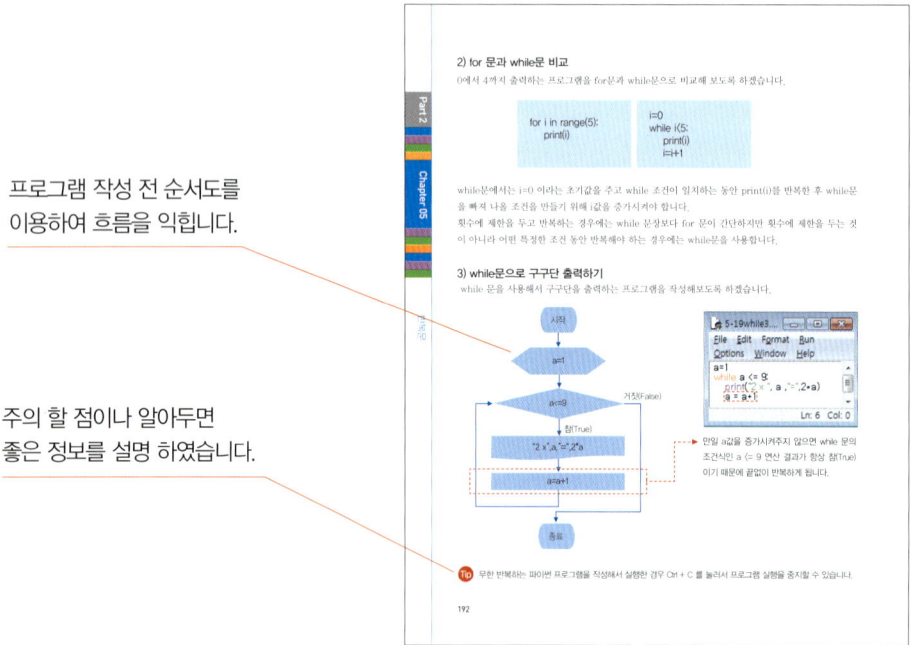

실제 파이썬 프로그래밍
화면을 확인 합니다.

구문, 함수, 메소드에 대한
내용을 알아보기 쉽게
정리 하였습니다.

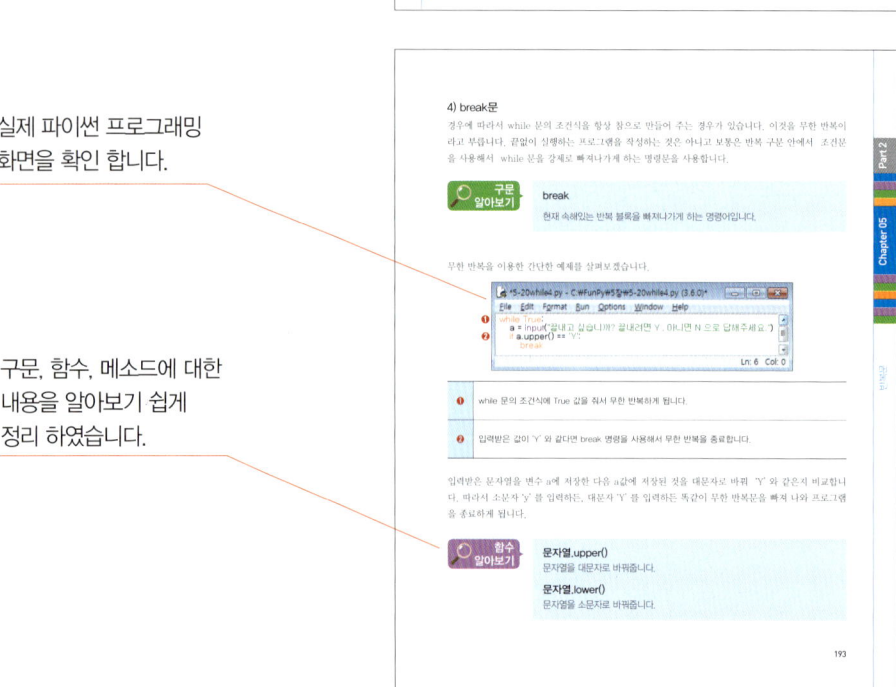

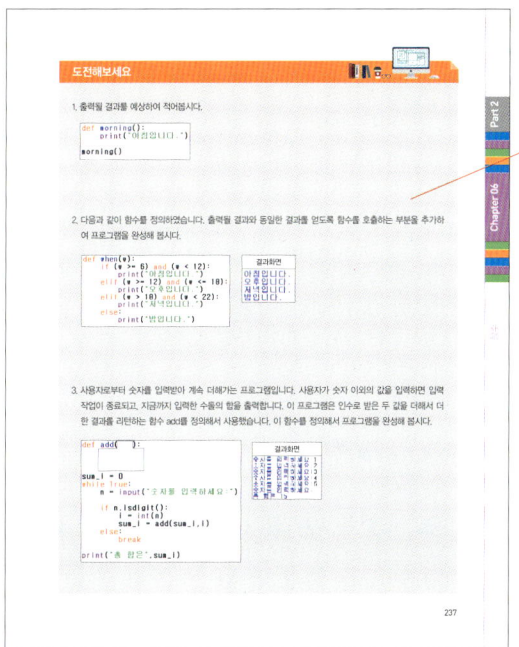

다양한 응용예제로 실력을 확인해볼 수 있습니다.

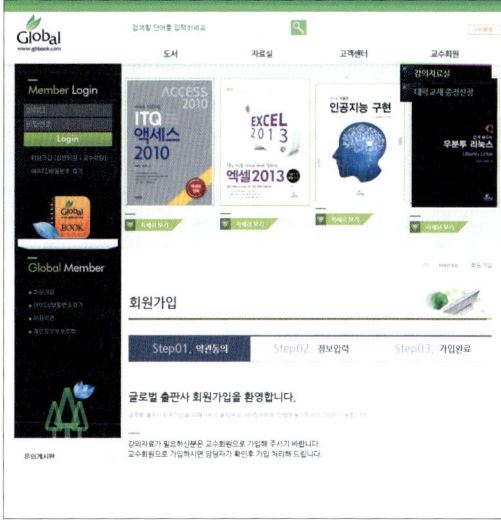

교재 자료
글로벌 출판사 홈페이지에서
「교수회원」으로 가입 하신 후
교수회원 ➡ 강의자료실에서 다운로드
받으실 수 있습니다.
www.gbbook.com

소스파일 다운로드
웹하드 (http://www.webhard.co.kr/)
➡ [로그인] 〈ID : gbbook〉, 〈PW : booklove〉
➡ [내리기전용] ➡ [소스파일]
➡ [쉽게 배우는 파이썬 with 컴퓨팅사고력]

CONTENTS

Part 1 _ 컴퓨팅 사고

Chapter 1 컴퓨팅 사고

1-1 컴퓨팅 사고력이란?	18
1. 컴퓨팅 사고의 시작	18
2. 컴퓨팅 사고력의 개념	16
1-2 컴퓨팅 사고력의 응용 I	21
1. 추상화: 자료 수집, 자료 분석, 패턴 인식, 데이터 표현	21
도전해보세요	26
2. 추상화: 분해, 추상화, 패턴 일반화	29
도전해보세요	32
3. 자동화: 알고리즘 디자인 - 순서도	33
4. 자동화: 알고리즘 디자인, 자동화, 병렬화, 시뮬레이션	39
도전해보세요	50
1-3 컴퓨팅 사고력의 응용 II	54
1. 수학적 알고리즘과 소프트웨어	54
2. 알고리즘	58

Chapter 2 컴퓨터 기초 이론

2-1 컴퓨터 발전사	68
1. 컴퓨터 발전사	68
2. 하드웨어 구성소자 발전사	70
2-2 컴퓨터 하드웨어 구성요소	72
1. 중앙처리장치(CPU : Central Processing Unit)	72
2. 주기억장치	74
2-3 컴퓨터의 데이터 표현 방법	76
1. 자료의 디지털 표현	76
2. 수의 체계와 진법	78
3. 수 변환	79
4. 그림 자료의 표현	82
도전해보세요	85

Part 2 _ 파이썬

Chapter 1 파이썬 입문

1-1 프로그래밍과 파이썬	90
1-2 파이썬 설치하기	94
1. 파이썬 설치	94
2. 파이썬 실행하기	98
1-3 파이썬 프로그램 시작하기	100
1. 파이썬 쉘 사용하기	100
2. IDLE 편집기 사용하기	105
도전해보세요	106
3. 파이썬 프로그램 실행하기	107
4. 작성한 파이썬 파일 열기	111

Chapter 2 turtle 그래픽

2-1 turtle 모듈 사용하기	116
1. turtle 모듈로 그림그리기	118
도전해보세요	125
2. 반복문(Loop)을 이용해 그림 그리기	126
2-2 응용예제	130
1. 자동차 그리기	130
2. turtle Demo 보기	133
도전해보세요	135

Chapter 3 변수

3-1 변수 사용하기	138
1. 변수(variable)란	138
2. 변수 만들기	139
3. 변수 사용 예	140
3-2 변수의 타입	141
1. 정수형, 실수형 변수	141
2. 문자열 변수	142

CONTENTS

3. 타입(type) 변환	143
3-3 변수의 출력 서식 지정	145
1. 콤마(,)로 구분	145
2. 서식문자열(포맷 코드)	146
3-4 문자열 자르기	149
도전해보세요	151

Chapter 4 조건문

4-1 순서도와 코딩	156
1. 예제 – 두 수의 합	156
2. 예제 – 입력 값 출력	157
3. 예제 – 이름, 나이 출력	158
4-2 조건문(if문)	159
1. 기본 if 문	159
2. if ~ else 문	160
3. if ~ elif ~ else 문	162
4. 조건문에 필요한 연산자들	163
5. 예제 – 주사위 게임	167
도전해보세요	169

Chapter 5 반복문

5-1 for 문	176
1. 기본 for 문	176
2. 중첩 for 문	182
3. 응용 예제 – 도형 그리기	184
5-2 while 문	189
1. 기본 while 문	189
도전해보세요	195

Chapter 6 함수	6-1 함수 만들기	204
	1. 함수(function)란?	204
	2. 함수 정의하기	206
	6-2 파이썬 기본 함수	221
	1. 파이썬 기본 함수 알아보기	221
	2. 도움말 함수	222
	3. 타입(type) 변환 함수	224
	4. 집계 함수	227
	6-3 응용 예제 : 평균 구하기	234
	1. 평균 구하기	234
	2. 함수를 이용해 평균 구하기	236
	도전해보세요	237

Chapter 7 자료구조	7-1 리스트와 튜플	242
	1. 자료구조란?	242
	2. 리스트(list)	253
	3. 리스트(list) 응용예제 1	260
	4. 리스트(list) 응용예제 2	262
	도전해보세요	265
	도전해보세요	268
	5. 튜플(tuple)	269
	7-2 리스트 이외의 자료구조	271
	1. 세트(set)와 딕셔너리(dictionary)	271
	2. 세트(set)	272
	3. 딕셔너리(dictionary)	279
	4. 응용 예제	288
	7-3 응용예제 : 주문서 출력하기	292
	도전해보세요	296

CONTENTS

Chapter 8
응용 예제 1 : 텍스트게임

8-1 가위, 바위, 보 게임	306
1. 순서도 정리	307
2. 파이썬 코드로 구현	309
8-2 타이핑 게임	311
1. 순서도 정리	312
2. 파이썬 코드로 구현	314

Chapter 9
파일 처리

9-1 파일 입출력 기초	318
1. 파일(File)이란?	318
2. 파일 열기	318
3. 파일 쓰기	319
4. 파일 읽기	322
9-2 응용예제 : 평균 구하기	327
1. 여러 개의 리스트 변수로 작성	327
2. 한 개의 리스트 변수로 작성	331
도전해보세요	335
9-3 응용예제 : 대용량 자료 다루기	336
1. 대용량 자료 다루기	336
2. 데이터 추출	336
3. 파일의 자료에서 원하는 정보를 획득하기	343
4. 정렬 하기	348

Chapter 10
tkinter : GUI 프로그램

10-1 객체(object)와 클래스(class)	352
10-2 tkinter - GUI 프로그래밍	354
1. GUI 프로그래밍	354
2. tkinter 배우기	354
10-3 응용예제 : 메모장 만들기	367

| | 1. 메모장 화면 만들기 | 367 |
| | 2. 파일의 내용 읽고, 파일에 저장하기 | 368 |

Chapter 11

응용 예제 2 : 파이게임 (Pygame)

11-1 파이게임(Pygame) 설치	372
1. 파이 게임(Pygame) 소개	372
2. 파이 게임 설치	372
11-2 파이게임(Pygame) 이용하기	376
1. 윈도우 생성	376
2. 도형 그리기	379
3. 윈도우에 글씨 그리기	384
4. 움직이는 원 그리기	388
도전해보세요	391
11-3 우박 피하기 게임	392
1. 우박 피하기 게임의 구성	392
2. 우박 피하기 게임에 필요한 것들	393
3. 윈도우에 우산 이미지 로드	395
4. 위에서 내려오는 우박을 그리기	397
5. 우박의 개수와 속도를 조절	400
6. 우산과 우박이 부딪히면 게임 종료	401
7. 점수 보여주기	402
8. 프로그램 종료 메시지	403
도전해보세요	406

COMPUTATIONAL THINKING

컴퓨팅 사고

COMPUTATIONAL THINKING

Part 1

1장. 컴퓨팅 사고
2장. 컴퓨터 기초 이론

Memo

Chapter 01

컴퓨팅 사고

1-1 컴퓨팅 사고력이란?
1-2 컴퓨팅 사고력의 응용 I
1-3 컴퓨팅 사고력의 응용 II

수학을 언제부터 배우게 되었을까요?

18세기 영국의 산업혁명으로 도시에서는 수학을 할 줄 아는 사람들이 필요하게 되었습니다. 농사를 하는 법보다 수를 셀 줄 알고, 길이와 각도를 재고, 계산이 필요한 일들을 잘 하는 사람이 더 좋은 일자리를 얻게 되는 시대가 된 것입니다. 그래서 우리는 지금도 수학을 배우고 또 사용하고 있습니다. 수학을 할 줄 아는 인재가 필요했기 때문에 수학이라는 과목이 학교로 들어오게 된 것입니다.

현대인에게 수학은 당연히 필요한 과목입니다. 여기에 덧붙여 현재 우리의 일상생활을 보면 대부분의 사무직 근무자들은 컴퓨터 앞에 앉아서 문서를 작성하고, 인터넷을 사용하면서 회사의 시스템을 사용하고 있습니다. 뿐만 아니라 누구나 휴대폰과 컴퓨터로 영화를 보고, 문서를 작성하고, 인터넷으로 쇼핑하는 등 하루 종일 컴퓨터 없이는 생활이 불가능할 정도로 컴퓨터가 우리의 일상으로 들어왔습니다. 컴퓨터는 우리에게 이제 필기도구에 가깝습니다.

대부분의 사람들은 프로그램(소프트웨어)을 그저 사용하는 사용자에 불과하고 이 프로그램을 어떻게 만든 것인지, 어떤 원리로 동작하는지 모르고 있습니다. 꼭 알아야 하는 것은 아니지만, 다가올 미래는 프로그램을 만들 수 있는 능력을 갖춘 인재를 더 많이 필요로 할 것입니다.

앞으로 도래할 시대를 제4차 산업혁명시대라고 합니다. 4차 산업혁명은 인공지능, 사물 인터넷, 빅데이터, 모바일 등 첨단 정보통신기술이 사회전반에 융합되어 혁신적인 변화가 나타나는 것을 의미합니다[1]

■ 출처: 미래창조과학부 블로그

---

[1] 네이버 지식백과 http://terms.naver.com/entry.nhn?docId=3548884&cid=42346&categoryId=42346

4차 산업혁명시대는 정보통신기술(ICT) 기반의 새로운 산업혁명으로 모든 것이 컴퓨터와 관련된 디지털 기술과 연결되어 있습니다. 미래 사회의 변화에 대응하기 위해 깊게 배우지는 않더라도 수학의 덧셈, 뺄셈과 같은 수준의 컴퓨터 프로그래밍 기초 지식은 습득하고 있어야 하는 시대가 된 것입니다. 미래를 살아갈 여러분에게는 꼭 필요한 지식이 되었으며, 많은 사람들의 일자리를 위해서, 그리고 국가 경쟁력을 위해서 '컴퓨팅 사고력'과 '프로그래밍(코딩)'은 꼭 필요한 교육이 되었습니다. 컴퓨터 프로그램을 만들지는 못하더라도 기초적인 컴퓨팅 사고력과 프로그래밍 교육을 통해 일상생활 혹은 산업분야에서 복잡한 문제를 컴퓨터를 사용하여 해결하는 방안을 제시할 수 있는 능력을 배양해야 합니다. 현실 혹은 산업의 문제를 컴퓨터에 적용할 수 있도록 정의하고 생각하는 모든 과정을 컴퓨팅 사고라고 볼 수 있습니다. 컴퓨팅 사고력을 키우고 이를 바탕으로 파이썬으로 프로그래밍을 함으로써 미래 사회의 인재로 거듭나게 될 것입니다.

1-1 컴퓨팅 사고력이란?

1. 컴퓨팅 사고의 시작

컴퓨팅 사고력(Computational Thinking)이라는 단어가 사람들에게 널리 알려진 것은 지넷 윙(Jeannette Wing) 교수가 2006년 컴퓨팅 사고력(Computational Thinking)에 관한 글을 발표하면서부터 입니다.

컴퓨팅 사고력의 좋은 예로 세계 도서 판매 회사인 "아마존"을 살펴보도록 하겠습니다. 1994년 설립하여 1996년 책에 평점을 주는 제도를 도입하였고, 2010년 온라인 제휴 마케팅을 시작합니다. 2011년부터 아마존은 물류 시스템에 로봇을 도입합니다. 최근에는 배송을 위한 물건 포장에까지 로봇을 도입하기 위해 준비 중이며 드론을 사용한 배송도 실험에 성공했습니다. 아마존은 컴퓨터 소프트웨어를 활용하여 회사의 시스템을 편리하고 효율적으로 끊임없이 발전시켰습니다. 이렇게 컴퓨터를 이용하여 효율적으로 처리할 수 있는 일을 생각하는 것이 컴퓨팅 사고의 하나라고 볼 수 있습니다.

앞으로 생활 전반이 소프트웨어들로 채워질 것입니다. 이것이 윙 교수가 컴퓨팅 사고력이 일상으로 들어와야 한다고 주장한 이유입니다. 우리는 이미 보이지 않는 컴퓨팅(Invisible Computing)[2] 시대, 조용한 컴퓨팅(Calm Computing)[3] 시대를 살아가고 있습니다.

2. 컴퓨팅 사고력의 개념

일상의 문제를 컴퓨터 소프트웨어로 해결하기 위한 일련의 과정이 컴퓨팅 사고력입니다. 문제를 정확히 이해하고 분석한 후 문제의 핵심 요소를 추출하고, 문제 해결을 위한 방법과 절차를 정의합니다. 이 방법과 절차대로 프로그램을 작성하고 그 결과가 옳지 않으면 오류를 수정하고, 프로그램을 완성하는 일련의 과정을 수행하는 능력을 컴퓨팅 사고력(CT: Computational Thinking)이라고 할 수 있습니다.

컴퓨팅 사고력의 방법으로 구글 에서는 총 11가지의 개념을 제시하고 있습니다.

---

[2] 보이지 않는 컴퓨팅(Invisible Computing) : 물리적으로 분산되어 있는 컴퓨터 환경 속에서 우리 생활 속에 컴퓨터가 깊숙이 자리 잡아 그 활용도가 높지만 사용자가 컴퓨터를 사용하고 있다는 것을 미처 의식하지 못하면서 자연스럽게 컴퓨팅 기술을 이용하는 것을 의미한다.

추상화	자료 수집 (Data Collection)	문제를 이해하고 분석하여 문제 해결에 필요한 정보를 모읍니다.
	자료 분석 (Data Analysis)	자료와 정보들을 분류하고 분석하여 데이터로서 적합한 형태를 발견합니다.
	패턴 인식 (Pattern Recognition)	다양한 형태의 데이터에서 공통된 형태를 찾아내어 패턴, 규칙성 등을 정의합니다.
	데이터 표현 (Data Representation)	패턴으로 인식한 데이터를 그래프, 차트, 단어, 이미지 등의 구체적인 표현으로 구성하거나 묘사합니다.
	분해 (Decomposition)	데이터, 처리절차, 문제들을 다루기 쉬운 작은 단위들로 나눕니다.
	추상화 (Abstraction)	문제를 해결하기 위한 중심이 되는 생각들을 정의하고, 그 생각들을 개념화합니다.
	패턴 일반화 (Pattern Generalization)	결과를 예측하여 패턴을 모델, 규칙, 개념, 이론 등으로 만듭니다. 컴퓨터 이론 측면에서 보면 논리적인 알고리즘 구현 단계입니다.
자동화	알고리즘 디자인 (Algorithm Design)	일반화한 패턴들을 가지고, 문제해결을 위한 명령어 또는 처리절차들을 순차적으로 작성합니다. 코딩을 하기 위한 준비과정이라고 볼 수 있습니다.
	자동화 (Automation)	알고리즘 단계까지 완성된 내용을 실제 컴퓨터 기기에 적용합니다. 실제 코딩 작업으로 볼 수 있습니다.
	병렬화 (Parallelization)	큰 작업들을 작은 작업들로 나누고 동시 수행 가능한 작업들을 선별하여 동시에 실행 가능하도록 구성합니다.
	시뮬레이션 (Simulation)	직접적인 현실세계에서 적용 가능한지를 실험합니다.

이 개념들은 상호 연관성이 있지만 단계별로 절대적인 순서가 있는 것은 아닙니다. 또한 개념들을 모두 적용할 필요도 없습니다. 이 개념들은 서로 상호 작용하여 소프트웨어 완성 작업을 가능하게 합니다. 여러 사례들을 적용해보면 자료 수집과 자료 분석이 서로 분명하게 구분되지 않는 경우도 있고, 분해와 추상화가 구분되지 않는 경우도 있습니다. 패턴 일반화를 적용하다가 필요에 의해 분해 작업

---

[3]조용한 컴퓨팅(Calm Computing) : 사용자가 일일이 개입하지 않고, 미리 사용자가 원하는 상태를 예측하여 수행하는 컴퓨팅 작업을 의미한다.

[4]구글 사이트 : https://edu.google.com/resources/programs/exploring-computational-thinking/#!ct-overview

을 다시 할 수도 있습니다. 구글에서는 11가지의 개념을 제시했지만, ISTE(International Society for Technology in Education)에서는 9가지의 개념을 소개하고 있기도 합니다. 여기서 중요한 것은 개념들을 몇 개로 나누는 것이 아니라 각 개념들을 어떤 식으로 적용할 수 있을 지 생각하는 것입니다.

컴퓨팅 사고력을 적용하는데 있어서 크게 추상화와 자동화 두 가지로 구분할 수도 있습니다. 오히려 이런 간단한 구분이 컴퓨팅 사고력을 적용하기 더 좋을 수도 있습니다. 추상화는 위의 11가지 개념 중에서 자료수집부터 패턴일반화까지의 개념을 묶어서 생각한 것이고, 자동화는 알고리즘 디자인, 자동화, 시뮬레이션, 병렬화를 하나로 묶은 것입니다. 추상화와 자동화를 나누는 기준은 실제 컴퓨터 기기 사용 여부에 따른 것입니다. 추상화는 컴퓨터를 사용하지 않고 인간의 사고력만을 사용하는 부분입니다. 자동화는 추상화를 통해서 정의된 작업을 실제 컴퓨터로 구현하는 단계입니다. 즉 프로그램을 코딩하는 과정이라고 볼 수 있습니다. 이 과정에서 추상화를 통해 얻은 결과가 정확한 것인지 확인할 수 있습니다.

1-2 컴퓨팅 사고력의 응용 I

1. 추상화: 자료 수집, 자료 분석, 패턴 인식, 데이터 표현

자료의 수집과 분석은 어떤 문제를 해결하기 위해 기본적으로 필요한 과정입니다.

자료를 수집하는 방식은 다양합니다. 예를 들어, 어느 지역의 유동인구를 조사하고자 할 때, 그 지역에 매일 매시간 방문하여 유동인구를 하나하나 세는 방법이 있습니다. 또 다른 방법은 해당 지역에 센서를 몇 개 설치하여 지나가는 사람의 수를 자동으로 세도록 하는 방법도 있습니다. 조금 더 생각해보면, 그 지역의 대중교통 이용 인구 자료를 받아 이용할 수 있다면 시간과 비용, 노력이 많이 줄어들 수 있습니다. 자료 수집은 해당 문제가 어떤 문제인가에 따라 그 방식을 다양하게 생각할 수 있습니다. 센서와 컴퓨터 데이터를 통한 자료수집 방식은 정확성이 높고 데이터의 양이 많다는 장점이 있고, 이와 관련하여 오늘날 가장 큰 관심을 받고 있는 자료 수집, 분석 방식 중의 하나가 빅데이터입니다.

자료를 분석한다는 것은 자료의 특성에 따라 자료들을 분류하거나 통합하는 과정입니다. 분석의 과정 중에 자연스럽게 분해를 사용하기도 하고 추상화 과정을 거치게 되기도 합니다. 이렇게 분석된 데이터는 분석된 내용을 명확하게 인지할 수 있는 방식으로 표현되어야 합니다. 분석된 결과를 효과적인 방식으로 보여주는 것이 데이터 표현입니다. 데이터 표현은 그림, 차트, 도표 등을 많이 사용합니다.

자료를 수집하고 분석하여 데이터를 표현하는 방법에 대해 예를 통해 알아 보겠습니다.

실전 1 단추 찾기

K씨는 계절이 바뀌어 옷장에서 지난해 입었던 셔츠를 꺼냈습니다. 그런데, 셔츠의 단추가 하나 떨어져있습니다. 여분의 단추도 없는 상황입니다. K씨는 기존에 보관하고 있던 여러 단추를 가지고, 셔츠의 전체 단추를 모두 교체하려고 합니다. 셔츠의 단추는 모두 5개입니다. 어떤 작업이 필요할까요?

- 집안에 있는 모든 단추들을 한 곳에 모읍니다.
- 종류별로 단추를 분류합니다.
- 분류된 단추 중에 교체 가능한 단추들이 무엇인지 확인합니다.
- 교체 가능한 단추들로 셔츠의 단추를 교체합니다.

❶ 자료 수집하기

보관하고 있는 단추들을 꺼내어 모았더니 다음과 같았습니다.

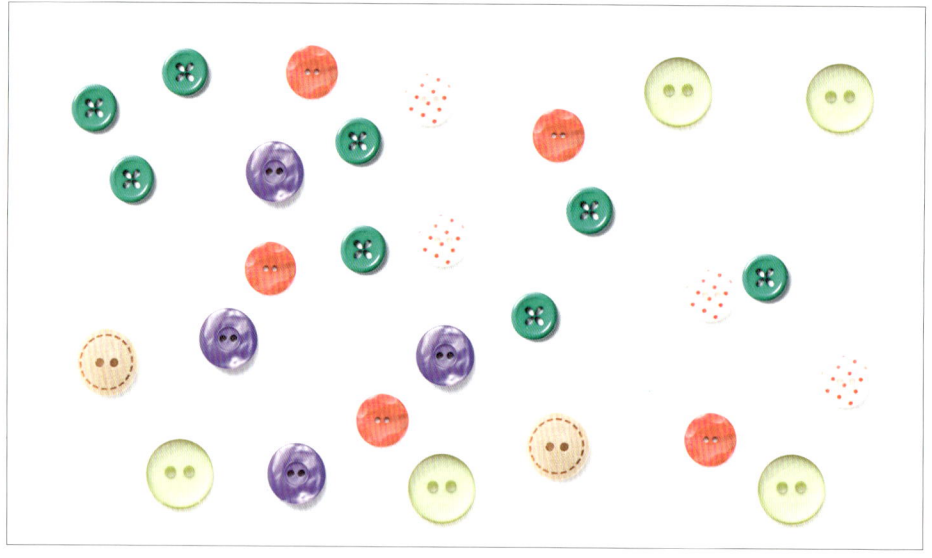

❷ 분류하기

단추를 종류별로 분류합니다.

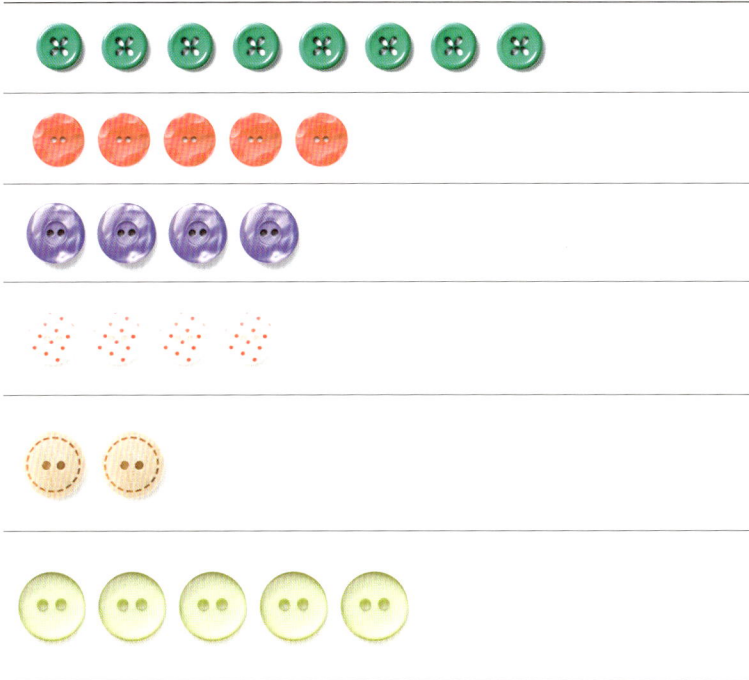

❸ 데이터 표현하기

분류한 단추들을 살펴보면 단추들의 모양, 크기, 개수 등이 다릅니다. 이 자료들을 우리가 필요로 하는 특징들을 선별하여 표로 표현합니다. 단추의 재질이나, 색깔 등도 필요한 경우 표에 포함시켜야 하겠지만, 제시된 문제에서는 재질이나 색깔에 대한 제한 사항이 언급되지 않았기 때문에 단추의 개수와 크기 정도만 표로 작성합니다.

단추	개수	크기
	8	소
	5	중
	4	중
	4	중
	2	대
	5	대

❹ 데이터 선별하기

교체 가능한 단추는 개수가 5개 이상인 경우에만 가능합니다. 조건에 맞는 단추를 선별합니다.

단추	개수	크기
	8	소
	5	중
	5	대

❺ 문제해결

선택 가능한 단추 중에서 가장 적당한 크기의 단추를 선택하여 셔츠의 단추를 교체합니다.
단추 찾기 문제의 자료 수집 방식은 주변에 있는 사물을 직접 모아서 수집하는 방식입니다.

실전 2 - 농구하는 로봇[5]

R대학에서 로봇을 이용한 체육대회를 개최한다고 합니다. A씨는 이 대회에 참가하는 로봇을 만들고 싶습니다. A씨가 참가할 대회가 농구 대회라면, 로봇의 기능을 구현하기 위해 어떤 데이터가 필요하고, 어떤 방법으로 자료를 수집할 수 있을까요?

- 기능을 구현하기 위해 필요한 데이터는 무엇인지 확인합니다.
- 필요한 데이터를 수집하는 방법은 어떤 것들이 있는지 생각합니다.
- 수집된 데이터를 이용하여 로봇을 어떻게 구동시킬 수 있을 지 예상합니다.

❶ 문제 인식

로봇이 농구대에 공을 넣기 위해 필요한 것은 무엇일까요? 농구 골대까지의 거리, 농구대에 공을 넣기 위해 공에 가해야 할 힘, 공의 방향 등이 필요합니다. 농구를 하는 로봇을 만들기 위해서는 어떤 위치에 있을 때, 얼마만큼의 힘을 가지고 어느 방향으로 공을 던지면 득점할 수 있는지에 대한 데이터가 필요합니다.

❷ 데이터 수집

사람이 농구 골대에 공을 넣을 때, 얼마만큼의 거리에서 공을 넣었는지는 측정 가능한 데이터입니다. 하지만 공을 넣을 때 얼마만큼의 힘으로 공의 방향을 어느 방향으로 해서 넣었는지 정확히 측정하는 것은 불가능합니다. 이런 데이터를 수집하기 위해 센서를 사용합니다. 센서는 정확하고 객관적인 다량의 정보를 제공할 수 있습니다. 또한 사람이 인지할 수 없는 정보까지도 제공할 수 있습니다. 위키피디아(http://wikipedia.org/wiki/List_of_sensors)를 참고하면 다양한 센서들을 찾아 볼 수 있습니다.

❸ 데이터의 활용

센서를 통해 수집한 데이터를 기초로 로봇에게 필요한 기능을 부여할 수 있습니다. 위치에 따라 힘과 방향을 설정하여 공을 던지도록 로봇을 디자인할 수 있습니다.

---

[5]https://docs.google.com/document/d/1Gz6sKa9e-CAY-aDO-yIRRJnnB_fJSKf5sOlhlpx3Oq8/edit

도전해보세요

1. 주변에서 직접 사용하고 있는 센서들이 어떤 것들이 있는지 찾아보고, 각 센서들이 수집하는 데이터가 어떤 것들인지 확인해 봅시다.

센서로 작동하는 물품	센서의 종류	수집하는 데이터
자동문	빛 센서	빛의 변화
현관 자동 점멸등		
화재감지기	열 센서	
에어컨		

2. 스마트폰에는 다양한 센서들이 있습니다. 어떤 센서들이 있고 그 기능이 무엇인지 알아봅시다. 제시된 센서 이외에도 많은 센서들이 있고, 기종에 따라 센서들이 다를 수 있습니다. 스마트폰의 다양한 센서들을 이용해서 어떤 기능의 앱을 만들 수 있을 지 생각해 봅시다.

센서	수집 데이터	목적
제스처 센서	적외선	손동작 인식
근접 센서	적외선	신체와의 거리 인식
기압 센서	기압	기압차 및 경사도 계산, 운동 어플에서 사용
가속도 센서		만보계
자이로 센서	기울기	
온도 센서		
습도 센서		
RGB 센서		

💬 실전 3 ▸ 행사 순서 정하기[6]

축제에 진행되어야 하는 행사들은 아래 도표와 같습니다. 도표의 화살표는 한 행사를 진행하기 전에 진행이 완료되었어야 하는 행사를 가르킵니다. 예를 들어 "뮤지컬공연"은 "드럼 공연"과 "개회사"가 모두 끝난 뒤에 진행되어야 합니다.

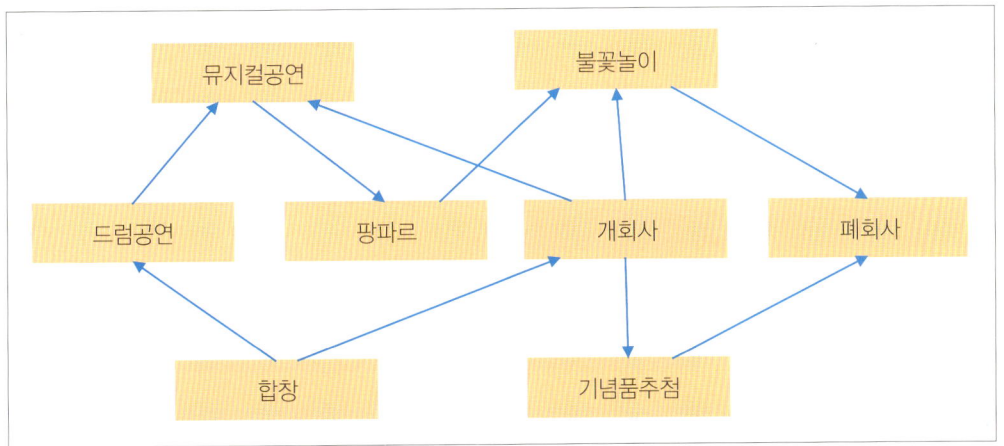

행사가 어떤 순서로 진행되는 것이 좋을까요?

필요한 자료가 모두 수집되어 있는 상태입니다. 자료를 분석하여 행사의 순서도 화살표로 표시하였습니다. 이 문제의 경우는 데이터 표현의 방법만 바꾸어 준다면 쉽게 해결할 수 있습니다.

- 방법 1: 기존의 데이터 표현에서 행사들의 위치를 순서대로 보기 편하도록 변경합니다.
- 방법 2: 수집된 데이터를 행사의 진행 순서에 따른 표 형식으로 변경합니다.

---

[6] http://computing.or.kr/13422/

❶ 위치 변경

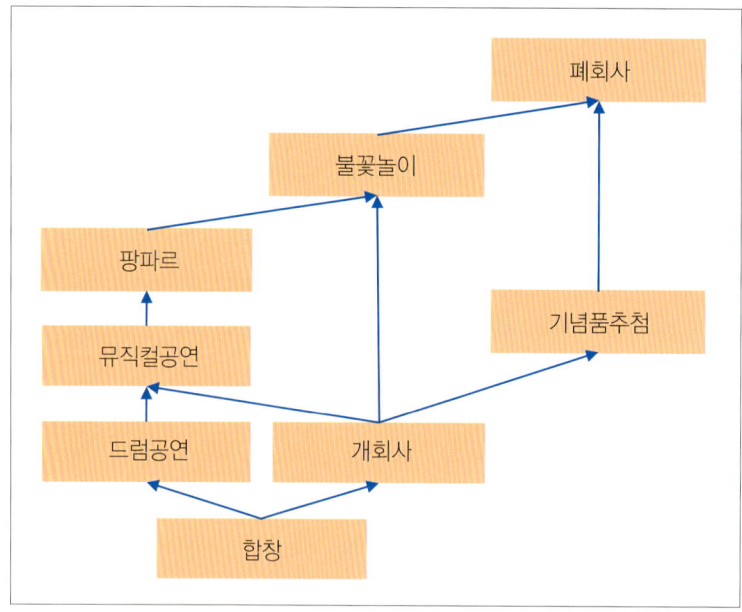

화살표는 그대로 두고 행사명의 위치만을 바꾸어 화살표가 항상 아래에서 위쪽을 향하도록 합니다. 위치를 변경하면 행사의 진행 순서를 쉽게 정할 수 있습니다.

❷ 표 사용

행사 진행 순서를 위에서부터 차례로 열거하는 형태의 표를 완성할 수 있습니다. 표로 작성할 경우 여러 개의 진행 순서가 나올 수 있습니다.

행사진행 순서 예.1	행사진행 순서 예.2	행사진행 순서 예.3
합창	합창	합창
드럼 공연	드럼 공연	개회사
개회사	개회사	드럼 공연
뮤지컬 공연	기념품추첨	뮤지컬 공연
팡파르	뮤지컬 공연	팡파르
불꽃놀이	팡파르	불꽃놀이
기념품추첨	불꽃놀이	기념품추첨
폐회사	폐회사	폐회사

데이터를 표현하는 방식은 다양합니다. 적절한 데이터 표현을 사용하면, 제시된 문제의 해결 방법을 효과적으로 찾을 수 있습니다.

2. 추상화: 분해, 추상화, 패턴 일반화

데이터에서 일정한 패턴과 규칙을 찾아 제시된 문제를 단순화시켜 해결할 수 있도록 돕는 것이 추상화(Abstraction)입니다. "관념, 추상적 개념"이라고 번역되고, IT용어사전에서는 "주어진 문제나 시스템 중에서 중요하고 관계 있는 부분만을 분리하여 간결하고 이해하기 쉽게 만드는 작업. 구체적인 사항은 생략하고 핵심이 되는 원리만을 추출하는 작업"[7] 이라고 정의되어 있습니다. 이 설명에서 중요 부분은 "핵심이 되는 원리만" 이라는 부분입니다. 추상화는 분해와 관련성이 높습니다. 추상화를 하기 위해서는 핵심이 되는 원리만을 남기는 작업이 필요한데, 이 과정이 분해라는 과정입니다.

추상화 과정은 컴퓨팅 사고력의 핵심이라고 할 수 있습니다. 추상화를 할 수 있다는 것은 추상화를 통해 패턴 일반화를 할 수 있다는 의미가 되기 때문입니다. 패턴 일반화는 컴퓨터 과학에서 보면 알고리즘이라고 할 수 있습니다. 제시된 문제를 해결하는 방법을 절차적으로 순차적으로 설명하는 것이 패턴 일반화이고, 이 패턴 일반화된 문제 해결 방법은 같은 문제에 대해 같은 결과를 도출해냅니다.

실전 1 ▶ 비둘기 집의 원리

분해와 추상화, 패턴 일반화를 어떻게 적용할 수 있는지 "비둘기 집의 원리" 통해 알아보겠습니다. 비둘기 집의 원리는 독일 수학자 디리클레(Dirichlet)가 제기한 원리로서 다음과 같이 정의합니다.

> n+1 마리의 비둘기가 n개의 비둘기 집에 들어가려면 최소한 한 개의 비둘기 집에는 두 마리 이상의 비둘기가 들어가야 한다.

예를 들어, 비둘기가 다섯 마리 있고, 비둘기 집이 네 개 있을 경우, 두 마리 이상의 비둘기가 들어가 있는 집이 반드시 존재한다는 원리입니다. 비둘기가 들어가 있을 수 있는 다양한 형태를 아래와 같이 나타내보았습니다.

(단위: 마리)

	비둘기 집1	비둘기 집2	비둘기 집3	비둘기 집4
구성1	5	0	0	0
구성2	4	1	0	0
구성3	3	2	0	0
구성4	3	1	1	0
구성5	2	2	1	0
구성6	2	1	1	1

---

[7] [네이버 지식백과] 추상화 [abstraction, 抽象化] (IT용어사전, 한국정보통신기술협회)

표에서 알 수 있듯이, 어떤 경우라도 비둘기가 두 마리 이상 들어있는 비둘기 집이 있게 됩니다. 비둘기가 2마리 이상 들어가 있는 집이 없도록 배치할 수 있는 방법이 없습니다.

1) 비둘기집 원리 패턴 일반화
비둘기 집의 원리를 이해하고 설명하기 위해 단순한 설명부터 함수, 집합의 개념까지 사용하는 경우가 있습니다. 이 비둘기 집의 원리를 컴퓨팅 사고력을 통해 분해, 추상화 과정을 거쳐 패턴 일반화 하면 제시된 여러 문제를 간단하게 해결할 수 있습니다.

- 비둘기 집 원리에서 필수적으로 필요한 부분이 무엇인지 찾아 봅니다.
- 비둘기 집의 원리에서 추상화의 대상이 어떤 것인지 찾습니다.
- 추상화된 데이터를 이용하여 비둘기 집의 원리를 패턴 일반화 해 봅니다.

❶ 분해

비둘기 집의 원리에서 필수적인 요소는 세 가지입니다.
- 비둘기가 몇 마리인가? → 비둘기의 마리 수
- 비둘기 집의 개수는 몇 개인가? → 비둘기 집의 개수
- 몇 마리 이상이 들어가 있는 비둘기 집이 반드시 존재하게 되는가?

❷ 추상화

분해한 내용을 비둘기라는 단어가 아니라 개념적인 특성만을 표현할 수 있도록 추상화 합니다.

비둘기의 마리 수	N
비둘기 집의 개수	M

- R 마리 이상의 비둘기가 들어가 있는 비둘기 집이 반드시 존재
- R 은 N을 M으로 나눈 값보다 작지 않은 최소 정수

❸ 패턴 일반화

- $\dfrac{N}{M}$ 보다 작지 않은 최소 정수 = R
- $(R-1) < \dfrac{N}{M} \leq R$

  R이상의 값을 갖는 경우가 반드시 존재

비둘기의 마리 수를 N으로, 집의 개수를 M으로 하여 제시된 문제들을 해결해 보겠습니다.

2) 연관 문제 1

열다섯 마리의 비둘기와 네 개의 비둘기 집이 있습니다. 몇 마리 이상의 비둘기가 반드시 들어가 있는 집이 나타나겠습니까?

❶ 자료를 추상화 형태로 표현합니다.
- 비둘기의 마리 수 15 = N
- 비둘기 집 4 = M
- 같은 집에 들어가는 최소 비둘기 수 → R

❷ 추상화된 자료를 가지고 일반화된 패턴을 사용하여 계산합니다.
- $\frac{N}{M} = \frac{15}{4}$
- $3 < \frac{15}{4} \leq 4$
- R = 4

❸ 4마리 이상의 비둘기가 들어가 있는 집이 반드시 나타납니다.

3) 연관문제 2

학급 학생의 생일을 조사하였습니다. 적어도 4명 이상이 같은 달에 태어난 경우가 반드시 나타나려면 학생수가 최소 몇 명이 되어야 할까요?

❶ 자료를 추상화 형태로 표현합니다.
- 비둘기의 마리 수 = 학생 수 = N
- 비둘기 집 = 태어난 달 = M = 12
- R = 4 이상의 값을 갖는 경우가 반드시 나타납니다.

❷ 추상화된 자료를 가지고 일반화된 패턴을 사용하여 계산합니다.
- $\frac{N}{M} = \frac{N}{12}$, R = 4
- $3 < \frac{N}{12} \leq 4$
- $36 < N \leq 48$
- N이 가질 수 있는 최소의 정수 = 37

❸ 학생수가 37명 이상일 경우, 같은 달 태어난 학생이 4명 이상인 달이 반드시 나타납니다.

4) 연관문제 3

상자 안에 7가지 색의 공이 들어 있습니다. 색이 같은 공을 세 개 꺼내려 합니다. 운이 좋은 경우, 연속으로 세 번 만에 색이 같은 공을 꺼낼 수 있습니다. 운이 좋지 않아서 계속 공을 꺼내야 한다면 적어도 몇 번까지 꺼내야 색이 같은 공 세 개를 꺼낼 수 있을까요?

❶ 자료를 추상화 형태로 표현합니다.
  - 비둘기의 마리 수 = 꺼내는 공의 수 = N
  - 비둘기 집 = 공의 색 = M = 7
  - R = 3 이상의 값을 갖는 경우가 반드시 나타납니다.

❷ 추상화된 자료를 가지고 계산합니다.
  - $\dfrac{N}{M} = \dfrac{N}{7}$, R = 3
  - $3 < \dfrac{N}{7} \leq 3$
  - $14 < N \leq 21$
  - N이 가질 수 있는 최소의 정수값 = 15

❸ 15번까지 꺼내면 색이 같은 공 세 개를 반드시 꺼낼 수 있습니다.

제시된 문제에서 볼 수 있듯이, 학급 학생의 생일 문제나 상자에서 공을 꺼내는 문제는 비둘기 집의 원리와 연관성이 없어 보이기도 합니다. 연관성이 있다는 것을 이해했더라도 바로 적용하여 문제를 해결하기는 조금 어렵습니다. 하지만 우리가 이미 패턴 일반화한 내용을 기준으로 적용하면, 쉽게 문제를 해결할 수 있습니다.

도전해보세요

정보올림피아드에서 출제 되는 문제의 유형입니다. 주머니 안에 빨간색, 파란색, 노란색 공이 각각 10개씩 들어 있습니다. 눈을 감고, 하나를 꺼낸 뒤 살펴보는 행동을 반복하다가 같은 색 공이 6개가 되는 순간 멈춥니다. 최대 몇 개의 공을 꺼낼 수 있습니까?

3. 자동화: 알고리즘 디자인 - 순서도

패턴 일반화를 통해 문제 해결에 대한 규칙이나 절차 등을 찾았다면, 이 절차들을 자동화하기 위해 알고리즘 디자인을 해야 합니다. 알고리즘 디자인은 프로그램의 논리적인 흐름을 표현하는 것입니다. 알고리즘 디자인을 표현하는 형태로 많이 사용하는 것이 순서도입니다. 순서도를 사용하여 프로그램의 논리적인 흐름을 정리하는 것은 특히 텍스트 기반의 프로그램 언어를 사용해서 코딩할 때 도움이 됩니다. 알고리즘 디자인을 반드시 순서도로 표현해야 하는 것은 아니지만, 시간이 많이 흐른 후 보거나 다른 여러 사람과 함께 프로그램을 작성할 경우라면 약속된 형식의 순서도를 작성하는 것이 좋습니다.

일반적으로 순서도에서 많이 사용하는 기호는 다음 표와 같습니다.

기호	사용 예	의미
⬭	시작 ⋮ 종료	단말 : 순서도의 시작, 끝
↓	시작 ↓	흐름선 : 기호를 연결하여 처리의 흐름을 나타냄
⬡	↓ a=0 ↓	준비 : 변수를 선언하거나 초기값을 설정
▭	↓ a=1 ↓	처리 : 연산이나 값을 할당
▱	↓ a 입력 ↓	입력 : 데이터의 입력

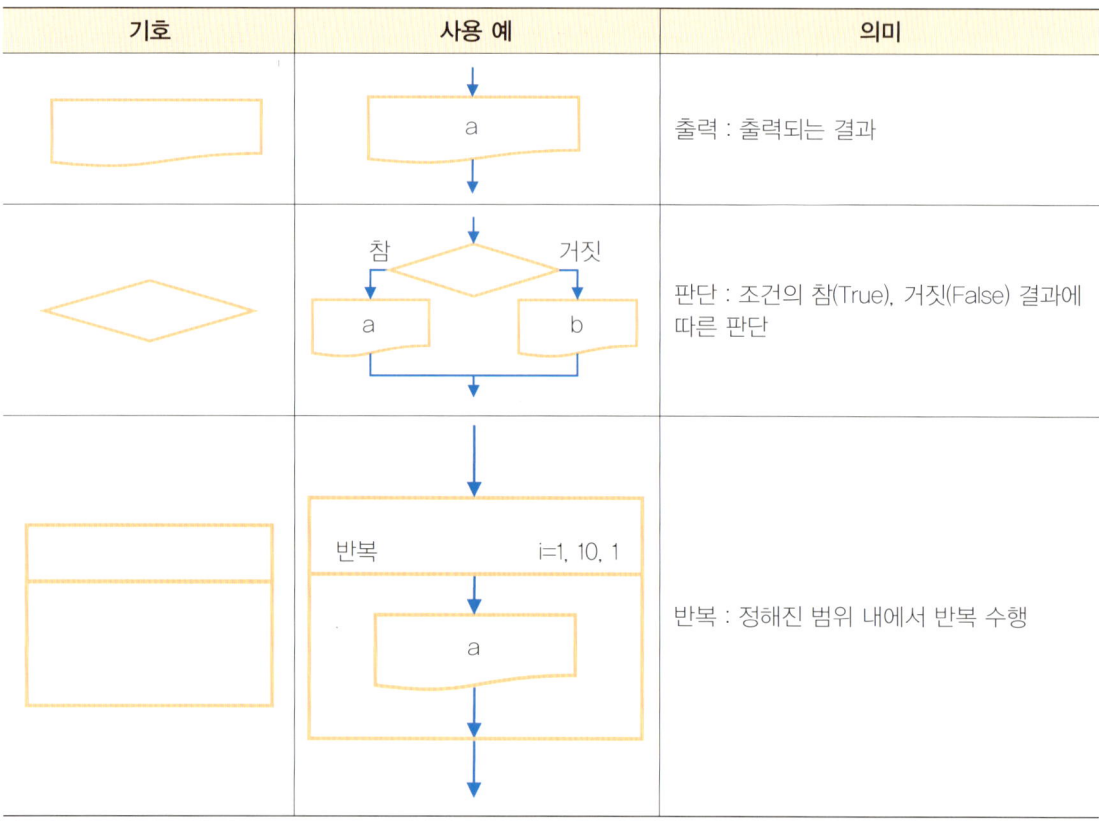

순서도는 순차적인 처리 절차를 표현하기 위해 작성합니다. 따라서 다음과 같은 작성 방법으로 작성하는 것이 좋습니다.

- 시작 단말 기호에서 시작하여 종료 단말 기호로 마칩니다.
- 기호와 기호 사이는 흐름선으로 연결합니다.
- 흐름의 방향은 가능하면 위에서 아래로 왼쪽에서 오른쪽으로 그립니다. 반복 구조일 경우 예외가 될 수 있습니다.
- 흐름선은 교차하지 않도록 합니다.

1) 순차구조

문제 해결을 위한 방법의 절차를 순차적으로 열거하는 것이 알고리즘 디자인의 기본입니다. 순서도로 이런 순차적 구조를 표현할 수 있습니다.

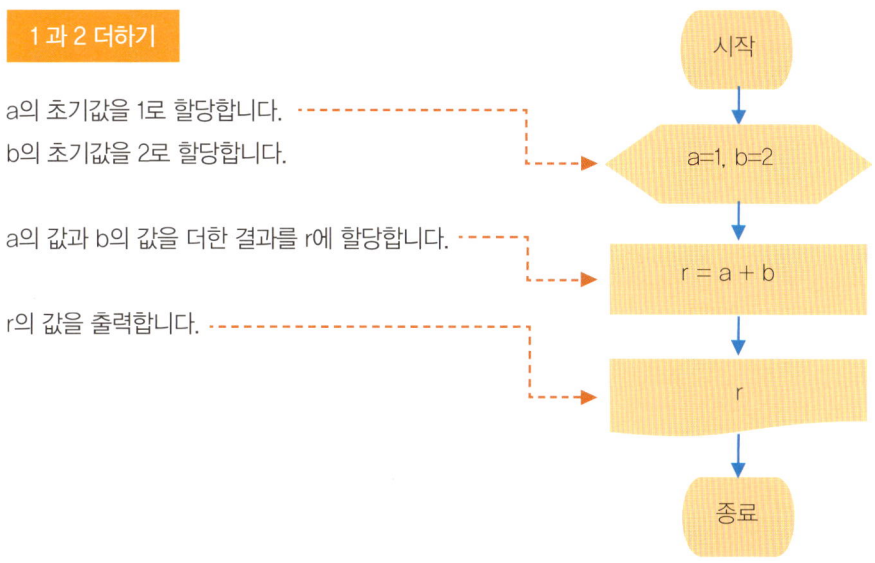

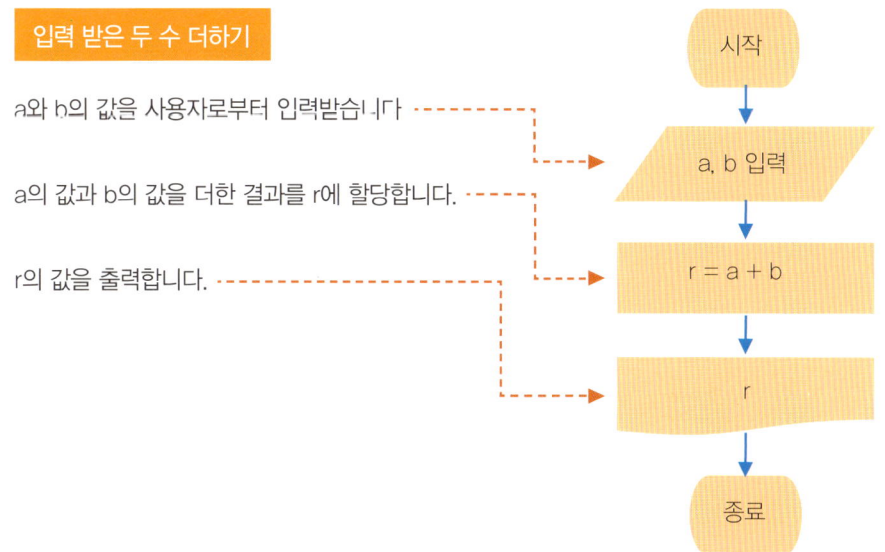

2) 선택구조

알고리즘 디자인 과정에서는 특정 조건에 따라 절차가 달라지는 경우가 있습니다. 제시된 조건이 참(True)인 경우와 거짓(False)인 경우 처리 절차가 달라지는 흐름을 순서도로 표현해 보겠습니다.

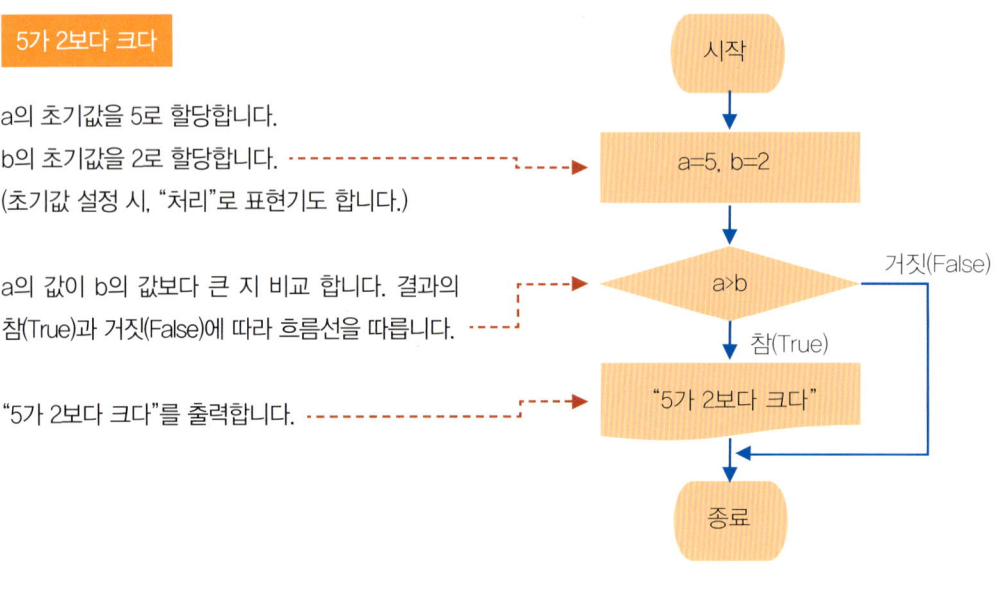

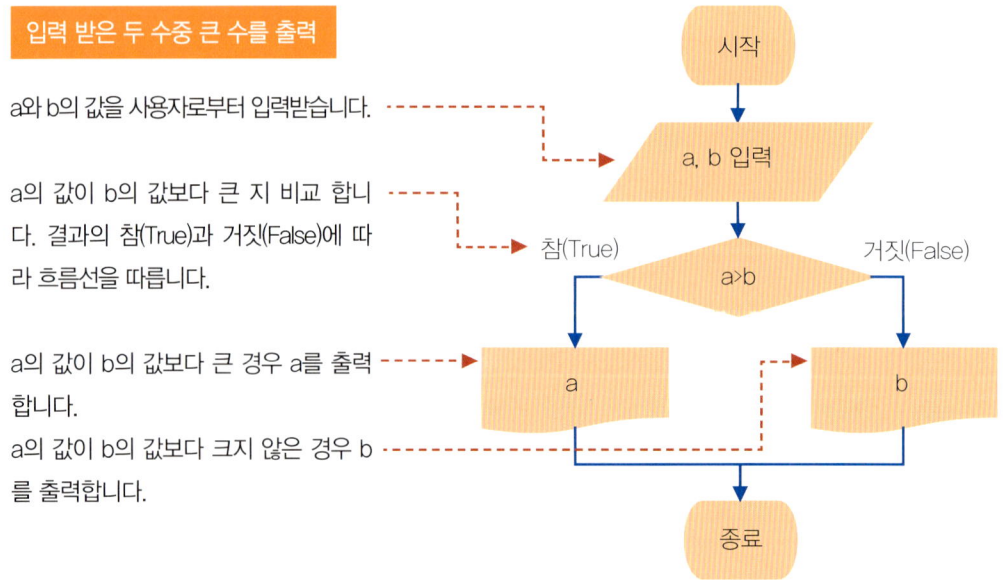

연속된 조건 비교

a의 값을 사용자로부터 입력 받습니다.

a의 값이 1000보다 크거나 같은지 비교합니다.

a의 값이 1000보 작은 경우 a의 값이 800보다 크거나 같은지 비교합니다. (a의 값이 800이상 1000미만일 경우 참이 됩니다.)

a의 값이 1000 이상이면 "고수", 1000미만 800 이상이면 "보통", 800 미만 "노력하세요"를 출력합니다.

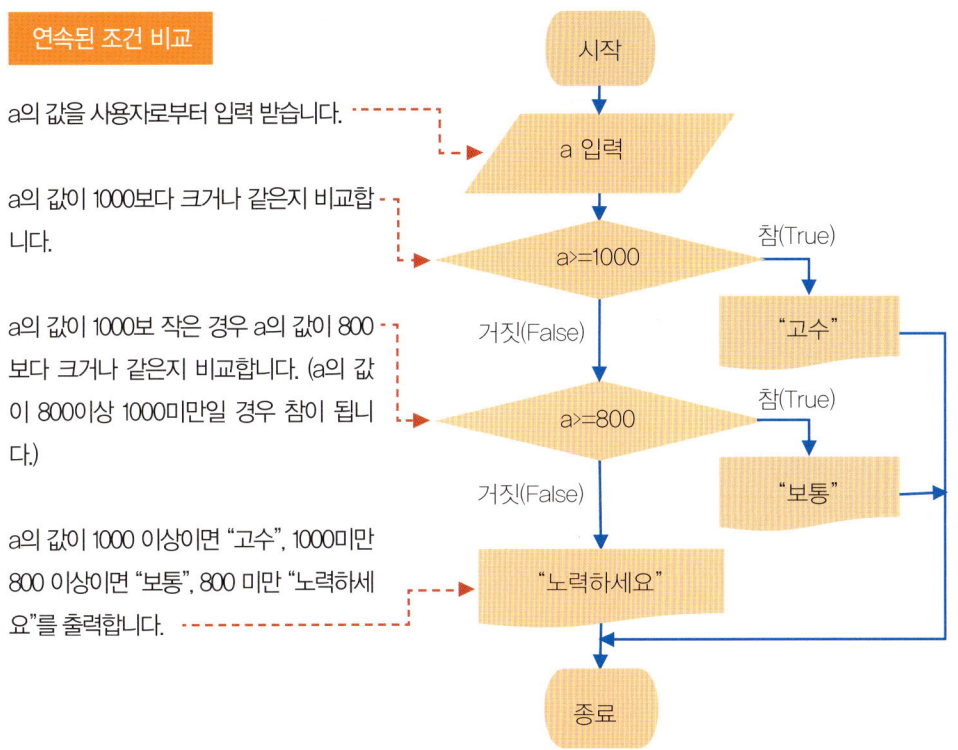

연속된 조건 비교 - 다른 표현

연속된 조건을 비교하는 순서도는 절차의 특성에 따라 다음과 같이 다른 모양으로 표현할 수 있습니다. 논리적 흐름을 잘 표현할 수 있는 모양으로 순서도를 작성하는 것을 권장합니다.

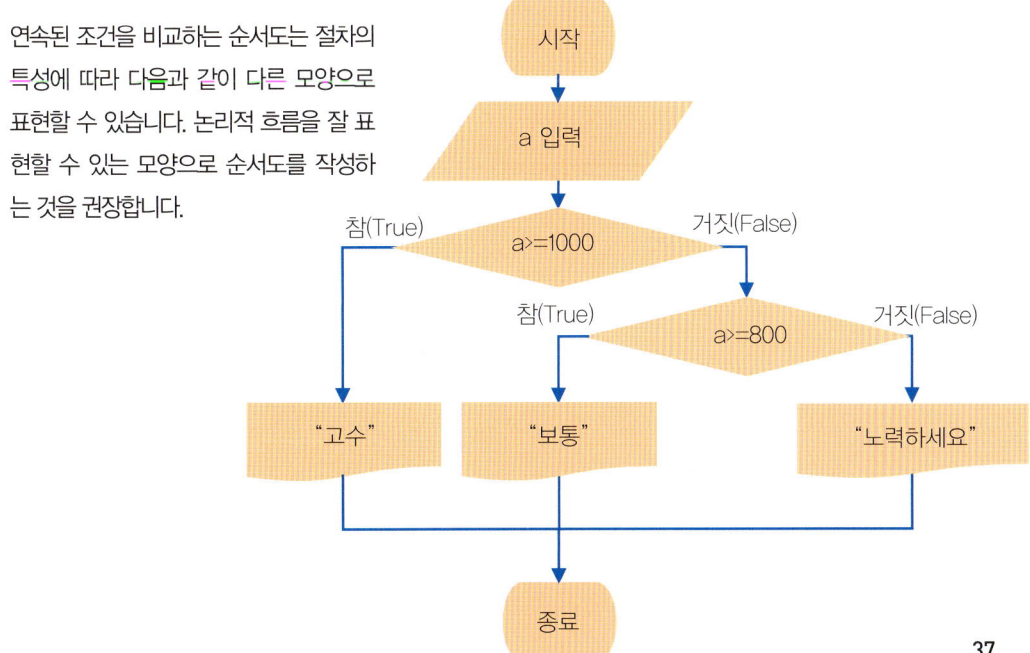

3) 반복구조

논리적인 흐름에는 같은 절차를 반복해서 표현하는 경우가 많습니다.

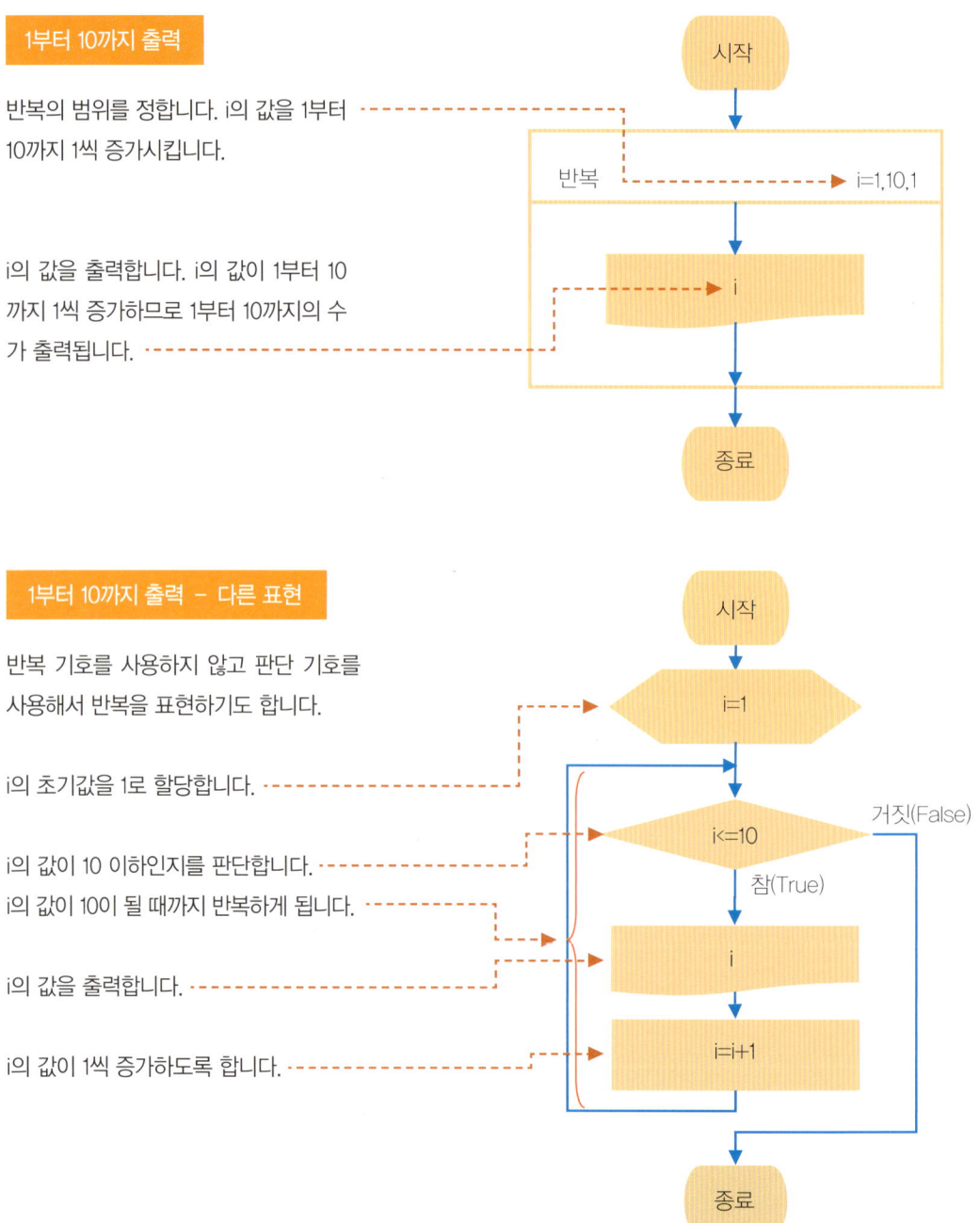

1부터 10까지 출력

반복의 범위를 정합니다. i의 값을 1부터 10까지 1씩 증가시킵니다.

i의 값을 출력합니다. i의 값이 1부터 10까지 1씩 증가하므로 1부터 10까지의 수가 출력됩니다.

1부터 10까지 출력 - 다른 표현

반복 기호를 사용하지 않고 판단 기호를 사용해서 반복을 표현하기도 합니다.

i의 초기값을 1로 할당합니다.

i의 값이 10 이하인지를 판단합니다.
i의 값이 10이 될 때까지 반복하게 됩니다.

i의 값을 출력합니다.

i의 값이 1씩 증가하도록 합니다.

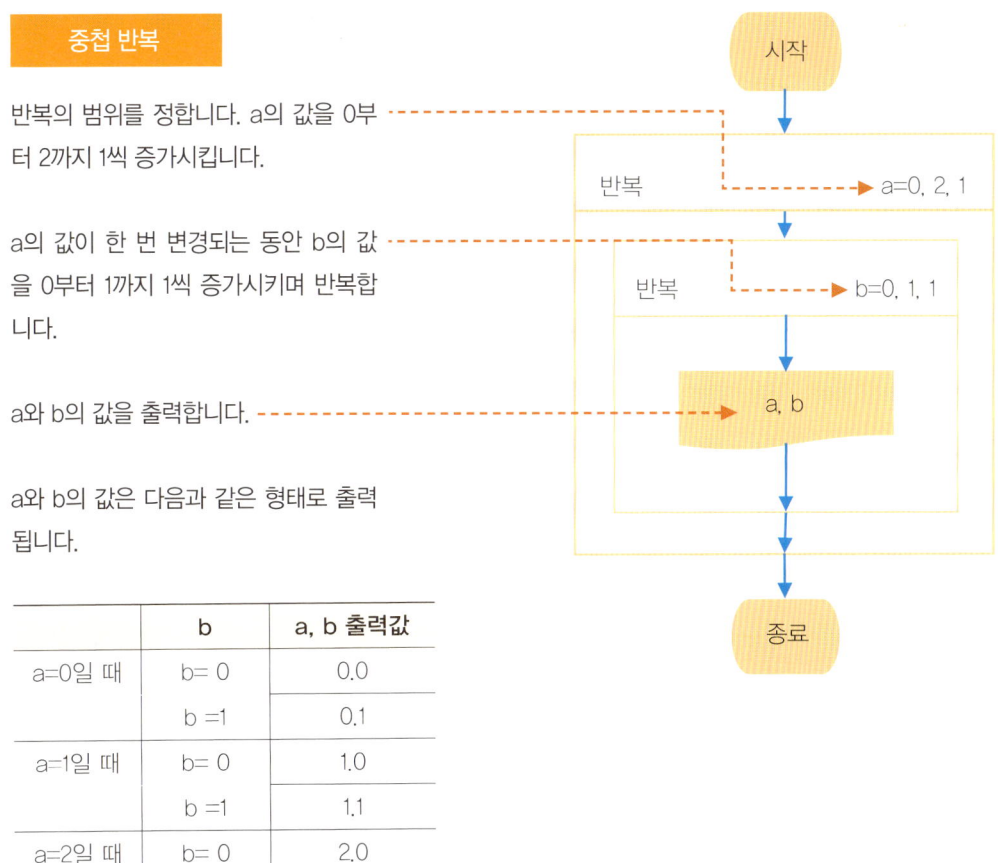

	b	a, b 출력값
a=0일 때	b= 0	0,0
	b =1	0,1
a=1일 때	b= 0	1,0
	b =1	1,1
a=2일 때	b= 0	2,0
	b =1	2,1

4. 자동화: 알고리즘 디자인, 자동화, 병렬화, 시뮬레이션

알고리즘 디자인 완료 후 이를 바탕으로 자동화 과정을 거치게 됩니다.

자동화와 시뮬레이션 과정은 제시된 문제의 해결 방법을 구체적으로 구현하는 단계입니다. 자동화는 실제 프로그램을 작성하는 코딩 작업을 의미합니다. 이렇게 자동화가 완료되면, 시뮬레이션을 통해 문제 해결 과정의 오류를 찾게 됩니다. 시뮬레이션을 위해서 코딩이란 작업을 꼭 해야 하는 것은 아닙니다. 데이터의 양이 적고, 처리 절차가 단순한 경우는 자동화 과정 없이 시뮬레이션 단계를 표현할 수 있습니다.

프로그램 소스는 뒤에서 배우게 될 파이썬을 학습하신 후 살펴보시기 바랍니다.

실전 1 ▸ 비버들의 달리기

5마리의 비버들이 한 줄로 서서 이동하고 있습니다. 이동 중에 깊이가 3인 구덩이를 마주치면, 다음과 같이 통과합니다.

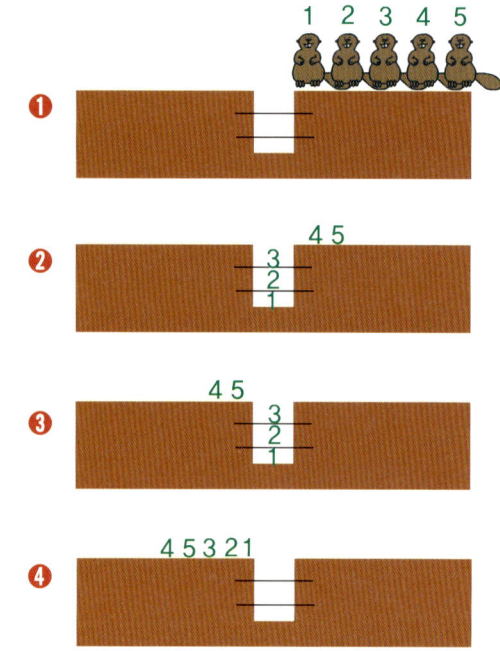

❶ 비버가 줄을 맞추어 행진합니다. 비버들은 출발할 때 출발하는 순서대로 [1,2,3,4,5]로 번호표를 받습니다.

❷ 구덩이를 만난 비버들은 순서대로 최대한 많은 비버가 구덩이에 들어갑니다. 깊이가 3인 구덩이이므로 [1,2,3] 번호표를 가진 비버들이 구덩이에 들어가게 됩니다.

❸ 구덩이에 들어가지 못한 비버들은 그냥 지나쳐 가게 됩니다. 여기서는 [4,5] 번호표를 가진 비버들이 순서대로 지나가게 됩니다.

❹ 더 이상 지나갈 비버가 없으면 구덩이의 비버들은 구덩이에서 올라와서 앞서 간 비버들을 뒤따라 갑니다. 구덩이에서 나올 때는 나중에 들어간 비버가 먼저 나오게 되어 번호표의 순서가 [3,2,1]이 됩니다.

깊이가 3인 구덩이를 다섯 마리의 비버가 지나가고 나면 비버들이 가지고 있는 번호표는 [4,5,3,2,1] 순서로 바뀌어 이동하게 됩니다.

깊이가 서로 다른 구덩이가 여러 개인 길을 비버들이 달리게 되면 비버들이 가지고 있는 번호표는 어떻게 변경될까요?

7마리의 비버가 길을 가고 있습니다. 첫 번째 구덩이는 4마리의 비버가 들어갈 수 있고, 두 번째 구덩이는 2마리, 마지막 구덩이는 3마리의 비버가 들어갈 수 있습니다. 모든 구덩이를 지나고 나면 비버들의 순서는 어떻게 바뀌어 있을까요?
간단하게 그림으로 문제를 풀 수 있습니다.

첫 번째 구덩이 (4 마리의 비버가 들어갈 수 있는 구덩이)

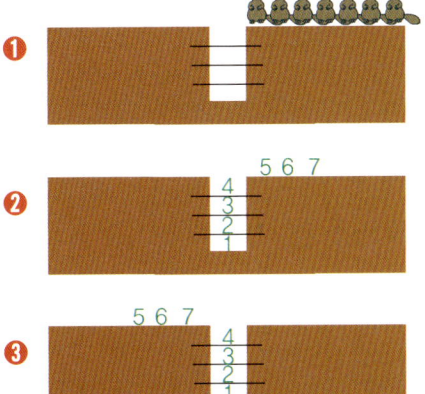

❶ 1번부터 7번까지의 비버가 첫 번째 구덩이를 향해 행진합니다.

❷ 1번부터 4번까지의 비버가 구덩이에 빠집니다.

❸ 5번부터 7번까지의 비버가 구덩이를 그냥 지나갑니다.

❹ 구덩이에 빠져있던 비버들일 구덩이에서 빠져나와 앞서 가는 비버들을 따라갑니다.

첫 번째 구덩이를 지난 후 비버들의 번호 순서는 [5 6 7 4 3 2 1] 로 바뀌었습니다. 두 번째 구덩이도 같은 방식으로 그림을 그려 보면 비버들의 번호 순서가 [7 4 3 2 1 6 5]로 변경되는 것을 확인할 수 있습니다. 최종적으로 세 번째 구덩이를 지나고 나면 비버들의 순서는 [2 1 6 5 3 4 7]로 변경되게 됩니다. 비버들의 달리기 문제를 해결할 때, 그림을 그리다 보면 같은 패턴을 찾을 수 있습니다. 이런 패턴을 바탕으로 패턴 일반화를 하고 알고리즘 디자인을 할 수 있습니다.

알고리즘을 디자인하여 자동화한다면 어떤 과정이 거쳐야 할지 알아보겠습니다. 자동화는 파이썬을 사용하여 구현합니다. 알고리즘 디자인과 자동화 부분은 Part2에서 배우게 될 파이썬을 학습한 후 구체적으로 살펴보시기 바랍니다. 여기에서는 간단한 문제들을 자동화하여 해결할 수 있다는 것을 확인하는 것으로 충분합니다.

❶ 패턴 일반화

구체적인 코딩을 하기 전에 이 문제를 풀기 위한 해결 방법을 패턴 일반화 방식으로 표현해 봅니다.

- 구덩이를 건너기 전까지 비버들의 번호 순서는 바뀌지 않습니다.
- 구덩이를 만나면 구덩이의 깊이만큼 비버들이 구덩이에 빠지고 번호의 순서가 역순으로 바뀌게 됩니다.
- 구덩이에 빠지지 않은 비버들의 번호는 순서가 바뀌지 않습니다.
- 구덩이를 건넌 후 구덩이에 빠지지 않은 비버들의 번호 뒤에 구덩이에 빠진 비버들의 번호가 연결됩니다.

이런 패턴을 논리적인 순서도로 표현해 보겠습니다.

- 문제에 제시된 비버의 수와 구덩이의 깊이를 설정합니다.
- 제시된 비버의 수를 기초로 비버의 순번을 만듭니다.
- 구덩이의 개수만큼 반복하여 수행합니다.
- 구덩이에 빠진 비버들은 번호가 역순이 됩니다.
- 구덩이에 빠지지 않은 비버의 번호는 바뀌지 않습니다.
- 구덩이에서 올라온 비버들의 번호가 빠지지 않은 비버들의 번호 뒤에 위치합니다.

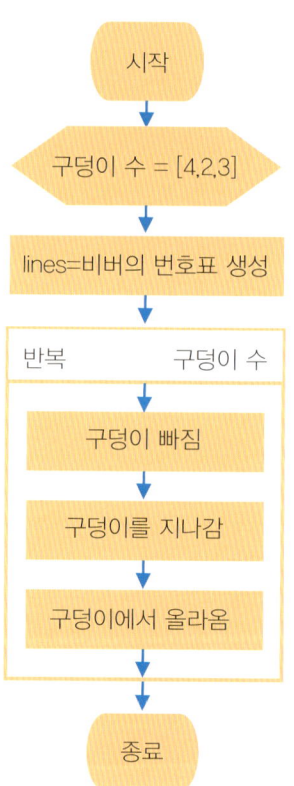

❷ 알고리즘 디자인

패턴 일반화를 기초로 하여 구체적인 순서도를 작성해 봅니다. 이 순서도는 파이썬으로 프로그래밍 할 것을 염두에 두고 작성한 것입니다.

❶ 구덩이에 빠진 비버들의 번호를 b_hole에 저장하고 저장된 번호들의 순서를 역순으로 만듭니다.

❷ 구덩이에 빠지지 않고 남은 번호를 그대로 유지합니다.

❸ 바꾸지 않고 유지한 번호와 역순으로 만든 번호를 결합하여 새로운 번호 순서를 만듭니다.

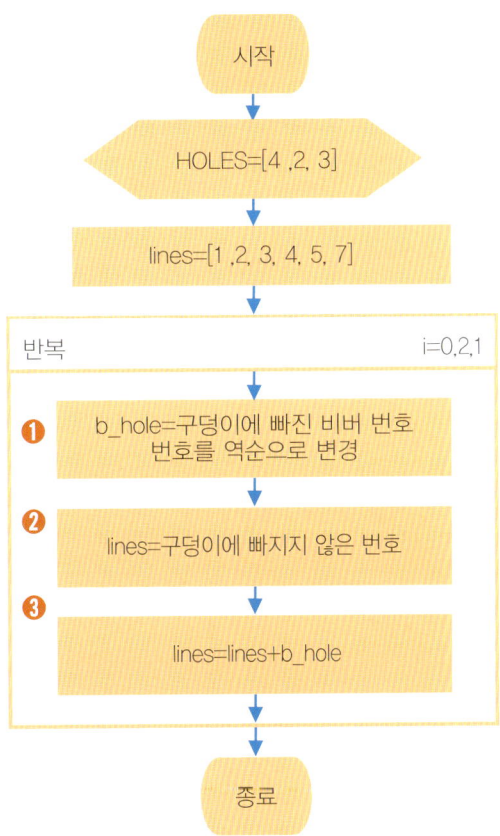

❸ 자동화

알고리즘 디자인을 참조하여 파이썬 프로그램을 작성합니다.

```python
HOLES = [4,2,3]                    #구덩이 깊이를 설정
lines = [1,2,3,4,5,6,7]            #비버들의 번호표 생성

#비버들의 달리기를 시작(3개의 구덩이)
for i in range(3):
    b_hole = lines[:HOLES[i]]      #구덩이에 빠짐
    b_hole.reverse()               #번호를 역순으로 만듦
    lines  = lines[HOLES[i]:]      #구덩이를 지나감
    lines  = lines + b_hole        #구덩이에서 올라옴
    print(HOLES[i],':',lines)      #구덩이를 지난 결과
```

❹ 시뮬레이션

자동화 작업 후 시뮬레이션 해봅니다.

```
4 : [5, 6, 7, 4, 3, 2, 1]
2 : [7, 4, 3, 2, 1, 6, 5]
3 : [2, 1, 6, 5, 3, 4, 7]
```

❺ 자동화의 의미

시뮬레이션까지 완료하게 되면 하나의 소프트웨어가 완성된 것입니다. 이 소프트웨어는 비버가 7마리이면서 깊이가 4,2,3인 구덩이를 3개 지난 후의 비버의 순서를 출력하는 프로그램입니다. 문제를 바꾸어 비버의 마리 수에 변동을 주거나, 구덩이의 깊이 또는 개수에 변경을 준 경우 자동화 작업의 결과물을 수정하여 문제의 답을 쉽게 구할 수 있습니다. 처음부터 비버가 몇 마리인지 입력 받거나, 구덩이의 개수와 깊이를 입력 받는 형태로 프로그램을 작성할 수도 있습니다. 이렇게 자동화하게 되면, 대용량의 작업을 수행할 수 있는 여건이 마련됩니다.

실전 2 - 짐 싸기

물품을 박스에 포장하려고 합니다. 포장의 총 무게는 40Kg을 넘을 수 없습니다. 물품의 무게와 가격은 다음 표와 같습니다.

물품	A	B	C	D	E
무게	6	7	8	10	11
가격	1000	1200	1400	1750	2000

가격을 최대로 하여 물품을 포장하려면 각 물품을 몇 개씩 박스에 넣어야 할까요?

우선 E 물품 하나만 있다고 가정하면 어떨까요? 40Kg이하로 포장할 때, E물품은 3개 포장하여 가격이 6000이 됩니다.

물품이 D, E 두 개일 경우는 어떨까요? D물품만 포장했을 경우 최대 4개까지 포장할 수 있고, E물품만 포장했을 경우 최대 3개까지 포장할 수 있습니다. A와 B 물품의 포장 조합을 따져보면 다음 표와 같습니다.

선택		총무게	총가격	포장가능
D	E			
0	1	11	2000	O
0	2	22	4000	O
0	3	33	6000	O
1	1	21	3750	O
1	2	32	5750	O
1	3	43	7750	X
2	1	32	5500	O
2	2	42	7500	X
2	3	53	9500	X
3	1	41	7250	X
3	2	52	9250	X
3	3	63	11250	X
4	1	51	9000	X
4	2	62	11000	X
4	3	73	13000	X

이 표에서 40Kg 이하인 경우만 포장 가능한 자료만을 선별한 후 그 중에 금액이 가장 큰 조합은 D물품이 0개이고, E물품이 3개인 조합입니다.

문제를 푸는 방법은 단순하지만, 하나하나 계산하여 비교해야 하는 번거로움이 있는 문제입니다. 해법은 알지만, 해답을 쉽게 찾을 수 없는 문제입니다. 이런 문제일 경우 자동화하여 시뮬레이션을 수행하면 해답을 간단히 찾을 수 있습니다.

- 각 물품을 넣을 수 있는 최대의 수가 얼마인지 확인합니다.
- 각 물품의 0부터 최대 수까지 모든 경우의 수를 구합니다.
- 구한 경우의 수의 조합을 가지고 박스의 총 무게를 계산하여 40이 넘지 않을 경우만 가격을 계산합니다.
- 대상이 되는 조합을 기록하고, 가격이 가장 높게 계산된 조합을 선택합니다.

❶ 패턴 일반화

각 물품을 상자에 넣을 수 있는 최대 개수를 계산합니다.

물품	A	B	C	D	E
무게	6	7	8	10	11
최대 개수 40kg / 무게	6	5	5	4	3

0개부터 최대 개수까지 조합할 수 있는 모든 경우를 구합니다. 총무게와 총가격을 구합니다.

선택					총무게	총가격	포장가능
A	B	C	D	E			
0	0	0	0	1	11	2000	O
0	0	0	0	2	22	4000	O
0	0	0	0	3	33	6000	O
0	0	0	1	0	10	1750	O
0	0	0	1	1	22	3750	O
⋮	⋮	⋮	⋮	⋮	⋮	⋮	⋮

총무게가 40Kg을 넘지 않는 조합 중에 총가격이 가장 큰 조합을 선택합니다.

❷ 알고리즘 디자인

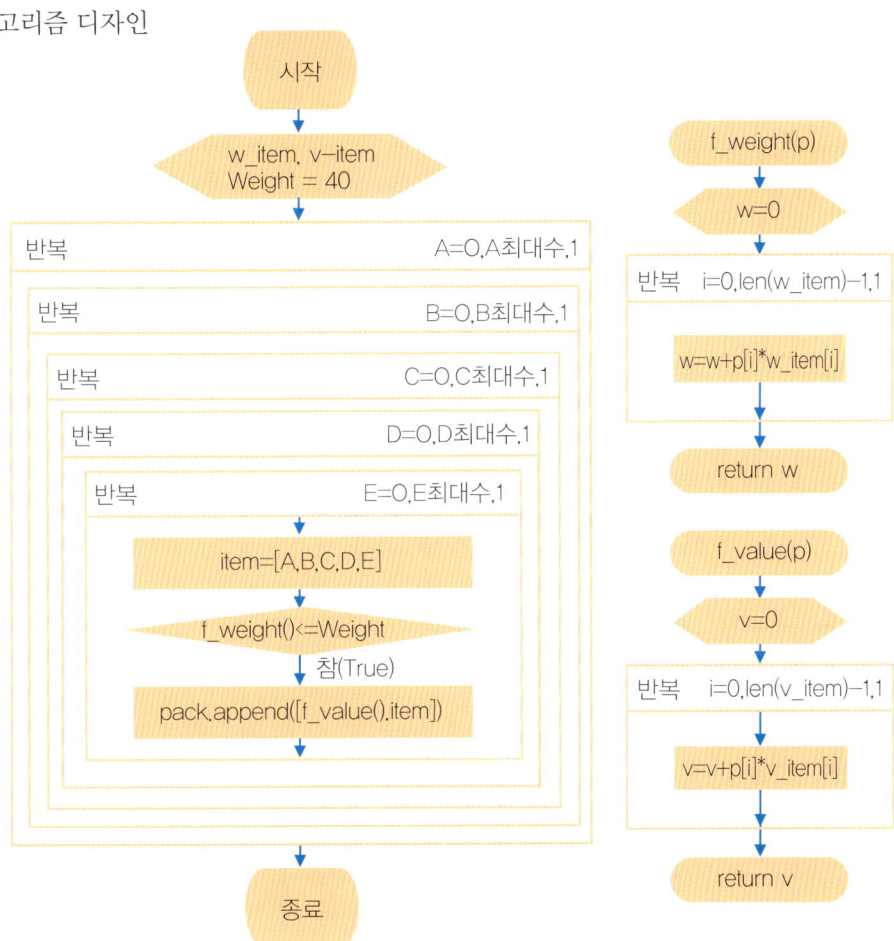

5개의 물품에 대해 모든 경우의 수를 만들기 위해 반복문을 다섯번 중첩하여 수행합니다. f_weight() 와 f_value()는 물품의 개수를 매개변수로 받아 총 무게와 총 가격을 산출하는 함수입니다.

❸ 자동화

알고리즘 디자인을 참조하여 파이썬 프로그램을 작성합니다.

```python
w_item = [6,7,8,10,11]      #물품의 무게
v_item = [1000,1200,1400,1750,2000] #물품의 가격

#물품의 총무게 = 물품의 개수 * 무게
def f_weight(p):
    w = 0
    for i in range(len(w_item)):
        w = w+p[i]*w_item[i] #무게를 계산하여 합산
    return w

#물품의 총가격 = 물품의 개수 * 가격
def f_value(p):
    v = 0
    for i in range(len(v_item)):
        v = v+p[i]*v_item[i] #가격을 계산하여 합산
    return v

Weight = 40     #40kg
pack = list()

#각 물품의 최대 개수계산
w_max = list()
for w in w_item:
    w_max.append(Weight//w)

#모든 경우의 조합을 생성
for A in range(w_max[0]+1):
    for B in range(w_max[1]+1):
        for C in range(w_max[2]+1):
            for D in range(w_max[3]+1):
                for E in range(w_max[4]+1):
                    item = [A,B,C,D,E]              #물품조합생성
                    if f_weight(item) <= Weight:    #40kg이하일때
                        pack.append([f_value(item),item])

#결과출력
pack.sort(reverse = True)
print(pack[0])
```

❹ 시뮬레이션

```
[7200, [0, 1, 0, 0, 3]]
```

가장 높은 가격으로 물품을 포장할 수 있는 방법은 B물품 1개와 E물품 3개의 조합으로 총가격 7200을 얻을 수 있습니다.

❺ 시뮬레이션의 의미

물품의 개수와 총무게가 늘어날수록 조합해야 하는 경우의 수는 늘어납니다. 효과적으로 해당 조합을 찾을 수 있는 획기적인 방법이 있을 수도 있지만, 프로그램을 작성하여 시뮬레이션을 해보면 원하는 답을 쉽게 찾을 수 있습니다. 하나의 프로그램의 다양한 응용도 가능합니다.

확률이나 통계를 이용하는 분야에서는 모든 경우의 수를 분석할 수 없어 가정을 통해 모델을 설정하고 모델을 검증하는 방식을 사용합니다. 하지만 컴퓨터를 사용하면, 모든 경우의 수를 모델로 하여 결과를 도출하는 방식도 사용할 수 있게 됩니다.

도전해보세요

1. 관계도 그리기

   다음은 국가간의 무역 교역 관계를 나타냅니다.

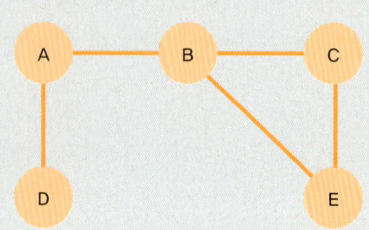

	A	B	C	D	E
A		O		O	
B	O		O		O
C		O			O
D	O				
E		O	O		

A국가는 B와 D국가와 교역합니다. B국가의 경우 A, C, E 국가와 교역하고 있습니다. 만약 D국가가 E국가의 특산품을 수입하고자 한다면, A와 B국가를 거쳐야 수입이 가능합니다.

다음 표와 같이 국가간 교역이 이루어진다고 가정할 때, A국가에서 D국가의 생산품을 수입하기 위해서 어떤 국가들을 거쳐야 할까요?

	A	B	C	D	E	F	G	H
A		O			O			
B	O		O		O			
C		O				O		
D						O	O	
E	O	O				O		O
F			O	O	O		O	O
G				O		O		O
H					O	O	O	

2. 체육대회

학교에서 체육대회를 개최합니다. 개최되는 경기는 9 종목입니다. 모든 학생이 한 경기 이상 참가할 때, 같은 종목에 같은 학급의 학생은 3명을 초과하여 참가할 수 없습니다. 예를 들어, A경기에 1반 학생은 최대 3명까지 참가할 수 있습니다. 인원이 가장 많은 학급의 학생 수는 최대 몇 명입니까?

> **Tip** 비둘기 집의 원리의 패턴 일반화를 사용하여 문제를 해결할 수 있습니다.

3. 택배 보내기

단일 상품을 판매하는 회사에서 주문을 받아 택배를 보내기 위해서는 물품을 상자에 담아야 합니다. 이 회사에서는 택배용 상자로 총 4종류의 상자를 사용합니다. 이 회사는 15개를 초과한 수량을 주문 받지 않으며, 적은 수의 상자를 사용하여 포장작업을 수행합니다.

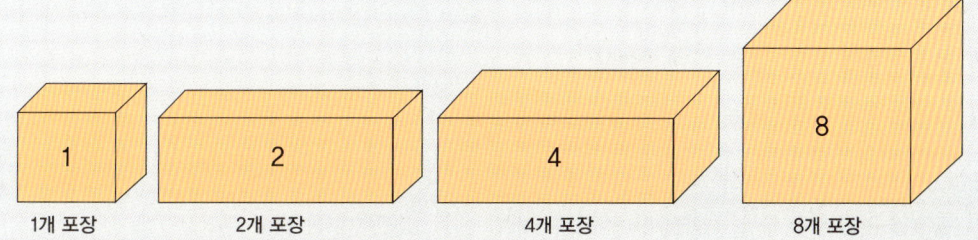

1개 포장   2개 포장   4개 포장   8개 포장

10개를 포장하기 위해서는 8개 포장 상자 하나와 2개 포장 상자 1개를 사용합니다. 포장 작업자에게 어떤 포장 상자를 사용하는 것이 더 효율적인지를 표현하는 방법으로 어떤 방법을 사용하는 것이 좋을 지 생각해보고 다음 표를 완성해 봅시다.

주문 수량	필요 상자				표현법
	8개 포장	4개 포장	2개 포장	1개 포장	
1	0	0	0	1	
2	0	0	1	0	
3	0	0	1	1	
4	0	1	0	0	
5					
6					
7					
8					
9					
10					
11					
12					
13					
14					
15					

도전해보세요

4. 동전 던지기

동전을 던져 앞면과 뒷면이 나오는 횟수를 비교하려고 합니다. 파이썬으로 동전 던지기 프로그램을 자동화하여 다음 표를 완성해 보고, 예상한 결과와 차이가 있는지 확인해 봅시다.

```python
import random

# 동전 던지지 횟수를 입력받음
n = int(input("동전을 던질 횟수:"))

n_head = 0 #동전 앞면이 나온 횟수
n_tail = 0 #동전 뒷면이 나온 횟수

for i in range(n):
    coin = random.choice(['HEAD','TAIL'])
    if coin == 'HEAD':
        n_head = n_head + 1
    else:
        n_tail = n_tail + 1

#결과 출력
print("앞면이 나온 횟수 =",n_head)
print("뒷면이 나온 횟수 =",n_tail)
print("앞면이 나올 확률 = %5.2f"%(n_head/n*100))
```

동전을 던진 횟수	앞면이 나올 횟수 예상	앞면이 나온 횟수 결과
10		
100		
1000		
10000		
100000		
1000000		

5. 물물교환 벼룩시장

한 학급에서 화폐를 사용하지 않고 물물 교환을 하는 벼룩시장을 열었습니다. 총 10개 팀이 하나의 물품만을 취급할 수 있습니다. 물품은 모두 6개입니다. 각 팀이 가지고 있는 물품과 교환을 원하는 물품이 다음과 같습니다.

팀	원하는 물품	가지고 있는 물품
A	가방	공책
B	가위	지우개
C	가방	가위
D	공책	색종이
E	색종이	연필
F	공책	가방
G	색종이	가위
H	지우개	연필
I	색종이	공책
J	색종이	연필

학급의 선생님이 공책을 가지고 있고, 연필을 얻고자 한다면 어떤 과정을 거쳐야할까요?

1-3 컴퓨팅 사고력의 응용 Ⅱ

1. 수학적 알고리즘과 소프트웨어

제시된 문제에 대한 효율적인 해법을 정하는 것이 알고리즘입니다. 컴퓨터 기술이 발전할수록 데이터가 기하급수적으로 많아지고 어떤 알고리즘을 가지고 계산하는가에 따라 처리 속도의 차이가 납니다. 간단한 수학 계산 문제를 단순 계산한 것과 알고리즘을 사용하여 계산한 경우의 차이를 알아보겠습니다.

실전 1 ▸ 덧셈과 곱셈

컴퓨터가 덧셈을 계산하는 경우와 곱셈을 계산하는 경우 처리 속도에 차이가 있을까요? 파이썬으로 간단한 프로그램을 작성하여 알아보겠습니다.

- 다량의 덧셈과 곱셈을 하는 프로그램을 작성하고 동작하는데 소요되는 시간을 계산합니다.
- 덧셈과 곱셈의 처리 시간을 비교합니다.

❶ 프로그램

```python
from time import time

a = 1000
b = 2000
cnt = 10000000    #계산 횟수

t_add = 0
t_mul = 0
for i in range(5):   #5회 실시
    print(i+1,"회 시도")

    #더하기 처리
    start = time()
    for x in range(cnt):    #다량의 더하기
        a+b

    t_add = t_add + time()-start
    print("더하기 처리시간",time()-start)

    #곱하기
    start = time()           #다량의 곱하기
    for x in range(cnt):
        a*b

    t_mul = t_mul + time()-start
    print("곱하기 처리시간",time()-start)
    print()

#평균처리 시간 출력
print("=========")
print("더하기 평균처리시간",t_add/5)
print("곱하기 평균처리시간",t_mul/5)
```

❷ 덧셈과 곱셈 처리속도 비교

```
1 회 시도
더하기 처리시간 1.3890793323516846
곱하기 처리시간 1.4850847721099854

2 회 시도
더하기 처리시간 1.3860793113708496
곱하기 처리시간 1.4850850105285645

3 회 시도
더하기 처리시간 1.3860795497894287
곱하기 처리시간 1.4860851764678955

4 회 시도
더하기 처리시간 1.3830790519714355
곱하기 처리시간 1.4860849380493164

5 회 시도
더하기 처리시간 1.3820791244506836
곱하기 처리시간 1.4850850105285645

=========
더하기 평균처리시간 1.3852792739868165
곱하기 평균처리시간 1.4854849815368651
```

처리 속도의 결과는 프로그램을 실행하는 컴퓨터의 성능에 따라 다를 수 있지만, 같은 컴퓨터에서 수행할 경우 더하기가 곱하기보다 처리 속도가 더 적게 걸리는 결과를 얻습니다.

❸ 의미

천만번 더하기와 천만번 곱하기를 수행하면 더하기와 곱하기 사이에 약 0.1초의 처리 시간의 차이가 생깁니다. 일반적인 프로그램은 단순한 더하기와 곱하기만으로 이루어지지 않기 때문에 이런 처리 시간의 차이는 소프트웨어에서 간과할 수 없는 문제입니다. 컴퓨터는 처리하는 작업에 따라 처리속도가 다릅니다. 컴퓨터로 처리할 때, 알고리즘의 복잡성과 효율성, 명확성이 중요한 이유입니다.

실전 2 ▸ 가우스의 덧셈

1부터 특정 수까지 더하는 프로그램을 작성하려고 합니다. 가우스의 덧셈 알고리즘을 적용한 프로그램과 그렇지 않은 프로그램의 차이를 알아보도록 하겠습니다.

가우스의 덧셈은 다음과 같습니다.

```
1부터 100까지 자연수를 더할 경우
방법1.
1 + 2 + 3+ . . . + 99 + 100
= (1+100) + (2+99) + (3+98) + . . . + (50+51)
= 101 * 50
= 5050


방법2.
 1 + 2 + 3+ .    + 99 + 100
= {(1+100) + (2+99) + (3+98) + . . . + (100+1)} / 2
= (101 * 100) / 2
= 5050
```

- 일반적인 더하기 방식과 가우스의 덧셈을 적용한 프로그램을 작성하고 동작하는데 소요되는 시간을 계산합니다.
- 두 계산법의 처리 시간을 비교합니다.

❶ 프로그램

```
from time import time

n = 10000000    #1부터 n번까지 더하기

#더하기로 처리
start = time()
total = 0
for i in range(n+1):
    total = total + i
print("일반적 더하기로 처리",time()-start)
print()

#가우스 덧셈으로 처리
start = time()
total = (1+n)*n/2
print("가우스 덧셈으로 처리",time()-start)
print()
```

❷ 처리속도 비교

```
일반적 더하기로 처리 2.1731245517730713
가우스 덧셈으로 처리 0.0
```

1부터 천만까지 수를 그냥 더했을 경우 알고리즘을 적용한 경우보다 더 많은 시간이 걸리는 것을 확인할 수 있습니다. 처리 시간은 컴퓨터마다 조금 다를 수 있습니다.

❸ 의미

1부터 천만까지 컴퓨터를 사용하지 않고 더할 경우 시간도 많이 걸리고, 정확한 답을 얻기도 힘듭니다. 컴퓨터를 사용하면 직접 덧셈을 하는 것보다 빠르고 정확한 결과를 얻을 수 있습니다. 컴퓨터를 사용한 경우 가우스의 덧셈 방식을 사용한 경우와 사용하지 않은 경우는 처리 속도가 차이가 납니다. 컴퓨터를 사용할 때 처리 속도 1초의 차이는 굉장히 큰 차이입니다. 소프트웨어를 제작하는 과정에서 알고리즘을 알고 적용하는 것이 중요한 이유입니다.

2. 알고리즘

컴퓨터 과학에서의 알고리즘은 컴퓨팅 사고력에서의 패턴 일반화와 알고리즘 디자인 부분에 해당합니다. 문제 해결을 위한 여러 처리절차들을 순차적으로 정의하여 자동화할 수 있도록 하는 것이 알고리즘 입니다. 알고리즘이라는 말은 아랍의 수학자 '알콰리즈미'의 이름에서 유래한 용어로 어떤 문제를 해결할 때 주어진 문제를 풀기 위한 논리적인 절차와 방법을 뜻합니다. 따라서 프로그래밍 할 때 알고리즘을 설계한다고 하면 실제 프로그램 언어로 코딩을 하기 전에 주어진 과제를 어떻게 해결할 것인지 절차와 방법을 알기 쉽게 정리하는 것을 말합니다.

예전에 비해서 컴퓨터의 계산 속도도 빨라지고 메모리 크기도 커졌지만 그만큼 프로그램 안에서 처리해야 하는 데이터의 양도 많아지고 요구하는 기능도 많아졌습니다. 그래서 알고리즘을 어떻게 구성하느냐에 따라 프로그램이 실행되는 시간과 요구되는 메모리 공간이 달라집니다.

앞서 제시했던 가우스의 덧셈 방식을 적용한 예에서 알 수 있듯이 알고리즘은 주어진 문제를 단순화시켜 효율적으로 해결하고 다른 문제의 해결에도 활용할 수 있습니다.

1) 알고리즘의 조건

어떤 절차가 알고리즘이 되려면 아래와 같은 다섯 가지 조건을 만족시켜야 합니다.

❶ 입력(Input) : 0개 이상의 외부로부터의 입력이 존재해야 합니다.
❷ 출력(Ouput) : 1개 이상의 결과가 존재해야 합니다.
❸ 명확성(Definiteness) : 알고리즘 안의 각 단계별 명령은 무엇을 어떻게 하기 위한 것인지 명확하게 표현되어야 합니다.
❹ 유한성(Finiteness) : 알고리즘 안의 각 단계들이 실행되는 횟수는 유한한 횟수만큼 실행한 후 종료해야 합니다.
❺ 유효성(Effectiveness) : 알고리즘 안의 명령들은 실행이 가능한 명령이어야 합니다.

2) 알고리즘의 표현 방법

알고리즘은 보통 자연어, 의사 코드, 순서도 이렇게 3가지의 표현 방법을 가지고 정리할 수 있습니다.

(1) 자연어(Natural Language)

특별한 형식이 없이 일상에서 사용하는 언어를 사용해서 알고리즘을 정리하는 방법입니다.
정해진 형식 없이 자유롭게 표현할 수 있기 때문에 사용하기 쉽고 알고리즘을 작성한 사람은 이해하는 데 큰 어려움은 없습니다. 그러나 사용자마다 쓰는 용어가 다르고 표현이 명확하지 않아 작성자 이외의 사람들이 이해하기 어려운 점이 있습니다.

예) 1부터 n까지의 짝수의 합과 개수 출력하기

> 알고리즘 기술 시작
> 짝수합계 변수와 짝수개수 변수를 초기화 한다.
> 정수를 입력 받아 변수n에 저장한다.
> 1부터n 까지 숫자가 짝수인지 반복한다.
> 만일 1부터 n까지 숫자가 짝수이면 짝수합계로 더해주고, 짝수개수를 1만큼 증가시킨다.
> 반복을 완료한 후 집계한 짝수합계 변수와 짝수개수 변수를 출력한다.
> 알고리즘 기술 종료

(2) 의사 코드(Pseudocode)

자연어와 프로그래밍 언어의 중간적인 특징을 갖고 있는 표현 방법으로 프로그램 코드를 흉내내어 작성하는 것입니다. 제한된 단어로 명령문과 연산식을 표현하고 제한된 구조를 사용해서 순차, 반복 및 조건 분기를 표현하기 때문에 간결하고 효과적으로 알고리즘을 표현할 수 있습니다. 의사 코드는 여러 프로그래밍 언어에서 일반적으로 사용되는 개념을 사용해서 작성합니다.
의사 코드는 실제 프로그래밍 언어처럼 문법이 정해져 있는 것은 아니기 때문에 다양한 방법이 존재합니다. 대체로 많이 쓰이는 프로그래밍 언어인 C, 파스칼, 파이썬 혹은 포트란 같은 언어의 형식을 가져다 쓰는 경우가 많습니다.
아래의 예는 파이썬 언어의 형식을 빌려 작성한 의사 코드입니다.

예) 1부터 n까지의 짝수의 합과 개수 출력하기

```
짝수합계 = 0
짝수개수 = 0
input (n)
for i = 1 부터 n까지 i를 하나씩 증가시키며 반복
    if i가 2로 나누어 떨어지나?
        짝수합계 = 짝수합계 + i
        짝수개수 = 짝수개수 + 1
print (짝수합계, 짝수개수)
```

(3) 순서도(Flow chart)

앞에서 배운 순서도를 이용해서 명령의 순서대로 알고리즘을 표현하는 방법입니다.

예) 1부터 n까지의 짝수의 합과 개수 출력하기

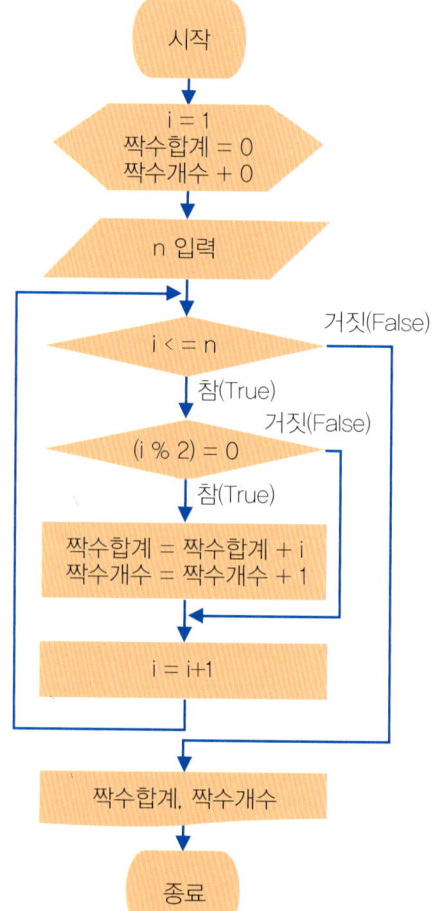

3) 알고리즘을 이용한 문제 해결

(1) 정렬(sort)

정렬이란 자료를 일정한 순서대로 정리하는 것을 말합니다. 휴대전화에 저장되어 있는 연락처가 '가나다' 혹은 '알파벳' 순서로 정렬되어 있는 것이 우리가 흔히 찾아볼 수 있는 정렬의 예입니다. 도서관에서는 쉽게 자료를 찾을 수 있도록 자료를 정렬해 놓습니다. 이처럼 정렬은 필요한 자료를 쉽게 찾기 위해 필요한 작업입니다.

사람은 자료를 한 눈에 여러 개 자료를 놓고 크기를 비교할 수 있지만 컴퓨터는 기본적으로 자료를 두 개씩만 비교할 수 있습니다. 그래서 어떤 정렬 알고리즘을 사용하느냐에 따라 실행시간이 달라집니다. 여기서는 많은 정렬 알고리즘 중에서 버블 정렬, 선택 정렬, 퀵 정렬을 소개하겠습니다.

❶ 버블 정렬(Bubble sort)

옆에 있는 두 개의 자료를 비교해서 서로의 자리를 바꾸어 가며 정렬하는 방법입니다. 두 수 중에서 큰 수가 거품처럼 떠올라 계속 이동해 가는 모습에서 버블(Bubble: 거품)이라는 이름이 붙여진 정렬 알고리즘입니다.

아래의 자료들을 버블 정렬 알고리즘을 사용해서 오름차순으로 정렬해보겠습니다.

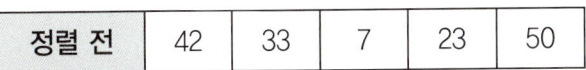

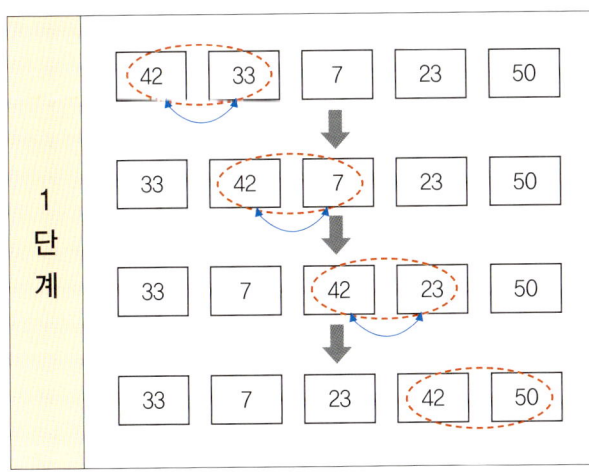

1단계 비교 결과 가장 큰 수 50이 맨 오른쪽에 위치하게 됩니다.

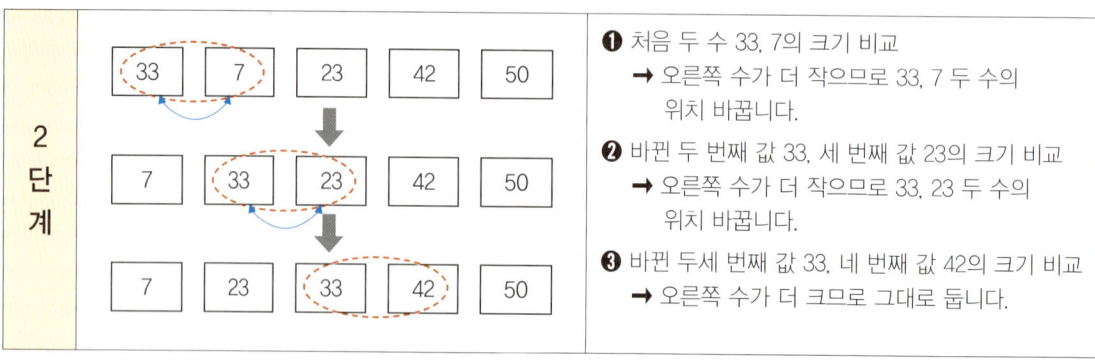

2단계 비교 결과 두 번째로 큰 수가 오른쪽 끝에서 두 번째에 위치하게 됩니다.

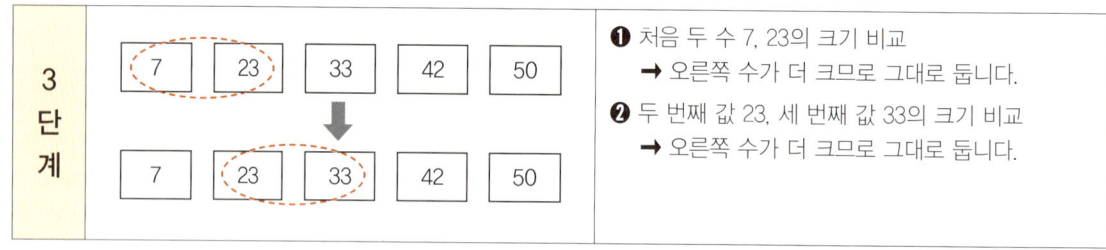

3단계 비교 결과 세 번째로 큰 수가 오른쪽 끝에서 세 번째에 위치하게 됩니다.

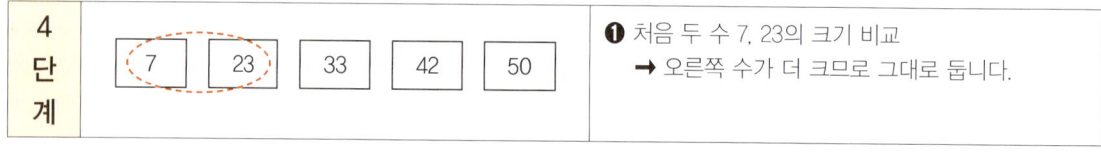

이렇게 해서 버블 정렬 알고리즘을 이용한 데이터 정렬이 종료되었습니다.

❷ 선택 정렬(Selection sort)

정렬되지 않은 자료들 중에서 가장 작은(혹은 가장 큰) 자료를 찾아 정렬되지 않은 자료들의 첫 번째 위치로 보내는 방법입니다. 가장 작은(혹은 가장 큰) 값을 선택하여 정렬하는 방식에서 선택(Selection)이라는 이름이 붙여진 정렬 알고리즘입니다.

선택 정렬 알고리즘을 사용해서 아래 자료들을 내림차순으로 정렬해 보도록 하겠습니다.

| 정렬 전 | 42 | 33 | 7 | 23 | 50 |

1단계에서는 가장 큰 값을 첫 번째 위치에 자리하도록 합니다. 기준 위치를 첫 번째 위치로 정하고 내림차순 정렬을 위해서 정렬하지 않은 자료들 중 가장 큰 값을 찾습니다.

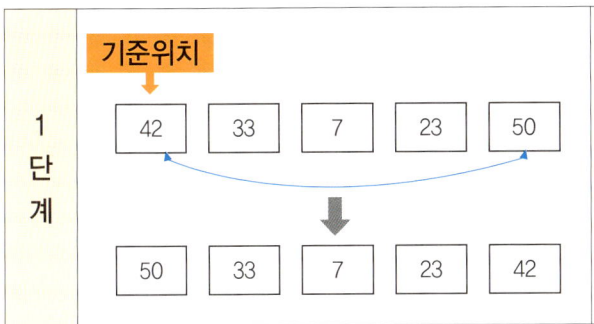

정렬하지 않은 자료 중에서 가장 큰 값은 다섯 번째 값인 50 이므로 기준위치에 있는 값 42와 다섯 번째 값 50의 위치를 서로 바꿉니다.

2단계에서는 두 번째로 큰 값을 두 번째 위치에 자리하도록 합니다. 기준 위치를 두 번째 위치로 정하고 정렬되지 않은 자료들 중 가장 큰 값을 찾습니다.

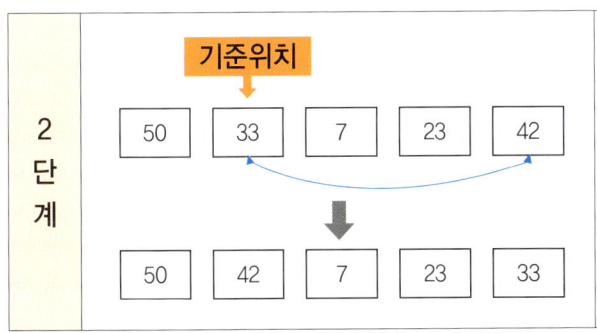

정렬하지 않은 자료 중에서 가장 큰 값은 새로운 다섯 번째 값인 42이므로 기준 위치에 있는 값 33과 다섯 번째 값 42의 위치를 바꿉니다.

3단계에서는 세 번째로 큰 값을 세 번째 위치에 자리하도록 합니다. 기준 위치를 세 번째 위치로 정하고 정렬되지 않은 자료들 중 가장 큰 값을 찾습니다.

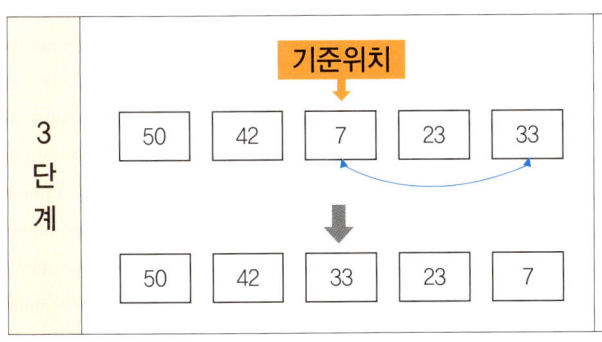

정렬하지 않은 자료 중에서 가장 큰 값은 새로운 다섯 번째 값인 33이므로 기준 위치에 있는 값 7과 다섯 번째 값 33의 위치를 바꿉니다.

4단계에서는 네 번째로 큰 값을 네 번째 위치에 자리하도록 합니다. 기준 위치를 네 번째 위치로 정하고 정렬되지 않은 자료들 중 가장 큰 값을 찾습니다.

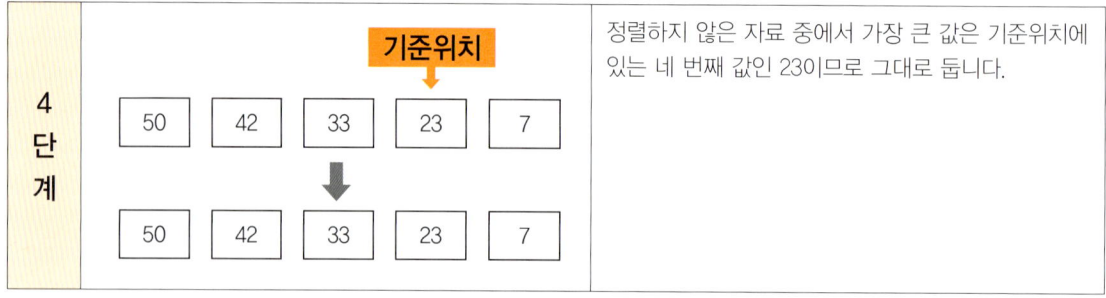

다음 단계에서는 기준 위치가 데이터의 마지막이 되므로 정렬을 종료합니다.

❸ 퀵 정렬(Quick sort)

정렬해야 할 자료들 중 하나의 값을 기준 값으로 골라 기준 값 보다 작거나 같은 자료들은 기준 값의 앞으로, 기준 값보다 큰 자료들은 기준 값 뒤로 가도록 분리합니다. 이렇게 나눠진 자료들의 그룹은 각 그룹별로 새로운 기준 값을 다시 정해서 작은 값, 큰 값을 분리해가며 분리한 그룹 안 자료의 개수가 하나가 될 때까지 정렬하는 방법입니다. 퀵 정렬은 이름에서 짐작할 수 있듯이 앞에 소개한 버블 정렬이나 선택 정렬보다 그 속도가 빠릅니다.

퀵 정렬 알고리즘을 사용해서 오름차순으로 자료를 정렬해 보도록 하겠습니다.

| 정렬 전 | 42 | 33 | 7 | 23 | 50 |

제일 앞에 있는 수 42를 기준 값으로 정한 후 기준 값보다 큰 자료는 오른쪽으로 기준 값보다 작은 것들은 왼쪽으로 분리합니다.

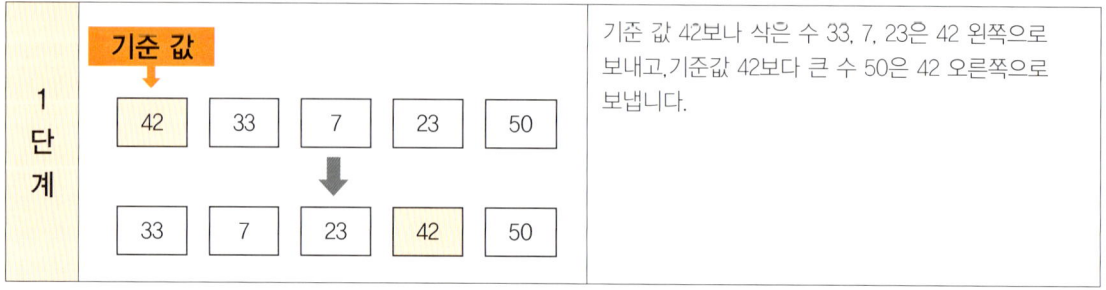

기준 값 42 보다 큰 그룹에는 50 하나 밖에 없으므로 그대로 두고 기준 값보다 작은 그룹에서 제일 앞에 있는 33을 새로운 기준 값으로 정하고 다시 크기 별 그룹을 나눕니다.

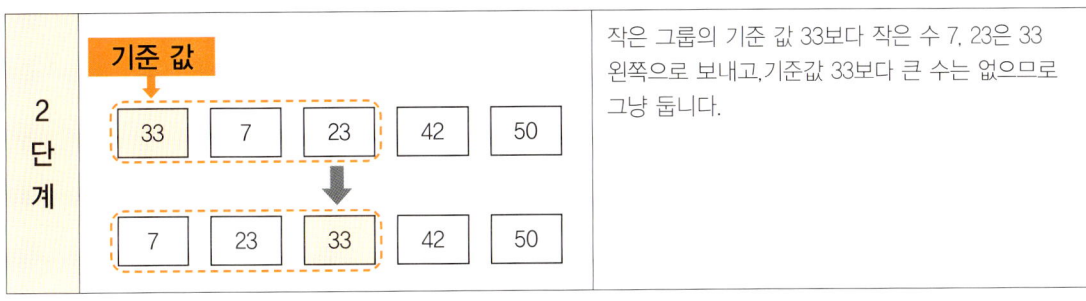

기준 값 33보다 큰 그룹은 없고 기준 값 33보다 작은 그룹에서 제일 앞에 있는 7을 새로운 기준 값으로 정하고 다시 크기 별 그룹을 나눕니다.

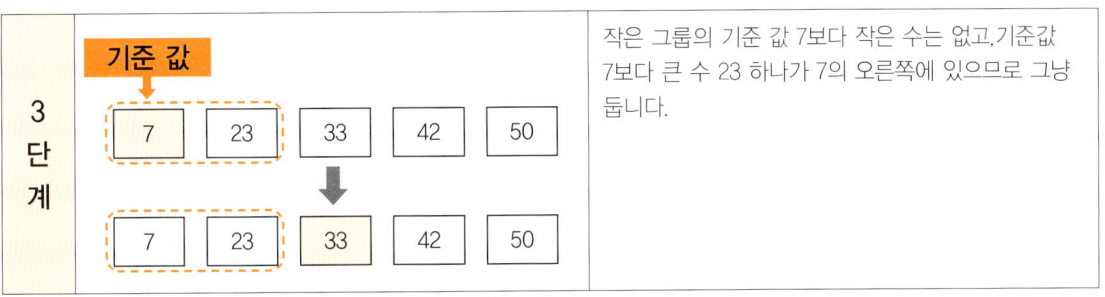

분리된 모든 그룹 안 자료의 개수가 1 이므로 정렬을 종료합니다.

(2) 검색(search)

❶ 선형 검색(Linear search)

원하는 자료를 찾을 때까지 자료들 처음부터 끝까지 하나씩 차례대로 비교하며 찾아가는 단순한 방식입니다. 저장되어 있는 자료들이 분류되어 있지 않거나 정렬되어 있지 않은 경우에 사용하는 방법으로 만일 찾고 싶은 자료가 제일 끝에 저장되어 있거나 검색 대상의 자료들이 많다면 시간이 더 오래 걸립니다.

❷ 이진 검색(Binary search)

미리 정렬되어 있는 자료들 안에서 원하는 자료를 찾기 위해서 중간 값을 기준으로 비교하면서 찾아가는 검색 방법입니다. 검색하는 자료의 범위가 반으로 줄기 때문에 선형 검색보다는 빠르게 원하는 자료를 찾을 수 있습니다. 하지만 선형 검색에 비해서 복잡하고 이진 검색을 하기 위해서는 자료들을 미리 정렬해야 하는 번거로움이 있습니다.

이진 검색 알고리즘을 사용해서 오름차순으로 정렬되어 있는 자료들에서 '31'을 찾아보겠습니다.

저장되어 있는 자료들	23	31	37	39	46	49	50	53	60

찾고자 하는 값 '31'을 저장되어 있는 자료들의 중간 값인 '46'과 비교하면 '31'이 '46' 보다 작으므로 '46' 보다 왼쪽에 있는 자료들을 검색합니다.

저장되어 있는 자료들	23	31	37	39	46	49	50	53	60

중간 값 왼쪽에 있는 자료들 중의 중간에 있는 값인 '31'과 찾고자 하는 값 '31'과 비교하면 동일하므로 검색을 종료합니다.

Chapter 02

컴퓨터 기초 이론

2-1. 컴퓨터 발전사
2-2. 컴퓨터 하드웨어 구성요소
2-3. 컴퓨터의 데이터 표현 방법

2-1 컴퓨터 발전사

1. 컴퓨터 발전사

원시적인 계산기인 주판은 지금부터 약 2000년 전에 사용한 것으로 추측되며, 17세기 프랑스의 수학자이자 철학자 파스칼(Blaise Pascal: 1623-1662)이 그의 아버지의 세금을 계산하기 위해 가감산을 할 수 있는 톱니바퀴를 이용하여 최초의 기계식 계산기를 발명하였습니다.

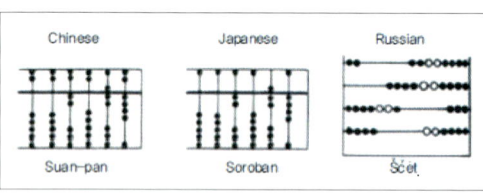

■ 국가별 주판 모양과 숫자 2,074 표시

■ Pascal 기계식 계산기

이후 미국의 통계학자인 홀러리스(Herman Hollerith : 1860-1929)가 1890년 국제 조사에 펀치카드시스템을 이용한 것이 컴퓨터 시스템의 중요한 기능인 '자료 처리(data processing)'분야의 효시를 이루었으며 오늘날의 IBM(International Business Machine) 기업으로 성장하였습니다.

■ 펀치 카드(punched card)시스템

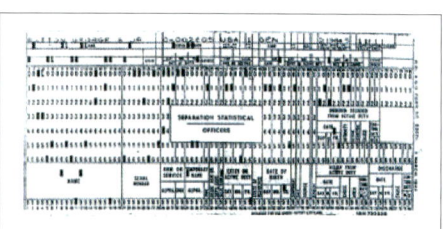

■ 카드 형태(Card Types)

1936년에는 영국인 수학자 앨런 튜링(A. Turing)이 컴퓨터의 설계를 설명하는 수학적 논리 이론의 윤곽을 나타낸 논문을 발표하였고, 독일의 콘라드 슈츠(K.Zuse)는 키보드 입력기와 기계적인 스위치, 응답 신호로 불을 밝히는 전구의 나열로 구성된 Z1 컴퓨터를 고안했습니다. 1939년 아이오와 주립대학의 교수인 아태나소프와 그의 조수 클리포드 베리와 함께 최초의 전자식 디지털 컴퓨터인 ABC 컴퓨터와 미국 하버드대학 교수인 에이킨이 1994년 Mark-I 이라는 최초의 자동계산기를 만들었습니다.

1942년 미국 펜실베니아 대학의 모클리(J. W. Mauchly)는 미 육군에서 탄두의 궤도를 계산할 수 있는 기계를 개발하기 위해 에커트(J. P. Eckert)와 공동 연구를 시작하여, 1946년에 최초의 범용 디지털 컴퓨터로 불리는 ENIAC(Electronic Numerical Integrator And Calculator)을 개발하였습니다. ENIAC은 18,000여개의 진공관을 이용해 만들어져서 무게가 30톤이나 되었고, 현재와 같이 저장된 프로그램에 의해서 계산하는 것이 아니라 사용 목적에 따라서 회로의 배선을 재배치해서 계산하는 방식이었습니다.

■ENIAC 시스템(왼쪽)과 진공관 교체 장면

그 이후 차세대 ENIAC 개발의 자문을 맡은 헝가리 출신의 미국 수학자 폰 노이만(John von Neumann)은 컴퓨터 구조를 계산장치, 메모리, 저장장치를 분리해서 설계하여 프로그램을 쉽게 수정할 수 있도록 했습니다. 더불어 프로그램 내장 방식이라는 개념과 10진수가 아닌 2진수를 사용할 것을 주장했습니다. 1949년 영국 케임브리지 대학의 윌크스(Maurice Wilkes)는 폰 노이만의 이론에 따라 최초의 프로그램 내장방식 컴퓨터인 EDSAC(Electronic Delay Storage Automatic Calculator)를 만들었지만 ENIAC과 같은 10진법 체계를 사용했습니다. 그 뒤 1951년에 폰 노이만의 프로그램을 내장하는 방식과 2진 연산을 채택한 최초의 계산기인 EDVAC(Electronic Discrete Variable Automatic Computer)이 개발되었습니다.

2. 하드웨어 구성소자 발전사

초기의 컴퓨터에는 진공관(vacuum tube)을 사용하였고 점차 새로운 기술이 발전하면서 컴퓨터 하드웨어의 구성 소자도 점차 발전하게 되었습니다.

■ 진공관(Vaccum tube)

1947년에 트랜지스터가 개발되어 상용화 된 후, 1958년에 개발된 UNIVAC II 로 인하여 2세대 트랜지스터 컴퓨터의 시대가 열렸습니다. 진공관은 부피가 크고 많은 열을 내며 전력 소모량이 큰 데다가, 진공관 자체가 타버리기 때문에 수시로 새 것으로 바꿔야 했습니다. 트랜지스터는 진공관보다 수행 속도가 빠르면서도 진공관에 비해 크기가 작고 전력 소모도 작으면서 고장이 적어서 컴퓨터를 좀 더 작고 가볍게 만들 수 있었습니다.

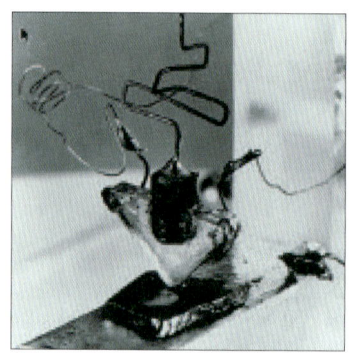

■ 초기의 트랜지스터(transister)

1958년 미국 '텍사스 인스트루먼트'사(社)의 엔지니어 잭 킬비(Jack Kilby)는 여러 개의 트랜지스터, 다이오드, 저항기가 작은 반도체 칩 위에 내장되어 있는 집적회로(IC)를 발명하였고, 1964년에 집적회로(IC)가 사용된 3세대 컴퓨터가 등장했습니다. 집적회로(IC)를 사용한 컴퓨터는 트랜지스터를 사용한 컴퓨터보다 훨씬 작아서 컴퓨터를 책상 위에 놓을 수 있었습니다. 그러면서도 수행 속도가 빠르고 고장도 적었습니다. 집적회로(IC)는 싼 값으로 대량생산 되었기 때문에 컴퓨터의 대중화에 지대한 영향을 끼쳤습니다.

1970년대 들어서면서 과학자들은 집적회로(IC) 기술을 더욱 발전시켜서 하나의 작은 실리콘 칩에 수 천 개 혹은 수 백 만개의 집적회로를 넣는 기술을 발명하여 고밀도 집적회로(LSI : Large Scale Integration)와 초고밀도 집적회로(VLSI : Very Large Scale Integration)를 만들어냈습니다. 이런 고밀도 집적회로와 초고밀도 집적회로 기술을 사용해서 제어장치와 연산장치를 하나의 칩에 배치한 중앙처리장치인 마이크로프로세서를 개발했습니다. 최초의 마이크로프로세서는 1971년에 개발된 INTEL 4004 Chip 입니다. 고밀도 집적회로와 초고밀도 집적회로를 사용한 컴퓨터를 4세대 컴퓨터라고 부르는데, 그 모습은 현재까지 이어지고 있습니다.

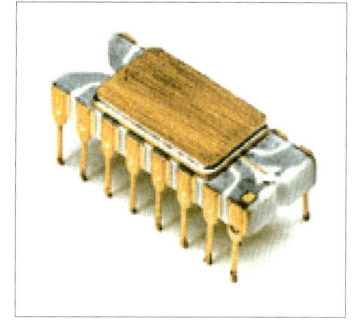

■ INTEL 4004 Chip

컴퓨터의 세대별 특성

구분 \ 세대	제1세대	제2세대	제3세대	제4세대	제5세대
하드웨어 구성 소자	진공관	트랜지스터	집적회로(IC)	고밀도 집적회로 (LSI)	초고밀도 집적회로 (VLSI)
특징	기계어 사용, 일괄처리시스템	고급언어개발, 운영체제 도입, 온라인 실시간 처리, 다중 프로그램	시분할처리, 다중처리, OCR, OMR	개인용 컴퓨터, 마이크로 프로세서 개발, 분산처리	인터넷, 인공지능, 패턴인식

2-2 컴퓨터 하드웨어 구성요소

컴퓨터를 구성하고 있는 기계적, 전기적, 전자회로적인 모든 장치를 통틀어 하드웨어라고 합니다. 하드웨어를 아래 표와 같이 크게 5가지 주요 장치로 나누어 볼 수 있습니다.

입력장치(Input Device)	데이터를 컴퓨터에 입력하도록 도와주는 장치 예) 마우스, 키보드, 조이스틱, 마이크(음성녹음)
출력장치(Output Device)	컴퓨터 내부의 결과를 사람이 알아볼 수 있는 형태로 나타내는 것 예) 모니터, 프린터
중앙처리장치(CPU)	데이터의 연산과 컴퓨터 전체의 제어를 담당한다. 크게 제어장치, 연산장치로 나눌 수 있다.
주기억장치(Memory)	입력 매체에서 받아들인 데이터를 기억하기 위한 기능
저장장치(Storage Device)	데이터를 저장하는 장치 예) 하드 디스크, USB 메모리 스틱, CD

1. 중앙처리장치(CPU : Central Processing Unit)

CPU는 레지스터라고 불리는 아주 작은 기억소자를 이용하여 산술 및 논리연산을 수행하도록 설계된 마이크로 프로세서 칩입니다.

중앙처리장치(CPU)란 컴퓨터의 두뇌에 해당하는 핵심부분으로 명령어의 인식·해독과 실행을 제어하며 연산처리를 수행하는 장치를 말합니다. 프로그램을 수행하는 장치로 명령의 실행과 명령들의 실행 순서를 제어하는 기능을 갖고 있으며, 이러한 과정을 수행하기 위하여 자료를 읽어 계산하고, 계산된 자료의 입출력, 그리고 시스템 조정이라는 세 가지 역할을 수행합니다.

■ 프로세서 전면(왼쪽)과 후면(오른쪽)

중앙처리장치(CPU)의 기능을 크게 분류하면 제어장치와 연산장치로 나뉩니다.

1) 제어장치

컴퓨터의 주기억장치에 기억된 각 명령어를 해독하고, 명령을 실행하는데 필요한 신호를 각 장치로 보냅니다. 제어장치에는 아래와 같은 주요 기능들을 가지고 있습니다.

명령 해독기(Decoder)	명령 레지스터에 있는 명령어를 해독
프로그램 카운터(PC)	다음에 수행할 명령어의 주소를 기억
기억 번지 레지스터(MAR)	기억장치로부터 입출력되는 데이터의 주소를 기억
기억 버퍼 레지스터(MBR)	기억장치에 입출력되는 데이터를 임시로 기억
명령 레지스터(IR)	CPU가 현재 실행하고 있는 명령어를 기억

2) 연산장치(ALU)

연산에 필요한 데이터를 입력받아 제어 장치가 지시하는 순서에 따라 연산을 수행합니다.

누산기(Accumulator)	연산한 결과를 일시적으로 저장
데이터 레지스터	연산에 필요한 데이터를 저장
상태 레지스터	실행중인 CPU의 상태, 시스템 내부 순간 상태를 기억

2. 주기억장치

메모리는 CPU에 의해 데이터와 명령들이 임시로 저장되는 곳으로 모든 자료의 입·출력은 주기억장치(메모리)를 매개로 이루어지기 때문에 매우 중요한 장치입니다. 중앙 처리 장치와 직접 정보를 교환할 수 있는 기억장치로 오늘날 반도체 기억소자를 널리 사용되고 있으며 용도에 따라 ROM, RAM, 가상메모리, CMOS 등으로 구분됩니다.

1) ROM(Read Only Memory)

기억된 정보를 읽을 수만 있는 기억장치로 기본 입출력시스템(BIOS), 자가 진단 프로그램(POST) 등이 저장되어 있습니다. 항상 같은 정보를 보관할 필요가 있는 부분에 사용합니다.

2) RAM(Random Access Memory)

데이터가 CPU에서 처리되기 이전 혹은 처리 후에 저장되는 공간이며 휘발성 메모리로 전원이 꺼지면 내용이 모두 지워지는 특성을 갖고 있습니다. 매체로부터 읽고 쓰는 것이 자유로우며 기억장소 위치에 관계없이 직접 접근이 가능하므로 주기억장치에 널리 사용됩니다.

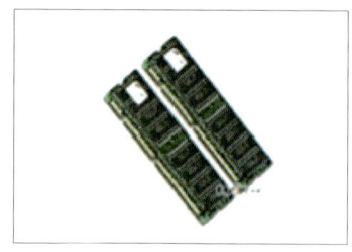
■ 삼성 DDR 256 MB RAM

■ SRAM(Static Random Access Memory)
정적 램이라고 하며 전원이 들어오는 동안 계속 내용을 유지하므로 소비전력이 크고 동작속도가 DRAM보다 빠릅니다. 캐시메모리와 비디오카드의 RAMDAC의 일부로 사용됩니다.

■ DRAM(Dynamic Random Access Memory)
정보를 축전기(capacitor)에 의해 충전되어 저장하며 충전된 데이터가 계속 콘덴서에 머무는 것이 아니고 시간이 지나면 조금씩 방전되므로 주기적인 충전이 필요한데 이런 방식을 재생(refresh)이라고 합니다. 그러나 가격이 싸고, 소비전력이 적고 동작속도가 빠르며 집적도가 높아 대용량 메모리에 적합하여 일반 PC에 가장 많이 사용되는 램 입니다.

3) 기타 메모리

(1) 캐시 메모리(Cache Memory)
주기억 장치와 CPU 사이에 있으면서 자주 사용되는 명령어나 데이터를 일시적으로 저장하여 CPU의 사용 효율을 높이기 위한 공간 입니다.

(2) 가상 메모리(Virtual Memory)
논리적 메모리라고 하며 보조기억장치의 일부를 메모리처럼 사용하는 기능입니다.

(3) 버퍼(Buffer)
두 장치가 데이터를 주고 받을 때, 두 장치간 속도차를 해결하기 위해 중간에 데이터를 임시 저장하는 공간입니다.

(4) 플래시 메모리(Flash Memory)
RAM과 ROM의 장점을 한 대 묶어 읽고 쓰기가 빠르면서도 정보가 지워지지 않는 메모리로 작고 가벼워서 휴대전화, 디지털 카메라 등에 많이 사용됩니다.

2-3 컴퓨터의 데이터 표현 방법

1. 자료의 디지털 표현

최초의 컴퓨터인 에니악은 진공관을 이용하여 만들었습니다. 진공관으로 나타낼 수 있는 신호는 껐다와 켰다 두 가지 상태입니다. 지금은 컴퓨터의 단자가 많이 발달해 이런 진공관을 사용하지 않지만 껐다와 켰다 두 가지 전기적 신호를 이용하여 컴퓨터를 만든 것입니다.

진공관이 한 개만 있을 경우는 껐다를 0으로 켰다 를 1로 표현합니다. 즉, 두 가지 종류의 신호 표현이 가능합니다. 그럼 진공관(전구)이 두 개가 있다면 몇 가지 종류의 신호를 표현 할 수 있을까요? 여기서 이제 전구라는 말 대신 전구 1개를 1비트(bit) 라고 부르겠습니다. (컴퓨터에서 값을 저장할 수 있는 최소 단위를 비트(bit)라고 합니다.) 비트는 두 가지 값을 갖습니다. 1개의 비트에는 0과 1 중 하나의 값이 저장될 수 있다는 것입니다.

전구 1개로 표현할 수 있는 정보의 가지 수		전구 2개로 표현할 수 있는 정보의 가지 수	
💡	0	💡💡	00
💡	1	💡💡	01
		💡💡	10
		💡💡	11

위에서 보셨듯이 전구 2개로는 표현할 수 있는 정보의 가지 수가 4개로 너무 정보가 적습니다. 그래서 한 줄에 전구 8개씩을 묶어서 정보를 표현하기로 한 것 입니다. 8개의 전구 즉, 8 비트를 1개의 문자를 저장할 수 있는 기본 단위인 byte로 정한 것입니다. 8개의 비트가 모여 1byte를 이루면 0에서 255까지 총 256가지의 정보를 저장할 수 있게 됩니다. 이 정도면 문자 표현이 가능합니다. 그래서 1byte로 영어와 특수 문자 등을 정하였습니다.

즉 아래의 그림처럼 01000001 이면 A 라고 정의를 내린 것입니다. 이렇게 특정한 비트의 조합을 A,B,C 등의 문자로 정의하여 사용하게 된 것인데 이 정의를 ASCII 코드표 라고 합니다. ASCII 코드표를 확인해 보면 01000001 이 A 라고 정의되어 있고 이것을 10진수로 표현하면 65라는 값이라고 적혀 있습니다.

Byte = 8bit (한 개의 문자를 저장할 수 있는 최소 단위)

즉 실제로는 컴퓨터가 A를 A라고 인식하는 것이 아니라 01000001 이라고 인식합니다. 컴퓨터는 모든 작업을 이진수로 변환했다가 십진수 혹은 이런 코드표에 맞는 문자값으로 변환하고 있는 것입니다. ASCII 코드표를 인터넷에서 찾아보면 더 쉽게 이해할 수 있습니다.

ASCII 코드표의 일부

문자	10진수	16진수	2진수
(null)	0	00	00000000
☺	1	01	00000001
☻	2	02	00000010
♥	3	03	00000011
♦	4	04	00000100
A	65	41	01000001
B	66	42	01000010
C	67	43	01000011
D	68	44	01000100

■ http://terms.naver.com/entry.nhn?docId=841951&cid=42344&categoryId=42344

2. 수의 체계와 진법

1) 10 진수(decimal)

대부분 사람들은 0부터 9까지 모두 10개의 숫자로 구성된 10진법을 주로 사용합니다.
10 진법에서는 각 숫자의 위치가 10의 멱(승)의 형태로 표현됩니다.
예를 들어 456라는 숫자는
100 이 4개 + 10 이 5개 + 1 이 6개, 즉 $4 \times 100 + 5 \times 10 + 6 \times 1$를 의미합니다.

2) 2 진수(binary)

2 진수는 "0"과 "1"이라는 오직 2가지 종류의 숫자로만 구성되는데, 2진법에서도 각 숫자의 위치는 2의 멱(승)으로 나타내집니다.
예를 들어 2진수 1111은
$(1111)_2 = 1 \times 2^3 + 1 \times 2^2 + 1 \times 2^1 + 1 \times 2^0 = 8 + 4 + 2 + 1 = (15)_{10}$ 입니다.

3) 8 진수(octal)

8진법에서는 숫자들이 0에서 7까지 숫자로 구성됩니다. 컴퓨터 프로그래밍에서 8진수는 2진수에 비해 짧게 표기할 수 있다는 장점 때문에 2진수 대신 사용됩니다.

예:
$(12403)_8 \rightarrow (5379)_{10}$
$(12403)_8 = 1 \times 8^4 + 2 \times 8^3 + 4 \times 8^2 + 0 \times 8^1 + 3 \times 8^0$
$= 1 \times 4096 + 2 \times 512 + 4 \times 64 + 0 \times 8 + 3 \times 1$
$= 5379_{10}$

4) 16 진수(hexadecimal)

16진수는 숫자 0~9 까지, 영문 알파벳 문자 A~F까지를 사용합니다.

예:
$(FB40A)_{16} \rightarrow (1,029,130)_{10}$
$(FB40A)_{16}$
$= 15 \times 16^4 + 11 \times 16^3 + 4 \times 16^2 + 0 \times 16^1 + 10 \times 16^0$
$= 15 \times 65536 + 11 \times 4096 + 4 \times 256 + 0 \times 16 + 10 \times 1$
$= 1,029,130_{10}$

아래의 표에 모두 같은 값을 갖는 2진수와 10진수 그리고 16진수를 나타내었습니다.

■ 진수 별 수 값

2진수	0	1	10	11	100	101	110	111	1000	1001	1010	1011	1100	1101	1110	1111	10000	...
10진수	0	1	2	3	4	5	6	7	8	9	10	11	12	13	14	15	16	...
16진수	0	1	2	3	4	5	6	7	8	9	A	B	C	D	E	F	10	...

3. 수 변환

1) 10진수와 2진수의 변환

앞에서 설명한 수의 개념에 의하면 2진수 $(1111)_2$를 10진수로 변환하는 과정은 아래와 같습니다.

$(1111)_2 = 1 \times 2^3 + 1 \times 2^2 + 1 \times 2^1 + 1 \times 2^0$
$= 8 + 4 + 2 + 1 = (15)_{10}$

10 진법을 2진법으로 변환하고자 한다면 이의 역순을 취하면 됩니다.
10을 2진수로 변환하기 위해서는 10에 대해 2로 나누어서 나머지의 조합을 구해서 2진수를 구할 수 있습니다.

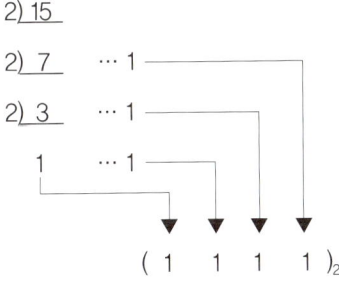

마찬가지 방법으로 15를 8진수로 변환하면 다음과 같습니다.

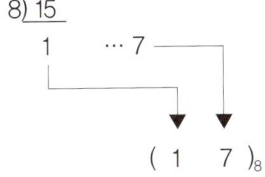

소수점 아래의 숫자에 대해서도 동일한 개념을 적용할 수 있는데 기수에 해당되는 2를 곱해서 얻어지는 소수점 이상의 숫자 조합으로 2진수를 표현합니다. 이때 소수점 이상의 값은 제거하고 이 과정을 반복합니다. 예를 들어, 0.125에 대한 2진수 표현은 다음과 같은 과정을 통해 얻어집니다.

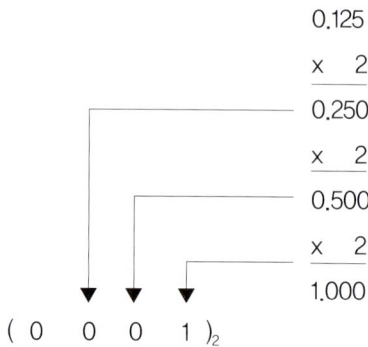

따라서 0.125에 대한 2진수 표현은 $(0.001)_2$입니다. 이러한 과정의 반복에서 얻어진 값이 0이 될 때까지 반복되는데 소수점 아래의 숫자가 무한 반복되어 정확히 표현되지 않는 경우가 발생되어 10진수에 대한 정확한 2진법을 얻기가 힘듭니다.

0.6에 대한 2진수는 계산이 계속 순환되어서 정확한 값을 구할 수 없으므로 오차가 발생됩니다. 이와 같은 숫자는 기계에서 표현될 때 기억공간의 한계에 의해 약 $(0.1001001)_2$이라고 할 수 있습니다.

2) 2진수와 8진수 관계

8진수 1자리 숫자는 3자리의 2진수로서 표현된 값과 같은 의미입니다. 예를 들어 $(101)_2$와 $(5)_8$은 같은 숫자를 나타내며. 따라서 소수점을 기준으로 3자리씩 묶어서 8진수 1자리 표현이 가능합니다.

```
예 :
 | 011 | 001 | 101 | 101 | 110 |  ── 2진수
 |  3  |  1  |  5  |  5  |  6  |  ── 8진수
```

즉, $(11001101.10111)_2$은 $(315.56)_8$인데 가장 왼쪽과 오른쪽의 경우는 3자리씩 묶을 숫자가 존재하지 않으면 0을 채워서 처리합니다.

정수부분 | 000 | 000 | 011 | 001 | 101 |
　　　　　　　　　　　　3　　1　　5

3) 2진수와 16진수 관계

2진수는 4자리 숫자로서 한자리의 16진수를 나타냅니다. 따라서 소수점의 위치를 기준으로 4자리씩 묶을 수 있습니다.

예 :
| 0110 | 1010.1001 | 1110 | —— 2진수
| 6　 | A 　9 　 | E 　 | —— 16진수

따라서 $(1101010.1000111)_2$는 $(6A.9E)_{16}$입니다.

4) 8진수와 16진수의 관계

8진수와 16진수의 관계는 2진수를 매개체로 해서 서로 변환할 수 있습니다.

예 :
| 4 5 3 | —— 8진수
| 100 101 011 | —— 2진수
| 1 | 2 | B | —— 16진수

따라서 $(453)_8 \rightarrow (100101011)_2 \rightarrow (12B)_{16}$입니다.

이처럼 16진수에서는 10에서 15까지의 값을 숫자로 표기하지 않고, 10을 A , 11을 B, 12는 C, 13은 D, 14는 E, 15를 F로 표현하고 있습니다. 자칫 잘못하면 자릿 수를 오인할 수 있기 때문입니다. 그래서 $(118)_{16}$ 라고 표현하지 않고 $(B8)_{16}$이라고 표현합니다. ASCII 코드표를 보면 알 수 있습니다.

그럼 이제는 컴퓨터의 용량의 단위를 보겠습니다. 한 개의 글자는 1byte를 기본으로 합니다. 하지만 십만개 백만개의 글자가 들어간다면 표현하기 어려울 것입니다. 미터와 킬로미터처럼 컴퓨터의 데이터 용량도 나타내는 단위가 있습니다.

> 1byte = 8bit
> 1KB (Kilo Byte) = 1,024 byte (1,024 는 2^{10} 입니다.)
> 1MB (Mega Byte) = 1,024 KB
> 1GB (Giga Byte) = 1,024 MB
> 1TB (Tera Byte) = 1,024 GB
> 1PB (Peta Byte) = 1,024 TB

4. 그림 자료의 표현

그림 자료의 형식에는 이미지 정보를 도형과 선들의 수식으로 표현 하는 벡터(vector) 방식과 픽셀이라는 점(dot)을 이용하여 그림을 표현하는 비트맵(bitmap) 방식이 있습니다.

■ 벡터(vector)와 비트맵(bitmap) 이미지

1) 비트맵 이미지

작은 점(Pixel, 화소)으로 이미지를 표현하는 방식으로, 이런 픽셀들이 모여서 하나의 선이 되고 면이 됩니다. 픽셀의 수가 많을수록 선명한 해상도를 가지게 됩니다.

이미지를 확대하면 테두리가 거칠게 표현되는 계단현상이 발생하지만 사실적인 이미지를 표현 할 수 있으며, 벡터 방식에 비해 많은 용량을 차지합니다. BMP, PCX, JPEG, GIF 등의 파일 형식 있습니다.

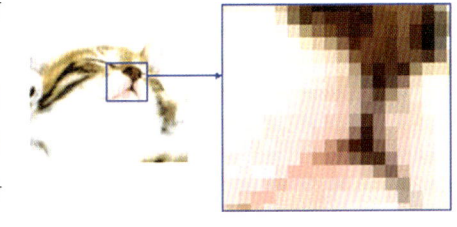
■ 비트맵 이미지

2) 벡터(Vector) 이미지

점과 점을 연겨라는 선분에 의하여 그림을 나타내는 방식으로 벡터 그래픽은 주어진 공간에 선이나 도형을 배치하기 위해 명령어들이나 수학적 표현을 통해 이미지를 만듭니다. 벡터 그래픽에서는 선을 그리기 위해 각 점들의 정보를 저장하는 것이 아니라 연결된 점들의 위치가 저장되는 것입니다. 때문에 파일 사이즈가 작고, 이미지를 확대해도 테두리가 거칠어지지 않고 매끄럽게 표현됩니다. 단순한 도형 표현에 적하지만 사진과 같은 유연한 작품을 만들 수 없는 단점이 있습니다. DXF, AI, WMF,CDR 등의 파일 형식이 있습니다.

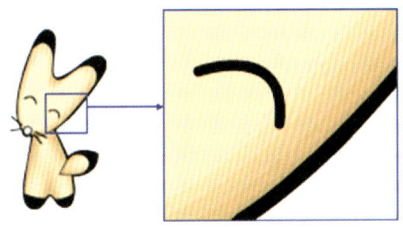
■ 벡터 그래픽 이미지

3) 동영상 데이터

동영상 자료는 변화하는 그림들이 담겨 있는 화면을 연속적으로 보여주어 움직임을 표현하는 자료로 자연스러운 동영상 자료를 만들려면 1초당 30장의 그림이 제시되어야 합니다. 파일 포맷 방식으로는 Video for Windows,Quick Time for Windows, MPEG 등이 있습니다.

> **Video for Windows**
> 윈도에서의 표준 동영상 기술이며 재생과 녹화 및 압축에 사용되며 .avi 확장자를 가집니다.
>
> **Quick Time for Windows**
> 매킨토시 운영 체제에서 동영상을 사용할 수 있도록 개발한 기술로 확장자는 .mov 로, 하드웨어적인 기기를 추가하지 않고 동영상 파일을 압축, 저장, 재생할 수 있습니다.
>
> **MPEG(Moving Picture Experts Group)**
> 사람의 음성이나 여러 가지 소리의 음향까지 포함한 동영상을 압축하여 실시간으로 재생이 가능한 동영상뿐만 아니라 오디오도 가능한 표준 압축 기술 입니다.

🔵Tip RGB 칼라값

그럼 컴퓨터에서 칼라값은 어떻게 기억하고 있을까요? 칼라값은 0~255의 숫자값으로 기억하고 있습니다. 빛의 3원색인 Red, Green, Blue 의 색을 혼합하여 나타내는 방식이며, 각 자리수마다 255로 갈수록 짙게 나타나고 0으로 갈수록 흐리게 나타내는 것입니다. (R,G,B) 형태로 표현하기도 하며 (255,0,0)는 빨강색, (0,255,0)은 녹색, (0,0,255)는 파랑색을 나타냅니다. 예를 들어 (20,0,20)은 보라색 계열의 색이 나오도록 설계되었습니다.

검색엔진에서 'RGB 색상표'라는 키워드로 검색을 하여 보겠습니다.

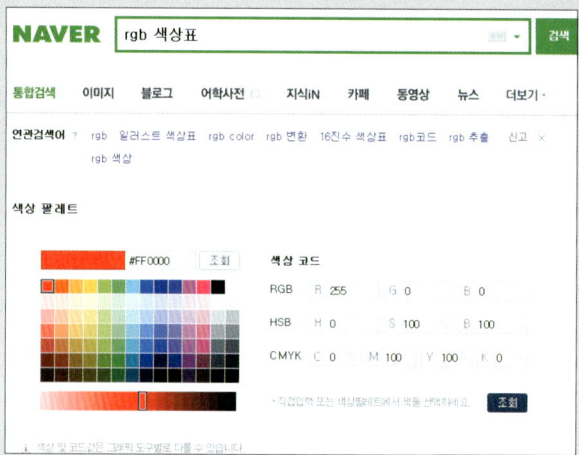

원하는 색을 클릭하면 해당하는 RGB 색상코드를 오른쪽에서 볼 수 있습니다. 일부 언어에서는 색을 0~255의 값으로 표현하기도 하고, 일부 언어에서는 #FF0022와 같이 표현하기도 합니다. 위의 RGB 코드표에 보면 RGB값이 (255,0,0) 되어 있는데 윗쪽에 #FF0000 이라고 적혀있는 것을 볼 수 있습니다. 색상표는 16진수를 사용해 표현하고 있기 때문인데요, 십진수 255는 FF 입니다. 따라서 #FF0000은 빨간색이 255 값을 갖고 나머지는 0인게 되는 것입니다. #FF0000 과 같은 색상 값을 보실 때는 16진수이며, 2자리씩 Red, Green, Blue 값인 것입니다.

도전해보세요

1. $(27)_{10}$ 를 2진수, 16진수로 표현하되 풀이과정을 쓰세요.

2. 십진수 252를 16진수로 표현하되 풀이과정을 쓰세요.

3. 십진수 33.25를 이진수로 표현하되 풀이과정을 쓰세요.

4. 100GB 짜리 USB 메모리 스틱을 가지고 있습니다. 여기에 100,300KB 짜리 그림을 대략 몇 개나 저장할 수 있을까요?
   단, 어떻게 계산이 나왔는지도 설명하세요.

5. 모니터 상의 출력 픽셀(Pixel)수를 나타내는 용어는 해상도 입니다. 자신의 컴퓨터는 어떤 해상도로 설정되어 있는지 확인해 보세요.

6. 주기억장치의 크기보다 큰 프로그램을 실행하기 위해 디스크 일부를 주기억장치처럼 사용하게 하는 메모리를 _____ 이라고 하며, 입출력장치와 기억장치 사이의 동작속도 차이를 극복하기 위한 공간을 _____ 이라고 합니다.

7. 컴퓨터 CPU에서 덧셈, 뺄셈 등 연산을 하는 장치를 무엇이라 합니까?

PYTHON

파이썬

PYTHON

Part 2

1장. 파이썬 입문
2장. turtle 그래픽
3장. 변수
4장. 조건문
5장. 반복문
6장. 함수
7장. 자료구조
8장. 응용예제 1 : 텍스트 게임
9장. 파일처리
10장. tkinter : GUI 프로그램
11장. 응용예제 2 : 파이게임(Pygame)

Memo

Chapter 01

파이썬 입문

1-1 프로그래밍과 파이썬
1-2 파이썬 설치하기
1-3 파이썬 프로그램 시작하기

1-1 프로그래밍과 파이썬

프로그래밍 언어는 C, JAVA, BASIC, PHP, Perl, Delphi 등 수 없이 많습니다. 그 중에 파이썬은 배우기 쉬우면서도 활용도가 높아 학교에서도 많이 배울 뿐 아니라 많은 기업에서도 사용하고 있는 언어입니다. 구글, 페이스북, 미 항공 우주국(NASA) 등이 파이썬을 이용해서 서비스를 구축했고 특히 구글은 파이썬을 많이 사용하는 기업으로 알려져 있는데, 구글이 개발한 프로그램의 60%가 파이썬을 이용했다고 합니다.
이렇게 파이썬은 최근 가장 인기있는 프로그래밍 언어 중 하나입니다.
Codeeval에서는 가장 인기있는 프로그래밍 언어로 파이썬을 선정했습니다. 구글 검색 순위에서도 파이썬은 가장 인기있는 프로그래밍 언어로 나타나고 있습니다.

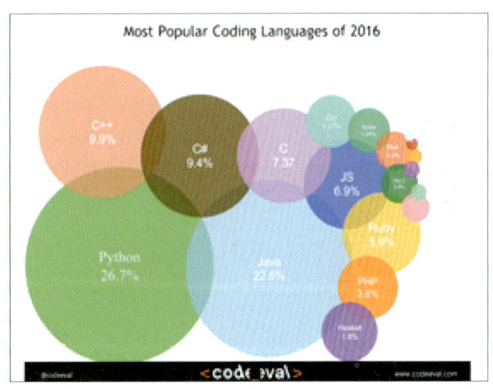

■ [출처] http://blog.codeeval.com/

■ [출처] http://www.improgrammer.net/most-popular-programming-language-in-the-world/

또한 가장 급여가 높은 10가지 프로그래밍 언어를 조사한 TIOBE 프로그래밍 인덱스의 결과(2015년 3월 조사)에서 파이썬이 3위에 올라와 있는 것을 보면, 파이썬의 인기를 짐작할 수 있습니다.

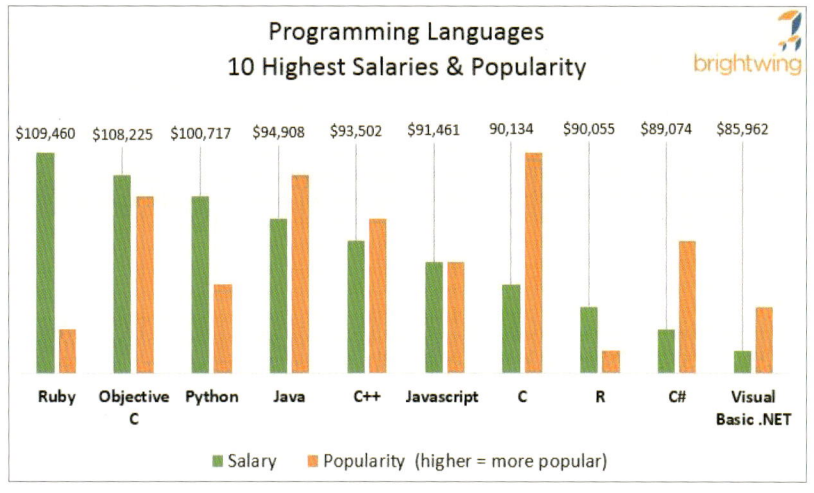

■ [출처] http://www.gobrightwing.com/blog/2015/03/23/programming-languages/

파이썬은 네델란드 출신의 귀도 반 로섬에 의해 1991년에 탄생한 인터프리터식의 객체지향 언어입니다. '파이썬'이라는 이름은 귀도 반 로섬이 좋아하는 'Monty Python's Flying Circus' 라는 코미디 프로그램에서 따왔다고 합니다. 영어 사전에서 'python'을 찾아보면 '비단뱀'이라는 단어 설명이 나오는데, 많은 파이썬 책 표지와 파이썬 홈페이지에 있는 아이콘이 뱀 모양으로 그려져 있는 이유가 여기에 있습니다.

파이썬은 범용으로 사용 가능한 언어로 다양한 프로그램을 쉽게 만들 수 있어 초보자부터 전문가까지 폭넓은 사용자층을 보유하고 있습니다.

① 초보자에게 적합한 프로그래밍 언어 (Beginner-friendly language)

파이썬은 쉽고 간결한 문장구조로 구성되어 있어 이해하기 쉽고 재미있게 사용할 수 있습니다. 들여쓰기를 사용해서 프로그램 블록을 구분하는 독특한 문법이 있어서 프로그램 소스를 이해하는 데 유리하다는 장점이 있습니다. 또한 다른 프로그래밍 언어들처럼 초보자들에게 생소한 해시(#), 달러 표시($), 괄호({ }) 같은 복잡한 심볼을 많이 사용하지 않습니다.

예를 들면, "hello world"를 프린트하는 자바코드와 파이썬 코드를 비교해 보면 파이썬 코드는 영어를 읽듯 바로 이해할 수 있다는 것을 알 수 있습니다.

JAVA 코드

```java
public class Main {
  public static void main(String[] args) {
    System.out.println("hello world");
  }
}
```

Python 코드

```python
print('hello world')
```

② 활용성이 매우 높은 프로그래밍 언어

파이썬은 윈도우, 맥, 리눅스에서도 모두 사용할 수 있습니다. 윈도우 환경의 PC에서 작성한 파이썬프로그램을 맥 환경의 파이썬이 설치되어 있는 PC 에 가져가서도 실행할 수 있습니다. 대부분 파이썬으로 만든 프로그램은 파이썬이 동작하는 모든 플랫폼에서 사용 가능합니다.

파이썬은 무료이면서 오픈 소스 소프트웨어입니다. 파이썬 표준 라이브러리 이외에 여러 사용자 그룹에서 사용자 정의 라이브러리를 제작해서 공유하고 있습니다. 이런 사용자 정의 라이브러리는 PYPI(Python Package Index) 라고 불리는 라이브러리 저장소(repository)에서 무료로 내려 받아 사용할 수 있습니다.

 참고 ▶ 컴파일러와 인터프리터

1. 컴파일러(Compiler)

컴파일러는 작성된 프로그램 전체를 기계어로 번역하여 실행파일로 만듭니다. 이 번역과정을 컴파일 한다라고 합니다. 컴파일은 번거롭고 시간이 걸리지만 프로그램의 실행속도가 빠르다는 장점이 있습니다. 프로그래밍 언어의 문법상 잘못된 것이 있을 때 구문 에러(Syntax error)가 발생했다고 이야기 하는데, 컴파일러는 번역 단계인 컴파일 단계에서 구문 에러를 찾아낼 수 있습니다. 컴파일러 언어의 예로는 포트란(Fortran), 파스칼(Pascal), C, C++ 등이 있습니다.

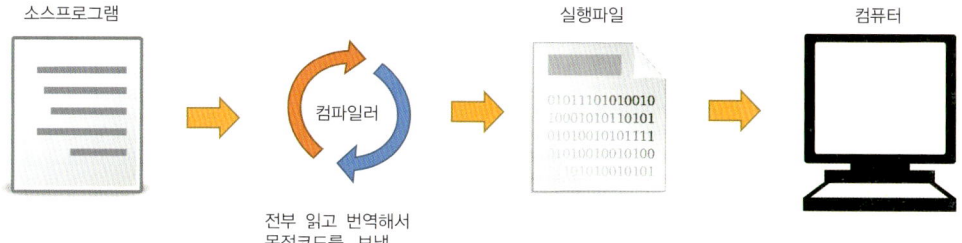

2. 인터프리터(Interpreter)

프로그램 전체를 한꺼번에 기계어로 번역하는 컴파일러와 달리 인터프리터는 한 줄씩 기계어로 번역해서 실행합니다. 따로 실행파일을 만들지 않아서 번거롭지 않고 프로그래밍을 대화식으로 할 수 있기 때문에 학생들의 교육용으로 사용되는 경우가 많습니다. 인터프리터는 프로그램을 실행할 때마다 한 줄씩 번역 해서 실행하게 되므로 프로그램 실행 속도는 느립니다. 인터프리터는 실행 단계에서 구문 에러(Syntax error)를 찾게 됩니다. 인터프리터 언어의 예로는 리스프(Lisp), 프롤로그(Prolog), 베이직(Basic), 파이썬(Python) 등이 있습니다.

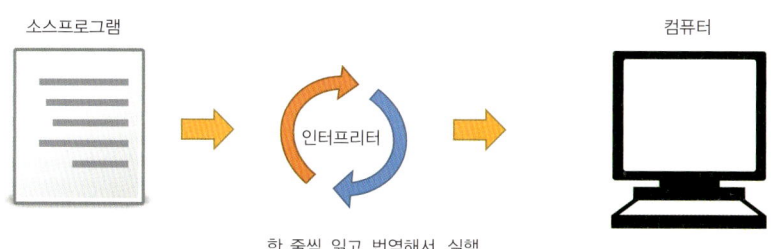

1-2 파이썬 설치하기

1. 파이썬 설치

파이썬 홈페이지 https://www.python.org/ 에 접속하면 파이썬을 설치할 수 있습니다. 현재 홈페이지에서는 파이썬 3.x 버전과 파이썬 2.7.13 을 다운받을 수 있습니다.

PEP(Python Enhancement Proposals의 약자) Index (https://www.python.org/dev/peps/) 에 있는 PEP 373에 따르면 파이썬 2.x 대 버전은 2020년까지만 지원되므로 이 책에서는 신 버전인 파이썬 3.x 버전을 설치하겠습니다.

 python 2.7 버전 vs. python 3.x 버전

python 3.x 는 2010년 처음 등장해서 계속 발전하고 있으며 영어와 가까운 형태를 띄고 있어 학생들이 학습용으로 배우기에 더 적당합니다.

python 3.x 는 python 2.7 과는 다른 함수와 문법이 존재하고 몇몇 파이썬 라이브러리는 python 3.x 버전을 지원하지 않습니다. 이 때문에 많은 기업들이 python 2.7에서 python 3.x로 버전 업그레이드를 하지 않고 있습니다.

버전 변경에 대한 문서는 아래 사이트를 참조하세요.
http://www.diveintopython3.net/porting-code-to-python-3-with-2to3.html

따라해보세요

→ 웹 브라우저를 열고 파이썬 홈페이지(www.python.org)에 접속한 후, Downloads 메뉴를 선택하면 Python 3.x 버전과 Python 2.7.13 를 선택해서 설치할 수 있습니다. 우리는 Python 3.x 버전을 선택하겠습니다.

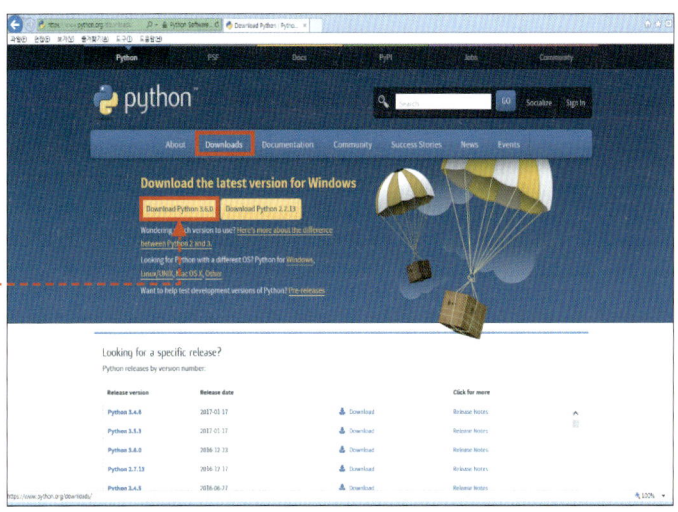

→ Python 3.6.0 를 선택하면 옆의 그림처럼 'python-3.6.0.exe 를 실행하거나 저장하겠습니까?' 라고 팝업 화면이 나옵니다.

[실행]을 선택하여 설치하거나 다운받아 파일을 저장한 후 실행해도 됩니다.

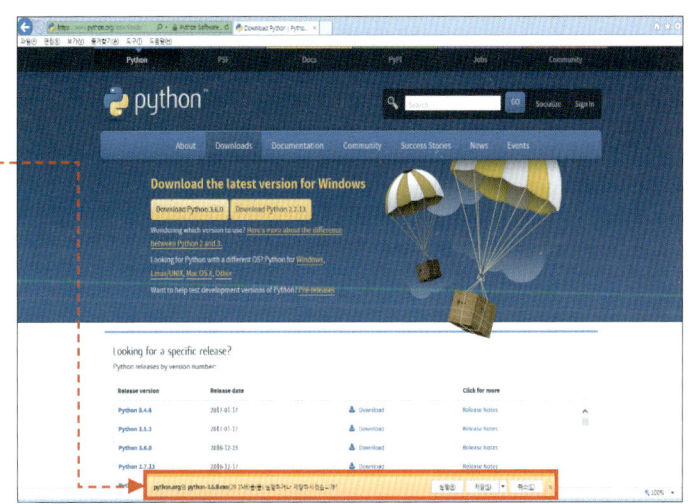

➜ 파이썬 3.6.0 설치 파일인 python-3.6.0.exe 을 실행하면 오른쪽 그림처럼 화면이 나타납니다. 선택 사항 중에 'Install launcher for all users (recommended)' 는 기본으로 선택되어 있는데 ❶ 'Add Python 3.6 to PATH' 는 선택되어 있지 않습니다. 이 부분을 꼭 체크해서 선택하고 난 후에 ❷ 'Install Now' 를 클릭하여 Python 3.6.0 을 설치합니다. (시스템 환경변수인 PATH 안에 파이썬 설치 경로가 추가되어 컴퓨터의 모든 폴더에서 파이썬 프로그램을 실행할 수 있습니다.)

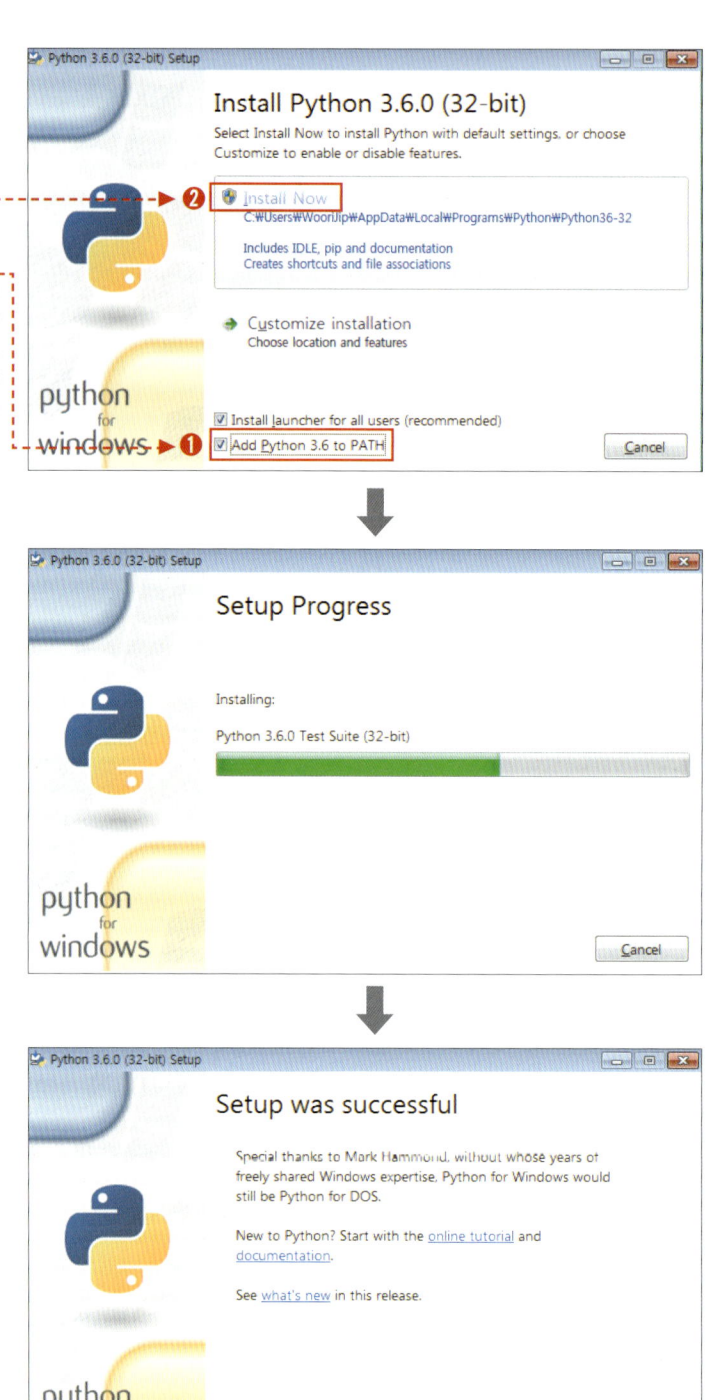

따라해보세요

→ 파이썬 3.6.0 를 설치하고 나면 윈도우 시작메뉴의 모든 프로그램 목록에서 파이썬 3.6가 설치된 것을 확인할 수 있습니다. 또 파이썬 3.6 메뉴 아래에 <u>4개의 하위 항목</u>이 있는 것도 볼 수 있습니다.

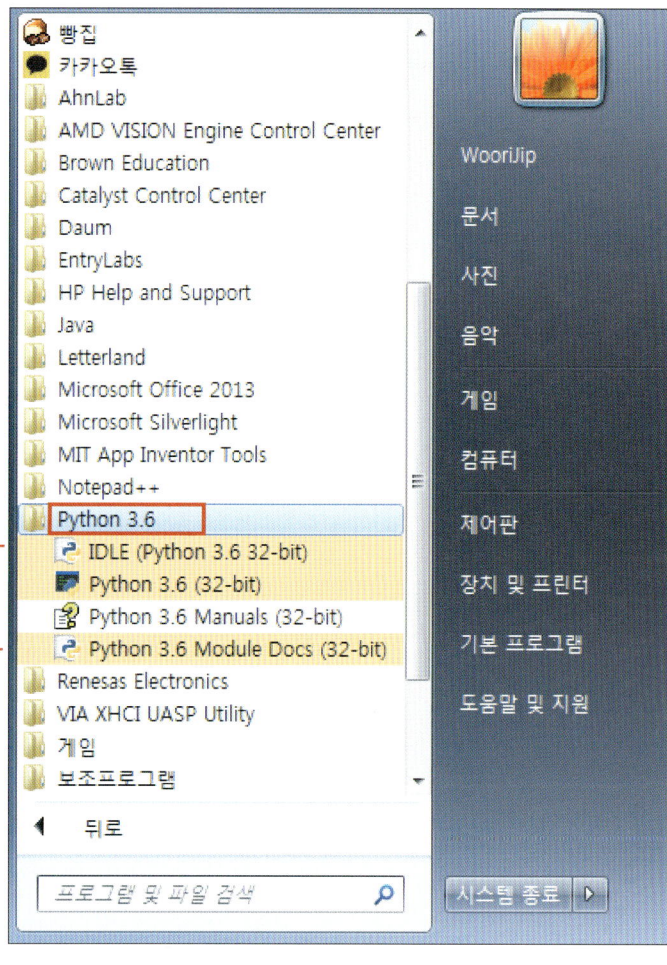

2. 파이썬 실행하기

파이썬을 실행하는 방법은 두 가지가 있습니다.

1) DOS 명령 프롬프트에서 실행하는 방법

➡ 윈도우 시작메뉴의 모든 프로그램 목록에서 [Windows 시스템] 그룹의 하위 메뉴 중 [명령 프롬프트] 를 선택하면 '명령 프롬프트' 창이 뜹니다.

➡ 또는 '웹 및 Windows 검색' 창에 "cmd"를 입력한 후 엔터키를 쳐도 '명령 프롬프트' 창이 뜹니다.

➡ 명령 프롬프트창에서 "python"이라고 입력하고 엔터키를 치면 파이썬 인터프리터가 실행됩니다.

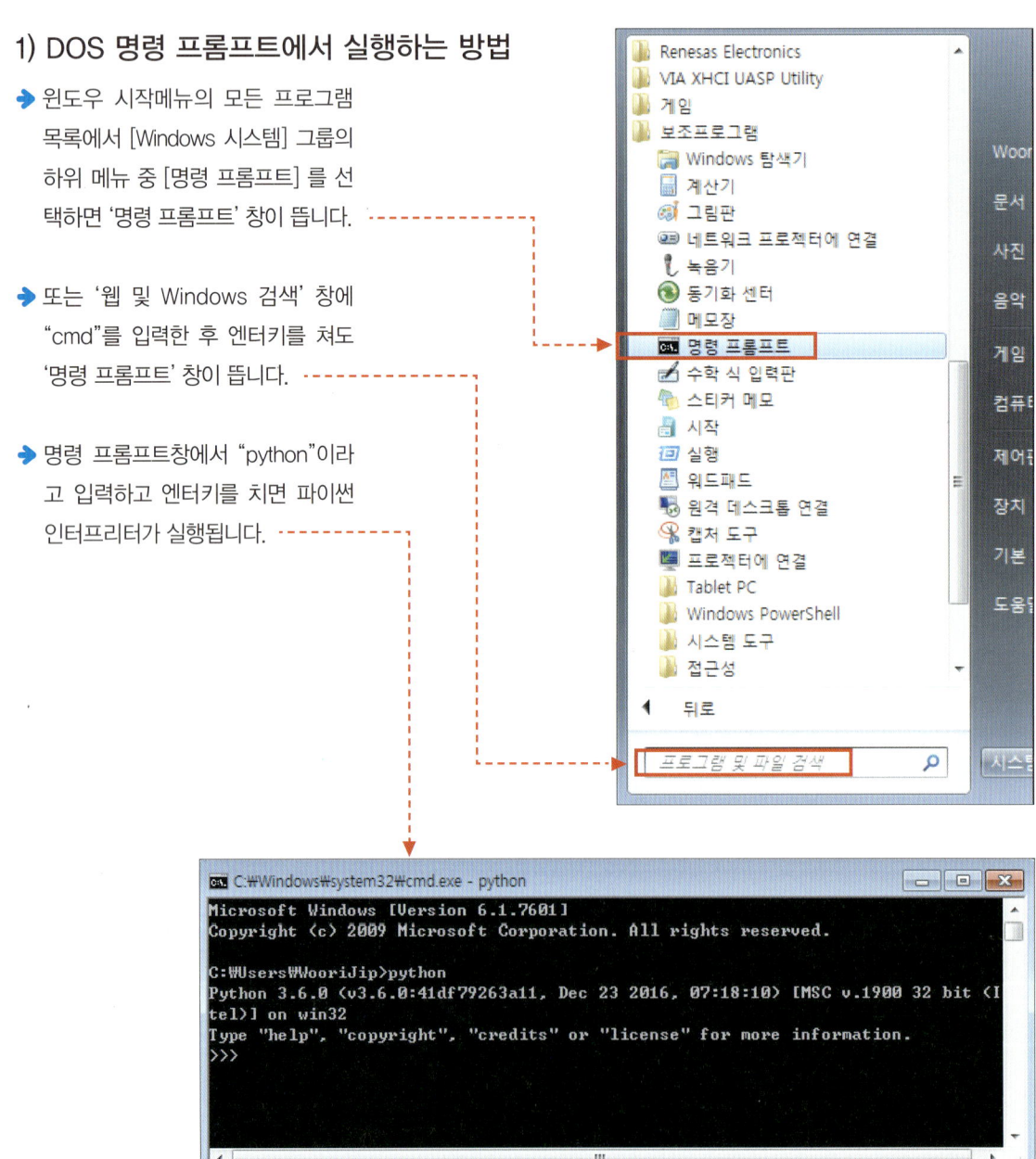

파이썬 인터프리터가 실행이 되면 프롬프트가 '>>>' 로 바뀌게 되는데, '>>>' 를 '파이썬 프롬프트'라고 합니다. 프롬프트라는 것은 컴퓨터가 명령어를 입력 받을 준비가 되어 있다는 것을 사용자에게 보여주는 기호입니다. 이 곳에 파이썬 프로그래밍 명령어를 한 줄 입력하고 엔터 키를 치면 그에 해당하는 명령어가 실행된 결과가 나타납니다.

[파이썬 3.6] 그룹의 하위 메뉴 중 두 번째인 [Python 3.6]를 실행해도 같은 결과를 얻을 수 있습니다.

2) 통합개발환경(IDLE)을 이용하는 방법

➡ 윈도우 시작메뉴의 모든 프로그램 목록에서 [파이썬 3.6] 그룹의 하위 메뉴 중 통합 개발 환경인 첫 번째 항목 'IDLE(Python 3.6 32-bit)' 을 선택합니다.

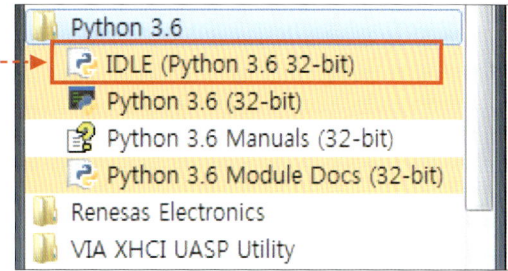

➡ 통합 개발환경인 IDLE(Python 3.6 32-bit) 를 실행하면 아래와 같이 한 줄씩 입력하고 실행하는 인터프리터 쉘¹ 화면이 나타납니다. 파이썬 프로그램을 작성한 후 실행하면 기본적으로 이 인터프리터 쉘 화면에서 실행이 됩니다.

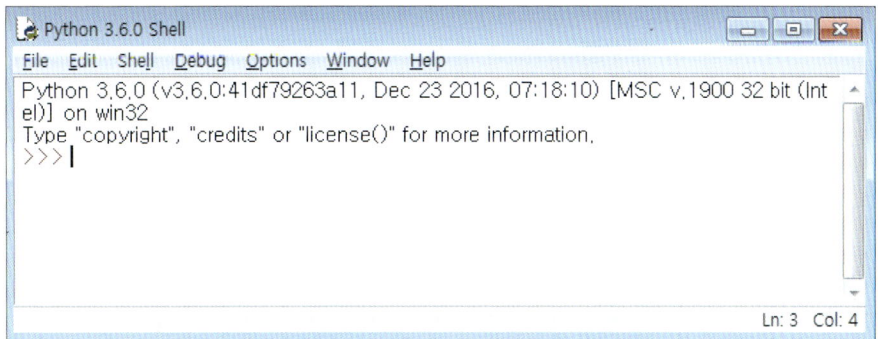

---

¹쉘(shell) : 명령어를 입력하고 결과를 바로 확인하는 대화형 실행환경

1-3 파이썬 프로그램 시작하기

1. 파이썬 쉘 사용하기

1) 파이썬으로 연산하기

파이썬 인터프리터 쉘 화면에서 간단한 수학 연산 결과를 확인해 보도록 하겠습니다. 사용하는 계산기와 비슷하게 작동하게 될 것입니다.

따라해보세요

❶ 윈도우 [시작] ➡ [Python 3.6] ➡ [IDLE(Python 3.6 32–bit)]를 클릭하여 IDLE 프로그램을 선택하여 쉘을 실행시킵니다.
❷ 파이썬 프롬프트(>>>)에서 원하는 계산식을 입력해 봅니다.
❸ 예를 들면, 아래 화면처럼 25 + 30 을 입력하고 엔터 키를 치면 컴퓨터가 계산한 결과가 바로 아랫줄에 출력됩니다.

> 화면입력 25+30 [ENTER]

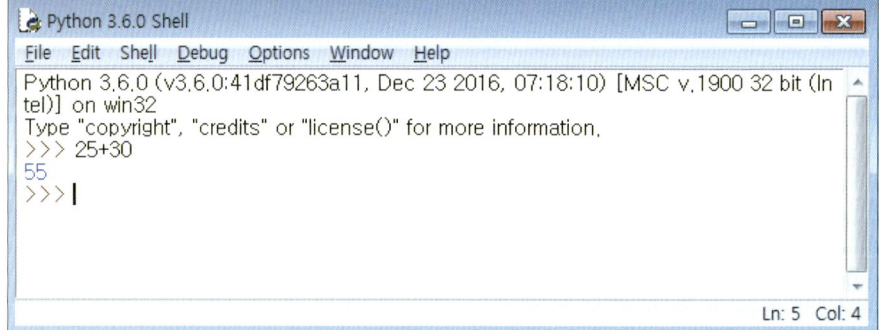

나눗셈이나 곱셈도 해 보겠습니다.

> 화면입력

196/14*3 [ENTER]

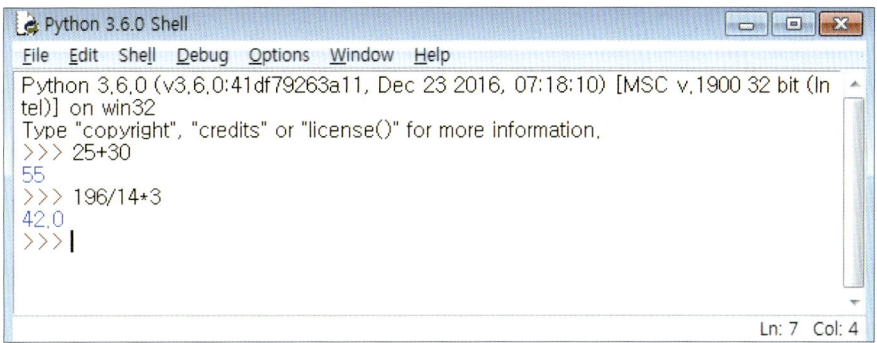

파이썬에서 사용하는 수학연산자는 다음의 표와 같습니다.

연산자	뜻	예제	결과값
+	더하기	5+6	11
-	빼기	9-2	7
*	곱하기	3*5	15
/	나누기	11/2	5.5
//	몫	11//2	5
%	나머지	11%2	1
**	거듭제곱	3**2	9

% 연산자와 // 연산자 그리고 ** 연산자의 기능을 확인해 보겠습니다.

> 화면입력

100%9 [ENTER]
100//9 [ENTER]
11**2 [ENTER]

```
Python 3.6.0 Shell
File  Edit  Shell  Debug  Options  Window  Help
Python 3.6.0 (v3.6.0:41df79263a11, Dec 23 2016, 07:18:10) [MSC v.1900 32 bit (I
ntel)] on win32
Type "copyright", "credits" or "license()" for more information.
>>> 100%9
1
>>> 100//9
11
>>> 11**2
121
>>>
```

100%9 라는 계산은 100을 9로 나눈 나머지를 구하는 것으로 결과값이 1이 나옵니다.

100//9 라는 계산은 100을 9로 나눈 몫의 정수 부분을 구하는 것이므로 결과값이 11이 나옵니다.

11**2 라는 계산은 11을 두 번 곱하라는 뜻으로 11*11 과 같은 계산을 하기 때문에 결과값이 121이 나옵니다.

일반적으로 연산자를 이용한 연산은 숫자에 대한 연산입니다. 그런데 파이썬에서는 '*' 와 '+' 을 문자열에 대한 연산자로도 사용하고 있습니다.

▶화면입력   "대한민국"+"파이팅" [ENTER]

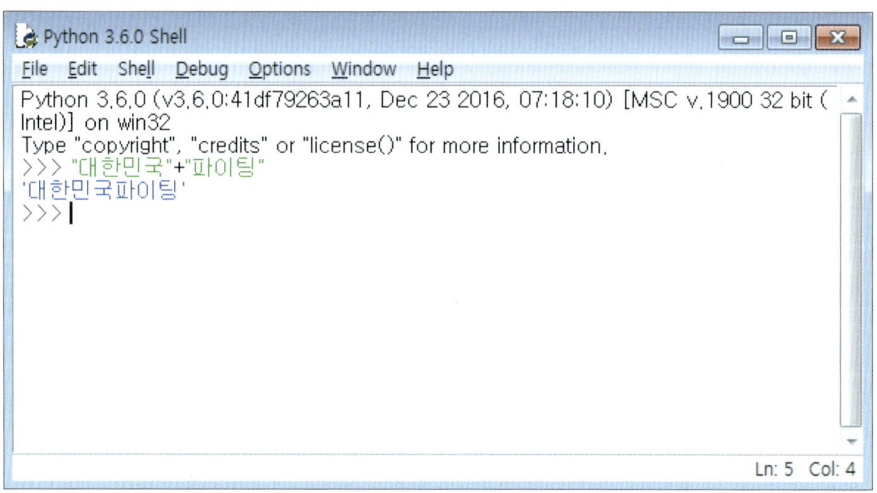

연산 실행 결과로 확인할 수 있는 것처럼 문자열까지 '+' 연산을 수행하면 두 개의 문자열이 연결되어 출력됩니다. '문자열+숫자' 의 형태로 사용하는 경우에는 오류가 발생합니다.

이번에는 문자열에 대한 * 연산을 해보도록 하겠습니다.

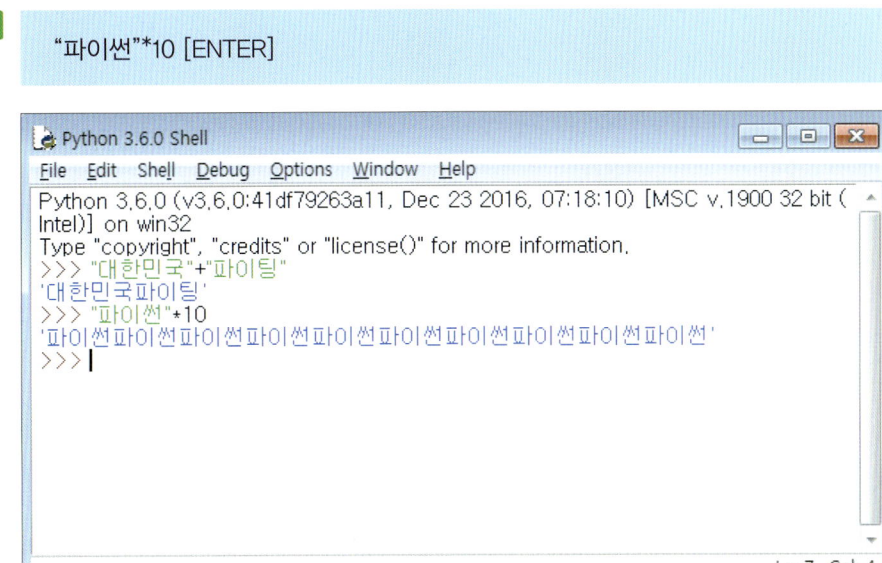

'파이썬'이라는 문자열이 10번 출력됩니다. 이렇게 '문자열 * 숫자' 로 입력하게 되면 문자열을 * 연산자 뒤의 숫자 만큼 출력합니다.

2) print() 함수 이용하기

이번에는 화면에 '안녕 파이썬' 이라는 인사말을 출력하기 위해 print( ) 함수를 사용하겠습니다.

print()

print( ) 함수는 원하는 문장을 보여주는 작업을 하는 함수입니다. ( )안에 있는 문자열을 화면에 출력합니다.

· 형식 : 큰따옴표(" ")나 작은따옴표(' ')안에 화면에 출력하기 원하는 문장을 적습니다.

· 예 : print("Hello World!") 또는 print('Hello World!')

따라해보세요

▶화면입력

print("안녕 파이썬") [ENTER]

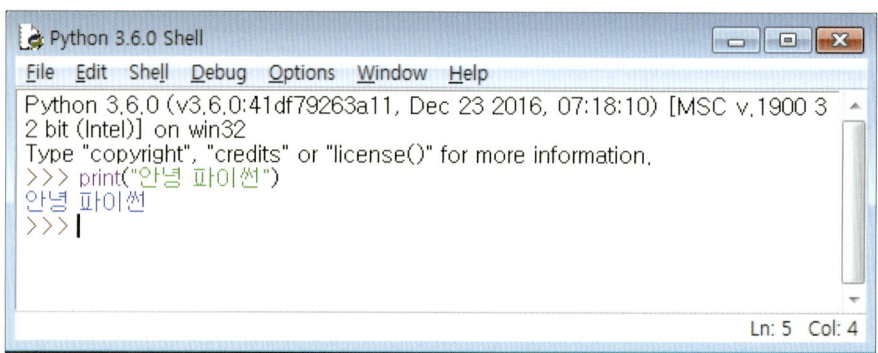

인터렉티브 쉘에서는 print( ) 함수를 쓰지 않아도 문자열이나 계산식의 결과를 화면에 보여주지만 실제 파이썬 프로그래밍에서는 print( )함수 없이 계산식이나 문자열만 써 놓으면 화면에 출력하지 않습니다. 파이썬은 대문자와 소문자를 구분하므로 정확하게 입력해야 합니다.

2. IDLE 편집기 사용하기

지금까지는 인터렉티브 쉘을 사용하였는데 결과를 바로 확인할 수 있는 건 좋지만 오타가 나면 다시 처음부터 입력을 해야 하는 번거로움이 있습니다. 파이썬에서 제공하는 IDLE 편집기를 사용하면 좀 더 편리하게 프로그램을 수정하거나 편집기에서 제공하는 기능을 사용할 수 있습니다.

먼저, [File] 메뉴 안에 있는 'New File'를 선택하면 여러 줄로 프로그래밍 할 수 있는 파이썬 IDLE 편집기 창이 나타납니다. 우리는 앞으로 파이썬 IDLE 편집기를 사용해서 프로그래밍을 할 것입니다.

자기 소개를 하기 위해서 이름과 장래 희망을 출력하는 프로그램을 작성해 보도록 하겠습니다.

따라해보세요

❶ [File] 메뉴 → [New File] 메뉴를 선택합니다.
❷ 파이썬 IDLE 편집기 창이 뜨면 다음과 같이 입력합니다.

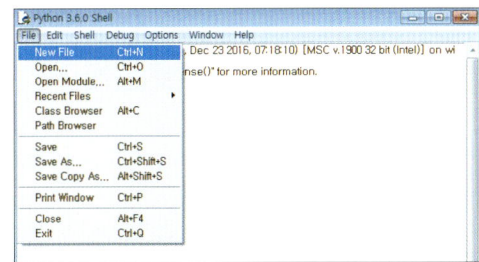

화면입력

```
print("안녕하세요") [ENTER]
print("저는 김도형입니다. 만나서 반갑습니다.") [ENTER]
print("저의 꿈은 프로그래머 입니다.") [ENTER]
```

❸ [File] 메뉴 → [Save] 메뉴를 선택한 후 파일이름을 입력하고 저장합니다.
❹ [Run] 메뉴 → [Run Module] 메뉴를 선택합니다.

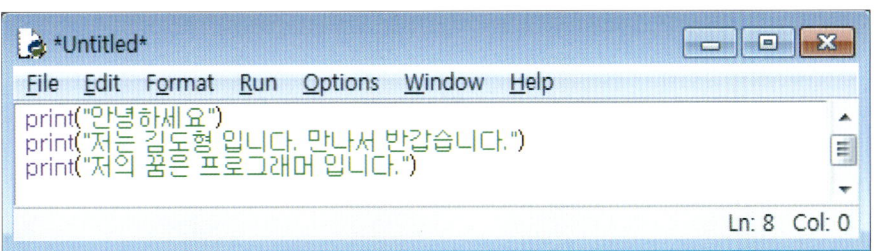

파이썬에서 제공하는 내장 함수는 '자주색'으로, 문자열 값은 '녹색'으로 보여줍니다. 파이썬 IDLE 편집기는 이렇게 색을 구분해줌으로써 파이썬 코드를 읽기 쉽게 해줍니다.

파이썬 프로그램을 실행시키려면 반드시 실행 전에 파일을 저장해야 합니다. 파이썬으로 작성한 프로그램은 확장자가 .py 가 붙어서 저장이 됩니다. (이 책은 위의 예제를 '1_intro.py' 라는 파일 이름으로 저장했습니다.)

프로그램을 실행하게 되면 결과가 인터프리터 쉘 화면에 나타나게 됩니다. 실행한 화면은 아래와 같습니다.

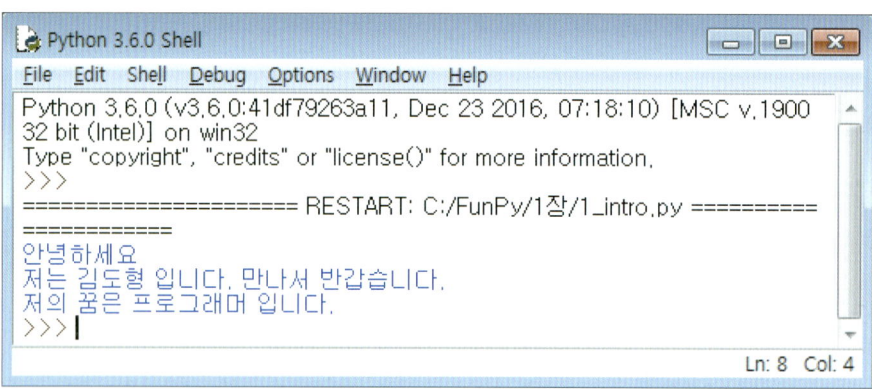

print() 함수는 기본적으로 ( )안의 항목을 차례로 출력한 후 자동으로 줄 바꿈을 해줍니다. 줄 바꿈을 하지 않게도 지정해 줄 수 있습니다. 이것은 다음에 공부하도록 하겠습니다.

도전해보세요

1. 위의 자기소개 프로그램을 실제 본인의 이름과 꿈을 입력해서 출력하도록 고쳐보세요.

2. 화면에 자신의 이름을 100번 출력하게 하려면 어떻게 하면 될까요?

3. 파이썬 프로그램 실행하기

파이썬 프로그램을 작성한 후 실행하는 방법을 정리하면 세 가지가 있습니다. 위에 작성해서 저장한 자기 소개 프로그램을 예로 해서 소개하겠습니다.

1) 인터렉티브 쉘에서 실행하는 법

파이썬 프로그램 안의 코드를 한 줄 한 줄 쉘에 입력해서 실행합니다.

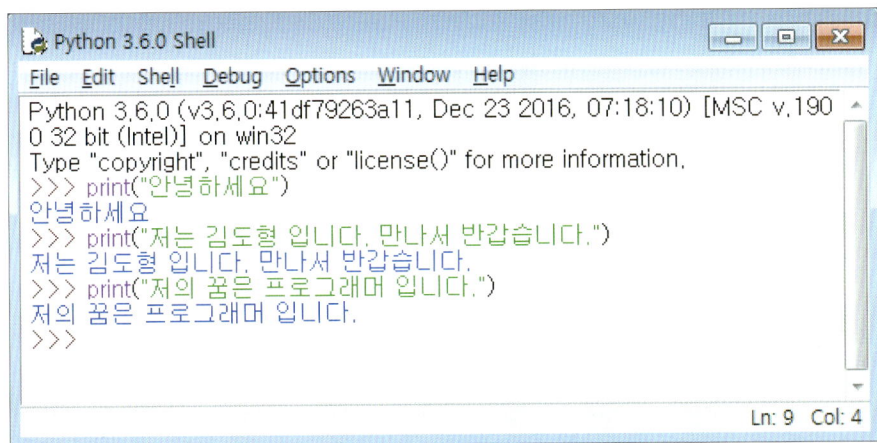

프로그램 코드가 한 줄로 끝난다면 상관없겠지만 코드가 길어진다면 이렇게 실행하기가 번거롭습니다.

2) IDLE 편집기를 이용해서 실행하는 법

❶ 파이썬 IDLE 편집기로 실행하려는 파이썬 프로그램 파일을 엽니다.

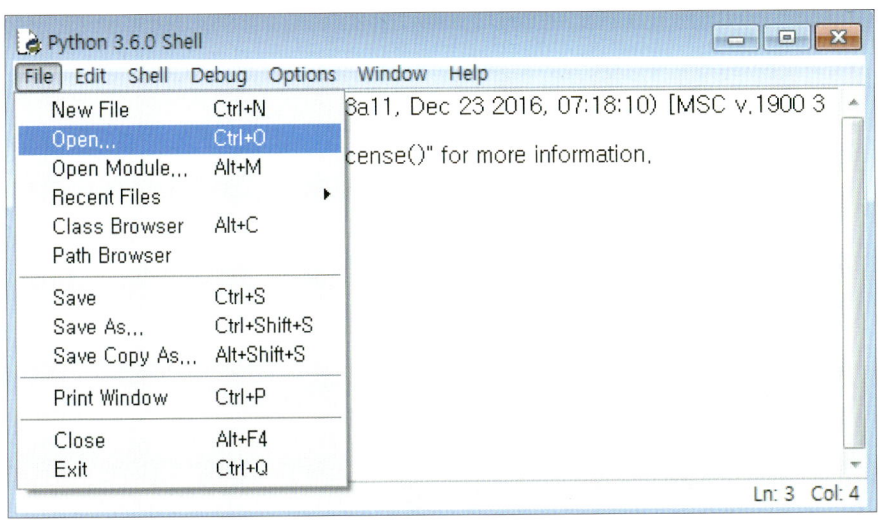

❷ 실행할 파이썬 프로그램 파일을 선택합니다.

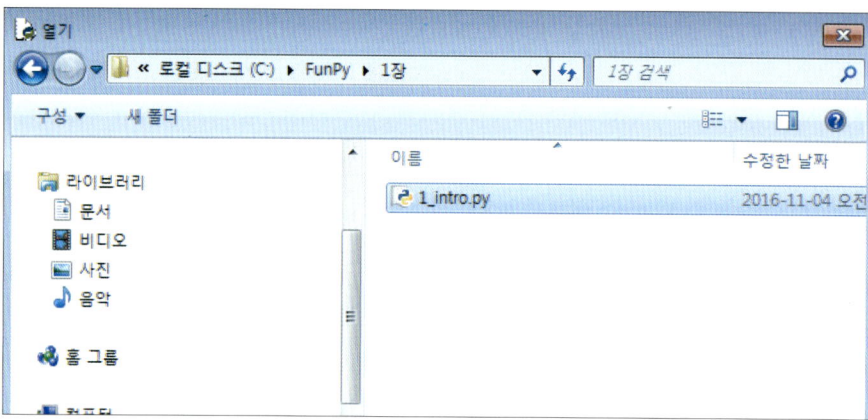

❸ 파이썬 메뉴 중 [Run] ➜ [Run Module] 을 선택해서 실행합니다.

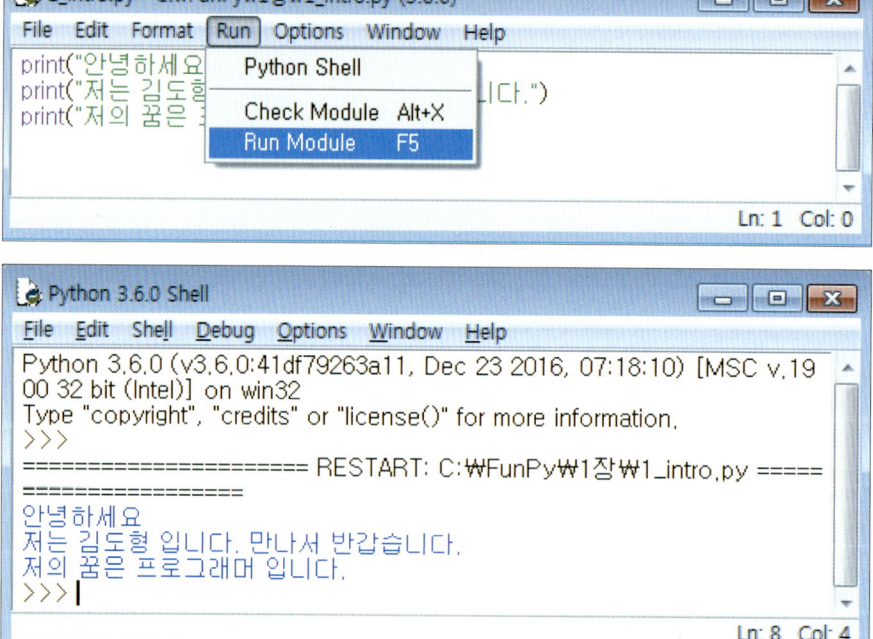

Tip [Run] ➜ [Run Module]을 선택하는 대신 [F5] 키를 눌러도 같은 기능을 합니다.

3) 윈도우 커맨드 라인에서 실행하는 법

❶ 윈도우 메뉴의 [시작] ➡ [실행]을 선택해서 'cmd' 를 입력합니다.
혹은 [시작] ➡ [모든프로그램] ➡ [보조프로그램] ➡ [명령프롬프트]를 선택합니다.

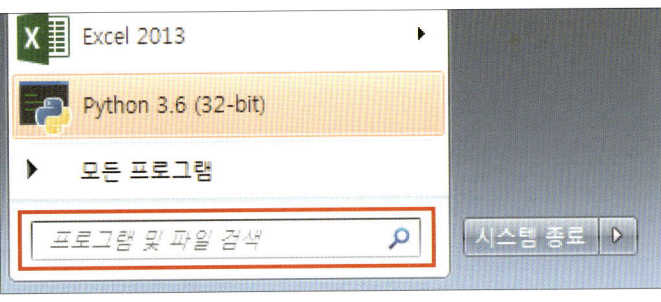

❷ 오른편과 같은 도스(DOS) 명령을 입력할 수 있는 화면이 나옵니다.

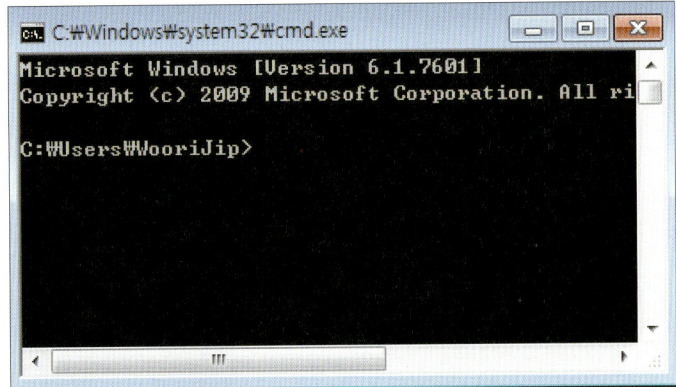

❸ 작성한 프로그램이 있는 위치는 윈도우 탐색기를 이용해서 폴더명을 확인합니다. 오른편 그림에 보이는 예제 '1_intro.py' 는 C 드라이브의 'FunPy'폴더 안의 '1장'폴더 안에 저장되어 있습니다.

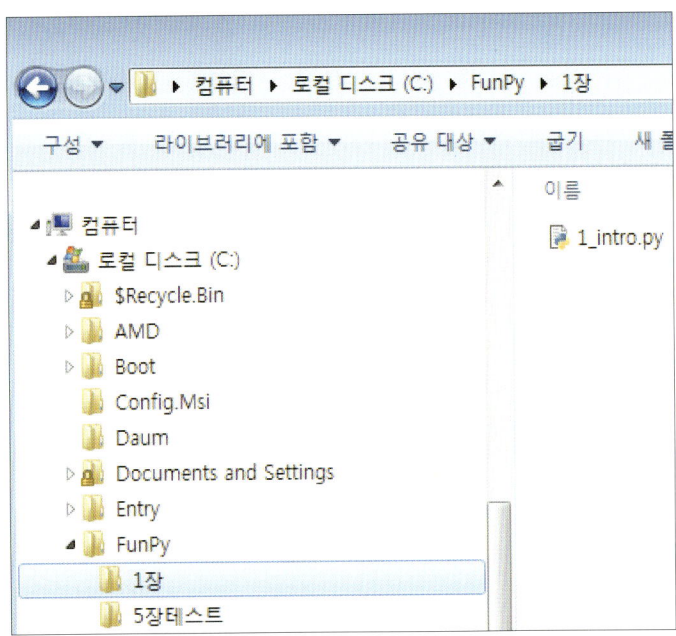

❹ 명령 프롬프트 윈도우로 와서 현재 작업폴더를 변경해주는 cd 명령을 입력하고 스페이스 키를 눌러서 한 칸 띄운 후 프로그램이 저장되어 있는 경로인 C:\funpy\1장 이라고 입력 후 엔터키를 칩니다.

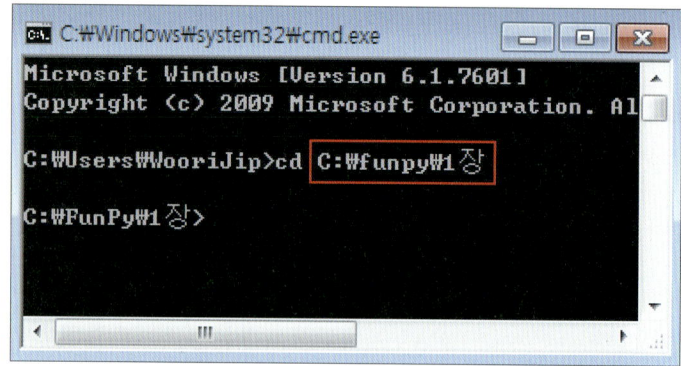

❺ 명령 프롬프트 창에 'python 파이썬 프로그램명' 라고 입력하면 프로그램이 실행됩니다. 여기서는 실행할 파이썬 프로그램 파일명이 '1_intro.py' 이기 때문에 'python 1_intro.py' 라고 입력합니다.

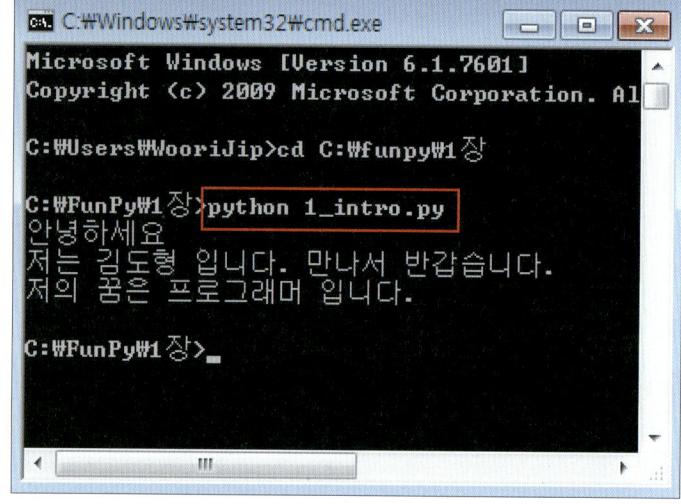

4. 작성한 파이썬 파일 열기

이미 작성된 파이썬 프로그램을 편집하기 위해서 두 가지 방법으로 접근할 수 있습니다.

1) 탐색기에서 바로 열기

❶ 윈도우 탐색기 화면에서 편집할 파이썬 프로그램 파일을 선택하고 오른쪽 마우스 버튼을 클릭해서 팝업 메뉴를 띄웁니다.

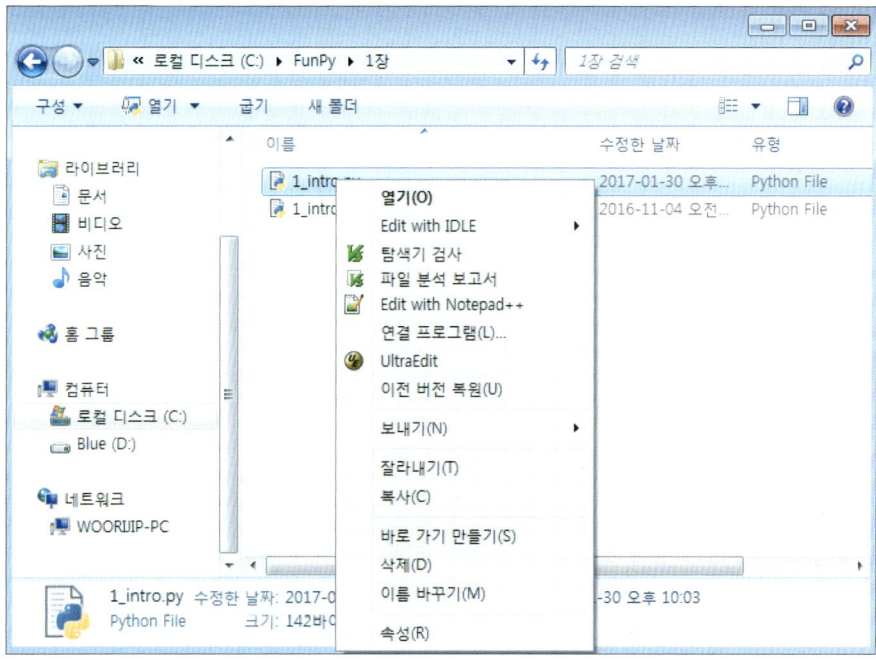

❷ 팝업메뉴에서 ' Edit with IDLE ➡ Edit with IDLE 3.6(32-bit) ' 를 선택합니다.

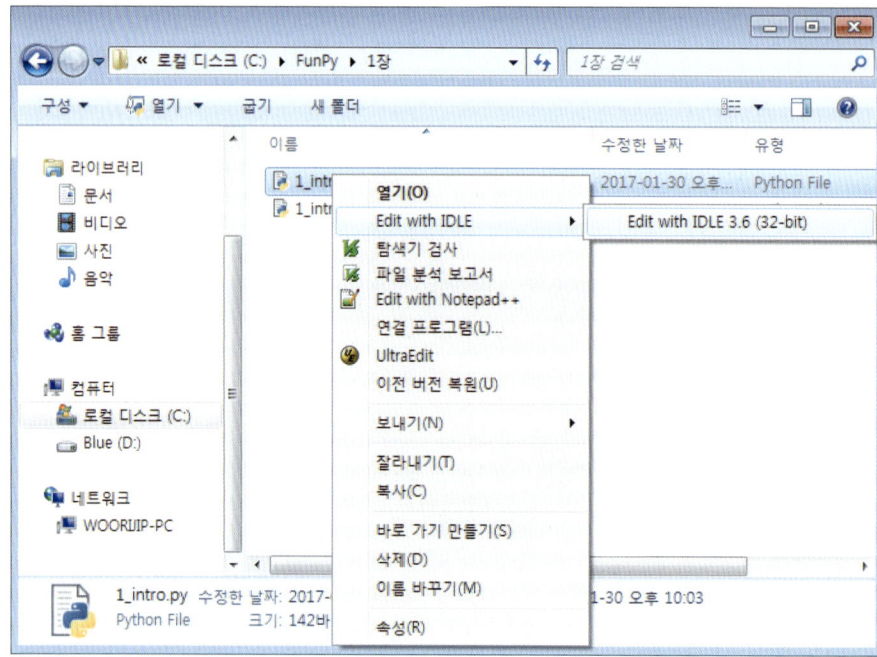

❸ 파이썬 IDLE 편집기 창이 뜨면서 선택한 파이썬 프로그램이 편집 창에 나타납니다.

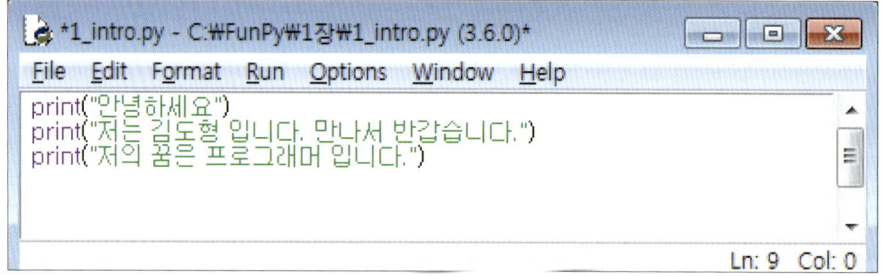

2) IDLE 편집기에서 파일 열기

파이썬 프로그램 실행하기에서 소개한 방법 중 두 번째 방법과 동일하게 IDLE 편집기에서 편집할 파이썬 파일을 찾아서 열어 수정하면 됩니다.

잠깐만 알고 갑시다

도스(DOS) 가 뭔가요?

파이썬 프로그램을 실행하는 세 번째 방법에서 도스(DOS) 라는 말이 등장했습니다. 도대체 도스(DOS) 라는 게 뭘까요?

현재는 컴퓨터 운영 체제 프로그램으로 GUI(Graphical User Interface : 그래픽 사용자 인터페이스) 기반의 윈도우 프로그램을 사용하고 있지만, 2000년대 들어서기 전까지는 화면에 직접 명령어를 키보드로 입력해서 실행시키는 텍스트 기반의 도스(DOS)가 컴퓨터 운영체제 프로그램으로 많이 사용되었습니다. 예전 DOS 화면은 '명령 프롬프트' 화면과 동일합니다. 가끔 윈도우의 응용 프로그램 중 조금 어려운 기능을 실행하기 위해서는 위의 파이썬을 실행하는 것처럼 명령어를 직접 입력해서 실행하는 경우도 있습니다. 그럴 때 사용하는 것이 '명령 프롬프트' 입니다.

파이썬 프로그래밍을 하면서 명령 프롬프트 창을 사용할 기회가 종종 있습니다. 그 때 필요한 명령어를 몇 가지 알아보도록 하겠습니다. (참고로, 도스 명령어는 대소문자를 구분하지 않습니다.)

명령어	역할
dir	현재 작업 폴더 안에 있는 파일들의 목록을 화면에 출력합니다.
cd..	작업 폴더의 위치를 현재 폴더의 상위 폴더로 바꿉니다.
cd c:\FunPy\1장	작업 폴더의 위치를 'c' 드라이브의 'FunPy' 폴더 안에 있는 '1장' 폴더로 바꿉니다.
cls	명령 프롬프트 화면에 나타난 글자들을 깨끗하게 지우고 명령 프롬프트와 커서를 화면 제일 위로 가게 합니다.
path	현재 path 설정이 된 경로를 화면에 출력합니다. 경로가 path에 설정되어 있는 프로그램은 컴퓨터의 모든 폴더에서 실행이 가능합니다. 경로가 path에 설정되지 않은 경우, 프로그램이 존재하는 폴더에서만 실행이 가능하고, 다른 폴더에서 실행하면 '파일을 찾을 수 없습니다.'는 메세지가 뜨면서 실행되지 않습니다. 파이썬 설치할 때 파이썬을 path 에 추가했다면 어떤 작업 폴더에 있더라도 'python' 이라는 명령이 오류 없이 실행될 것입니다. 그러나 혹시 파이썬 설치할 때 실수로 path 설정을 추가하지 않았고, 파이썬이 C 드라이브의 python3.6 폴더에 설치되어 있다면 명령 프롬프트 상에서 아래와 같이 입력해주면 파이썬의 경로가 path 에 추가됩니다. Set path=%path%;C:\python3.6

Memo

Chapter 02
turtle 그래픽

2-1 turtle 모듈 사용하기
2-2 응용 예제

2-1 turtle 모듈 사용하기

모듈이란 특정한 기능을 제공하는 코드들을 묶어놓은 것을 말합니다. 파이썬에서 모듈은 우리가 유용하게 사용할 수 있는 함수들을 가지고 있어서 이 모듈에 있는 함수를 적절하게 사용하면 쉽게 프로그램을 만들 수 있습니다.

2장에서 사용할 모듈은 그림을 그릴 수 있는 turtle 모듈입니다. turtle 모듈에는 그림을 그릴 때 필요한 여러가지 함수들이 있습니다. 이번 장에서 turtle 모듈에 어떤 함수들이 있는지, 또 이 함수를 어떻게 올바르게 사용하는지에 대하여 배우게 될 것입니다.

파이썬은 그래픽 기반 프로그래밍 언어가 아니라 텍스트 기반 언어입니다. 텍스트 기반 언어는 마우스로 드래그하여 프로그램을 만드는 것이 아니라 직접 모든 명령어를 글자로 타이핑해야 합니다. 파이썬에서는 그림을 그리는 명령어를 하나하나 입력해 주고, 그 명령어를 파이썬이 번역하여 실행해 주는 형식으로 진행됩니다. turtle 모듈 안에 있는 함수를 사용하려면 먼저 import 명령을 사용해서 아래와 같이 적어줍니다.

> **화면입력**
>
> ```
> >>>import turtle
> ```

import 명령을 사용해서 turtle 모듈을 가지고 왔다고 해서 뭔가 달라진 것은 없습니다. 다만 이제 turtle 모듈을 사용해서 그림을 그릴 준비를 한 것입니다. 그림을 그리기 위해서는 turtle 모듈의 모든 기능을 사용할 수 있는 펜이 필요합니다. 펜을 여러 개를 만들 수 있기 때문에 펜을 사용하기 위해서는 사용할 펜의 이름(별명)을 지정해야 합니다. "tpen" 이리는 이름으로 민들어 보겠습니다. 이름은 약간의 문법 규칙은 있지만 영어나 영어와 숫자의 조합이면 무엇이든 좋습니다. (예를 들어 abc ,aa, a1,t1 등등)

> 화면입력   >>>tpen=turtle.Pen( ) 또는 tpen=turtle.Turtle( ) [ENTER]

주의 : 대소문자, 큰따옴표, 괄호, 쉼표, 마침표 등을 정확하게 입력해야 합니다.

위의 명령어를 입력하면 그림을 그리게 되는 그림판이 오른쪽의 그림처럼 새 창으로 열리게 됩니다. 중앙에 있는 화살표가 그림을 그리는 펜(tpen)이 됩니다.

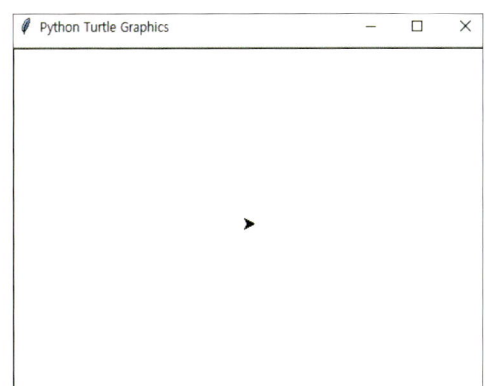

이 펜의 모양을 거북이로 바꾸려면 다음과 같이 입력합니다.

> 화면입력   >>>tpen.shape("turtle") [ENTER]

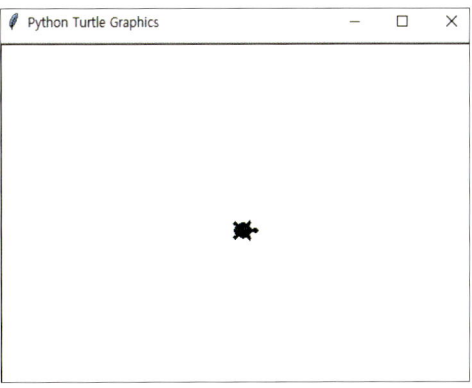

1. turtle 모듈로 그림그리기

이제 그림판에 다양한 그림을 그려보도록 하겠습니다.

1) 동그라미 그리기

지금부터 만드는 예제를 파이썬 인터프리터 쉘에서 작성하면 프로그램을 저장하거나 에러를 수정하는데 번거로움이 있으므로 파이썬 편집기에서 작업하겠습니다. 1장에서 설명한대로 [File] 메뉴 ➡ [New File] 메뉴를 선택한 후 아래와 같이 프로그램을 작성합니다.

> 화면입력
```
import turtle
tpen=turtle.Pen()
tpen.shape("turtle")
tpen.circle(30)
```

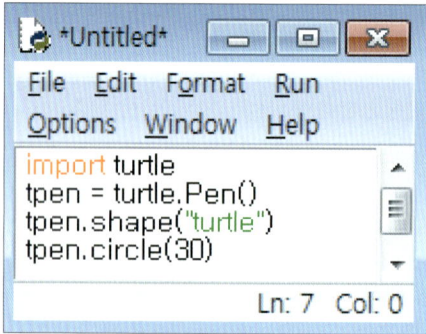

[Run] 메뉴 ➡ [Run Module] 메뉴를 선택하거나 F5 기능키를 눌러 프로그램을 실행시키도록 합니다.

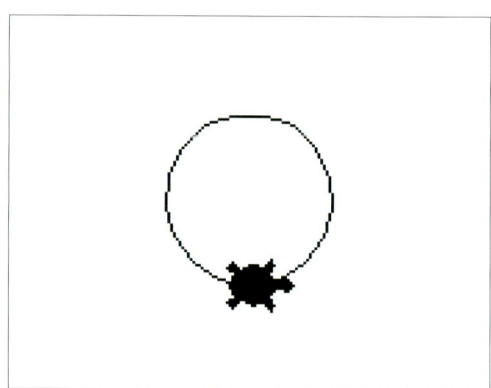

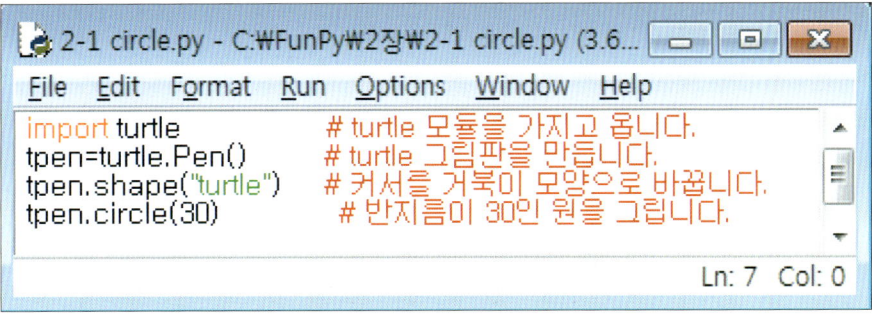

코드의 줄 끝에 있는 # 기호는 # 뒤에 써있는 글을 주석(Comment)으로 만들어 줍니다. 주석(Comment)은 프로그래밍할 때 소스 코드의 내용을 쉽게 이해하기 위해 적어놓은 일종의 메모입니다. 주석(Comment)으로 표시한 부분은 파이썬 인터프리터가 기계어로 번역하지 않습니다. 주석(Comment)을 이용해 무엇을 위한 코드인지 설명하면서 코딩하는 습관을 가지면 나중에 이해하기 좋습니다.

참고 주석부분은 프로그램 코드를 설명하기 위해 적어놓은 부분으로 굳이 입력하지 않아도 됩니다.

circle()
주어진 반지름의 크기로 원을 그립니다.
형식 : 괄호안에 원하는 반지름의 크기를 숫자로 적습니다.
예 : circle(30)
여기서 30은 30 픽셀(pixel)을 의미합니다.

shape()
주어진 모양으로 커서의 모양을 바꿉니다.
형식 : 괄호 안에 arrow, turtle, circle, square, triangle, classic 중 원하는 커서 이름을 큰따옴표(" ") 안에 적습니다.
예 : shape("turtle")

2) 간단한 선 그리기

자, 이제 거북이를 앞으로 걸어가게 해 볼까요?

50이라는 값 만큼 앞으로 걸어가게 하려면 forward(50)이라는 명령문을 사용합니다. 실행해 보면 거북이가 앞으로 가면서 선을 그립니다.

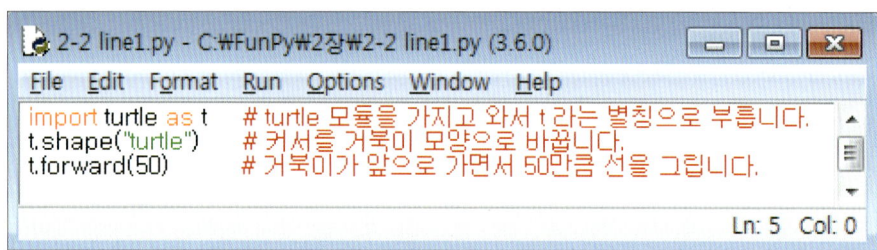

Tip 위의 예제처럼 모듈을 import 할 때 'as'를 사용하여 모듈의 이름을 간단한 별칭으로 바꿔줄 수 있습니다.

참고 그림판을 만드는 tpen=turtle.Pen() 명령어를 생략하여도 그림판이 만들어 집니다.

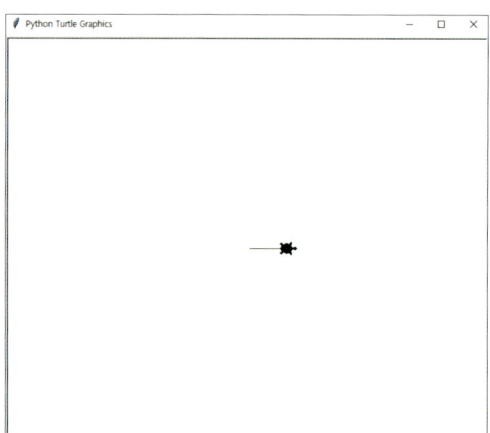

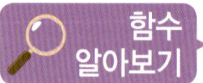

forward(50)
주어진 길이 만큼 앞으로 선을 그립니다.
형식 : 괄호안에 원하는 길이 만큼 숫자로 적습니다.
예 : forward(200)
여기서 200은 200 픽셀(pixel)을 의미합니다.

몇 가지 다양한 함수를 사용해서 그림을 그려보도록 하겠습니다.

backward(50)
주어진 길이만큼 뒤로 선을 그립니다.
형식 : 괄호 안에 원하는 길이만큼 숫자로 적습니다.
예 : backward(200)

home()
커서의 위치를 정 중앙으로 보냅니다.

undo()
거북이의 마지막 명령을 되돌립니다.

clear()
커서를 그대로 둔 채로 화면을 지웁니다.

penup() / up()
캔버스에서 펜을 뗍니다.

pendown() / down()
캔버스에 펜을 내립니다.

goto(X, Y)
(x,y)좌표로 거북이를 이동합니다. 실행화면의 정 가운데가 (0,0) 입니다.
형식 : 괄호 안에 원하는 좌표를 숫자로 적습니다.
예 : goto(200,300)
가운데를 중심으로 (200,300)의 좌표점으로 이동합니다.

3) 정사각형 그리기

선 그리기를 이용해 정사각형을 어떻게 그릴 수 있을까요? 종이에 직선을 그리고 90도 꺾은 후 다시 직선 그리기를 반복하면 사각형이 됩니다. 파이썬에도 종이에 그리듯이 그리면 됩니다.

명령어는 forward와 right를 이용합니다. right(각도)를 적으면 거북이가 해당 각도만큼 방향을 바꾸게 됩니다. 즉 right(90) 이라는 명령어를 쓰면 오른쪽으로 90도 회전합니다.

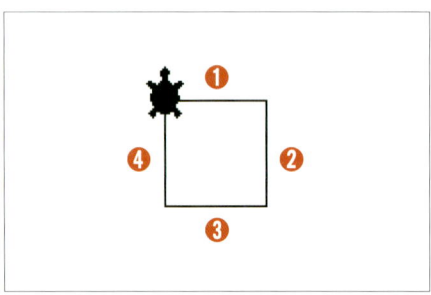

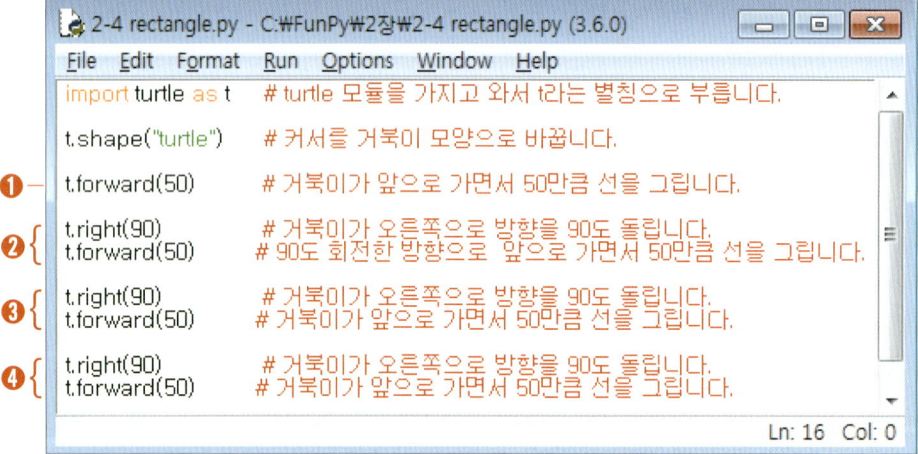

4) 정삼각형 그리기

정삼각형을 그리려면 사각형에서 90도 회전하는 것을 60도를 회전하게 하면 되지 않을까요?
50픽셀 직선을 그리고 오른쪽으로 60도 회전한 후 다시 50픽셀 직선을 그리도록 프로그램을 작성해 봅니다.

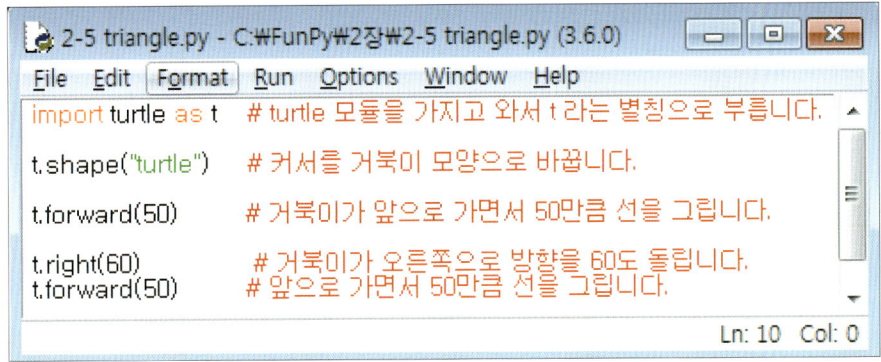

작성한 프로그램을 실행하면 아래 그림과 같습니다.

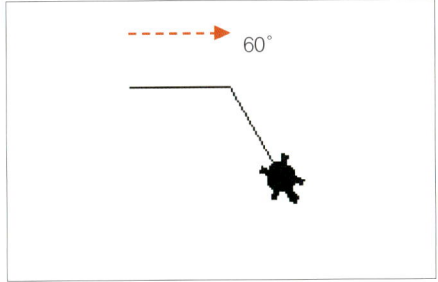

거북이의 진행 방향에서 오른쪽으로 60도를 회전했더니 삼각형이 될 수가 없습니다. 삼각형이 되기 위해서는 내각이 60도 여야 하므로 180-60을 한 120도를 회전해야 합니다. 아래와 같이 오른쪽으로 120도를 회전해서 삼각형을 그리는 프로그램을 작성합니다.

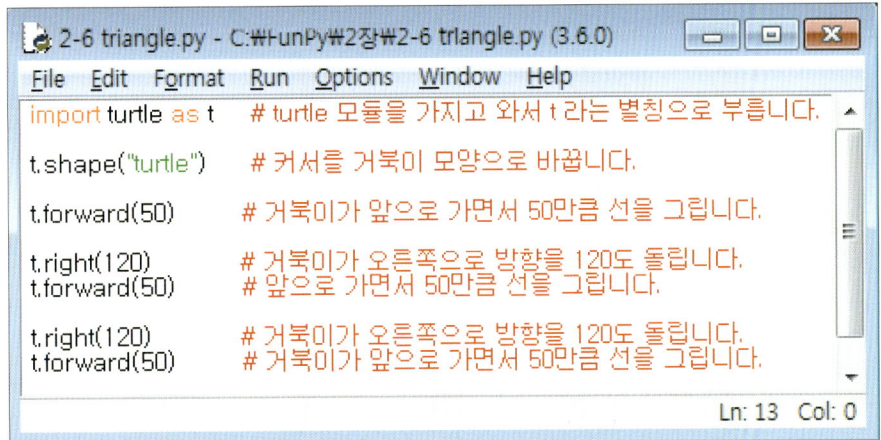

작성한 후 실행하면 아래 그림과 같이 역삼각형이 만들어집니다.

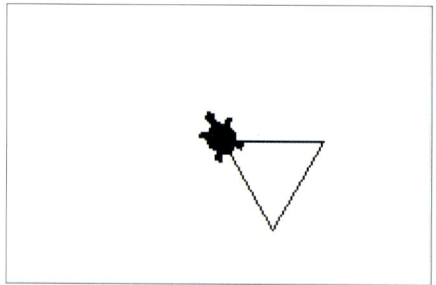

5) 평행선 그리기

평행선 두 개를 그려 보도록 하겠습니다. 위에 있는 선을 그린 후 아래쪽 선을 그리려면 거북이가 아래쪽으로 내려가야 합니다. 사각형을 그릴 때처럼 90도 회전하여 아래쪽으로 내려가되 선을 화면에 나타나지 않도록 해야 합니다. up() 명령어는 펜을 그림판에서 떼게 하는 명령어로 up()을 이용하면 거북이가 이동하더라도 선이 나타나지 않습니다. down()은 펜을 그림판에 갖다 대는 명령어입니다. down()명령어를 사용한 이후부터는 다시 선을 그리기 시작합니다.

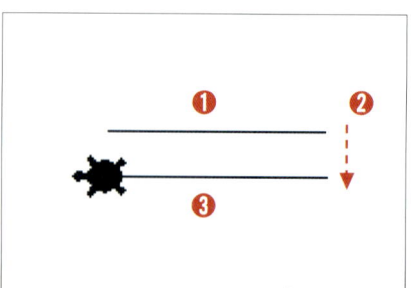

아래로 이동하는 동안 up( )을
이용해 선이 그려지지 않도록 합니다.

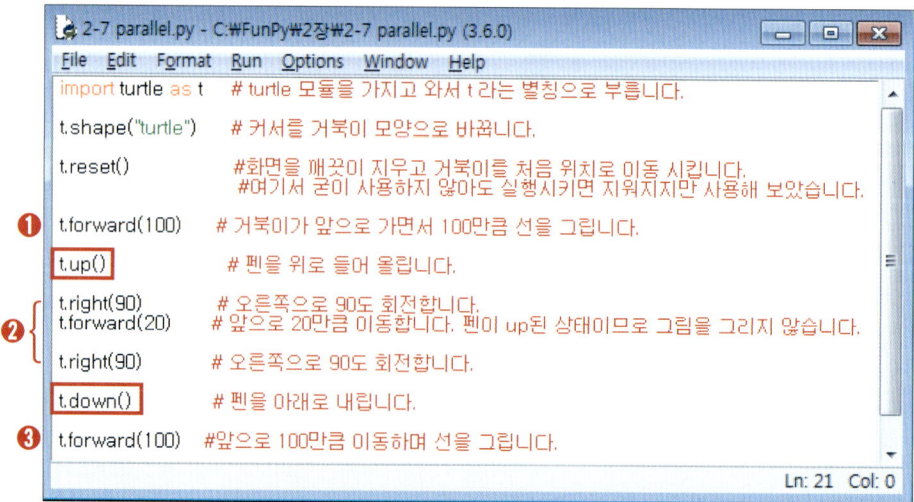

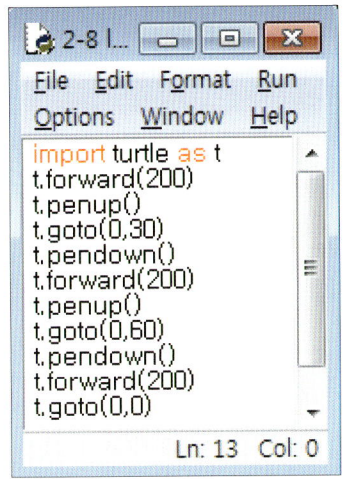
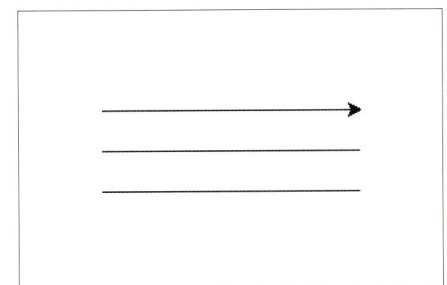

위의 그림처럼 goto() 문장을 사용해서 그릴 수도 있습니다.

이제 그림 그리는데 유용한 명령어들 몇 개를 더 알아보고 작품을 만들어 보기로 하겠습니다.

함수명	설명
left(90)	왼쪽으로 90도 회전합니다.
right(90)	왼쪽으로 90도 회전합니다.
color("yellow")	색상을 바꿉니다.
color(0,0,1)	RGB 칼라를 이용할 수 있습니다.
pensize(3)	펜의 굵기를 바꿉니다.
reset()	캔버스를 지우고 거북이를 좌표 (0, 0)에 위치 시킵니다.
setx(x)	거북이의 x 좌표만 특정 위치로 옮깁니다.
scty(y)	거북이의 y 좌표만 특정 위치로 옮깁니다.
begin_fill()	색칠 시작을 알립니다.
end_fill()	색칠 종료를 알립니다.

도전해보세요

아래의 그림을 그려 봅시다. 길이는 마음대로 해 주세요.

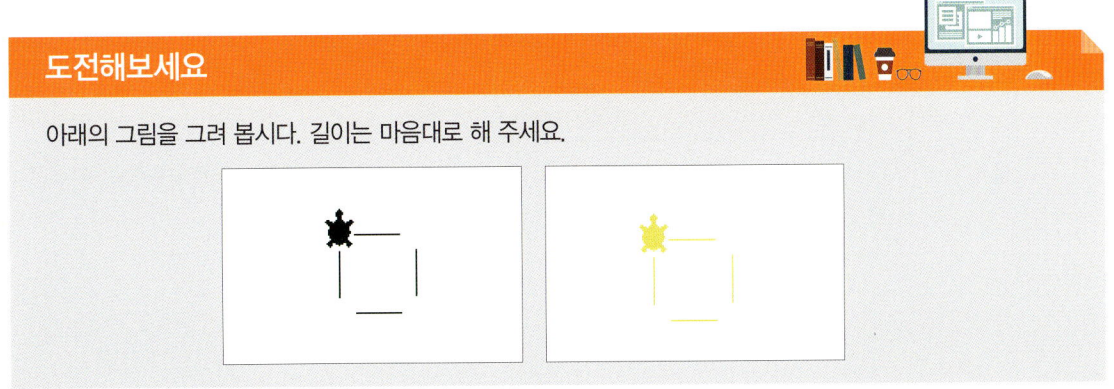

2. 반복문(Loop)을 이용해 그림 그리기

그림을 그리다 보니 같은 명령을 계속 반복해서 사용하는 경우가 많은 것을 볼 수 있습니다. 사각형을 그릴 때 직선을 그리고 오른쪽으로 90도 회전 후 또 직선을 그리고 또 회전을 합니다. 여기서 직선을 그리고 90도 회전하기를 4번 반복하는 것을 계속 적는 반복작업이 귀찮게 느껴질 것입니다. 이것은 반복문을 사용하면 간단해 집니다.

1) for 반복문 사용하기

우선 가장 간단히 "안녕"이라는 말을 5번 반복하여 출력해 보겠습니다.

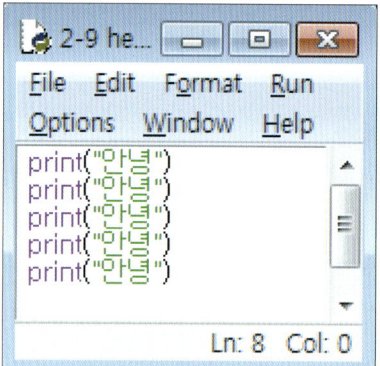

만일 5번이 아니라 100번을 반복해야 한다면 print 문장이 100개가 맞는지 정확히 세는 것도 어려울 것입니다. 이렇게 여러 번 반복적으로 같은 명령을 내려야 할때 for 루프 문을 사용할 수 있습니다.

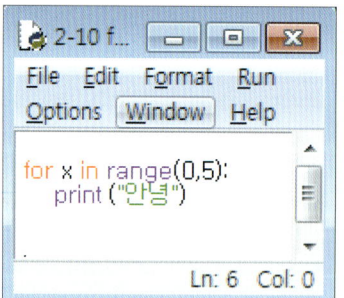
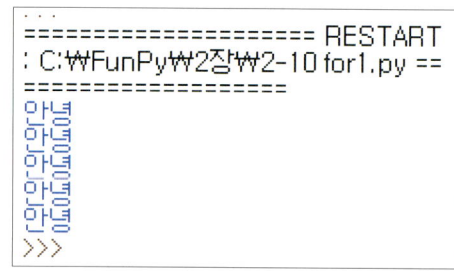

주의 : range(0,5) 뒤에 반드시 콜론(:)을 붙여서 작성해 주세요. 그렇지 않으면 오류가 발생합니다.

for 문은 x 라는 변수가 0 부터 시작해서 1씩 증가하며 5보다 하나 작은 4가 될때까지 for문 안에 있는 print문을 출력합니다.

➜ 혹은 간단히 5번 반복하라고 이렇게 range를 줄 수도 있습니다.

for 문을 사용할때는 for문의 끝에 콜론(:)을 붙이고, 반복할 문장들은 앞에 네 칸을 들여쓰기 해야 합니다. 쉘에서는 자동으로 네 칸을 띄워줍니다. 파일에서 만들 경우 spacebar로 네 칸을 띄워야 합니다. 혹시 반복문이 무한 반복을 하거나 너무 길어지면 Ctrl+C를 눌러 강제 종료할 수 있습니다.

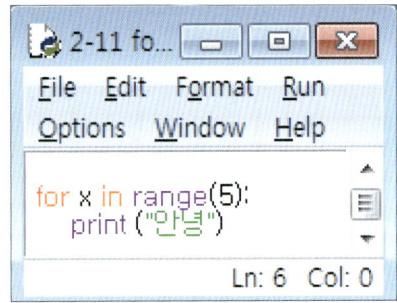

➜ 오른쪽 코드를 보면 네 칸 들여쓰기 한 곳까지가 반복할 문장에 해당합니다. 반복하는 부분은 반드시 앞에 4칸 들여쓰기 해야합니다. ------

➜ 마지막 "Bye~"를 출력하는 문장은 앞에 4칸 들여쓰기를 하지 않았으므로 Loop Body에 해당되지 않습니다. 따라서 "Bye~"는 한번만 출력되니 조심해서 사용하여야 합니다. ------

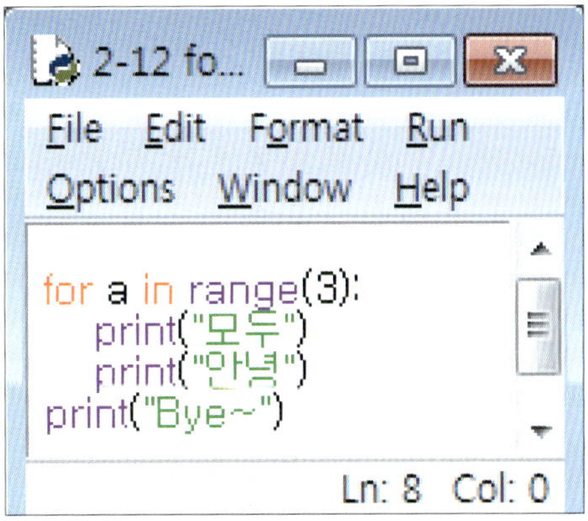

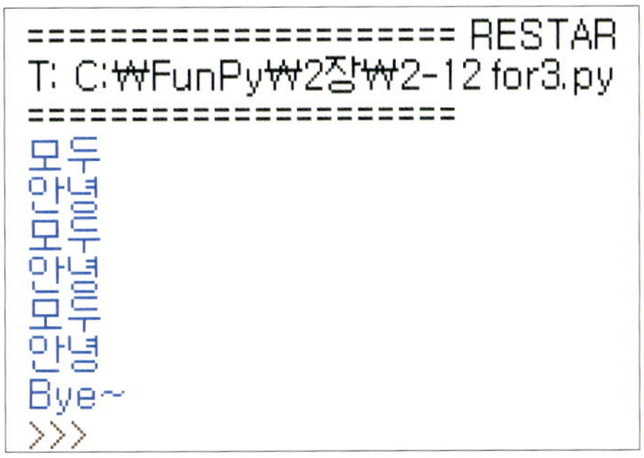

※ x, a는 문법이 아니라 임의로 지정한 변수 이름이므로 변경 가능합니다.

2) 반복기능으로 도형 그리기

위에서 사각형을 그릴 때 선을 그리고 오른쪽으로 90도 회전하는 일을 계속해서 반복하였습니다. 삼각형, 사각형을 for 문을 이용해서 그려 보도록 하겠습니다.

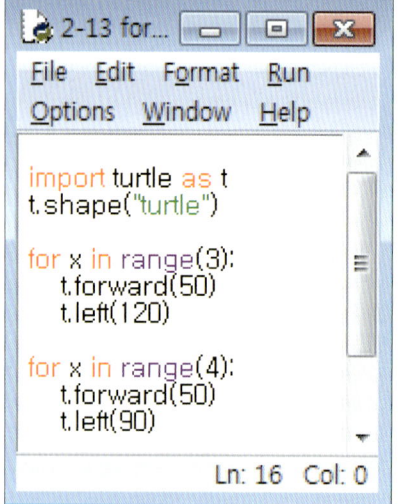
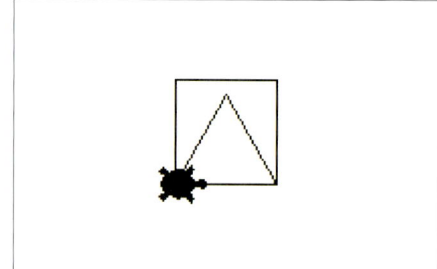

이제 8개의 꼭지점이 있는 별을 그려 보기로 하겠습니다.

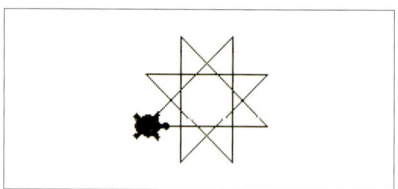

➡ 처음에 거북이가 앞으로 간 후 왼쪽으로 꺾어 올라가는 것만 먼저 그리려고 합니다.

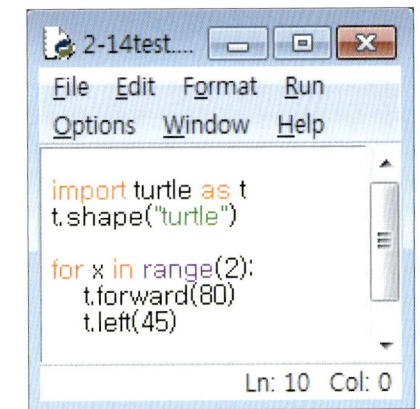

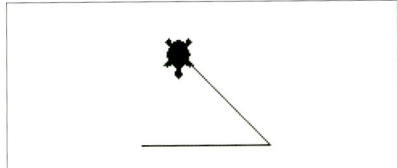

➡ 왼쪽으로 몇 도를 회전해야 할까요? 내각을 45도 회전해 보려고 합니다. 그럼 왼쪽으로 45도를 회전하면 될까요? 45도를 회전하게 했더니 이렇게 됩니다.

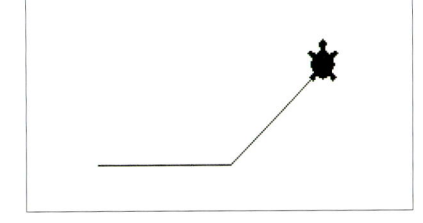

➡ 거북이가 직선방향으로 가고 있기 때문에 45도를 회전 하는 게 아니라 135도 (180-45)를 회전하게 해야 합니다.

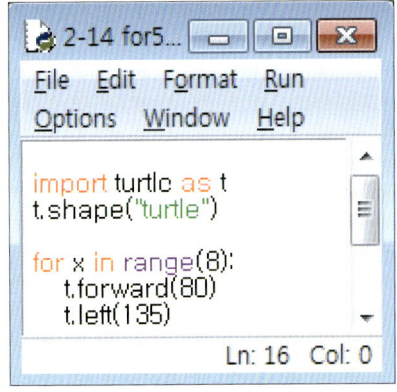

2-2 응용예제

1. 자동차 그리기

우선 오른쪽의 사각형을 그려보겠습니다. 정사각형이 아닌 직사각형을 그려야 하므로 가로는 길게, 세로는 짧게를 2번 반복하여 그립니다.

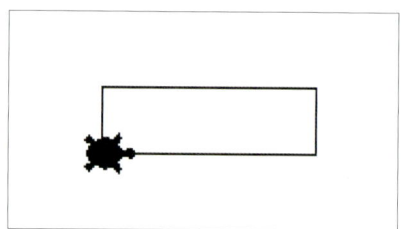

색상을 지정하는 방법은 color(R,G,B)로 R은 빨강(Red), G는 초록(Green), B는 파랑(Blue)입니다. 파이썬에서 빛의 3원색인 Red, Green, Blue의 색을 혼합하여 나타내는데, 각 자리수 마다 1로 갈수록 짙게 나타나고 0으로 갈수록 흐리게 나타냅니다. (R,G,B) 형태로 사용하며 (1,0,0)는 빨강색, (0,1,0)은 녹색, (0,0,1)는 파랑색을 나타냅니다. 그외에 검정 color(0,0,0), 흰색 color(1,1,1), 핑크 color(1,0.7,0.75)등의 색으로 0.5 등의 소수점으로 나타내면 해당 칼라를 작게 섞는다는 의미입니다.

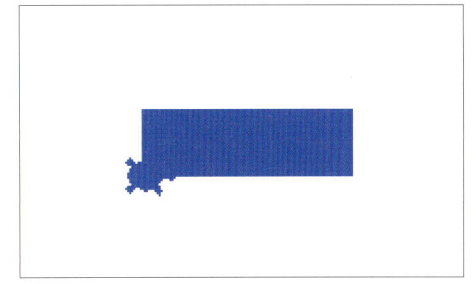

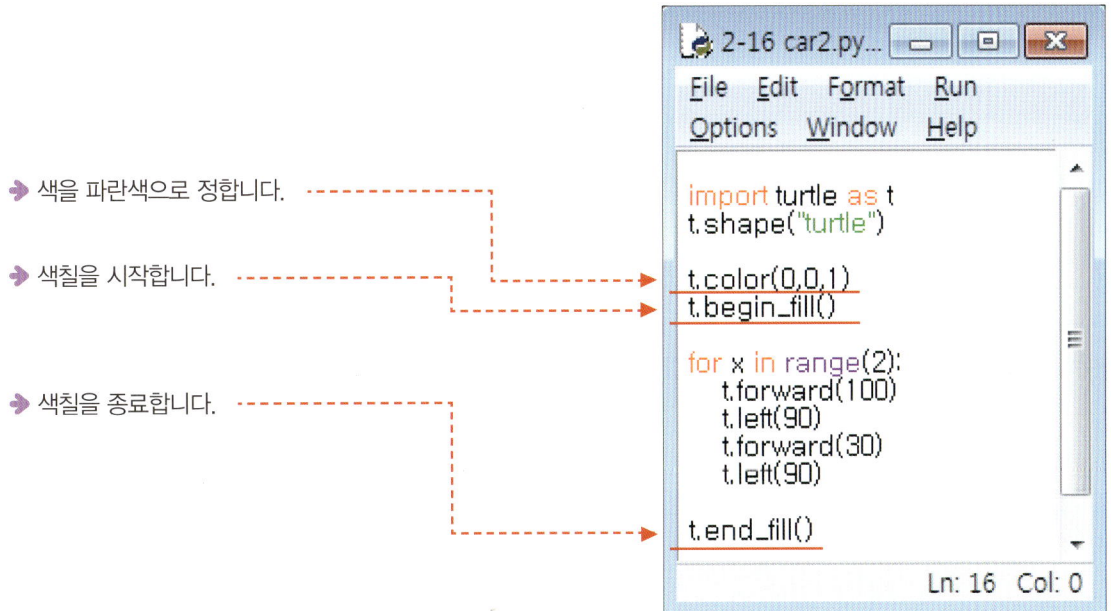

▶ 색을 파란색으로 정합니다.

▶ 색칠을 시작합니다.

▶ 색칠을 종료합니다.

사각형을 그리고 나서 자동차 아래쪽 큰 사각형을 그리기 위해서는 현재 거북이가 어느 방향을 보고 있는지 확인해야 합니다. 현재 보고 있는 방향에서 몇 도를 회전하고 얼마나 내려가야 하는지 계산해야 합니다.

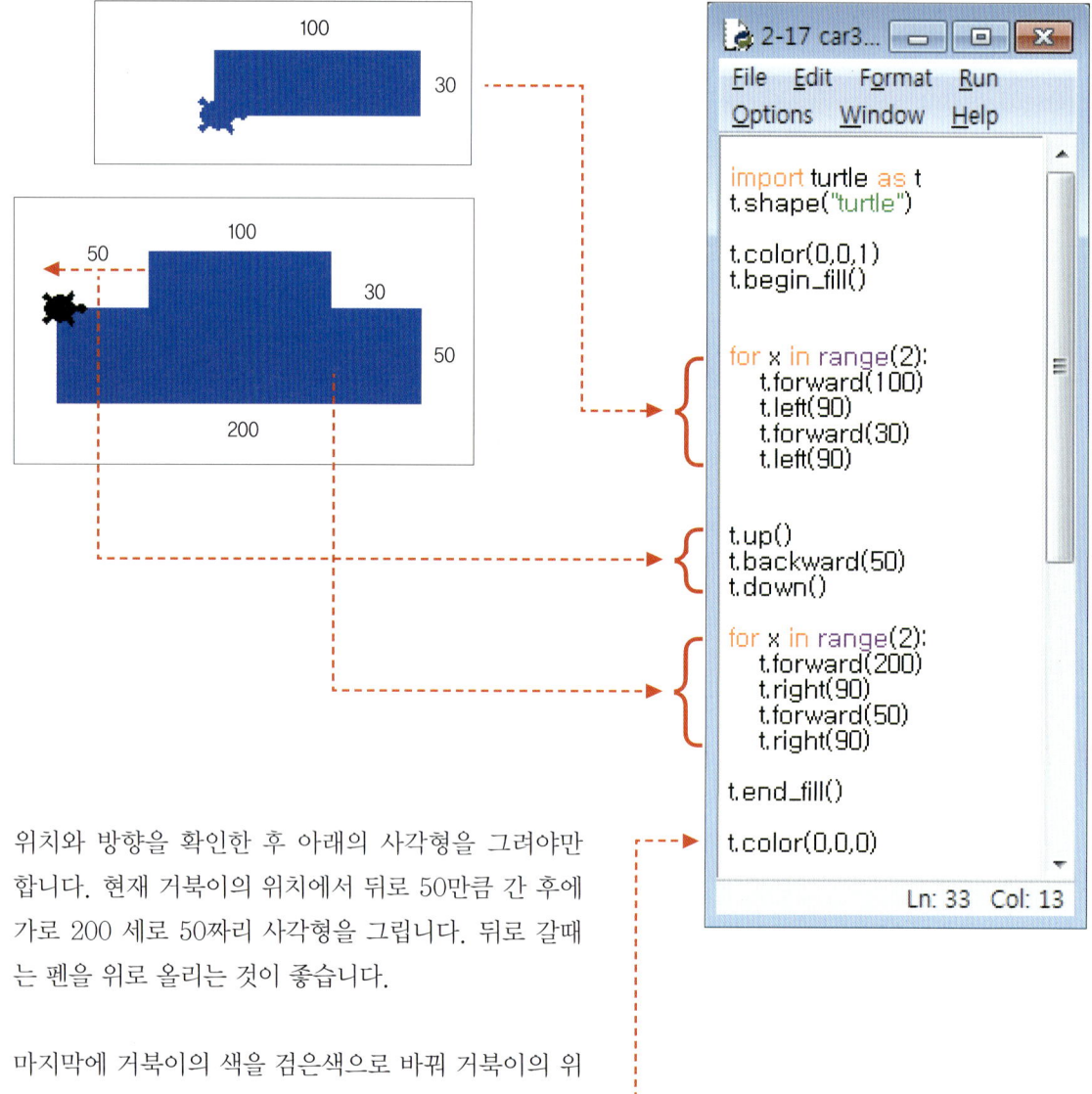

위치와 방향을 확인한 후 아래의 사각형을 그려야만 합니다. 현재 거북이의 위치에서 뒤로 50만큼 간 후에 가로 200 세로 50짜리 사각형을 그립니다. 뒤로 갈때는 펜을 위로 올리는 것이 좋습니다.

마지막에 거북이의 색을 검은색으로 바꿔 거북이의 위치와 방향을 선명히 볼 수 있게 하였습니다.

이제 바퀴를 그려보겠습니다.

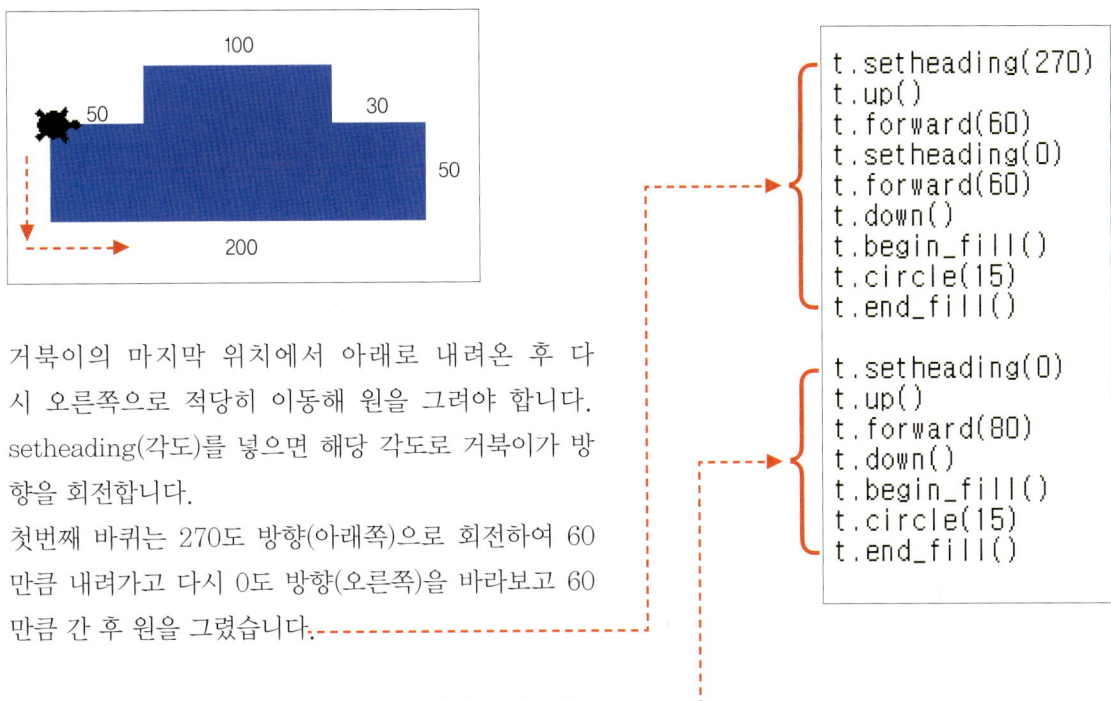

거북이의 마지막 위치에서 아래로 내려온 후 다시 오른쪽으로 적당히 이동해 원을 그려야 합니다. setheading(각도)를 넣으면 해당 각도로 거북이가 방향을 회전합니다.

첫번째 바퀴는 270도 방향(아래쪽)으로 회전하여 60만큼 내려가고 다시 0도 방향(오른쪽)을 바라보고 60만큼 간 후 원을 그렸습니다.

두 번째 바퀴는 앞으로 적당히 위치를 정해서 그립니다.

2. turtle Demo 보기

피이썬 Shell의 Help 메뉴에서 제공하는 'Turtle Demo'를 실행해 보면 파이썬으로 그린 다양한 그림을 볼 수 있습니다.

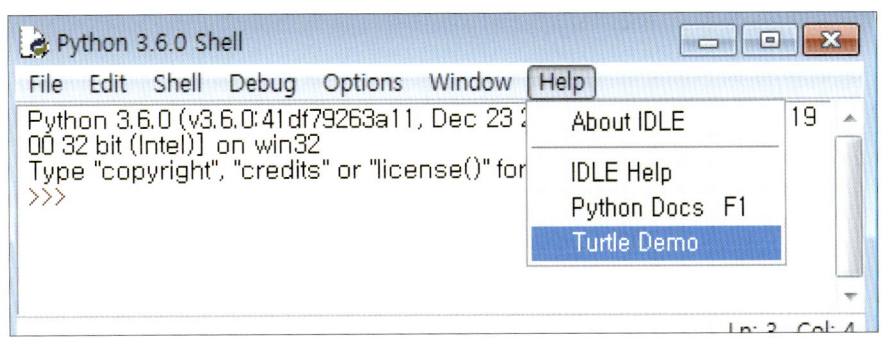

데모를 누르면 나오는 화면에서 [Examples]-[peace]를 클릭하면 왼쪽에는 파이썬으로 만든 코드가 보이고 하단에 있는 'START'버튼을 누르면 아래와 같이 왼쪽의 코드를 실행한 결과를 볼 수 있습니다.

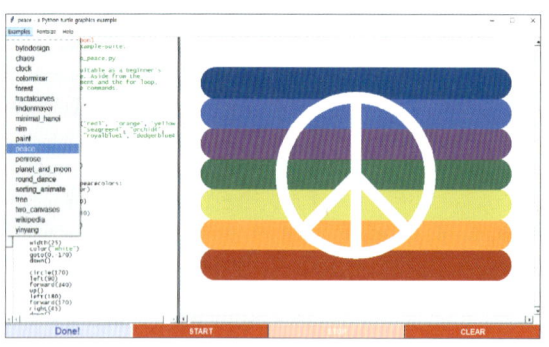
■ 색칠과 그림(peace)

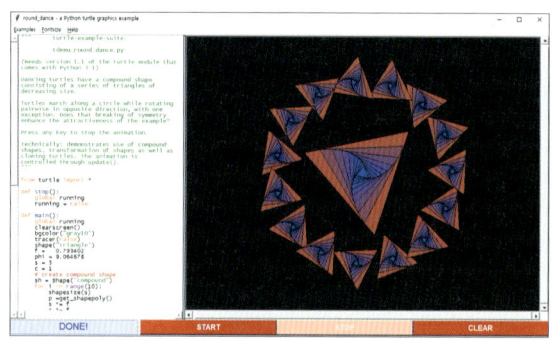
■ 도형 춤추기(round_dance)

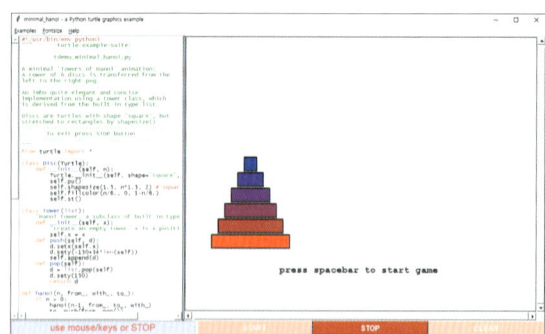
■ 하노이 게임(minimal_hanoi)

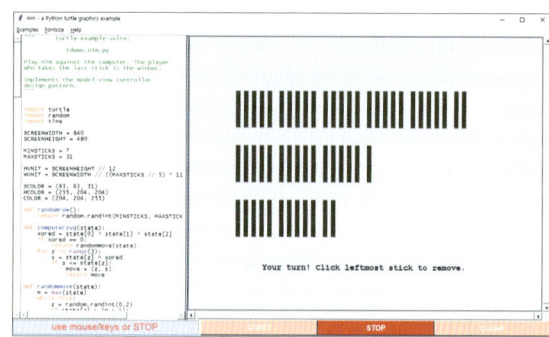
■ 마지막 스틱 가지기 게임(nim)

도전해보세요

1. 정삼각형을 그려보세요.

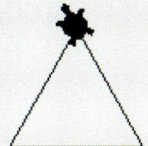

2. 정팔각형을 그려 봅시다. 안에 색도 칠해보세요. (그 외에도 여러가지 도형을 그려보세요.)

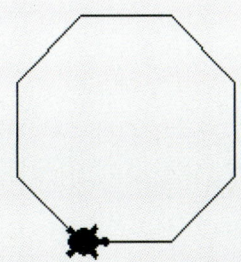

3. 아래와 같은 그림을 그려보세요.

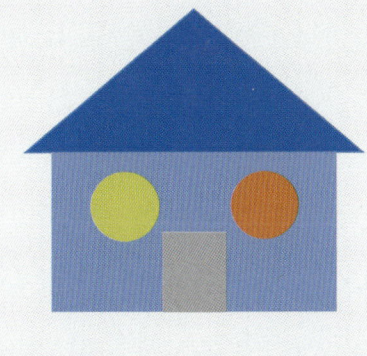

Memo

Chapter 03

변수

3-1 변수 사용하기
3-2 변수의 타입
3-3 변수의 출력서식 지정
3-4 문자열 자르기

3-1 변수 사용하기

1. 변수(variable)란

프로그램을 만들 때 수많은 값이 사용됩니다. turtle 모듈을 import 해서 그림을 그릴 때 forward(50)이라고 쓰면, 거북이가 50만큼 걸어가며 선을 그립니다. 여기서 50이라는 숫자는 값에 해당합니다. 이 값을 넣는 공간을 변수라고 합니다.

예를 들어 오른쪽 그림에서 'a=3' 은 a라는 변수에 3의 값이 들어가는 것입니다.

for문에서는 x가 변수 입니다. x라는 변수에 0에서 4까지의 값이 변하면서 들어가게 됩니다. 컴퓨터에서 이렇게 값을 담아두는 장소를 마련해놓고, 그 장소에 이름을 붙여 사용하는 것이 변수(Variable)입니다.

```
a=3

for x in range(0,5):
    print ("안녕")
```

- 프로그래밍이 처음이라면 '변수'라는 것을 그릇이라고 생각해보면 이해가 쉽습니다. 옆의 그림처럼 'bowl1' 이라고 이름 붙인 그릇에 50이라는 값을 저장하면 50이 저장됩니다.

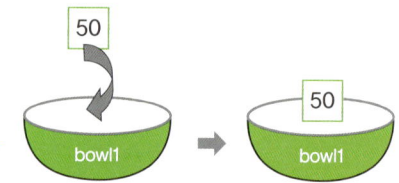

- 그러다가 50이라는 값을 꺼내고 23이라는 값을 집어 넣으면 이제 bowl1 이라는 그릇(변수)에는 50은 없고, 23만 남게 됩니다.

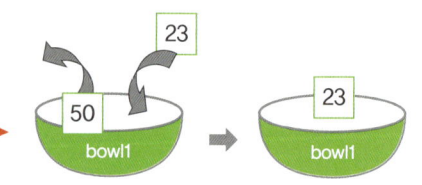

프로그래밍에서는 변수를 그릇이라고 생각하면 됩니다. 변수에 값을 저장할 수 있고 저장된 값을 가져가 프로그래밍에서 사용하며 또 경우에 따라서는 가져간 값 대신 다른 값을 저장할 수 있습니다.

2. 변수 만들기

그렇다면 변수는 어떻게 만들고 사용할까요? 기존의 언어와 달리 파이썬에서는 변수를 따로 선언하지 않기 때문에 변수를 만드는 동시에 사용할 수 있습니다.

변수명 = 값 a=3 : a 변수에 3이라는 값을 할당한다.

'변수명=값'을 주면 변수가 생성되고 =의 오른쪽에 있는 값을 담게 됩니다. 즉 'a=3' 이라고 적으면 a 라는 변수가 생성되면서 a변수에 3을 넣습니다. 이를 'a에 3을 할당한다'라고 표현합니다.

현실에서 이름표를 잘 붙여두면 물건을 찾기 쉬운 것처럼, 프로그램에서 변수의 이름을 잘 짓는 것은 프로그램 작성자와 그 프로그램을 읽는 사람에게 도움을 줍니다. 변수를 만들 때 a나 b와 같은 문자보다는 그 변수가 담을 값의 의미에 해당하는 단어(예: name, age)의 조합으로 사용하는 것이 좋습니다. 하지만 프로그래밍 초보자에겐 의미 있는 변수명이 꼭 문법에 해당하는 것 같아 어렵게 느껴지기 마련입니다. 따라서 처음 변수를 이용하는 프로그램을 만들 때에는 변수명을 a나 b처럼 간단한 알파벳을 이용해 보도록 하겠습니다.

변수를 만드는 규칙

- 변수명은 알파벳이나 밑줄 문자로 시작해야 하며, 그 이후에는 알파벳이나 숫자, 밑줄 문자를 제한 없이 쓸 수 있습니다. (a1, guest_name2, _a43)
- 알파벳 대소문자를 구별합니다. (A1 과 a1 은 다른 변수)
- 숫자는 0 - 9 사이의 어떤 숫자는 가능합니다.
- 메모리에 생성된 변수를 없애기 위해 del(변수명)을 사용합니다.
- 한글 변수도 가능은 하나 되도록 영문과 숫자, 밑줄 문자의 조합으로 쓰는 것을 권장합니다.
- 파이썬 명령문이나 내장함수명과 같은 이름을 변수명으로 사용할 수 없습니다.

3. 변수 사용 예

→ 대화형 쉘에서 변수를 사용한 예제를 먼저 보도록 하겠습니다. 오른쪽 그림처럼 a=3 이라는 명령문을 쉘에 입력하고 엔터를 누릅니다. 그리고 다시 a를 입력한 후 엔터를 누르면 3이라는 답이 파란색으로 나오는 것을 볼 수 있습니다. ------

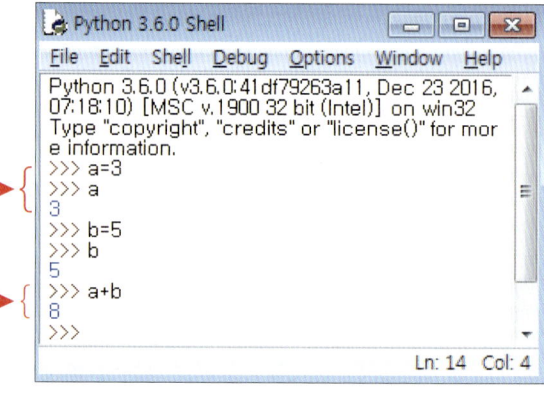

a=3 이라고 쓴 것은 a라는 변수에 3이라는 값을 할당한 것입니다. 즉, a라는 변수에 3이라는 값을 넣어준 것입니다. 처음 프로그램을 접하는 분들이 많이 헷갈려 하는 부분입니다. 'a=3을 a가 3과 같다'는 수학적인 표현에 익숙하기 때문입니다. 프로그래밍에서는 같다는 표현이 아니라 'a 라는 변수에 3 값을 할당(입력)한다'는 의미입니다.

→ a에 3, b에 5를 넣고 a+b 가 얼마인지 물으니 8이라는 결과값을 보여주고 있습니다. a와 b라는 변수에 각각 3과 5 값을 저장하고 있음을 알 수 있습니다. ------

→ 이것을 쉘 화면이 아닌 [File]메뉴-[New File]를 선택해서 IDLE 편집기를 열어 파일로 작성해 보도록 하겠습니다. 아래 왼쪽 그림처럼 작성한 후 실행해 보니 아무런 반응이 없습니다. 쉘에서는 a+b 라고 쓰면 그 결과를 바로 보여주지만, 파일로 작성해서 저장할 경우는 아래 그림처럼 print 문을 사용해야만 a+b 의 결과가 화면에 출력됩니다.

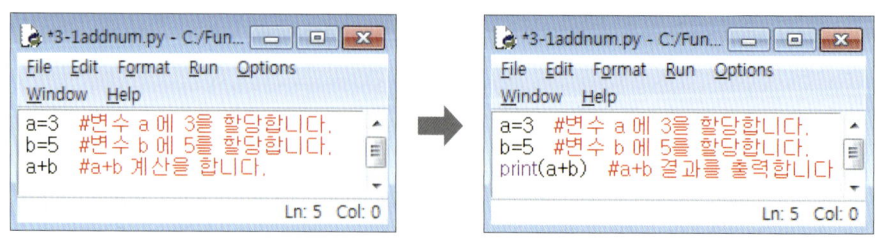

3-2 변수의 타입

파이썬 변수에 할당하는 데이터(값)는 정수(integer), 실수(float), 문자열(string) 타입의 값을 가질 수 있습니다. 정수는 1, 2, 3 처럼 소수점이 없는 수를 말하고, 실수는 1.0, 2.0 처럼 소수점이 있는 수를 말합니다. 문자열은 '1', 'abc', "안녕" 처럼 하나 이상의 문자를 따옴표로 감싼 것을 말합니다.

자료형	예시
정수(integer)	30, 1, 2, 3, -1, -2, -3,
실수(float)	3.14, 5.0, -1.0, 17.9874
문자열(string)	"안녕", 'hello', '1',

1. 정수형, 실수형 변수

1) 정수형 덧셈

➡ 정수형으로 계산하면 결과도 정수로 나옵니다.

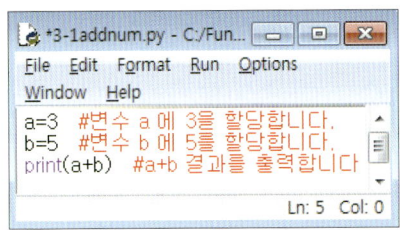

2) 실수형 덧셈

➡ 실수형으로 계산하면 결과도 실수로 나옵니다.

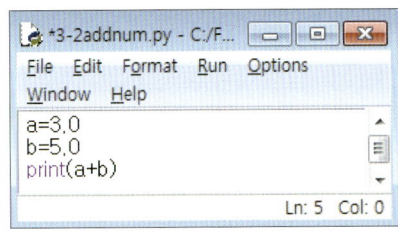

2. 문자열 변수
1) 일반적 사용법

➜ 문자열을 감싸는 따옴표는 작은 따옴표, 큰 따옴표 모두 가능합니다. 단 문자열 시작할 때 작은 따옴표를 사용했다면 문자열 끝날 때도 작은 따옴표로 사용해야 합니다.

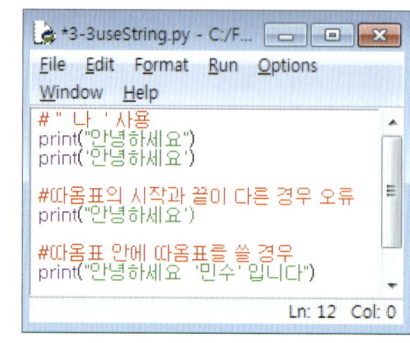

➜ 문자열을 감싸는 따옴표가 서로 다르다면 오류가 발생합니다. 만일 문자열 안에 작은 따옴표가 사용된다면 문자열을 큰 따옴표로 감싸면 되고, 문자열 안에 큰 따옴표가 사용된다면 문자열을 작은 따옴표로 감싸주면 됩니다.

2) 여러 줄 표현 시 사용법

➜ 삼중 따옴표로 문자열의 시작과 끝을 감싸서 여러 줄을 갖는 문자열을 표현합니다. 작은 따옴표를 삼중으로 쓰거나 큰 따옴표를 삼중으로 씁니다.
앞, 뒤로 같은 종류의 따옴표로 감싸준다는 점은 잊지 마세요.

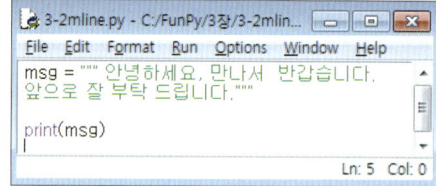

3) 문자열의 덧셈

➜ 문자열의 덧셈은 두 개의 문자열을 붙여준 결과 값이 출력됩니다.

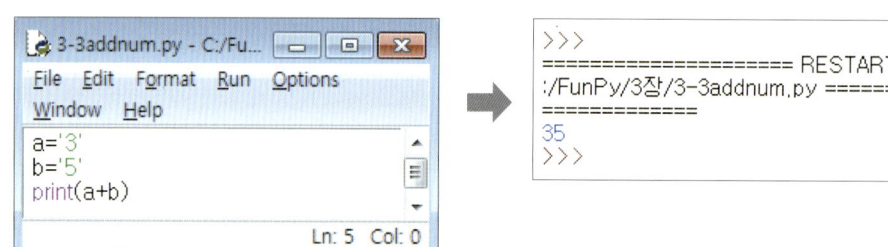

3. 타입(type) 변환

나이를 입력 받아 내년의 나이를 출력하는 간단한 예제를 통해 타입(type)변환에 대해 알아보겠습니다.

- ◆ 오른쪽 코드를 실행하면 아래와 같이 에러(Error)가 발생하는 것을 볼 수 있습니다.

- ◆ 에러 문구에 "TypeError: must be str, not int" 는 정수(int)가 아니라 반드시 문자열(str) 이어야 한다는 의미입니다. 변수 a의 타입(type)이 문자열(str)일때, 숫자(int) 타입(type)인 1은 더할 수 없습니다.

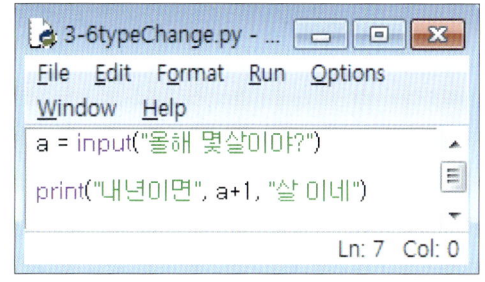

- ◆ 오른쪽과 같이 수정해준 후 다시 실행하면 아래와 같이 정상적으로 실행됩니다.

  a 변수에 14라는 숫자로 된 값을 입력 받았지만 파이썬에서는 input 으로 입력 받은 값을 숫자 14로 인식하는 것이 아니라 문자열 '14'(일사)로 인식합니다. 문자열 '14'는 숫자와 덧셈연산을 할 수 없습니다. 따라서 input으로 입력 받은 '14'라는 문자열을 숫자 14로 변환시켜주는 작업이 필요합니다. int( )라는 타입 변환 함수를 사용해서 a 값을 정수형으로 바꿔줘야 덧셈을 할 수 있습니다.

프로그램을 하다 보면 이렇게 값의 타입(type)을 숫자에서 문자로 문자에서 숫자로 타입(type)을 바꿔 줘야 할 경우가 많습니다. 파이썬에서는 타입(type) 변환을 위한 함수를 다음과 같이 제공합니다.

함수	변환	예	결과
int(x)	x -〉 정수	int('10')	10
		int(5.3)	5
float(x)	x -〉 실수	float('5')	5.0
		float(5)	5.0
str(x)	x -〉 문자열	str(5)	'5'
		str(3.5)	'3.5'

input([입력문자열])
화면에 입력문자열을 보여준 후 사용자로부터 데이터를 입력 받아오는 함수입니다. 입력 받은 데이터는 문자열 형태로 가져오며, 입력문자열은 생략 가능합니다.

※ 타입(type) 변환 함수는 6-2장에서 더 자세히 살펴보겠습니다.

3-3 변수의 출력 서식 지정

이번에는 print() 에서 출력되는 일반 문자열과 변수를 출력하는 여러가지 방법들에 대해서 알아보겠습니다.

1. 콤마(,)로 구분

출력하는 항목들은 콤마(,)로 구분합니다. 이름과 사는 지역을 두 변수에 입력하여 인사 문구와 함께 출력하는 문장을 만들어 보도록 하겠습니다.

1) 따옴표 안에 변수명을 쓴 경우

➔ a와 b 변수에 값을 넣어 출력해 보겠습니다. 오른쪽처럼 코딩하면 화면에는 a라는 변수에 들어있는 값이 나오는 것이 아니고, 그냥 a라는 글자가 출력됩니다.

즉 print( ) 함수에서 따옴표 안에 쓴 글자는 변수로 인식하지 않습니다.

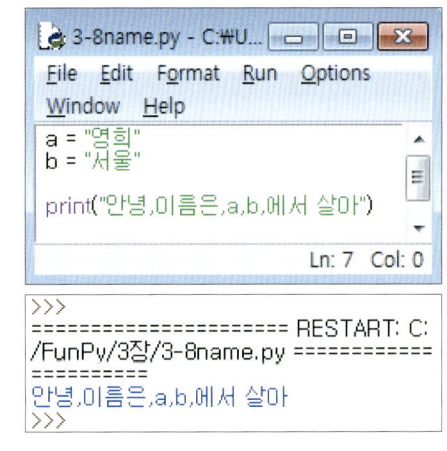

2) 변수명을 콤마(,)로 구분한 경우

➔ 변수에 들어있는 값을 화면에 출력하고자 할때에는 따옴표로 된 일반 문자열과 변수명 사이에 콤마(,)를 써서 구분합니다.

콤마(,)로 구분한 곳에는 띄어쓰기가 되어 화면에 출력되는 것을 볼수 있습니다. 즉 "영희" 와 "서울" 사이에 띄어쓰기가 되어 있습니다.

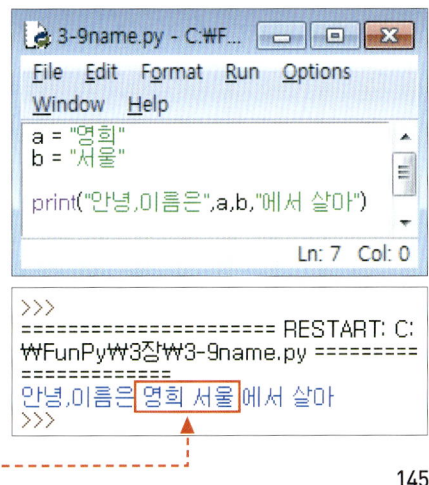

> **Tip** 이 코드는 에러가 발생합니다. 어디가 잘못된 것일까요? 변수 a와 문자열 "이고" 사이에 콤마(,)가 빠졌습니다. 변수와 문자열 사이, 문자열과 문자열 사이에 반드시 콤마(,)가 있어야 합니다.

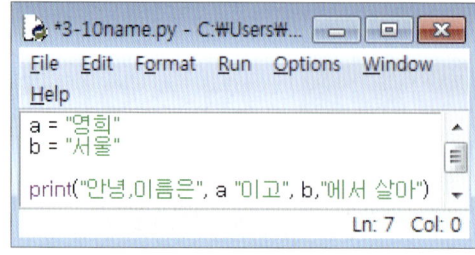

2. 서식문자열(포맷 코드)

문자열과 변수 사이에 띄어쓰기가 되기 때문에 출력되는 형태를 수정할 필요가 있습니다. 출력 문자열 중간에 변수 값이 나와야 하는 경우, 해당 위치에 서식문자열(포맷 코드)을 삽입해서 출력 형태를 수정할 수 있습니다.

각 자료형 별 다른 서식문자열을 사용하는데, 예를 들어 설명하면 아래 표와 같습니다.

서식문자열 예	기능
%s	문자열 출력.
%10s	10자리 문자열 출력. 자리가 남으면 빈 칸으로 출력.
%5.3f	소수점 아래 3자리를 갖는 5자리 실수 출력. 자리가 남으면 빈칸으로 출력.
%10d	10자리 정수 출력. 자리가 남으면 빈 칸으로 출력.
%010d	10자리 정수 출력. 자리가 남으면 0으로 채워 출력

1) 문자 포맷 지정

서식 문자열을 사용해서 위의 프로그램의 출력 결과를 바꿔보겠습니다.

▶ 출력할 문자열 안에 변수가 출력 되야 할 자리에 변수명을 쓰는 대신 %s 를 넣어줍니다. 문자열 변수가 a와 b 두 개 이므로 %s 두 개를 나란히 써 주고, 출력 문자열 끝에 붙여서 %( ) 안에 출력될 순서대로 변수들을 적습니다.

▶ %s%s를 나란히 붙여 적었기 때문에 '영희서울' 붙여서 출력됩니다.

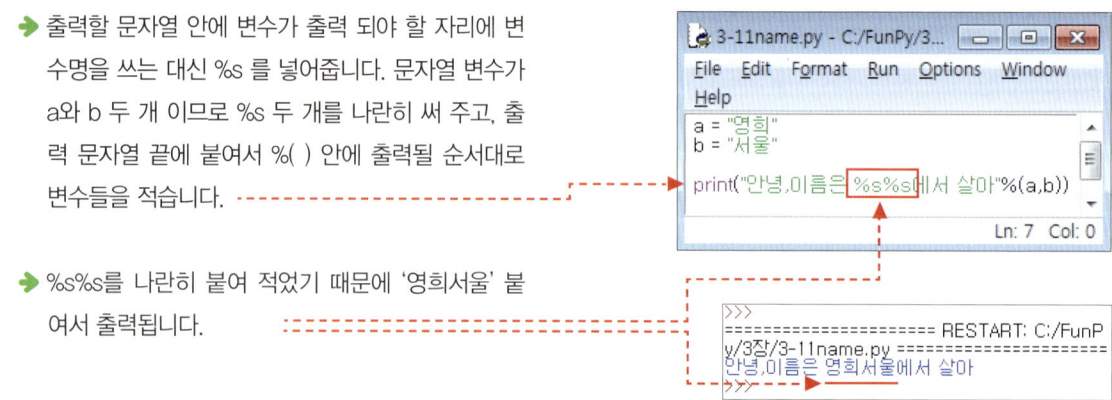

2) 숫자 포맷 지정

이번에는 숫자 값에 대한 서식문자열을 이용하는 방법에 대해 알아보겠습니다.
먼저 서식문자열을 지정하지 않고 출력하는 프로그램을 작성해보겠습니다.

➡ 변수 a에 70을 할당하고, a의 값을 인치(inch)로 환산해서 변수 b에 저장했습니다.

➡ print( )에 전달된 순서대로 출력되는데, 변수 b의 값이 소수점 아래 15자리까지 출력됩니다.

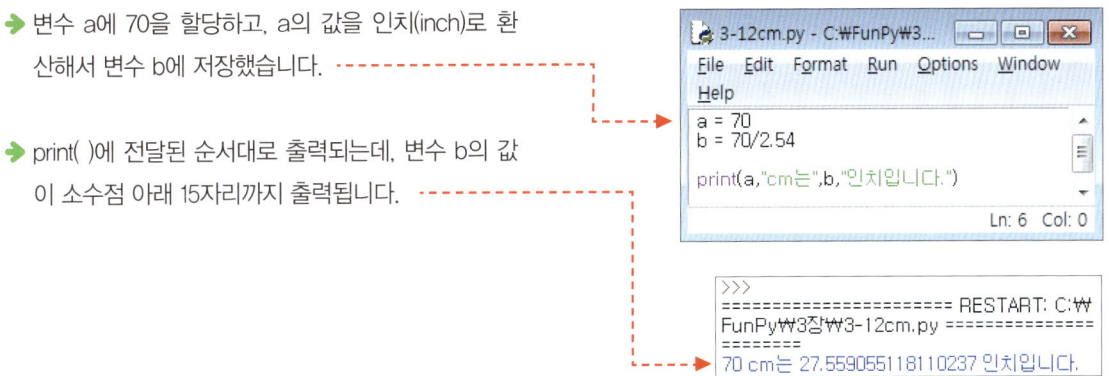

위의 프로그램을 서식문자열을 사용해서 바꿔보겠습니다.

➡ 정수형 변수인 a값을 4자리로 출력하기 위해서 %4d를 a값이 출력될 위치에 써 주고, 실수형 변수 b값을 소수점 아래 2자리를 가진 7자리로 출력하기 위해서 %7.2f를 b값이 출력될 위치에 써줍니다.

➡ 변수 a값이 출력된 것을 보면 4자리 정수 자리에 '70'이 출력되었는데, 2자리가 남기 때문에 왼쪽 2자리가 공란으로 채워졌습니다.

➡ 변수 b값이 출력된 것을 살펴보면 전체 7자리 중 소수점 아래 3자리에서 반올림하여 .56이 출력되었고, 정수부 27 왼쪽 두자리는 공란으로 채워졌습니다. (소수점도 자리 하나를 차지)

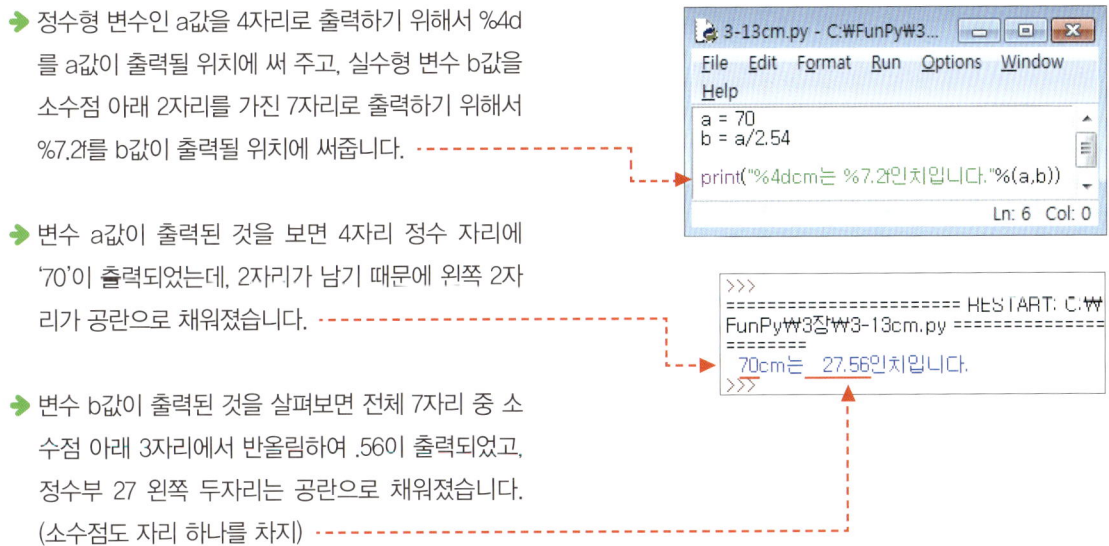

3) 문자 포맷과 숫자 포맷을 함께 지정

숫자 형 데이터와 문자열 데이터가 같이 출력되는 예를 살펴보겠습니다. 아래와 같이 cm 단위의 반지름을 입력 받아 원둘레를 계산해서 출력하는 프로그램을 작성해보겠습니다.

원의 둘레를 계산하기 위해서는 파이(π)라는 원주율 값이 필요한데 파이썬의 math 모듈에서 원주율 값인 pi 상수를 제공하고 있습니다. pi 상수를 사용하기 위해 math 모듈을 import 해야 합니다.

- 반지름을 입력받은 후 정수로 변환해서 r에 저장합니다.
- 단위 문자열을 m에 저장합니다.
- math모듈안의 pi상수를 이용해 원둘레를 계산한 후 a에 저장합니다.

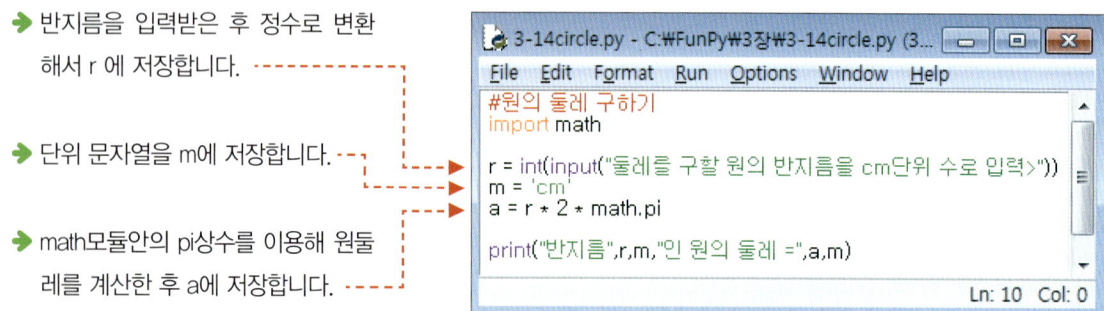

반지름 값으로 8을 입력하면 원의 둘레 값이 소수점 아래 14자리까지 계산된 값이 그대로 출력됩니다.

앞에서 작성한 원 둘레를 구하는 프로그램의 출력 결과를 서식 문자열을 사용해서 수정해 보도록 하겠습니다.

- 표시된 부분이 반지름은 4자리 정수로 출력하고 원 둘레 값은 소수점 아래 3자리를 갖는 10자리 실수로 출력했습니다.

- 처음 작성한 프로그램의 출력 결과와 달리 입력한 반지름 값 뒤에 단위가 바로 붙어 나오고 계산된 결과값이 소수점 아래 세 자리까지만 출력되었습니다.

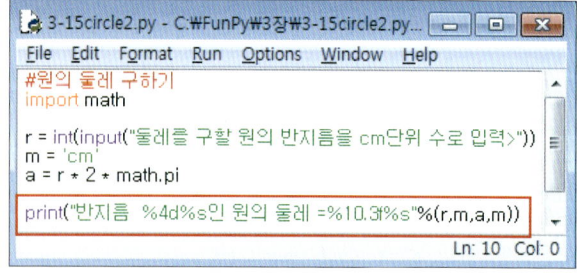

3-4 문자열 자르기

파이썬의 문자열 데이터를 생성하면 문자열 안의 각 문자마다 순서번호가 있습니다.

대화형 쉘에서 a 라는 변수에 'BINGO' 라는 문자열 값을 할당하고 이것을 print( ) 함수에 넣어 실행하면 'BINGO' 가 출력됩니다.

```
>>> a = 'BINGO'
>>>
>>> print(a)
BINGO
```

파이썬에서는 우리가 만든 'BINGO' 라는 문자열에 아래와 같은 체계로 인덱스(index) 번호를 줍니다.

앞에서부터 순서를 매길 때의 인덱스 (index)	0	1	2	3	4
뒤에서부터 순서를 매길 때의 인덱스 (index)	−5	−4	−3	−2	−1
문자열 값	'B'	'I'	'N'	'G'	'O'

인덱스(index) 번호는 앞에서부터 번호를 매길 때는 첫 번째 문자의 번호를 0부터 시작하고, 뒤에서부터 번호를 매길 때는 마지막 문자의 번호가 −1부터 시작합니다.

인덱스 번호를 이용하면 문자열의 일부분만 가져와서 사용할 수 있습니다. 예를 들어 변수 a 에 저장된 'BINGO' 의 가운데 있는 문자 'N' 을 가져오고 싶다면 오른쪽과 같이 입력합니다. 문자 'N' 은 앞에서 매긴 인덱스로는 2번 위치에 있고, 뒤에서 매긴 인덱스로는 −3번 위치에 있기 때문에 두 가지 모두 같은 결과를 출력합니다.

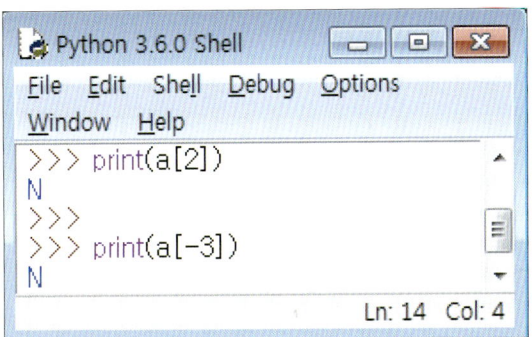

인덱스를 사용해서 한 문자만 가져오는 것이 아니라 문자열 안의 여러 문자로 된 부분을 가져오는 것도 가능합니다.

문자열변수명[시작 인덱스 : 끝 인덱스]
문자열 변수에 저장되어 있는 값의 시작 인덱스부터 끝 인덱스 전까지의 문자열을 가져옵니다. 끝 인덱스에 있는 문자는 가져오지 않습니다. 만일 '시작 인덱스'가 공란이라면 문자열변수에 저장되어있는 문자열의 처음부터 가져옵니다. 반대로 '끝 인덱스'가 공란이면 문자열 끝까지 가져옵니다.

이렇게 문자열 일부분을 가져오는 것을 문자열 슬라이싱(slicing)이라고 부릅니다. 위에 제시한 구문대로 쉘에서 문자열 슬라이싱을 해보겠습니다.

➡ 'BINGO' 의 1번 인덱스에 위치한 문자인 'I'부터 4번 바로 앞에 있는 문자인 'G'까지 잘라서 가져오기 때문에 결과가 'ING' 로 출력됩니다.

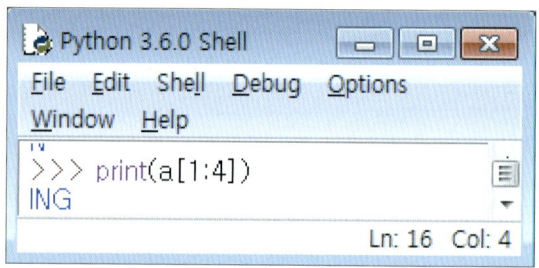

➡ 'BINGO' 의 1번 인덱스에 위치한 문자인 'I'부터 문자열 끝까지 가져오기 때문에 결과가 'INGO' 로 출력됩니다.

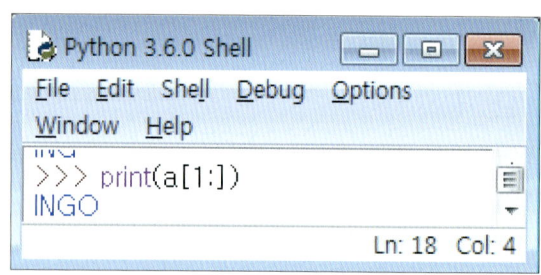

도전해보세요

1. 출력될 결과를 예상하여 적어봅시다.

```
# 출력될 결과를 예상해 봅시다.
a = 1
b = 2
c = 3

print(a,"+",b,"=",a+b)
print(a,"+",b,"+",c,"=",a+b+c)
```

2. 출력될 결과를 예상하여 적어봅시다.

```
# 출력될 결과를 예상해 봅시다.
a = "1"
b = "2"
c = "3"

print(a,"+",b,"=",a+b)
print(a,"+",b,"+",c,"=",a+b+c)
```

3. 출력될 결과를 예상하여 적어봅시다.

```
# 출력될 결과를 예상해 봅시다.
a = 1
b = 2

print("%d + %d = %d"%(a,b,a+b))
print("%d + %d = %5d"%(a,b,a+b))
print("%d + %d = %05d"%(a,b,a+b))
```

도전해보세요

4. 출력될 결과를 예상하여 적어봅시다.

```
# 출력될 결과를 예상해 봅시다.
a = 1.5
b = 2.5

print("%d + %d = %d"%(a,b,a+b))
print("%f + %f = %f"%(a,b,a+b))
print("%5.f + %5.f = %5.f"%(a,b,a+b))
print("%5.1f + %5.1f = %5.1f"%(a,b,a+b))
print("%5.2f + %5.2f = %5.2f"%(a,b,a+b))
print("%05.2f + %05.2f = %05.2f"%(a,b,a+b))
```

5. 출력될 결과를 예상하여 적어봅시다.

```
# 출력될 결과를 예상해 봅시다.
a = "1번"
b = "5번"
c = "11번"

print(a)
print(b)
print(c)
print("----------")
print("%3s"%(a))
print("%3s"%(b))
print("%3s"%(c))
```

6. 출력될 결과를 예상하여 적어봅시다.

```
# 출력될 결과를 예상해 봅시다.

a = "hello"

print(a)
print("a[0:5] =",a[0:5])
print("a[1:5] =",a[1:5])
print("a[0:4] =",a[0:4])
print("a[1:] =",a[1:])
print("a[:4] =",a[:4])
print("a[1:3] =",a[1:3])
```

7. 두 수를 입력받아 더한 값을 출력하는 프로그램을 작성하려고 합니다.
   이 프로그램에는 오류가 있습니다. 오류를 수정해 보세요

```
# 두 수를 입력받아 더하기
# 오류 수정하기

a = input("첫 번째 수를 입력하세요;")
b = input("두 번째 수를 입력하세요;")

print(a,"+",b,"=",a+b,"입니다.")
```

결과화면
첫 번째 수를 입력하세요;10
두 번째 수를 입력하세요;10
10 + 10 = 1010 입니다.

8. 직육면체의 가로, 세로, 높이를 입력 받아 부피를 구하는 프로그램을 작성해 봅시다.

결과화면
직육면체의 부피 구하기
가로 길이를 입력하세요;10
세로 길이를 입력하세요;10
높이를 입력하세요;10
직육면체의 부피는 1000 입니다.

9. 두 수를 입력 받아 두 수의 합, 곱, 평균을 구하세요.
   (합 : + , 곱 : * , 나누기 : / , 나머지 : %)로 표기

결과화면
첫번째 수 : 2
두번째 수 : 3
2 + 3 = 5
2 * 3 = 6
평균 = 2.5

도전해보세요

10. 다음과 같이 프로그램을 작성하여 실행하였더니, 에러가 발생하였습니다.
    a+2 부분을 어떻게 수정하면 에러가 발생하지 않을까요?

```
a = '1'
print(a+2)
```

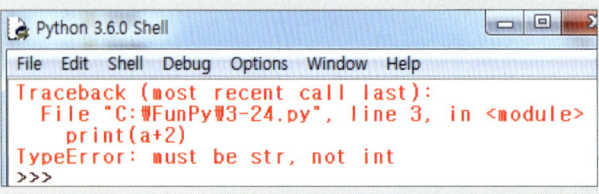

11. 생일파티에 친구들을 초대하려고 합니다. 1인당 치킨 5조각, 피자 2조각, 과자 3봉지를 주려고 합니다. 참석할 인원수를 입력받아서 인원수에 따라 준비해야 하는 음식의 갯수를 출력해 봅시다.

결과화면
초대할 인원수를 입력하세요: 12
필요한 치킨 조각 : 60
필요한 피자 조각: 24
필요한 과자 봉지 개수: 36

Chapter 04

조건문

4-1 순서도와 코딩
4-2 조건문 (if문)

4-1 순서도와 코딩

간단한 프로그램을 작성할때는 컴퓨터에 바로 코딩을 해도 문제가 없습니다.
하지만 복잡한 문제를 해결하기 위한 프로그램을 만들어야 할 경우에는 순서도를 작성하여 전체 흐름을 설계한 후 파이썬에서 코딩을 하는 것이 훨씬 논리적이고 명확합니다. 따라서 순서도를 작성하고, 그 순서도를 기반으로 코딩하는 법을 학습하도록 하겠습니다.

1. 예제 – 두 수의 합

위의 순서도 기호를 사용해서 두 수의 덧셈하는 절차를 순서도로 그려보겠습니다.

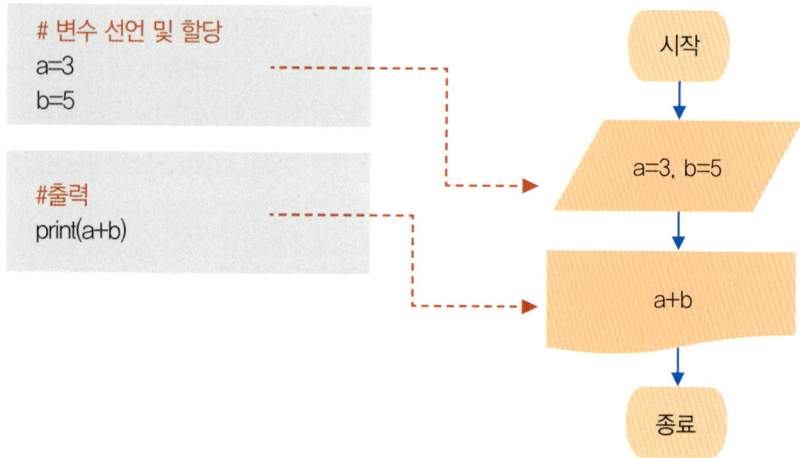

그리는 방법도 다양하고 배우면 배울수록 복잡한 내용들이 많지만 우리는 이 정도 수준으로 순서도를 그려보겠습니다. 어떤 프로그램을 만들어야 하는지 미리 생각한 후에 작성하면 훨씬 간단하고 논리적인 프로그래밍을 할 수 있습니다.

※순서도 작성에 관한 자세한 내용은 part1을 참고 하시기 바랍니다.

2. 예제 - 입력 값 출력

a라는 변수에 이름을 입력 받고
입력받은 내용을 출력해 보도록 하겠습니다.

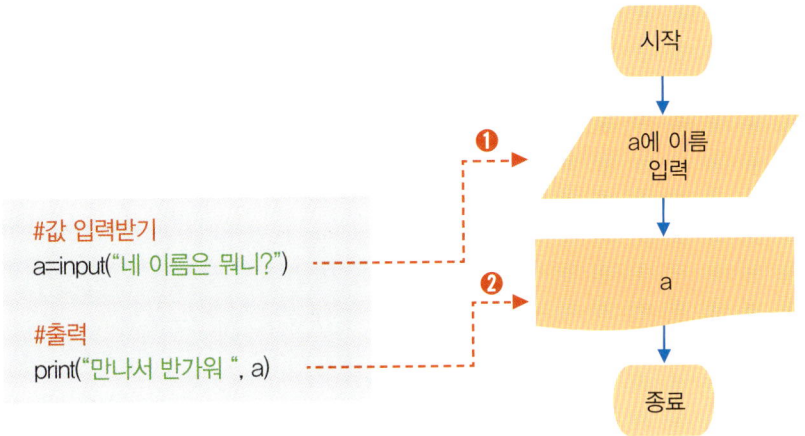

❶ input 함수를 사용하면 '네 이름은 뭐니?'라고
shell에 출력되면서 사용자가 답변을 입력하길
기다리고 있습니다.

'용이'라고 답변을 입력하고 엔터를 누릅니다. 그
러면 a라는 변수에 '용이'라는 데이터가 저장됩니
다. a = '용이' 라고 쓴것과 같은 효과가 됩니다.

❷ a라는 변수에 저장된 '용이'라는 값을 기억하여
결과값이 출력됩니다.

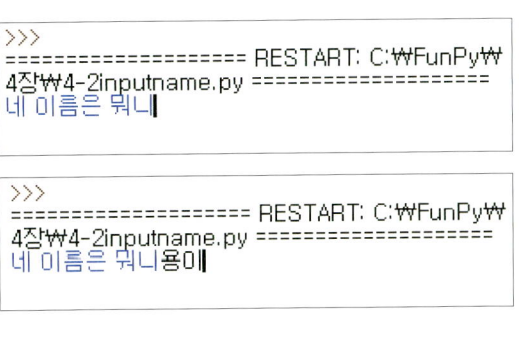

3. 예제 – 이름, 나이 출력

다음으로 나이를 묻고 출력해 보겠습니다. 변수명은 의미를 이해할 수 있는 문자로 표현해 주면 프로그램을 훨씬 이해하기 쉽기 때문에 a라는 의미 없는 변수명 대신 name과 age를 변수명으로 사용하겠습니다.

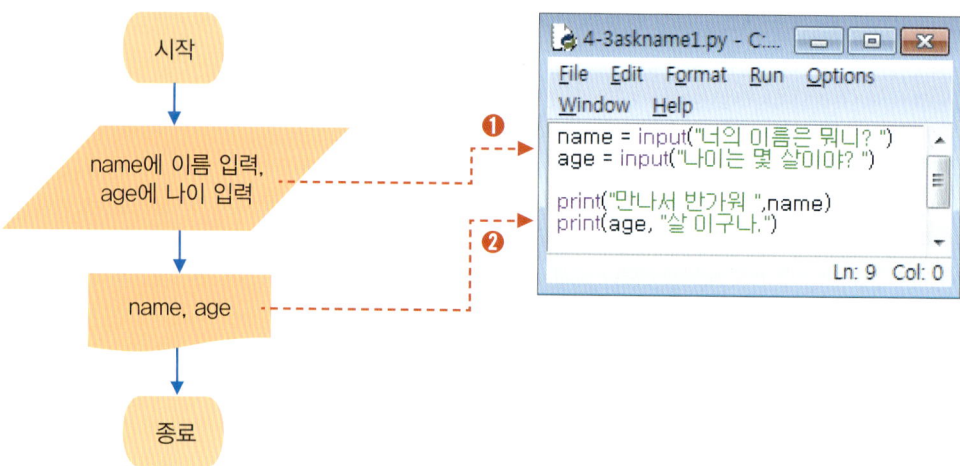

❶ 이름을 물어보고 입력받은 값을 name 변수에 할당합니다.
나이를 물어보고 입력받은 값을 age 변수에 할당합니다.

❷ "만나서 반가워" 라는 문장 뒤에 name 변수에 저장된 값을 출력합니다.
age 변수에 저장된 값을 먼저 출력 후 "살 이구나." 라는 문장을 출력합니다.

4-2 조건문(if문)

조건에 따라 다른 명령을 실행하기 위한 첫 단계로 비교 연산과 논리 연산 결과에 따라 다른 명령을 실행하는 방법에 대해서 알아보도록 하겠습니다.

1. 기본 if 문

a와 b 두 수 중 a가 크면 'a가 b보다 크다'라고 출력하는 프로그램을 조건문을 이용해 작성해 보겠습니다.

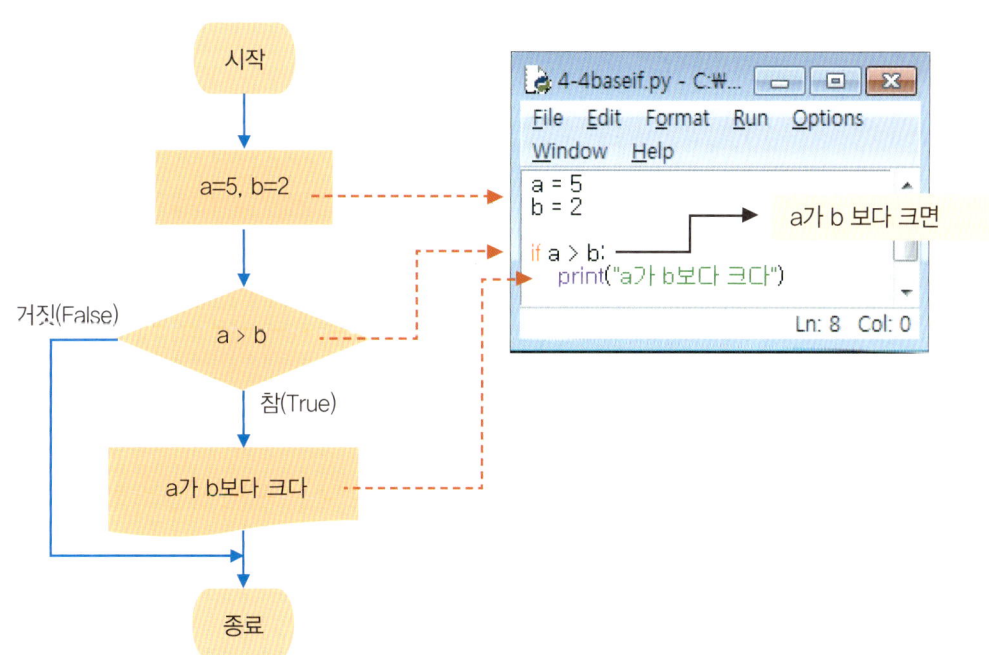

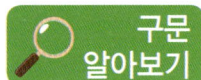

```
if 조건식 :
    실행문1
else :
    실행문2
```

조건식의 결과값이 참(True)이면 실행문1을 실행하고 조건이 거짓(False)인 경우 else 에 속하는 실행문2를 실행하게 됩니다. else구문은 쓰지 않을 수도 있습니다. 조건식 뒤와 else 뒤에는 반드시 콜론(:)이 있어야 하며, if구문과 else 구문에 속한 실행문들은 4칸 들여쓰기를 해야 합니다.

2. if ~ else 문

이번에는 if ~else 문을 이용해 두 수를 입력받은 후 두 수 중 큰 수를 찾아 출력하는 프로그램을 작성해 보도록 하겠습니다.

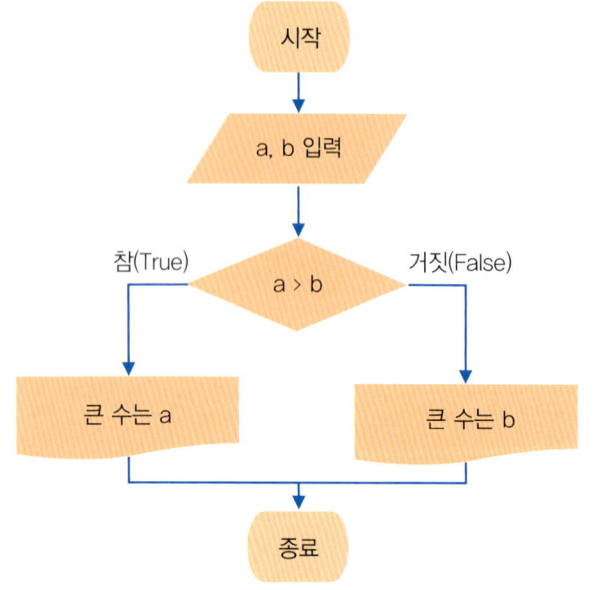

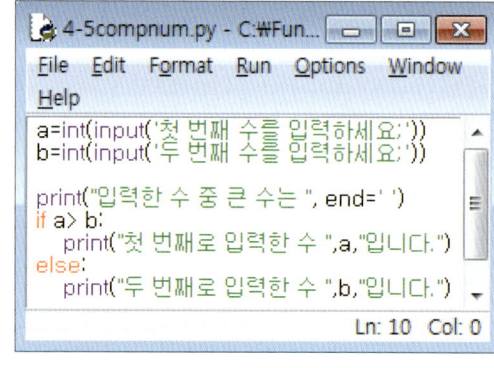

순서도는 위 그림과 같이 변수 a, b 에 입력한 두 수를 저장하고 a 〉 b 비교연산 결과가 참(True)이면 a를 큰 수로 출력하고 비교연산 결과가 거짓(False)이면 b 를 큰 수로 출력하도록 작성했습니다.

입력한 두 수 33과 50의 크기를 비교해서 입력한 수 중 두 번째 수가 크다는 결과를 출력했습니다.
결과를 출력하기 위해서 사용한 print( ) 함수는 2개 인데, 결과로 출력된 줄은 1줄입니다. 우리가 지금까지 print( ) 함수를 사용하면 print( ) 함수의 개수 대로 줄이 생겼지만 이번에는 처음 print( ) 함수 사용 후에 자동으로 줄바꿈이 일어나지 않은 것입니다. 줄바꿈이 일어나지 않은 이유는 end=' ' 때문입니다.

기본적으로 print( ) 함수는 내용을 출력한 후 마지막에 줄바꿈 문자인 'Wn'를 출력해서 자동으로 줄을 바꿉니다. print( ) 함수를 사용할 때 출력할 내용을 적은 후 마지막에 end=' '을 추가해주면 print( ) 함수는 내용을 출력 후 마지막에 줄바꿈 문자를 출력하는 것이 아니라 ' '만 찍어주고 끝을 내므로 내용 출력 후 줄바꿈이 일어나지 않습니다.

```
if 조건식1:
        실행문1
elif 조건식2:
        실행문2
elif 조건식3:
        실행문3
...
else:
        실행문n
```

조건식1이 참(True)이면 실행문1을 실행하고 더 이상 비교 없이 종료됩니다. 조건식1이 거짓(False)이면 소건식2의 참(True), 거짓(False)을 구합니다. 조건식2가 참(True)이면 실행문2가 실행됩니다. 참(True)이 되는 조건식을 찾지 못한 경우 다음 조건식은 판별합니다. elif문은 여러개가 존재할 수 있습니다. 모든 조건을 만족하지 않은 경우 else구문의 실행문n이 실행됩니다.
조건식 뒤에는 콜론(:)이 있어야 하며 실행문은 4칸 들여쓰기를 해야 합니다.

3. if ~ elif ~ else 문

이번에는 비교할 조건이 여러 개인 경우를 알아보겠습니다.
게임 점수를 입력받아 1000점 이상이면 '고수', 800점 이상이면 '보통', 나머지는 '노력하세요'
라고 출력해 보도록 하겠습니다.

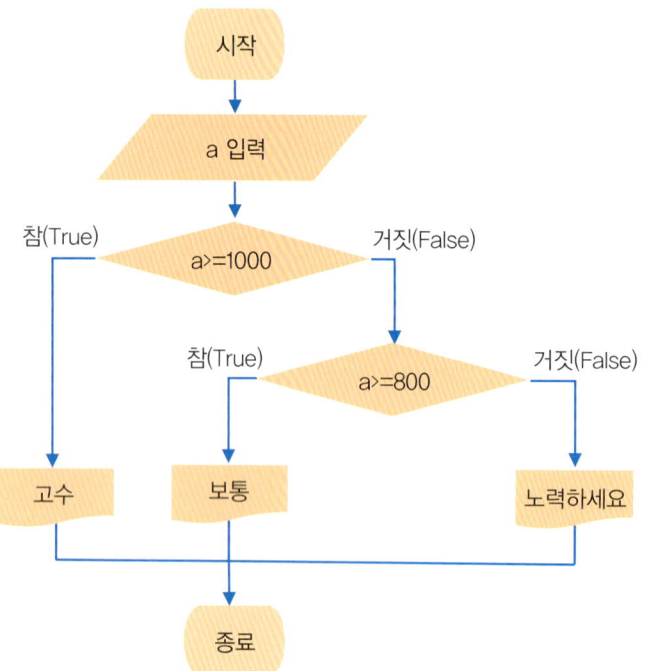

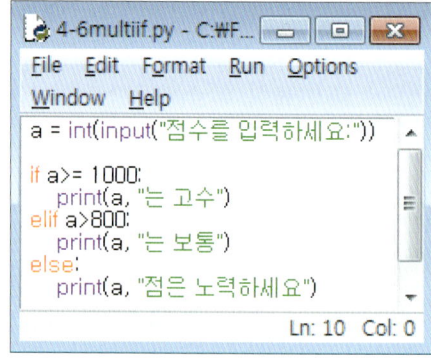

4. 조건문에 필요한 연산자들

1) 비교 연산자

파이썬에서 조건을 검사하는 방법 중 하나는 비교 연산을 해서 True(참) 인지 False(거짓) 인지 알아내는 것입니다. 파이썬 쉘에서 간단히 입력해서 알아보도록 하겠습니다.

먼저 숫자의 크기 비교를 해 보겠습니다.

연산자	예제	설명

>, >=	```>>> 43 > 21```
	```True```
	```>>> 43 >= 21```
	```True```
		'43 > 21'은 '43 이 21보다 크다' 라는 의미로 이 비교 연산을 실행하면 결과값은 True(참)입니다
		마찬가지로 '43 >= 21' 은 '43 이 21보다 크거나 같다' 라는 의미로 결과값은 True(참)입니다.
		즉, 조건을 검사한 결과가 맞는 것이라면 파이썬은 'True' 라는 결과를 돌려줍니다.

<, <=	```>>> 43 < 21```
	```False```
	```>>> 43 <= 21```
	```False```
		'43 < 21' 는 '43은 21보다 작다' 라는 의미로 결과값은 False(거짓)입니다.
		'43 <= 21' 은 '43 이 21보다 작거나 같다' 라는 의미로 결과값은 False(거짓) 라고 나옵니다.
		즉, 조건을 검사한 결과가 틀린 것이라면 파이썬은 'False' 라는 결과를 돌려줍니다.

==
!=
	```>>> 43 == 21```
	```False```
	```>>> 43 != 21```
	```True```
	
	```>>> 'A' == 'a'```
	```False```
	```>>> 'A' != 'a'```
	```True```
		'43 == 21' 는 '43은 21과 같다' 라는 의미로 결과값은 False(거짓)입니다.
		'43 != 21' 는 '43은 21과 같지 않다' 라는 의미로 결과값은 Truc(참)입니다.
		
		파이썬은 대문자 소문자를 서로 구분합니다.
		따라서 'A' 는 'a' 와 같지 않으므로 'A' 와 'a' 가 같다는 첫 번째 비교연산은 False(거짓) 이고, 'A' 와 'a' 가 같지 않다는 두 번째 비교연산은 True(참) 가 됩니다.

■ 비교 연산자

연산자	의미
==	같다
!=	다르다
>	크다
>=	크거나 같다
<	작다
<=	작거나 같다

2) 논리 연산자

조건문을 만들 때 두 개 이상의 비교연산의 결과를 결합해서 만들거나, 비교연산 결과를 반대로 바꾸는 경우가 있습니다. 이럴 때 사용하는 연산자가 논리 연산자입니다. 파이썬 쉘을 사용해서 연산자의 기능을 알아보겠습니다.

연산자	사용 예	설명

A and B
 	
(A와 B가 모두 True일때만 True)
	``>>> 'A' != 'a' and 43 > 21
	True
	>>> 'A' == 'a' and 43 > 21
	False
	>>> 'A' != 'a' and 43 < 21
	False
	>>> 'A' == 'a' and 43 < 21
	False```
		and 연산자는 연산자의 왼쪽 연산 결과와 오른쪽 연산 결과 모두가 True 일 경우에 True 를 돌려주고 나머지의 경우에는 False를 돌려줍니다. 'A' 와 'a' 는 같지 않고 43은 21보다 크기 때문에, 제일 첫 번째 and 연산 결과만 True 를 돌려줍니다.

A or B
 	
(A와 B 중 하나만 True이면 True)
	``>>> 'A' != 'a' or 43 > 21
	True
	>>> 'A' == 'a' or 43 > 21
	True
	>>> 'A' != 'a' or 43 < 21
	True
	>>> 'A' == 'a' or 43 < 21
	False```
		or 연산자는 연산자의 왼쪽 연산 결과와 오른쪽 연산 결과 모두가 False 일 경우에만 False 를 돌려주고 나머지의 경우에는 True를 돌려줍니다. 즉 or 연산자의 양쪽 비교연산 결과 중 하나만 True 가 나와도 or 연산의 결과는 True가 됩니다.

not A
 	
(A를 부정)
	``>>> not 43 > 21
	False
	>>> not 43 < 21
	True```
		'43 > 21' 이라는 비교연산의 결과는 True입니다. 그러나 그 조건문 앞에 not 을 붙임으로 해서 그 비교연산의 결과를 반대로 바꿨습니다.

■ 논리 연산자

연산자	의미
조건1 and 조건2	조건1과 조건2를 모두 참이어야 참(True), 그렇지 않으면 거짓(False)
조건1 or 조건2	조건1과 조건2 중에서 하나만 참이면 참(True), 모두 거짓일때만 거짓(False)
not x	'x가 아니다'이라는 의미 (즉, x가 참이면 거짓, x가 거짓이면 참)

이제 논리 연산자를 이용한 여러 예제를 풀어보도록 하겠습니다.

물건을 판매하면 판매 실적에 따라 점수가 붙습니다. 이 판매 실적 점수가 800점이상 1000점 미만은 '고수', 나머지는 '노력하세요' 라고 출력해 봅시다.

"800점이상 이고 1000점 미만" 을 조건식으로 표현 하면 아래와 같이 두 가지로 표현할 수 있습니다.

➡ a>=800 and a<1000

➡ (a)=800) and (a<1000)

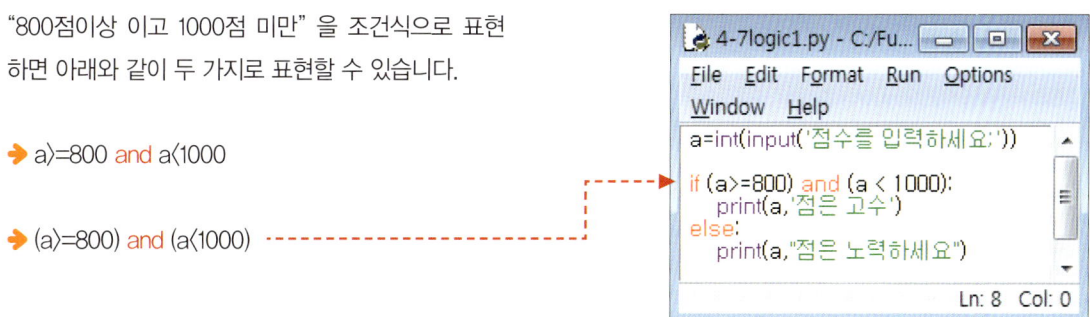

위의 예제에서 '점수가 1000점 이상이거나 0점 미만' 이면 '에러입니다' 라는 조건을 추가해 보겠습니다. 이 경우에는 두 조건 중 하나만 만족하면 되므로 or 조건을 사용한 조건문을 만듭니다.

"1000점 이상 이거나 0점 미만"

➜ (a)=1000) or (a<0)

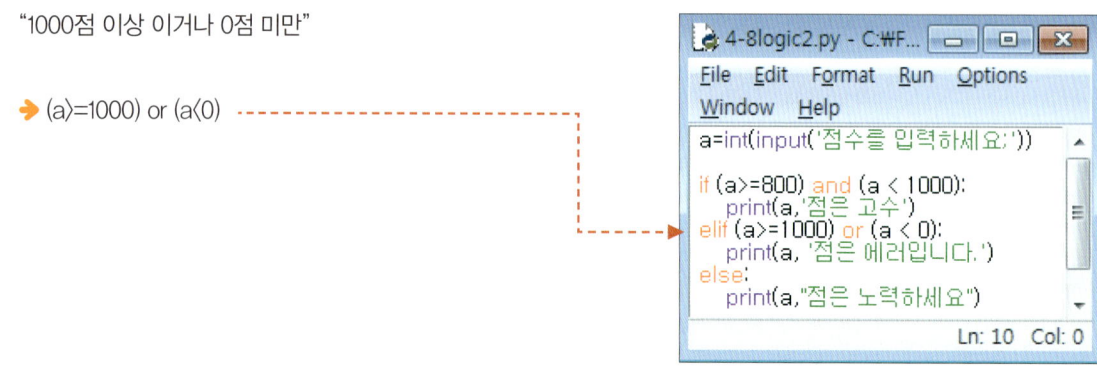

Tip 두 개의 연결된 비교연산을 and을 이용하지 않고 직접 사용해도 정상적으로 실행됩니다.

" 800점이상 이고 1000점 미만 "
➜ 800 <= a<1000

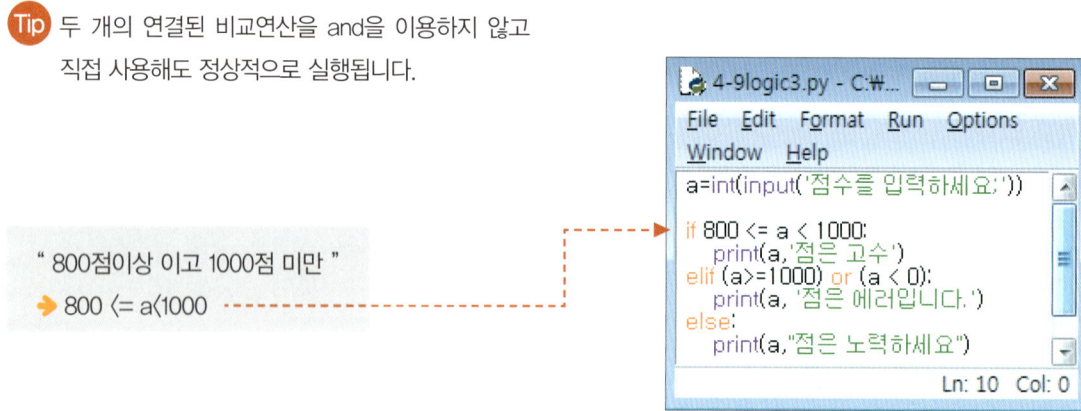

5. 예제 – 주사위 게임

if 문을 사용한 간단한 숫자 맞추기 게임을 만들어보겠습니다. 주사위 눈이 1~ 6까지의 수를 갖는 것처럼 컴퓨터가 1부터 6까지의 수 중 임의의 수를 고르게 한 후 사용자가 컴퓨터가 고른 수를 맞춰보는 게임입니다.

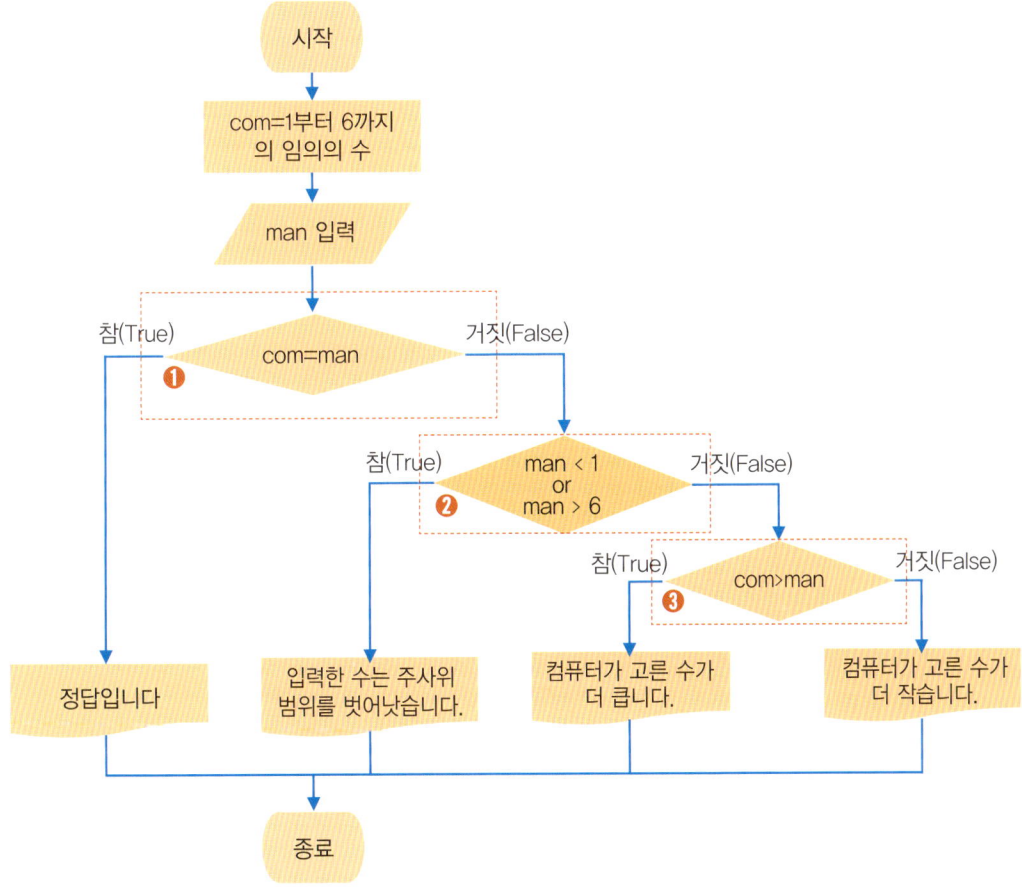

❶	컴퓨터가 고른 수와 입력 받은 수가 같은 지 비교합니다. 결과가 참(True)이면 정답이라고 출력하고 거짓(False)이면 다음 조건식을 비교합니다.
❷	입력한 수가 컴퓨터가 임의의 수를 고르는 범위 밖으로 벗어나는 지 확인합니다. 입력한 수가 1보다 작거나 6보다 큰 값인지를 확인해야 하므로 or 연산으로 조건식을 작성합니다. 만일 작성한 조건식의 결과가 참(True)이면 '범위를 벗어났습니다'라는 메시지를 출력하고 거짓(False) 이면 다음 조건식을 비교합니다.
❸	컴퓨터가 고른 수가 입력 받은 수 보다 큰 지 비교합니다. 결과가 참(True)이면 컴퓨터가 고른 수가 더 크다고 출력하고, 거짓(False) 이면 컴퓨터가 고른 수가 더 작다고 출력합니다.

이제 파이썬 코드로 구현해보도록 하겠습니다.
random 모듈 중에서 일정 범위의 정수 안에서 임의의 한 수를 골라주는 함수인 randint( ) 함수를 사용하도록 하겠습니다.

random.randint(a, b)
a 보다 크거나 같고, b 보다 작거나 같은 정수 중 한 개를 임의로 가져오는 함수입니다.

주사위 수를 가져올 것이기 때문에 주사위 눈이 가지는 수의 값인 1 부터 6까지의 수 중 임의의 수를 가져오기 위해서 random.randint(1,6) 를 사용합니다.

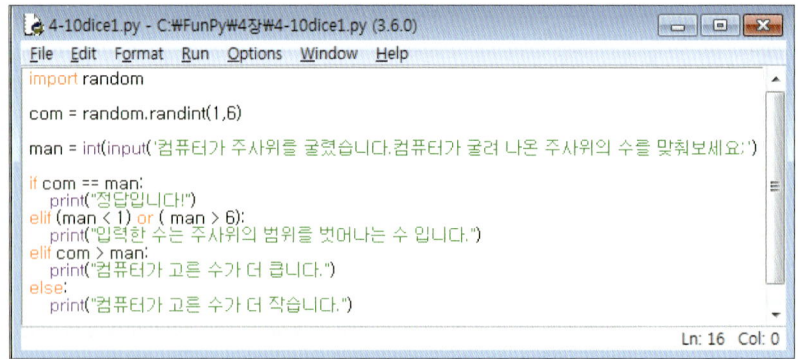

위 예제에서 "컴퓨터가 주사위를 굴렸습니다." 라는 메시지 뒤에 줄바꿈(엔터)을 하고 다음 줄에 나머지 입력 문자열이 나오게 하고 싶은 경우는 아래처럼 줄바꿈 기호를 이용합니다.

■ 줄바꿈기호

기호	의미
\n	글자 사이에 \n을 입력 man = int(input("컴퓨터가 주사위를 굴렸습니다. \n컴퓨터가 굴려 나온 주사위의 수를 맞춰보세요;"))
'''	삼중 따옴표를 쓰면서 원하는 곳에 직접 엔터를 칩니다. man = int(input('''컴퓨터가 주사위를 굴렸습니다. 컴퓨터가 굴려 나온 주사위의 수를 맞춰보세요;'''))

도전해보세요

1. 두 수를 입력 받아 두 수의 합, 곱, 평균을 구하는 순서도를 그리고 파이썬 프로그램으로 작성해 보세요
  (합 : + , 곱 : * , 나누기 : / , 나머지 : %)로 표기

2. 아래와 같이 마치 컴퓨터와 대화하듯이 프로그램을 작성해 보세요.

결과화면
안녕~ 네 이름은 뭐니? 용이 용이 야 안녕~ 난 커미라고 해. 넌 몇살이니?12 어머, 12 살 이면 나랑 친구구나. 우리 8 년 후엔 어른이 되겠다. 그치? >>>

3. 출력될 결과를 예상하여 적어봅시다.

```
# if
a = "hello"

if a == "hello":
    print("hello")
```

4. 출력될 결과를 예상하여 적어봅시다.

```
# if
a = "hi"

if a == "hello":
    print("hello")
```

도전해보세요

5. 출력될 결과를 예상하여 적어봅시다.

```python
# if-else

a = "hi"

if a == "hello":
    print("hello")
else:
    print("hi")
```

6. 출력될 결과를 예상하여 적어봅시다.

```python
# if-elif-else

a = "thank you"

if a == "hello":
    print("hello")
elif a == "hi":
    print("hi")
else:
    print("thank you")
```

7. 두 수를 입력받아 부등호로 대소를 표시하여 출력하는 프로그램을 작성하였습니다.

    2와 10을 입력하고 결과로 "2 < 10"이 출력될 것이라 예상했지만 잘못된 결과가 출력되었습니다.

    잘못된 결과가 출력된 이유를 설명하고, 프로그램을 바르게 수정해 봅시다.

```
# 비교하기 - 오류찾기

a = input("첫 번째 수:")
b = input("두 번째 수:")

if a > b:
    print(a,">",b)
elif a < b:
    print(a,"<",b)
else:
    print(a,"=",b)
```

결과화면
```
첫 번째 수:2
두 번째 수:10
2 > 10
```

8. 놀이동산에서 놀이기구를 타려고 합니다. 안전을 위해 키가 120cm보다 작은 경우와 180cm보다 큰 경우 탑승을 제한합니다. 키를 입력받아 탑승 가능 여부를 확인하는 프로그램을 작성해 봅시다.

결과화면
```
키를 입력하세요:119
탑승하실 수 없습니다.


키를 입력하세요:125
탑승하세요


키를 입력하세요:185
탑승하실 수 없습니다.
```

도전해보세요

9. 엘리베이터가 세 개있는 고층빌딩이 있습니다. 엘리베이터 1호기는 1층부터 10층까지 운행합니다. 2호기는 11층부터 20층까지 운행합니다. 3호기은 21층 이상만 운행합니다. 가고자 하는 층수를 입력하면 어떤 엘리베이터를 타야 하는 지 안내해주는 프로그램입니다. 비어있는 부분의 코딩을 완성하고 프로그램 실행결과를 확인해 봅시다.

```
#논리연산
a = int(input("층수를 입력하세요:"))
if           :
    print("1호기에 탑승하세요")
elif           :
    print("2호기에 탑승하세요")
elif        :
    print("3호기에 탑승하세요")
else:
    print("잘못된 층수입니다.")
```

10. 자장면을 주문 받아 배달하는 음식점이 있습니다. 이 음식점은 자장면 가격을 배달하는 곳의 층수에 따라 다르게 받습니다. 층수에 따른 가격은 아래 표와 같습니다. 주문수량과 배달할 호수를 입력하여 자장면의 가격을 계산하는 프로그램을 작성해 봅시다.

> **Tip** 호수를 입력받아 층수를 어떻게 계산할 지 고민해 봅시다. 예를들어, 101호는 1층, 1201는 12층으로 계산해야 합니다. 문자열 자르기 소단원을 참조하십시오

1층~ 5층	기본가격 3000원
6층~10층	기본가격에 10% 추가
11층~15층	기본가격에 20% 추가
16층~20층	기본가격에 30% 추가
21층 이상	주문받지 않습니다.

다음과 같은 결과 화면을 출력해 봅시다.

결과화면
주문수량을 입력하세요:2 호수를 입력하세요(예:101):201 2층 음식값 6000 주문수량을 입력하세요:2 호수를 입력하세요(예:101):1101 11층 음식값 7200

11. 다음의 순서도를 보고 프로그램을 작성해 보세요

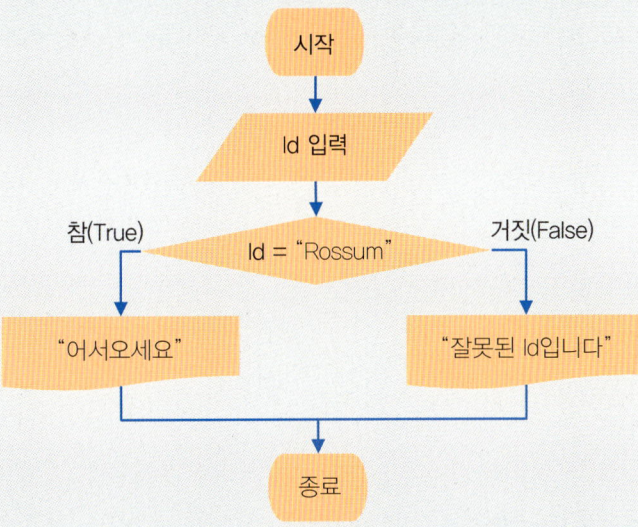

12. GC마트에서 포인트 점수를 입력받아 900점 이상이면 '세제', 800점이상이면 '샴푸', 700점 이상이면 '크리넥스', 700점 미만은 '물티슈'를 주는 행사를 하고자 합니다.

결과화면
포인트 점수를 입력해주세요 : 823 손님은 823 점 이므로 샴푸 를 드립니다. 축하합니다~!

도전해보세요

13. 버스요금표는 아래와 같습니다. 나이를 입력받아 나이에 해당하는 버스 요금을 출력해주고 그 후에 나이에 맞는 요금을 입력하게 해서 맞는 요금이 입력되면 요금 지불 완료라는 메시지와 함께 잔돈 계산 결과를 출력하고 입력한 요금이 해당 나이에 모자라면 버스에 승차할 수 없다는 메시지를 출력하는 프로그램을 작성해 봅시다.

나이	버스요금
8세 미만	무료
8세~13세 미만	500원
13세이상~20세 미만	750원
20세 이상	1300원

결과화면
```
나이를 입력해주세요:12
요금은 500 원입니다
버스비를 입력해주세요:700
요금 지불 완료. 잔돈 200 원

나이를 입력해주세요:20
요금은 1300 원입니다
버스비를 입력해주세요:1000
버스를 승차할 수 없습니다.
```

14. 컴퓨터가 생각하는 값을 k라는 변수에 입력합니다.

    "1에서 10의 숫자 중 컴퓨터가 생각하고 있는 숫자를 맞춰보세요" 라고 물으면 사용자가 답을 합니다. 답한 값이 k변수의 값과 일치하면 "정답입니다" ,아니면 " 틀렸습니다" 라고 출력해 보세요

```
import random
k = random.
a = int(input(                    ))
if k == a:
    print(        )
else:
    print(        )
```

결과화면
```
1에서 10의 숫자 중 컴퓨터가 생각하고 있는 숫자를 맞춰보세요
5
정답입니다.

1에서 10의 숫자 중 컴퓨터가 생각하고 있는 숫자를 맞춰보세요
3
틀렸습니다.
```

Chapter 05

반복문

5-1 for문
5-2 while문

5-1 for 문

1. 기본 for 문

반복되는 똑같은 명령문을 여러번 반복해서 작성하는 것은 코드도 길고 복잡해지므로 반복문을 사용하여 해결합니다.

간단한 예로 "금 나와라! 뚝딱~"이라는 문장을 3번 출력하는 경우를 살펴 보겠습니다.

일반 코딩	for문 사용 코딩
print("금 나와라! 뚝딱~") print("금 나와라! 뚝딱~") print("금 나와라! 뚝딱~")	for x in range(3): print("금 나와라! 뚝딱~")
이 문장을 3번 반복해서 작성하는 것은 어렵지 않겠지만, 같은 문장을 100번을 출력해야 한다면 프로그램 코드가 길고, 100번을 정확히 입력하는 것도 쉽지 않습니다.	정해진 횟수만큼 반복해야 하는 경우 for문을 사용합니다. x라는 변수의 값이 0에서 1씩 증가하면서 2가 될 때까지 print 문을 3번 반복해서 실행하게 됩니다.

for 변수 in 반복범위 :
    실행문1
    실행문2
    …

반복범위 내에 해당하는 값을 하나씩 변수에 받아 실행문들을 실행합니다. 반복범위를 지정하고 반복범위 뒤에는 콜론(:)이 반드시 따라와야 하고 for 문에 의해서 반복 실행되는 실행문들은 4칸 들여쓰기 해야 합니다.

여기서 반복범위는 숫자일 수도 있고, 문자열, 또는 항목들 일 수도 있습니다.

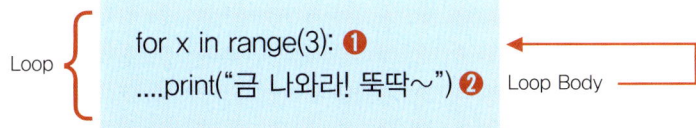

괄호로 묶은 부분을 반복문(Loop)이 라고 하고 반복문(Loop) 안에 반복되어야 하는 명령문이 들어가 있는 부분을 루프바디 (Loop Body)라고 합니다. 먼저 ❶for 문을 만나면 x라는 변수는 0값을 갖고 ❷ 루프바디(Loop Body)로 들어가 "금 나와라! 뚝딱~"을 출력 합니다. 그리고 ❶로 올라가 다시 x값이 하나 증가하여 1로 변경된 후 루프 바디(Loop Body)로 들어가 "금 나와라! 뚝딱~"을 또 출력 합니다. range(3)은 x값의 범위를 알려수는 것으로 3보나 작으먼 for 루프를 빈복하도록 합니다.

여기서 ❷루프바디(Loop Body)에 쓴 실행문인 print문의 앞에는 반드시 빈칸이 4칸 들어가야 합니다. 여기서는 4칸임을 보이게 하기 위해…. 으로 표현했습니다.

1) range 사용법

앞의 for문에서 range(3)라고 사용해도 되지만 range(0,3)라고 사용해도 결과는 같습니다. range( )함수에 인수가 하나인 경우는 0부터 '인수'인 3보다 작을 때까지 반복됩니다.

> for x in range(3):
>   print("금 나와라! 뚝딱~")

=

> for x in range(0,3):
>   print("금 나와라! 뚝딱~")

for문에서 range 의 자세한 사용 방법은 아래와 같습니다.

range(start, stop, step)

start값부터 시작하여 step 만큼씩 증가시키며 stop 보다 작은 값까지의 범위를 돌려받습니다. start 값과 step 값은 생략 가능합니다. strart가 생략된 경우 start 값은 0으로 처리하고, step 값이 생략된 경우는 1 로 처리합니다.

예) range(5)   =〉 0,1,2,3,4
예) range(1,5)   =〉 1,2,3,4
예) range(1,5,2) =〉 1,3
예) range(10,5,-1) =〉 10,9,8,7,6

2) for 문의 반복범위 유형

반복범위는 숫자일 수도 있고, 문자열, 또는 항목들일 수도 있는데 어떻게 다른지 살펴보겠습니다.

(1) 반복범위가 숫자인 경우

왼쪽의 '반복문 코드'가 실행되는 모습을 가운데 '일반코드'와 같이 표현할 수 있습니다.

반복문 코드	일반코드	결과화면
`for i in range(5):` `    print(i)`	i = 0 print(0) i = 1 print(1) i = 2 print(2) i = 3 print(3) i = 4 print(4)	= RESTART: C:/글로벌-파이썬/소스/4 0 1 2 3 4 >>>

(2) 반복범위가 문자인 경우

숫자가 아닌 문자는 어떻게 반복되는지 살펴보겠습니다. 변수 x는 문자열 안에 있는 문자 'a', 'b', 'c', 'd', 'e'를 차례로 받아서 반복문을 실행합니다.

반복문 코드	일반코드	결과화면
`for x in 'abcde':` `    print(x)`	x= 'a' print('a') x= 'b' print('b') x = 'c' print('c') x = 'd' print('d') x = 'e' print('e')	= RESTART: C:/글로벌-파이썬 a b c d e >>>

(3) 반복범위가 리스트(list)인 경우

7장에서 자세히 배우게 될 리스트(list) 입니다. x 변수에 '금요일', '토요일', '일요일' 항목 값을 순서대로 받으며 반복문을 실행합니다.

반복문 코드	일반코드	결과화면
`for x in ['금요일','토요일','일요일']:` `    print(x)`	x= '금요일' print('금요일') x= '토요일' print('토요일') x = '일요일' print('일요일')	= RESTART: C:/글로벌-파이썬 금요일 토요일 일요일 >>>

> **Tip** 리스트(list) 이외에도 튜플(tuple), 세트(set) 등의 연속적인 값(sequence)들을 반복 범위의 값으로 사용할 수 있습니다.

3) for문 예제

(1) 1에서 10까지 출력하기

for 문을 이용해서 1에서 10까지 출력하는 순서도를 그리고 프로그램을 작성해 보고자 합니다. i값이 1부터 10까지 증가하면서 i값을 출력하는 프로그램입니다.

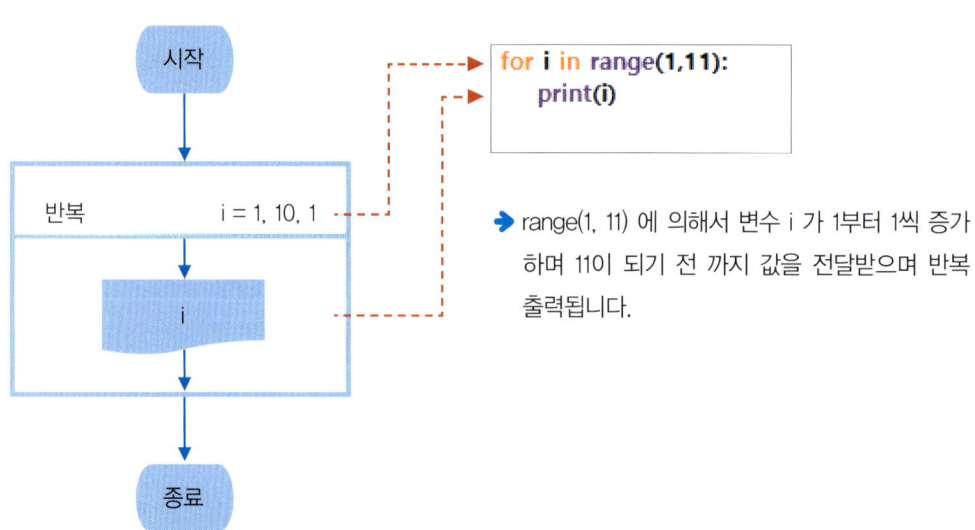

➜ range(1, 11) 에 의해서 변수 i 가 1부터 1씩 증가하며 11이 되기 전 까지 값을 전달받으며 반복 출력됩니다.

(2) 1에서 10까지 합하기

1에서 10까지 합을 구해 보도록 하겠습니다.

1에서 10까지 합은 1+2+3+… +10 입니다. 합계를 저장할 변수를 s로 사용하겠습니다. (합계 값을 저장할 변수이니 sum 이라는 변수명을 사용하고 싶지만 파이썬 내장 함수 중 sum( ) 이라는 것이 있기 때문에 sum은 변수명으로 사용하지 않는 것을 권장합니다.)

반복문이 실행되는 동안 s에 하나씩 증가된 i의 값을 계속 더해 주고 반복문이 끝난 후에 합산한 결과 값이 저장되어 있는 s를 출력합니다.

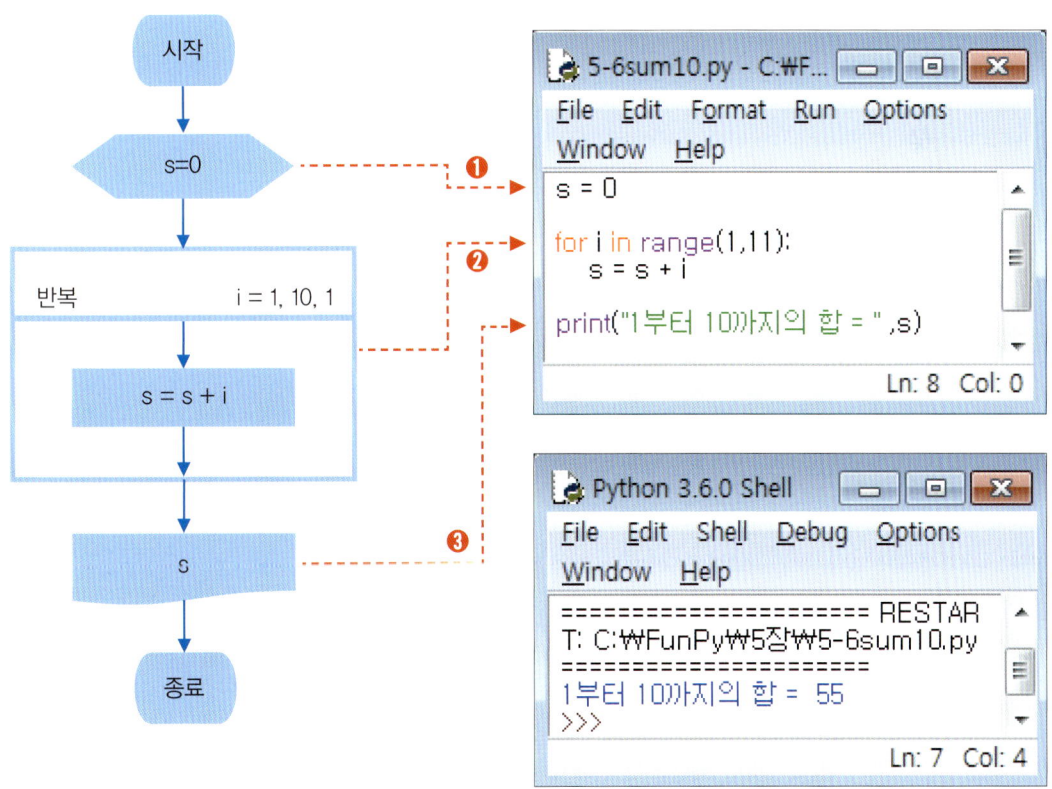

＊순서도에서는 i값이 1부터 1씩 증가해서 10까지의 값을 갖는다는 의미로 'i =1, 10, 1,' 라고 표현하고, 파이썬 코드에서 이것을 구현하기 위해 'i in range(1, 11)' 라고 작성합니다.

❶	합산을 위해 사용할 변수인 s를 0으로 초기화 합니다.
❷	range(1,11) 에 의해서 i값이 1부터 10까지 바뀌면서 합산합니다. 합산하는 식인 s = s + i 는 for 반복문에 의해서 반복 실행 되야 하기 때문에 4칸 들여쓰기 해야 합니다.
❸	반복 실행이 완료된 후 print( ) 함수를 이용해 합산한 결과 값을 출력합니다.

2. 중첩 for 문

중첩 for 문이란 for문 안에 또 for 문을 사용하는 것을 말합니다. 간단한 예제를 통해 중첩 for문에 대해 알아보도록 하겠습니다.

1) 구구단 2단 출력하기

➡ 오른쪽처럼 구구단을 출력해 보려 합니다. 여기서 어떤 패턴이 반복되고 있는지를 찾아야 합니다. '단'에 해당하는 앞의 2는 모두 같고, 뒷부분이 1에서 9까지 변합니다. 이렇게 1에서 9까지 변하는 것을 반복문 for문을 이용해 작성합니다.

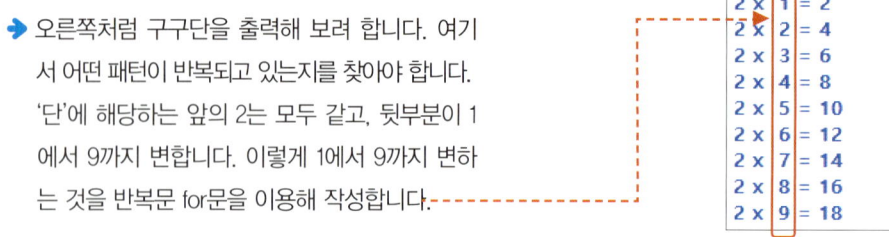

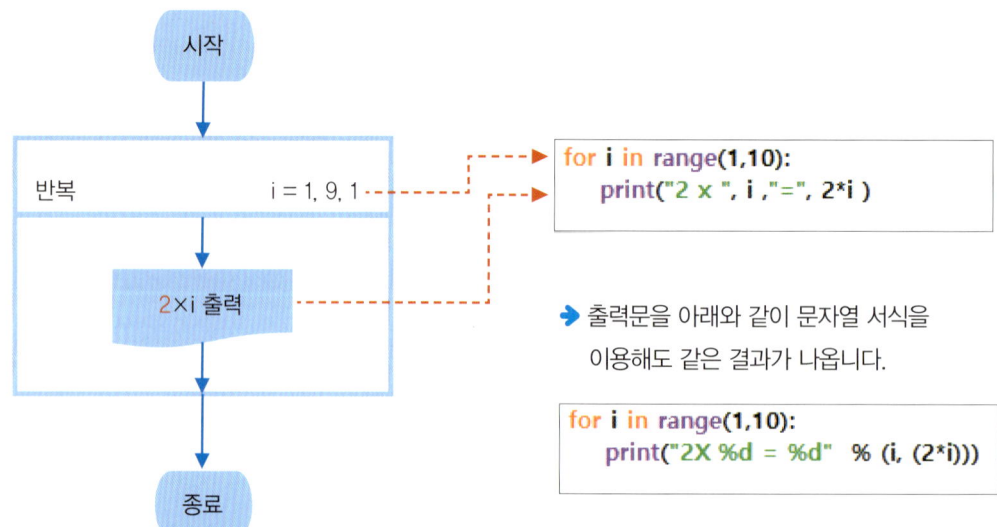

```
for i in range(1,10):
    print("2 x ", i ,"=", 2*i )
```

➡ 출력문을 아래와 같이 문자열 서식을 이용해도 같은 결과가 나옵니다.

```
for i in range(1,10):
    print("2X %d = %d"  % (i, (2*i)))
```

2) 구구단 2-9단 출력하기

조금 더 발전시켜서 2-9단까지의 구구단을 작성해 보도록 하겠습니다.

→ 구구단2단만 출력하던 프로그램에서 2단에서 9단까지 단이 변하는것을 for문을 이용해서 만들 수 있습니다.

2단에서 9단으로 단이 변하면서 2단일때도 뒤의 숫자는 1에서 9까지, 3단일때도 뒤의 순자는 1에서 9까지 변합니다.

2단 출력하기 for문을 포함하도록 단이 변하는 for문을 사용합니다. 즉 중첩 for 문을 사용합니다.

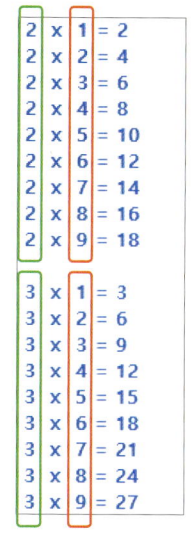

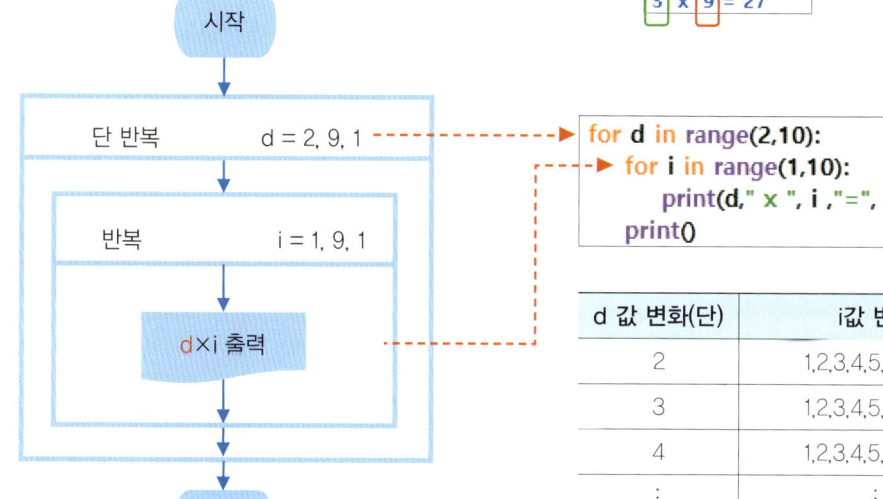

```
for d in range(2,10):
    for i in range(1,10):
        print(d," x ", i ,"=", d*i )
    print()
```

d 값 변화(단)	i값 변화
2	1,2,3,4,5,6,7,8,9
3	1,2,3,4,5,6,7,8,9
4	1,2,3,4,5,6,7,8,9
⋮	⋮

3. 응용 예제 - 도형 그리기

1) 3각형, 4각형, 5각형 그리기

도형	반복문 없는 경우	for문 사용
| 삼각형 | ```python
import turtle as t
t.forward(50)
t.right(120)
t.forward(50)
t.right(120)
t.forward(50)
t.right(120)
``` | ```python
import turtle as t
for angle in range(3):
    t.forward(50)
    t.right(120)
```<br>선을 그리고 120도 회전을 3회 반복합니다. |
| 사각형 | ```python
import turtle as t
t.forward(50)
t.right(90)
t.forward(50)
t.right(90)
t.forward(50)
t.right(90)
t.forward(50)
t.right(90)
``` | ```python
import turtle as t
for angle in range(4):
    t.forward(50)
    t.right(90)
```<br>선을 그리고 90도 회전을 4회 반복합니다. |
| 오각형 | ```python
import turtle as t
t.forward(50)
t.right(72)
t.forward(50)
t.right(72)
t.forward(50)
t.right(72)
t.forward(50)
t.right(72)
t.forward(50)
t.right(72)
``` | ```python
import turtle as t
for angle in range(5):
    t.forward(50)
    t.right(72)
```<br>선을 그리고 72도 회전을 5회 반복합니다. 오각형 그리기이 경우 프로그램의 길이가 줄어든 것을 알 수 있습니다. |

2) 원하는 도형을 선택해서 그리기

이제 삼각형, 사각형, 오각형 중 사용자가 그리고 싶은 도형을 선택하도록 하여 해당 도형을 그리는 프로그램을 만들어 보겠습니다. 3을 입력하면 삼각형, 4를 입력하면 사각형, 5를 입력하면 오각형을 그리도록 하고 그 이외의 숫자를 입력하면 입력오류 메시지를 띄워주고 프로그램을 종료합니다.

```
                        ┌─────────┐
                        │  시작   │
                        └────┬────┘
                             ▼
                     ╱ s_num = 원하는 도형 ╲  ❶
                             │
              참(True)       ▼       거짓(False)
         ┌──────────── s_num = 3 ────────────┐
         │              ❷                    │
         │                                   ▼
         │                         참(True)      거짓(False)
         │                    ┌── s_num = 4 ──┐
         │                    │   ❸           │
         │                    │               ▼
         │                    │       참(True) ❹   거짓(False)
         │                    │        ┌─ s_num = 5 ─┐
         │                    │        │      ❺      │
         ▼                    ▼        ▼             ▼
   ┌───────────┐       ┌───────────┐  ┌───────────┐  ┌─────────┐
   │반복 x=0,2,1│       │반복 x=0,3,1│  │반복 x=0,4,1│  │잘못된   │
   ├───────────┤       ├───────────┤  ├───────────┤  │입력값   │
   │t.forward(50)│     │t.forward(50)│ │t.forward(50)│ └─────────┘
   │t.right(120)│      │t.right(90) │ │t.right(72) │
   └───────────┘       └───────────┘  └───────────┘
                             ▼
                        ┌─────────┐
                        │  종료   │
                        └─────────┘
```

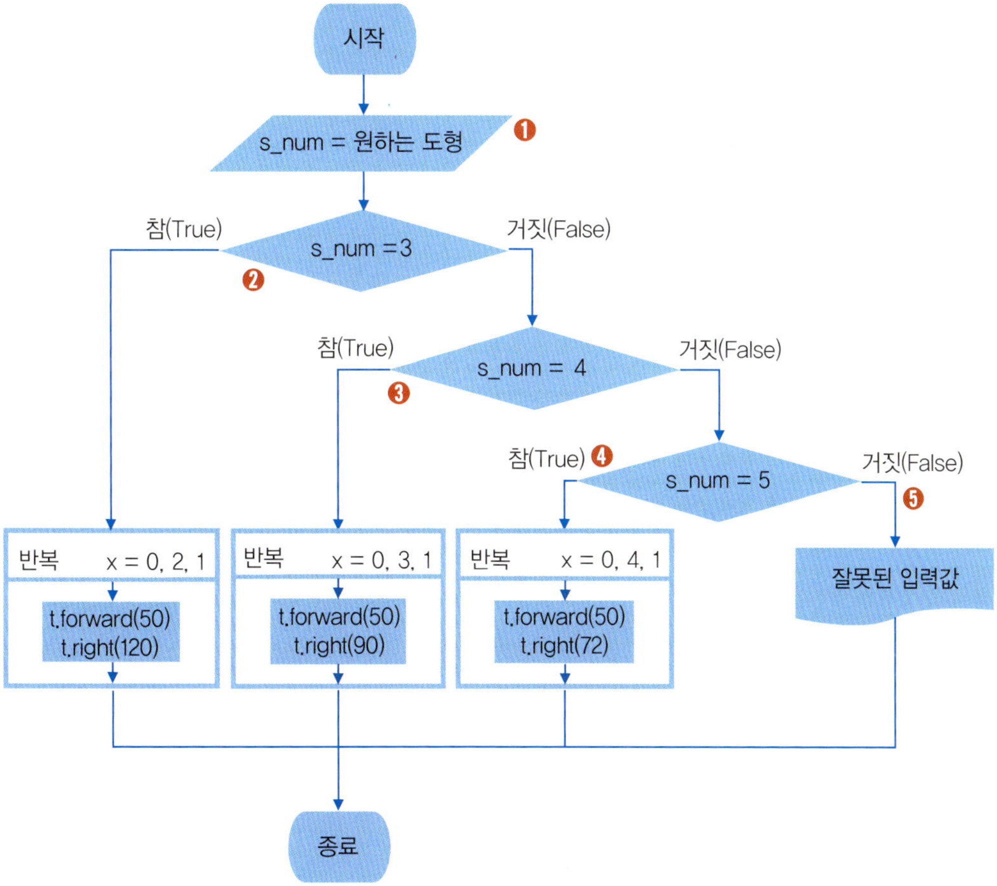

exit() 함수의 사용법은 아래와 같습니다. 이 프로그램에는 프로그램 종료를 위한 sys 모듈의 exit() 함수가 필요합니다.

import sys
sys.exit()

현재 실행중인 프로그램을 종료합니다. 터틀 그래픽 윈도우가 열려있다면 그 윈도우도 종료시켜 줍니다.

■ 순서도를 기준으로 프로그램으로 구현해 보겠습니다.

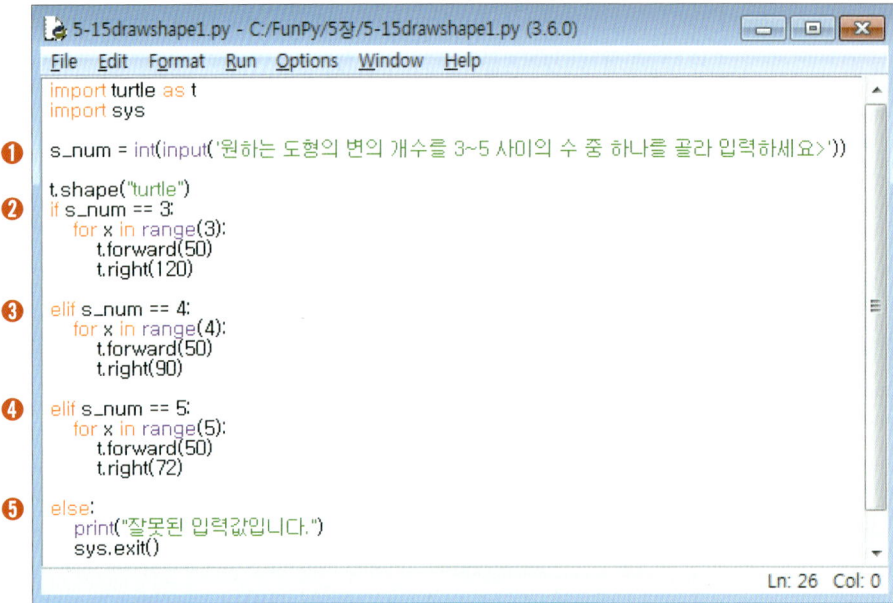

■ 실행결과

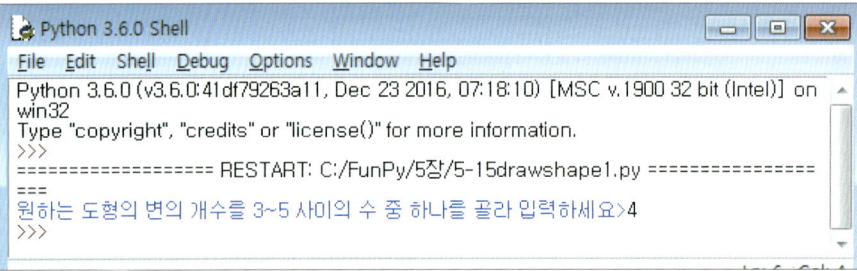

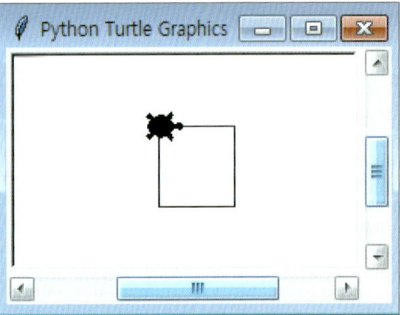

3) n 각형 그리기

사용자가 원하는 다각형을 입력받아 그리는 프로그램을 작성하겠습니다. 이것을 순서도로 표현하면 아래와 같습니다.

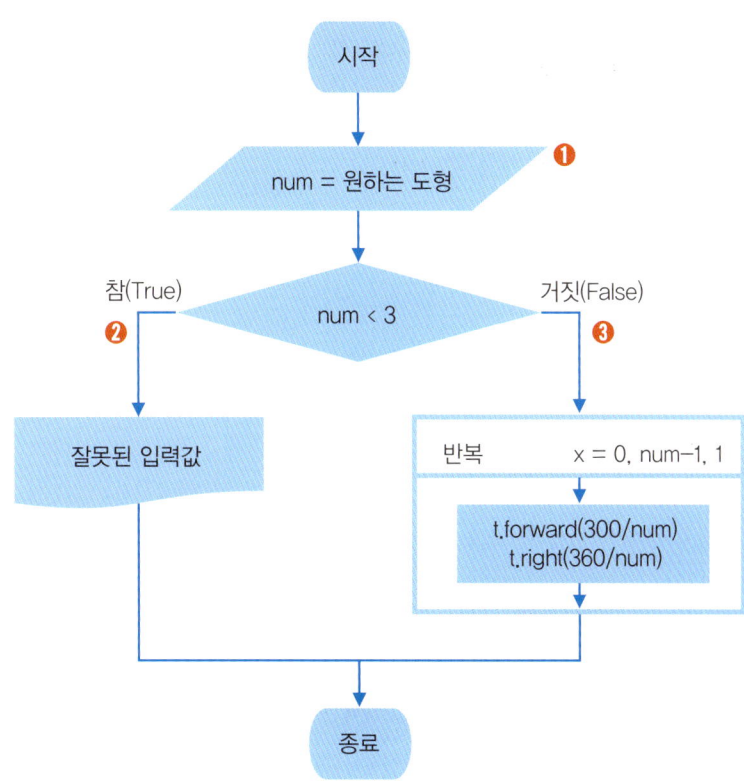

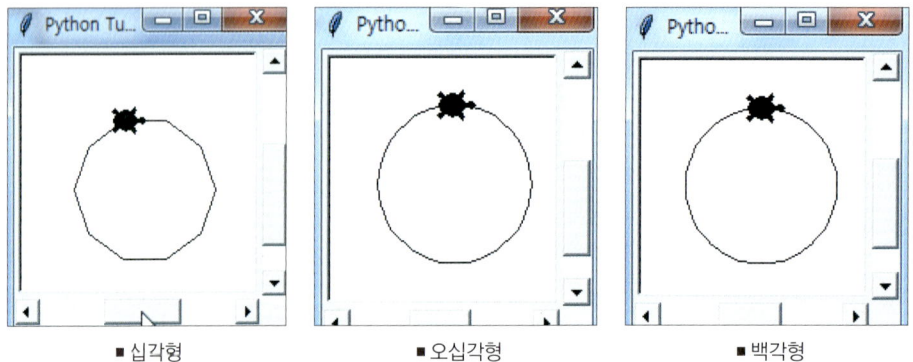

다각형의 외각의 합은 360도 이므로 회전각도는 360/num 으로 지정합니다. 다각형의 변을 그리기 위해 t.forward(50)으로 적고 실행해서 100 각형을 그려보면 도형이 너무 커져서 한 화면에 다 그려지지 않습니다. 그래서 다각형 변의 길이를 적당히 조정하기 위해 300/num 이라는 수식을 사용합니다.

작성한 프로그램을 실행해서 다양한 도형을 그려보세요.

■ 십각형　　　　　■ 오십각형　　　　　■ 백각형

5-2 while 문

1. 기본 while 문

for 문은 정해진 횟수만큼 반복하는 문장인 반면, while문은 어떤 조건에 만족하는 동안 계속 반복하는 구문입니다. 따라서 while 문에 의한 반복 횟수는 알 수 없는 경우가 많습니다.

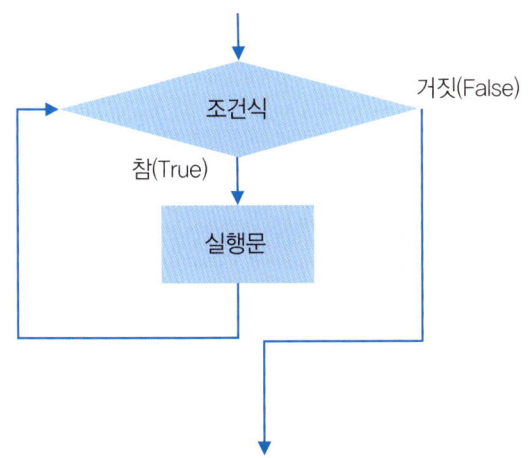

while 조건식 :

    실행문1

    실행문2

조건식의 결과값이 참(True)인 동안 while 문 안에 있는 실행문을 실행합니다. 조건식에는 비교연산식, 논리연산식, 혹은 변수가 올 수 있습니다. 변수의 값이 공란이거나 0 이면 거짓(False) 값이라고 간주하고, 변수의 값이 공란과 0 이 아니라면 참(True) 값이라고 간주합니다. 조건식 뒤에는 콜론(:)이 반드시 따라와야 합니다. 그리고 while 문에 의해서 반복 실행되는 실행문들은 4칸 들여쓰기 합니다.

while 문 안의 실행문들을 반복하다가 조건식의 연산 결과가 거짓(False)이 되면 while문을 빠져 나오게 됩니다.

1) 간단한 while문 예제

while문을 쉽게 이해하기 위해서 사용자에게 입력받은 값이 1이면 "맞았습니다"라고 출력하는 프로그램을 작성해보겠습니다. 1을 입력하는 동안 while문은 계속 반복되다가 1이 아닌 다른 값을 입력하면 종료합니다.

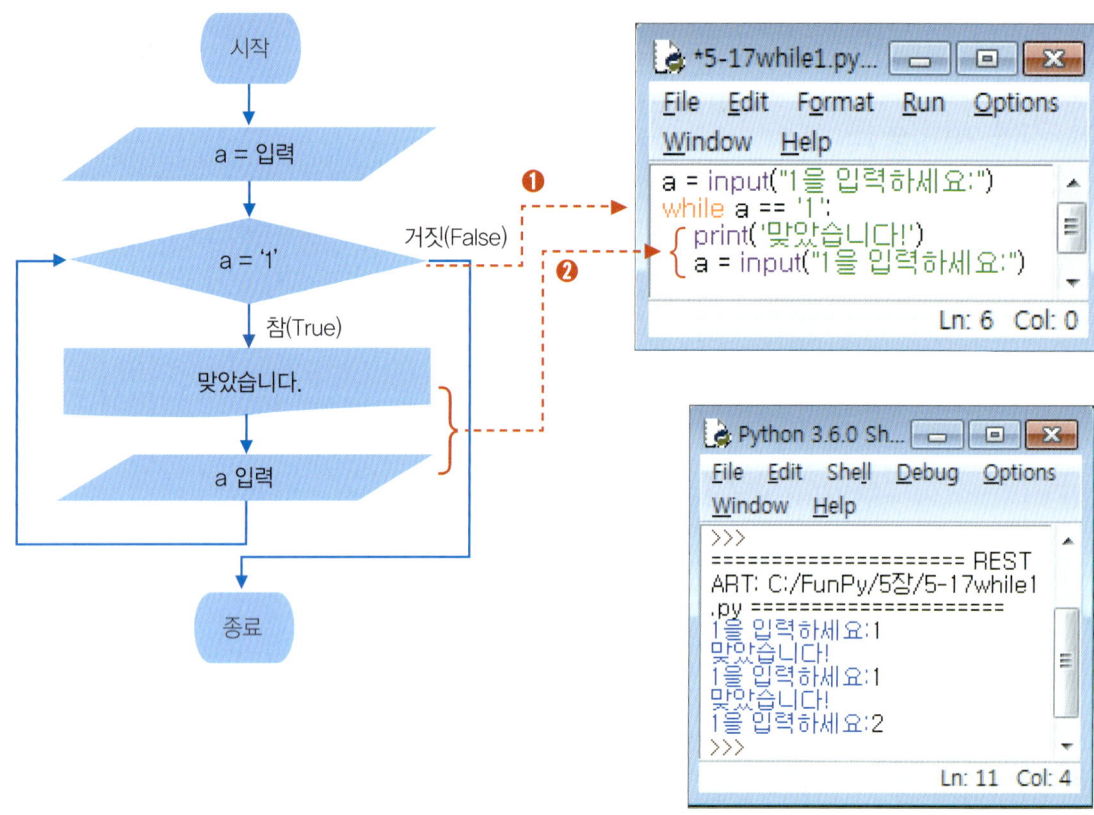

❶	입력받은 값이 '1'과 같은 지 확인하는 조건식의 연산기호는 == 입니다. 등호(=)가 1개 있는 것은 변수에 값을 할당하는 문장이므로 조건식이 될 수 없습니다.
❷	while 문에 의해 반복되는 실행문들은 4칸 들여쓰기 해야 합니다.

입력받은 값이 숫자인 동안 입력받은 수의 2배의 값을 결과로 출력해 주고, 숫자가 아닌 값을 입력하면 종료하는 프로그램을 작성해 보도록 하겠습니다. 그러려면 입력받은 값이 숫자인지 아닌지 확인하는 기능이 필요한데, 파이썬에서 문자열이 숫자인지 확인하는 함수를 제공하고 있습니다.

 **함수 알아보기**

문자열.isdigit()

문자열을 확인해서 숫자로만 된 문자열이면 참(True)을 결과값으로 돌려주고, 숫자로만 된 문자열이 아니라면 거짓(False)을 돌려줍니다.

❶ input( ) 함수에 의해 a에 저장된 값은 문자열이기 때문에 a.isdigit( ) 라고 사용해서 입력값의 숫자 여부를 확인할 수 있습니다.

❷ '프로그램 종료' 를 출력해주는 print( ) 함수는 while문 에 의해서 반복되는 문장이 아니기 때문에 들여쓰기를 하지 않습니다.

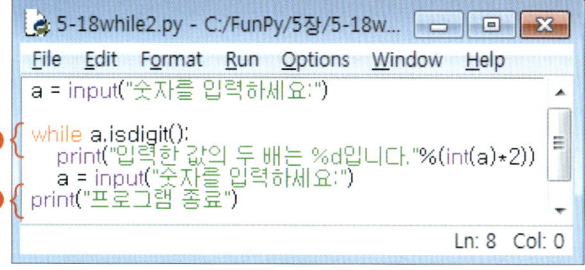

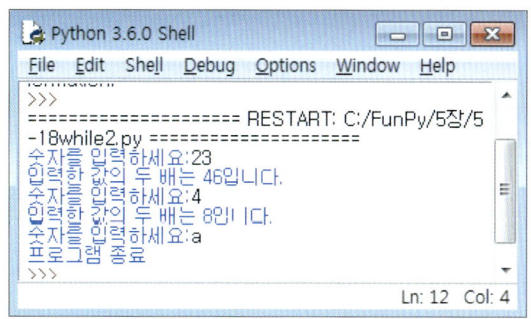

2) for 문과 while문 비교

0에서 4까지 출력하는 프로그램을 for문과 while문으로 비교해 보도록 하겠습니다.

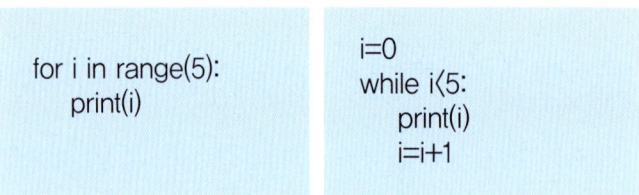

while문에서는 i=0 이라는 초기값을 주고 while 조건이 일치하는 동안 print(i)를 반복한 후 while문을 빠져 나올 조건을 만들기 위해 i값을 증가시켜야 합니다.

횟수에 제한을 두고 반복하는 경우에는 while 문장보다 for 문이 간단하지만 횟수에 제한을 두는 것이 아니라 어떤 특정한 조건 동안 반복해야 하는 경우에는 while문을 사용합니다.

3) while문으로 구구단 출력하기

while 문을 사용해서 구구단을 출력하는 프로그램을 작성해보도록 하겠습니다.

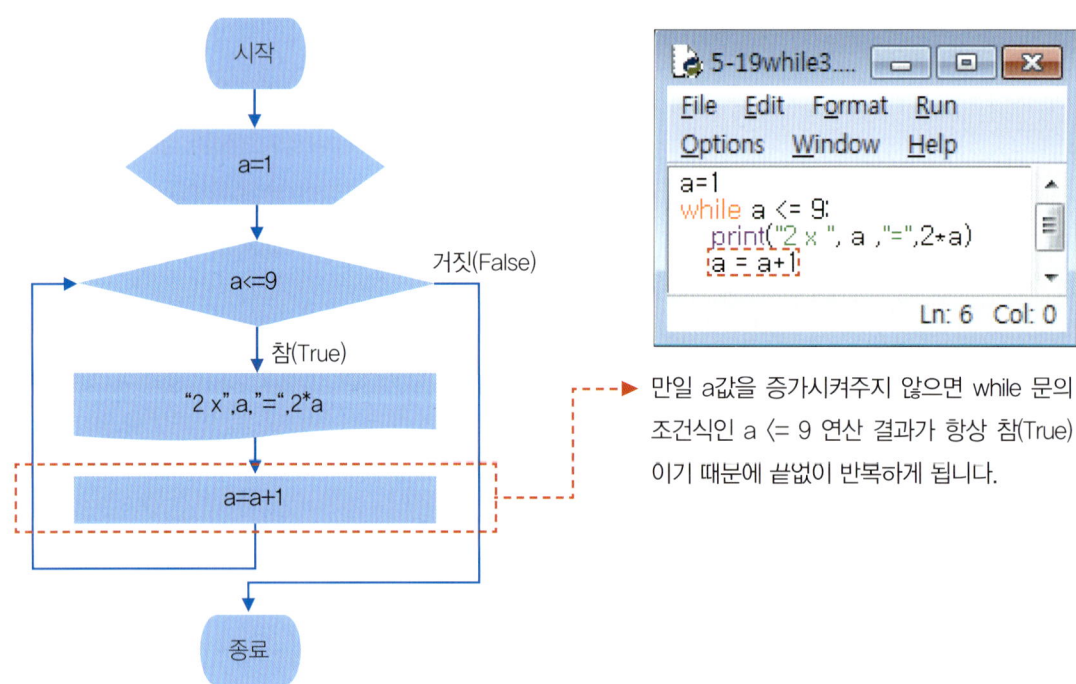

만일 a값을 증가시켜주지 않으면 while 문의 조건식인 a <= 9 연산 결과가 항상 참(True)이기 때문에 끝없이 반복하게 됩니다.

> **Tip** 무한 반복하는 파이썬 프로그램을 작성해서 실행한 경우 Ctrl + C 를 눌러서 프로그램 실행을 중지할 수 있습니다.

4) break문

경우에 따라서 while 문의 조건식을 항상 참으로 만들어 주는 경우가 있습니다. 이것을 무한 반복이라고 부릅니다. 끝없이 실행하는 프로그램을 작성하는 것은 아니고 보통은 반복 구문 안에서 조건문을 사용해서 while 문을 강제로 빠져나가게 하는 명령문을 사용합니다.

break

현재 속해있는 반복 블록을 빠져나가게 하는 명령어입니다.

무한 반복을 이용한 간단한 예제를 살펴보겠습니다.

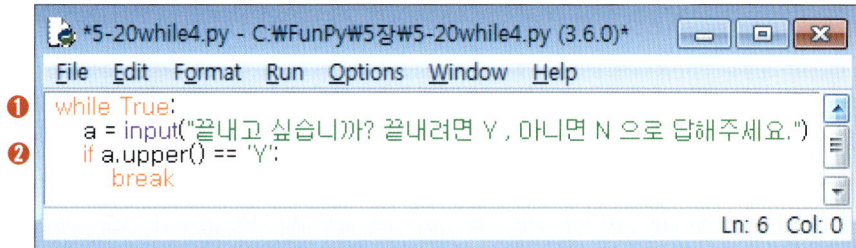

❶ while 문의 조건식에 True 값을 줘서 무한 반복하게 됩니다.

❷ 입력받은 값이 'Y' 와 같다면 break 명령을 사용해서 무한 반복을 종료합니다.

입력받은 문자열을 변수 a에 저장한 다음 a값에 저장된 것을 대문자로 바꿔 'Y' 와 같은지 비교합니다. 따라서 소문자 'y' 를 입력하든, 대문자 'Y' 를 입력하든 똑같이 무한 반복문을 빠져 나와 프로그램을 종료하게 됩니다.

문자열.upper()
문자열을 대문자로 바꿔줍니다.

문자열.lower()
문자열을 소문자로 바꿔줍니다.

이번에는 컴퓨터가 굴린 주사위의 눈을 알아 맞출 때까지 실행하는 프로그램을 무한반복을 이용해서 작성해보겠습니다. 컴퓨터는 1에서 6까지 중 임의의 수 하나를 고르고 사용자가 답을 맞추면 break 명령을 사용해서 무한 반복문을 벗어나도록 합니다.

➡ 입력한 수가 주사위 범위에 맞는 지 확인합니다.

➡ 컴퓨터가 선택한 수와 입력받은 수가 같으면 무한 반복문을 벗어납니다.

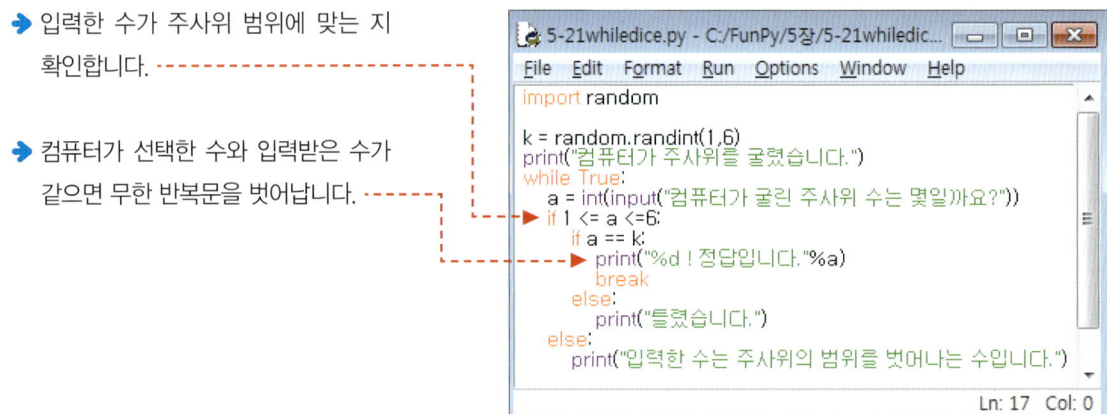

도전해보세요

1. 출력될 결과를 예상하여 적어봅시다.

```
for i in range(3):
    print("hello")
```

2. 출력될 결과를 예상하여 적어봅시다.

```
for x in 'hello':
    print(x)
```

3. 출력될 결과를 예상하여 적어봅시다.

```
for x in ["hello","hi","thank you"]:
    print(x)
```

4. 출력될 결과를 예상하여 적어봅시다.

```
for i in range(1,5):
    print(i,"안녕")
```

도전해보세요

5. 다음의 세가지의 프로그램을 보고 출력결과를 예상해 봅시다.
   세 프로그램이 어떤 차이가 있는지 설명해 봅시다.

```python
for i in range(1,4):
    print(i,"안녕하세요.")
    print(i,"반갑습니다.")
    print(i,"안녕히 가세요.")
```

```python
for i in range(1,4):
    print(i,"안녕하세요.")
    print(i,"반갑습니다.")
print(i,"안녕히 가세요.")
```

```python
for i in range(1,4):
    print(i,"안녕하세요.")
print(i,"반갑습니다.")
print(i,"안녕히 가세요.")
```

6. 1부터 100까지의 합을 출력하는 프로그램을 작성하려고 합니다. 빈 칸을 채워 프로그램을 완성한 후 실행해 보기 바랍니다.

```python
total = 0
for i in range(        ):
    total = total+i
print("합 =",total)
```

7. 1부터 100까지의 수 중 짝수의 합을 구하는 프로그램을 작성하려고 합니다. for문 안에서 짝수인지를 확인한 후 더하는 방법으로 프로그램을 작성해 보았습니다. 빈칸을 완성해 보세요.

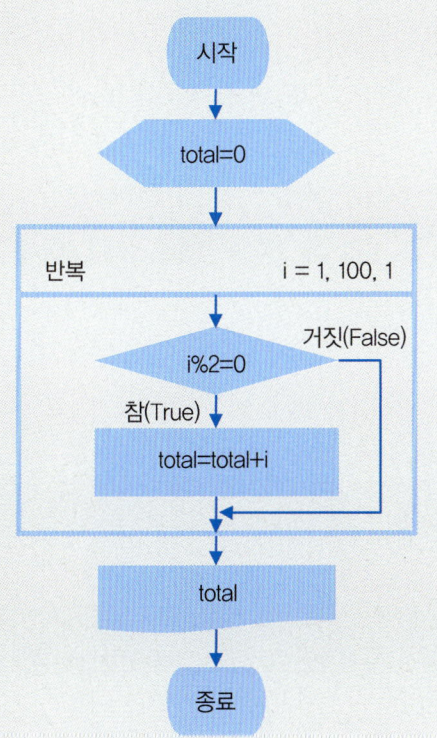

```
total = 0
for i in range(1,101):
    if         :
        total = total+i
print("1부터 100까지 짝수의 합 =",total)
```

8. 1부터 100까지의 수 중 짝수의 합을 구하는 프로그램을 작성하려고 합니다. range() 함수의 특성을 이용하여 짝수만을 더하는 프로그램을 작성해 보았습니다. 순서도를 그려보고, 빈칸도 완성해 보세요.

```
total = 0
for i in range(        ):
    total = total+i
print("1부터 100까지 짝수의 합 =",total)
```

도전해보세요

9. 사용자로부터 입력받은 숫자의 약수를 구하는 프로그램을 순서도를 그리고 작성해 봅시다. 약수는 입력 받은 수를 나누어 나머지가 0인 수입니다.

```
            결과화면
숫자를 입력하세요 : 22
1  2  11  22
```

10. 사용자로부터 두 수를 입력받아 공약수를 구하는 프로그램을 순서도를 그리고 작성해 봅시다. 약수를 구하는 프로그램과 유사합니다.

```
            결과화면
첫번째 숫자를 입력하세요 : 24
두번째 숫자를 입력하세요 : 20
1  2  4
```

11. 1부터 입력 받은 수까지의 각 수에 대한 약수를 구합니다. 1부터 입력 받은 수까지 반복하는 for문안에 약수를 구하는 for문을 사용합니다.

```
            결과화면
숫자를 입력하세요 : 10
1 의 약수 : 1
2 의 약수 : 1 2
3 의 약수 : 1 3
4 의 약수 : 1 2 4
5 의 약수 : 1 5
6 의 약수 : 1 2 3 6
7 의 약수 : 1 7
8 의 약수 : 1 2 4 8
9 의 약수 : 1 3 9
10 의 약수 : 1 2 5 10
```

12. 출력될 결과를 예상하여 적어봅시다.

```
i = 1
while i < 3:
    print("hello")
    i = i + 1
```

13. 1부터 10까지의 합을 구하는 프로그램을 while문으로 작성했습니다. 프로그램의 빈칸을 채워봅시다.

```
i = 1
total = 0
while i <= 10:
    total = total + i
    _____
print("1부터 10까지의 합은",total)
```

14. for문을 사용하여 1에서 10까지 출력하는 프로그램을 작성해봅시다.
    while문을 사용하여 1에서 10까지 출력하는 프로그램을 작성해봅시다
    결과 화면은 다음과 같이 동일합니다.

```
결과화면
1
2
3
4
5
6
7
8
9
10
```

도전해보세요

15. for문을 사용하여 1에서 10까지 합을 출력하는 프로그램을 작성해봅시다.
    while문을 사용하여 1에서 10까지 합을 출력하는 프로그램을 작성해봅시다.
    결과화면은 다음과 같이 동일합니다.

결과화면
합은 55

16. for문을 사용하여 1에서 10까지 짝수의 합을 출력하는 프로그램을 작성해봅시다.

결과화면
짝수의 합은 30

17. for문을 사용하여 3단 구구단을 출력하는 프로그램을 작성해봅시다.
    while문을 사용하여 3단 구구단을 출력하는 프로그램을 작성해봅시다.

결과화면
3 x 1 = 3
3 x 2 = 6
3 x 3 = 9
3 x 4 = 12
3 x 5 = 15
3 x 6 = 18
3 x 7 = 21
3 x 8 = 24
3 x 9 = 27

18. for문을 사용하여 2단부터 9단까지 구구단을 출력하는 프로그램을 작성해봅시다.
    while문을 사용하여 2단부터 9단까지 구구단을 출력하는 프로그램을 작성해봅시다.

19. 직각삼각형 모양으로 별을 찍는 프로그램을 작성해 봅시다.

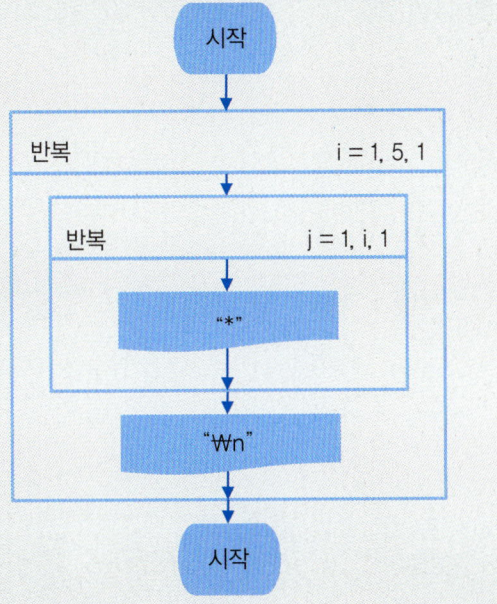

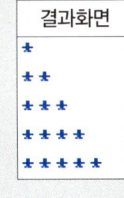

20. 거꾸로된 직각삼각형 모양으로 별을 찍는 프로그램을 작성해 보았습니다. 빈칸을 채워봅시다.

```
for i in range(        ):
    for j in range(1, i+1):
        print("*",end=' ')
    print()
```

결과화면
```
* * * * *
* * * *
* * *
* *
*
```

21. for문과 문자열 슬라이싱을 이용해서 문자열 'BINGO'를 아래와 같은 모양으로 출력하는 프로그램을 작성해 보세요.

도전해보세요

22. 구구단의 단수를 입력받아 해당 단수를 출력하는 프로그램입니다.
    출력 형태를 아래와 같이 숫자의 자리를 맞추려고 합니다. 프로그램의 빈칸을 채워 완성해 봅시다.

```
결과화면
3 x 1 =  3
3 x 2 =  6
3 x 3 =  9
3 x 4 = 12
3 x 5 = 15
3 x 6 = 18
3 x 7 = 21
3 x 8 = 24
3 x 9 = 27
```

```python
d = int(input("단수를 입력하세요:"))
for i in range(1,10):
    print("            "%(d,i,d*i))
```

23. 구구단의 단수를 입력받아 해당 단수를 출력하는 프로그램입니다.
    사용자가 0을 입력하기 전까지 구구단을 계속 출력하는 프로그램을 작성해 봅시다.

```
결과화면
종료를 원하면 0을 입력해주세요
단수를 입력하세요:2
2 x 1 =  2
2 x 2 =  4
2 x 3 =  6
2 x 4 =  8
2 x 5 = 10
2 x 6 = 12
2 x 7 = 14
2 x 8 = 16
2 x 9 = 18
단수를 입력하세요:3
3 x 1 =  3
3 x 2 =  6
3 x 3 =  9
3 x 4 = 12
3 x 5 = 15
3 x 6 = 18
3 x 7 = 21
3 x 8 = 24
3 x 9 = 27
단수를 입력하세요:0
```

Chapter 06

함수

6-1 함수 만들기
6-2 파이썬 기본 함수
6-3 응용 예제 : 평균 구하기

6-1 함수 만들기

1. 함수(function)란?

함수란 특정 기능을 수행하기 위해 필요한 명령어들을 묶어 놓은 것입니다.

지금까지 우리는 프로그램을 작성할 때 print( )함수, input( ) 함수 등 파이썬이 제공하는 기본 함수들을 사용했습니다. 파이썬이 제공하는 함수 뿐만 아니라 새로운 함수를 직접 만들어 사용할 수 있습니다. 이렇게 새로운 함수를 만드는 것을 "함수를 정의한다."또는 "함수를 선언한다"라고 합니다.

함수는 정의하는 것만으로 실행되지 않습니다. 함수 안에 묶인 명령들을 실행하도록 해주어야 하는데, 정의된 함수 안의 명령들이 실행되도록 하는 것을 "함수를 호출(call)한다"라고 합니다.

➡ 오른쪽 그림과 같은 흐름을 갖는 프로그램이 있습니다.
A1 구문과 A2 구문이 프로그램 내에서 두 번 반복됩니다. 이렇게 같은 기능이 반복되거나 유사한 기능을 하는 구문들을 묶어서 함수로 정의할 수 있습니다.

➡ A1구문과 A2구문을 묶어서 함수A로 정의합니다.

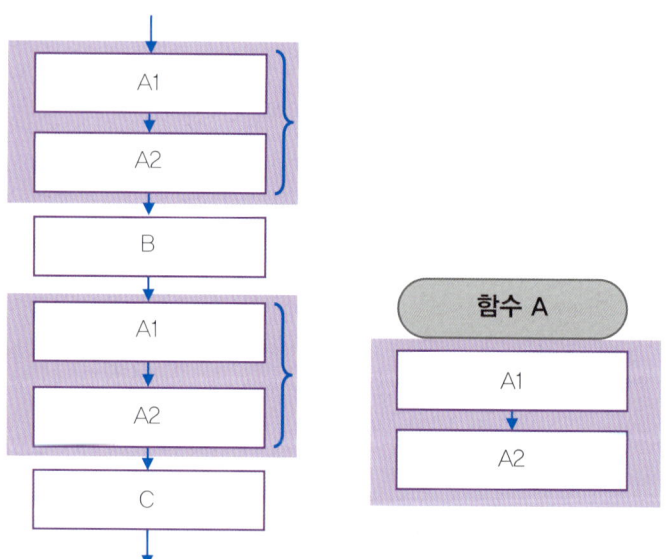

이렇게 함수를 정의한 후 정의된 함수를 실행하기 위해 함수를 호출하면, 프로그램은 어떤 식으로 수행될까요?

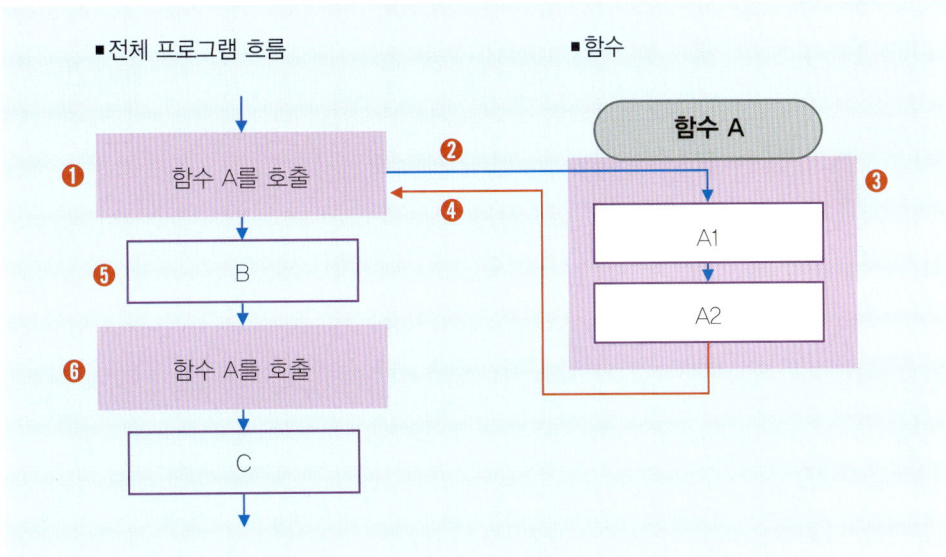

❶ 프로그램이 흐름을 따라 실행되다가 함수를 호출(call)하는 부분을 만납니다.
❷ 함수가 호출(call)되면 프로그램의 흐름은 함수로 넘어가게 됩니다. 이 때, 함수에 있는 명령어들이 실행되기 위해 필요한 정보들도 함께 전달합니다.
❸ 함수가 프로그램의 흐름을 넘겨받으면 함수에 묶여있는 명령어들이 순서대로 실행됩니다.
❹ 함수가 모든 명령어들을 다 실행하고 나면 프로그램의 흐름은 다시 함수를 호출한 곳으로 넘어가게 됩니다. 이것을 리턴(return)이라고 합니다. 이 때, 함수에서 실행한 결과 정보도 호출한 곳으로 전달됩니다.
❺ 함수가 리턴(return)되면 프로그램은 원래의 흐름을 따라 B 구문이 계속 실행됩니다.
❻ 다시 함수 A를 호출하면 [함수A]로 프로그램의 흐름이 반복됩니다.

이번 장에서는 함수를 만드는 방법을 알아보고 여러 형태의 함수를 만들어보겠습니다.

2. 함수 정의하기

함수는 아래와 같은 형식으로 정의 합니다.

```
def 함수명([매개변수1, 매개변수2, …] ):
    실행문1
    실행문2
    …
    [return 결과값1, 결과값2, …]
```

함수의 정의는 def 키워드를 적어주고 난 후, 한 칸 띄우고 원하는 함수명을 적어줍니다. 함수가 실행될 때 받아들이는 값을 매개변수(parameter)라고 하는데, 매개변수(parameter)는 없을 수도 있고, 정의하기에 따라 여러 개일 수도 있습니다. 함수명과 괄호 안에 매개변수를 적어주고 난 후 괄호 뒤에 반드시 콜론(:)을 적어줘야 하고 함수에 속한 실행문들은 4칸 들여쓰기를 해야 합니다. 함수 마지막 줄에는 return 구문을 적어주는데, 결과값(return value)이 없을 경우 return 구문을 생략할 수 있고, 경우에 따라서 여러 개의 결과값을 적어줄 수도 있습니다.

프로그램 안에서 함수를 사용한다는 것을 호출(call) 한다고 이야기 하는데, 함수를 호출하는 구문을 쓰려면 함수 정의 부분이 먼저 나와야 합니다. 또 함수는 프로그램 안에서 호출되기 전에는 함수의 내용이 실행되지 않습니다. 함수를 호출하는 순간 함수 안에 속해 있는 명령어들이 실행됩니다. 만일 정의한 함수에 오류가 있을 경우, 호출이 되어 실행할 때 오류가 발생합니다.

1) 매개변수가 없는 함수

함수를 정의할 때 가장 단순한 형태는 매개변수(parameter)와 리턴값(return value)이 없는 형태입니다. 여기서 만들어볼 함수는 간단한 인사말을 출력하는 함수입니다. 함수를 호출해서 사용하는 프로그램의 흐름을 순서도로 표현하면 다음과 같습니다.

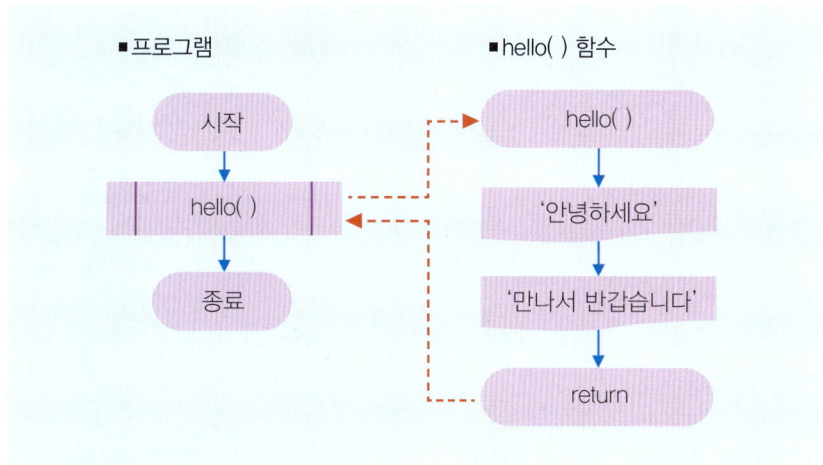

위의 순서도대로 함수를 정의하고 호출해보겠습니다.

(1) 함수 정의하기

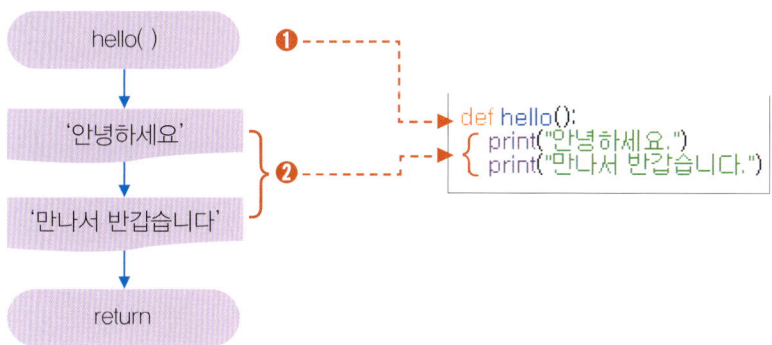

❶ def 키워드로 함수를 정의합니다. 함수명은 hello 입니다. 매개변수가 없으므로 괄호 안은 비워둡니다. 콜론(:)을 괄호 뒤에 붙입니다.

❷ hello( ) 함수는 "안녕하세요" 와 "만나서 반갑습니다"를 출력하는 실행문 2개로 이루어져 있습니다. 이 실행문들은 4칸 들여쓰기 합니다.

(2) 함수 호출

이렇게 정의된 함수는 정의된 것만으로 실행되지 않습니다. 이 함수를 호출(call)해 주어야 함수가 실행됩니다.

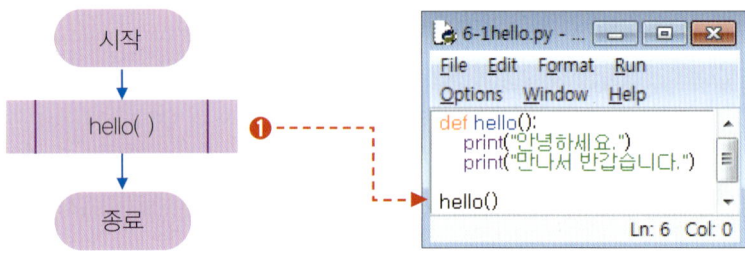

❶ hello( ) 라고 함수를 호출(call)합니다.

함수 정의 부분이 함수 호출하는 구문보다 위에 나와야 함수 호출을 할 수 있습니다. 함수를 호출하면 그 때 함수 안에 있는 명령들이 실행됩니다.

➡ 프로그램을 실행시키면 오른쪽과 같이 인사말이 출력된 것을 확인할 수 있습니다.

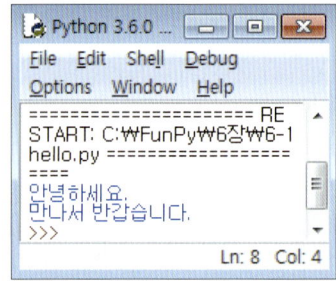

프로그램 안에서 함수를 여러 번 호출해 보겠습니다.

❶ hello( ) 함수를 4번 호출(call)했습니다. 함수를 호출(call)할 때마다 함수가 실행됩니다.

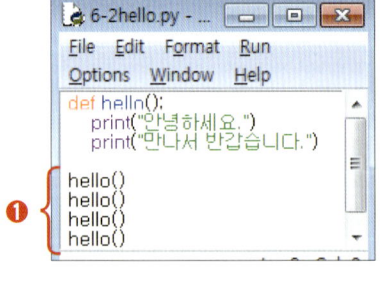
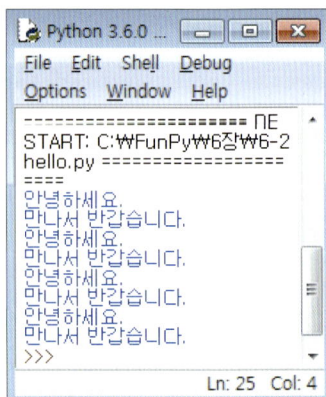

2) 매개변수가 한 개 있는 함수

매개변수로 이름을 전달해서 초대장을 출력하는 프로그램을 작성하겠습니다. 함수를 호출해서 사용하는 프로그램의 흐름을 순서도로 표현하면 다음과 같습니다.

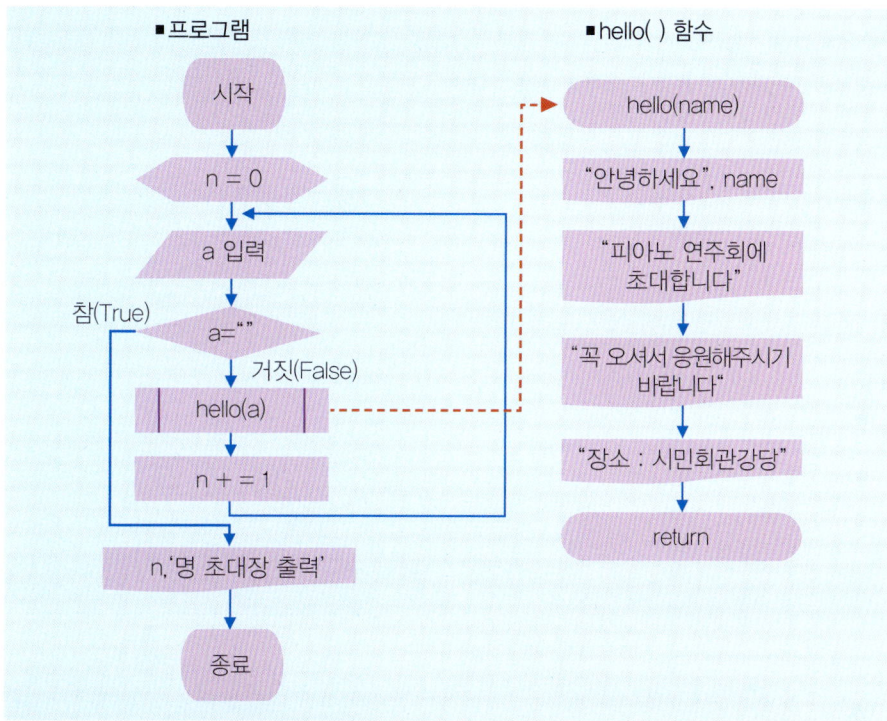

함수를 정의할 때 값을 받는 변수를 매개변수(parameter)라고 하고, 함수를 호출할 때 넘겨주는 값을 인수(argument)라고 합니다. 매개변수(parameter)는 값을 담는 공간을 의미한다면, 인수(argument)는 값 자체를 의미합니다. 물건을 상자에 담는다고 할 때, 매개변수(parameter)는 상자가 되고 인수(argument)는 물건이 되는 것과 유사합니다.

(1) 함수 정의하기

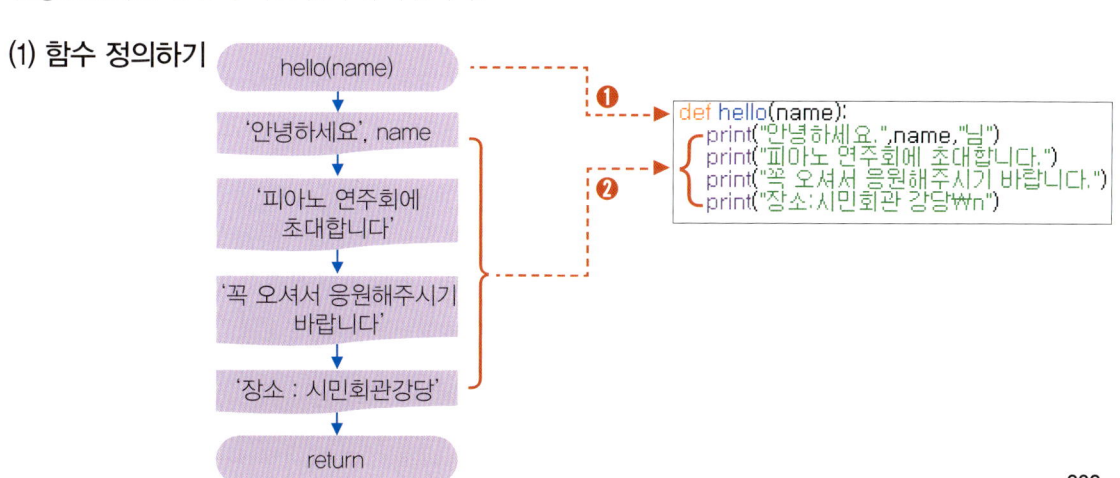

❶ def 키워드로 hello 함수를 정의합니다. 값을 전달받는 매개변수명은 name으로 정해서 괄호 안에 적어줍니다. 콜론(:)을 괄호 뒤에 붙입니다.

❷ hello( ) 함수는 "안녕하세요" 와 매개변수 name으로 전달받은 값을 나란히 출력하고, 그 다음 줄부터 초대장 내용을 출력하도록 print( ) 함수를 사용했습니다." 마지막 print( ) 함수의 출력 문자열 끝에 줄바꿈문자('\n') 를 넣어 마지막 줄 출력 후 다시 한 줄을 띄어주게 했습니다.

(2) 함수 호출

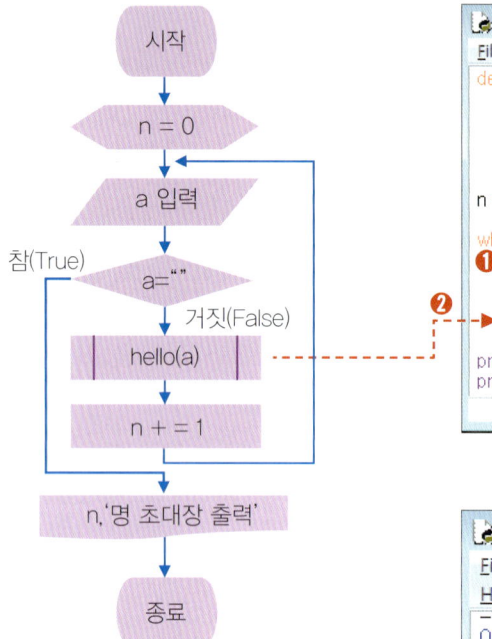

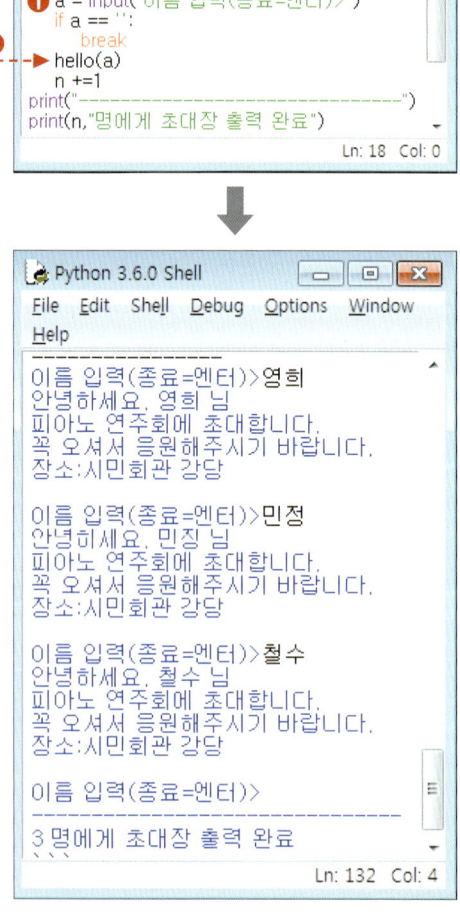

❶ 이름을 입력받아 변수 a 에 저장하고 만일 입력 값이 공란이면 while 문을 빠져나갑니다.

❷ 입력받은 이름을 인수로 전달하며 hello( ) 함수를 호출해서 초대장을 출력합니다.
만일 매개변수에 값을 전달하지 않은 채 매개변수가 있는 hello( ) 함수를 호출한다면 프로그램 실행 시 오류가 발생합니다

➡ 프로그램을 실행시키면 오른쪽과 같이 초대장이 출력되고 초대 인원 수가 계산됩니다.

3) 매개변수가 두 개 있는 함수

매개변수(parameter)는 여러 개를 정하여 사용할 수 있습니다. 두 수를 더하고 결과를 출력하는 함수를 만들어 보겠습니다. 함수를 호출해서 사용하는 프로그램의 흐름을 순서도로 표현하면 다음과 같습니다.

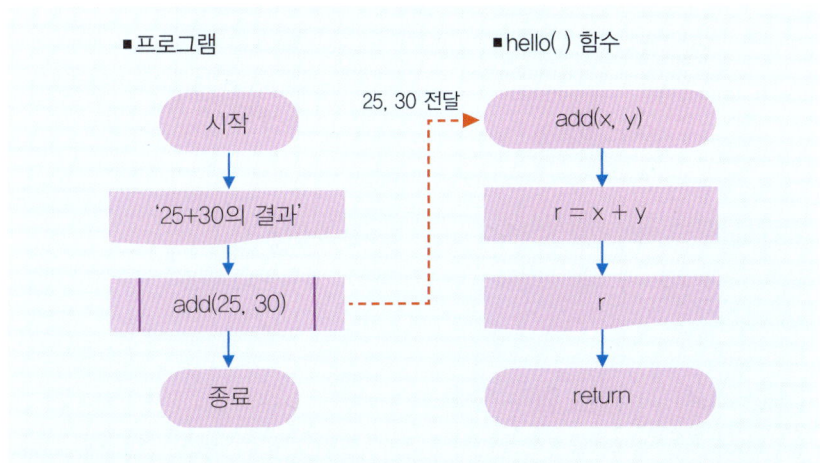

위의 순서도대로 함수를 정의하고 호출해보겠습니다.

(1) 함수 정의하기

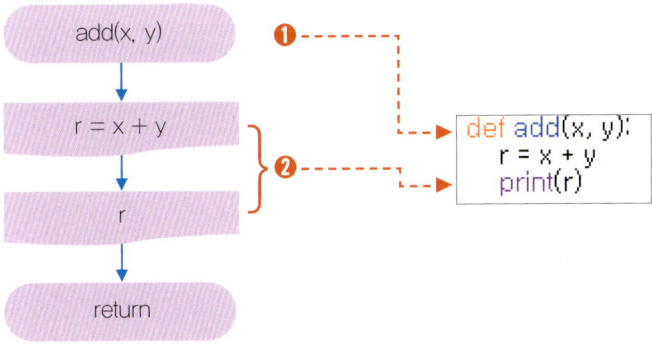

❶ 매개변수(parameter)로 x, y 두 개를 가진 함수 add 를 정의합니다.
❷ 매개변수(parameter) x 와 y를 더하여 변수 r 에 할당하고 변수 r의 값을 화면에 출력합니다.

(2) 함수 호출

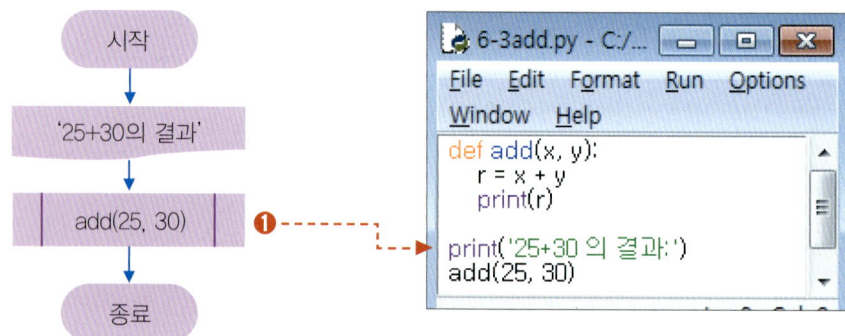

❶ 매개변수에 25와 30 이라는 두 개의 값을 전달하며 add( ) 함수를 호출합니다.
만일 함수를 호출할 때, 매개변수에 값을 전달하는 인수의 개수가 함수 정의 부분과 일치하지 않으면 프로그램 실행 시 오류가 발생합니다.

4) 리턴 값(return value) 이 있는 함수 만들기

리턴 값(return value)이 있는 함수를 정의해보겠습니다. 리턴 값이란 함수가 명령을 실행하고 난 결과를 함수를 호출한 곳으로 돌려주는 값을 말합니다. 리턴 값(return value)을 항상 가지는 것은 아니지만 함수가 어떤 기능을 수행하고 그 기능에 대한 결과를 함수를 호출(call)한 곳에서 사용해야할 때, 이 리턴 값(return value)은 꼭 필요합니다.

매개변수(parameter)로 숫자를 두 개 받아 두 수를 더하고 결과를 리턴하는 함수를 호출하는 프로그램을 만들어 보겠습니다. 함수를 호출해서 사용하는 프로그램의 흐름을 순서도로 표현하면 다음과 같습니다

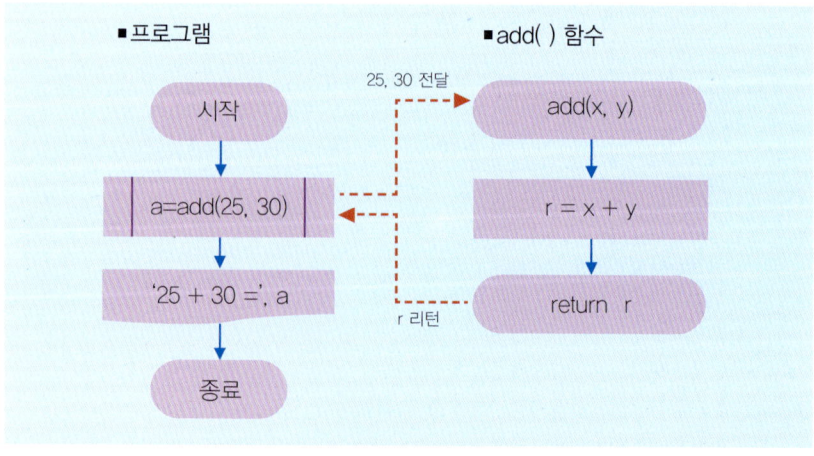

그럼 위의 순서도대로 함수를 정의하고 호출해보겠습니다.

(1) 함수 정의하기

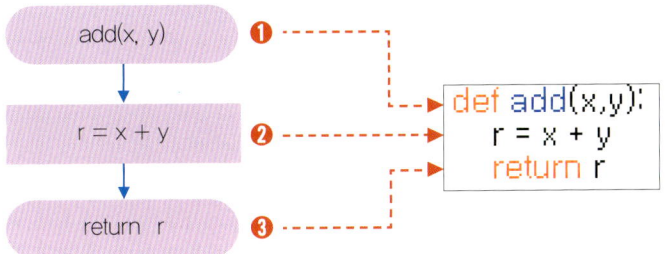

❶ 매개변수(parameter)로 x, y 두 개를 가진 함수 add 를 정의합니다.
❷ 매개변수(parameter) x 와 y를 더하여 변수 r 에 할당합니다.
❸ 변수 r 의 값을 리턴 합니다.

(2) 함수 호출

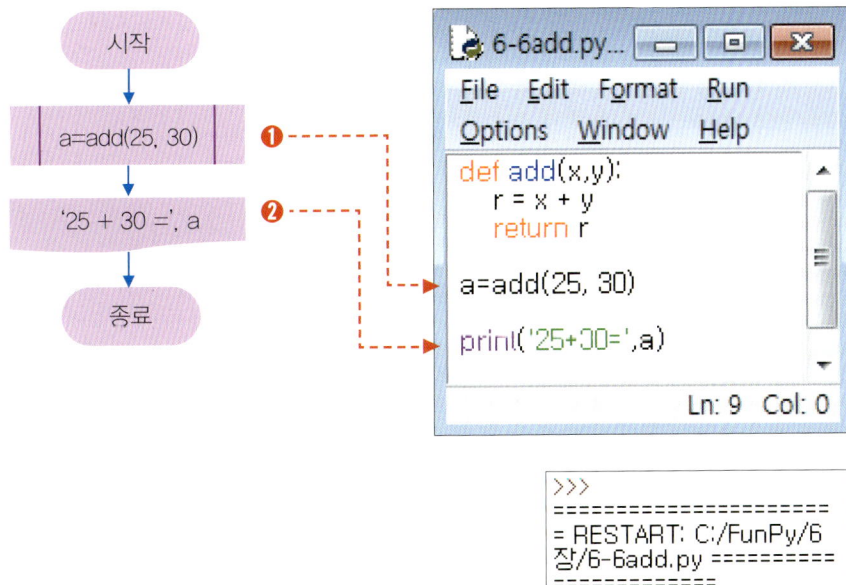

❶ 25, 30을 인수로 사용해서 함수 add( )를 호출하고 함수의 결과값을 변수 a에 저장합니다.
❷ 문자열 '25+30=' 과 변수 a의 값을 출력합니다.

213

5) 리턴 값(return value) 이 두 개 있는 함수

리턴 값이 두 개인 함수를 작성해 보려고 합니다. 함수를 호출해서 사용하는 프로그램의 흐름을 순서도로 표현하면 다음과 같습니다.

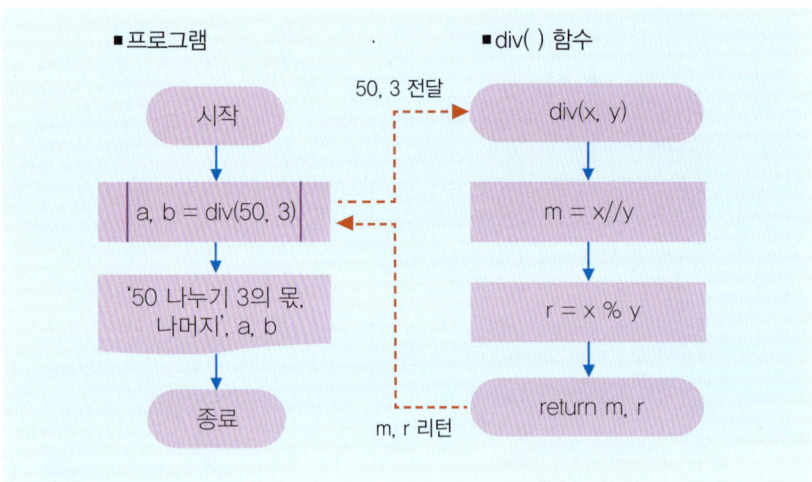

그럼 위의 순서도대로 함수를 정의하고 호출해보겠습니다.

(1) 함수 정의하기

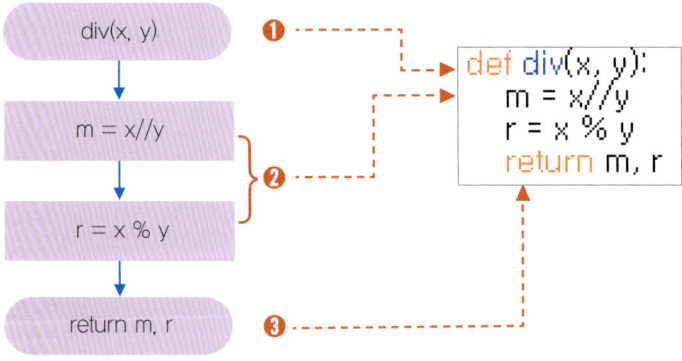

❶ 매개변수(parameter)로 x, y 두 개를 가진 함수 div( )를 정의합니다.
❷ x 나누기 y 의 몫을 변수 m에 저장하고, x 나누기 y의 나머지를 변수 r 에 저장합니다.
❸ m값과 r 값을 리턴합니다.

(2) 함수 호출

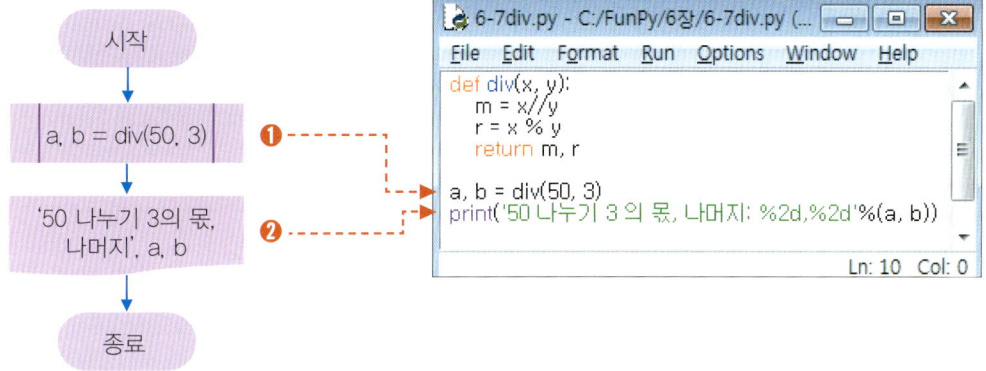

❶ 인수값으로 50과 3을 전달해서 div( )함수를 호출하고 리턴되는 결과값을 변수 a, b에 저장합니다.
❷ 리턴 받은 몫과 나머지를 포맷코드를 사용해서 출력합니다.

➡ 프로그램을 작성한 후 실행시키면 오른쪽과 같은 결과 화면이 나옵니다.

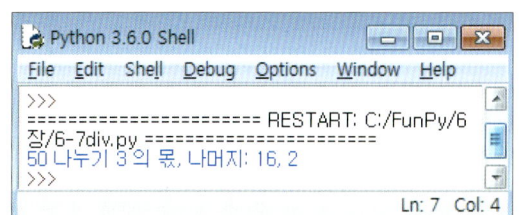

6) 위치인수, 키워드인수

지금까지 우리가 함수를 호출(call)할 때, 함수의 내개 변수의 순시에 맞추어 인수(argumcnt)를 전달했습니다. 이렇게 순서에 맞추어 전달하는 인수를 위치인수(positional argument)라고 부릅니다. 이 위치인수(positional argument)와 달리 함수에 인수를 전달할 때, 매개변수(paramger)명을 지정하여 인수(argument)를 전달하는 것을 키워드인수(keyword argument)라고 합니다. 키워드 인수방식으로 값을 전달할 때는 인수(argument)의 순서는 중요하지 않습니다. 위치인수(positional argument) 방식이냐 키워드인수(keyword argument) 방식이냐는 함수를 정의할 때 정해지는 것이 아니라 함수를 호출(call)할 때, 인수(argument)를 주는 방법에 따라 구분됩니다.

이름과 나이를 입력 받아서 자기 소개하는 함수를 정의하는 프로그램을 작성해서 위치인수(positional argument)와 키워드인수(keyword argument)의 차이를 알아보겠습니다.
자기 소개하는 함수를 사용하는 프로그램의 흐름을 순서도로 표현하면 다음과 같습니다.

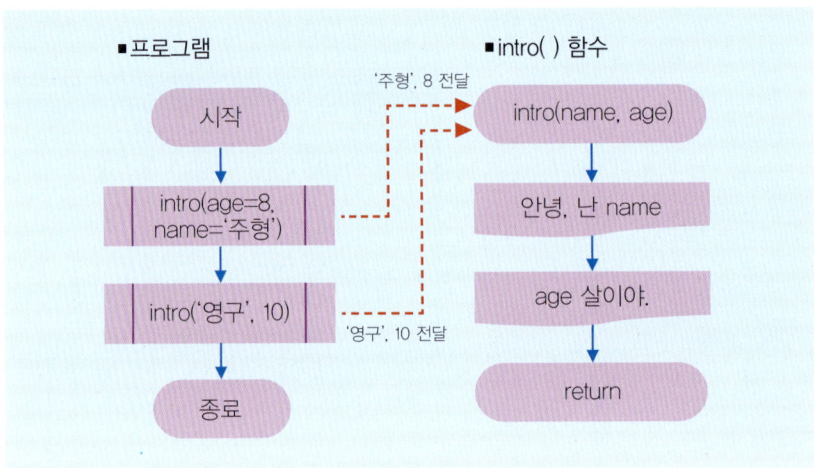

위의 순서도대로 함수를 정의하고 호출해보겠습니다.

(1) 함수 정의하기

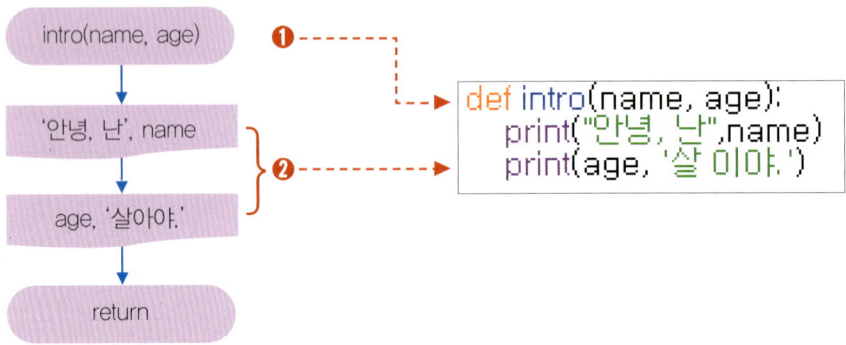

❶ 매개변수(parameter)로 name, age 두 개를 가진 함수 intro( ) 를 정의합니다.
❷ 매개변수(parameter) name과 age 를 이용해서 이름과 나이를 화면에 출력합니다.

(2) 함수 호출

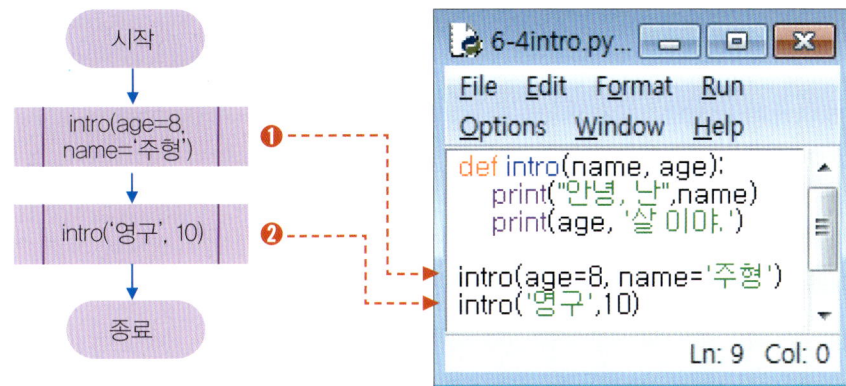

❶ 키워드인수(keyword argument) 방식으로 인수값을 전달해서 intro( ) 함수를 호출합니다.
❷ 위치인수(positional argument) 방식으로 함수 정의부분에 적힌 매개변수 순서대로 인수값을 전달해서 intro( ) 함수를 호출합니다.

➡ 프로그램을 실행하면 오른쪽 그림과 같이 출력됩니다.

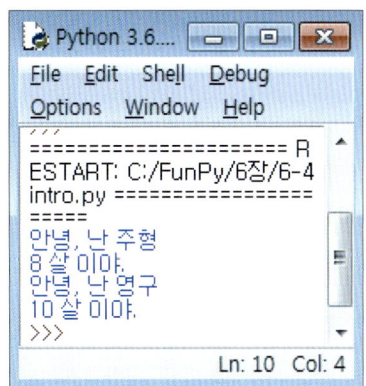

위치인수(positional argument)와 키워드인수(keyword argument)를 혼합해서 함수를 호출(call)할 수도 있습니다. 혼합할 경우에는 위치인수(positional argument)가 키워드인수(keyword argument)보다 먼저 나와야 합니다

7) 지역 변수 vs 전역 변수

함수 내부에서 만든 모든 변수들은 함수 안에서만 사용할 수 있고 함수 외부에는 영향을 미칠 수 없습니다. 함수 실행이 종료되는 순간 함수 내부에서 만든 변수들은 사라지기 때문입니다. 이렇게 함수 내부에서만 영향을 미치는 변수들을 지역 변수(local variable)라고 합니다. 기본적으로 매개변수(parameter)도 함수 내부에서만 사용 가능하므로 지역 변수(local variable)입니다.

반면, 함수의 외부에서 만들어져 프로그램 전체에서 영향을 미치는 변수를 전역 변수(global variable)라고 합니다.

실제로 전역 변수 a와 지역 변수 a를 만들어서 함수 안과 밖에서 출력해 보며 차이점을 알아보도록 하겠습니다.

(1) 전역 변수 출력

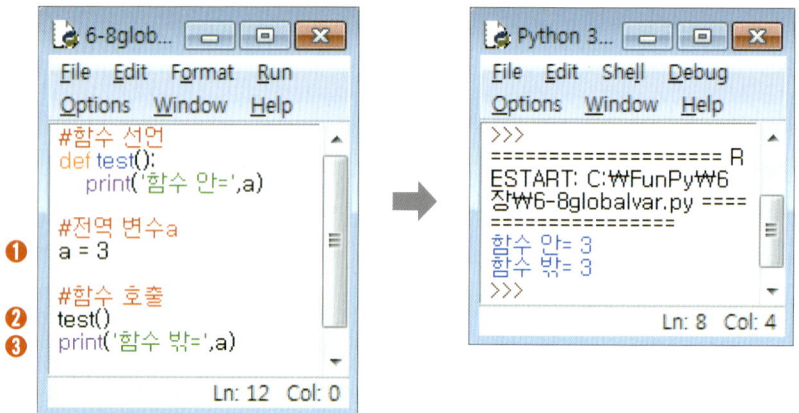

❶ 전역 변수 a를 만들고 3을 저장합니다.
❷ test( ) 함수를 실행합니다. test( )함수 안에 a라는 이름의 지역 변수가 없기 때문에 전역 변수 a값 3을 출력합니다.
❸ 함수 밖에서 전역 변수 a값 3을 출력합니다

(2) 지역 변수 출력

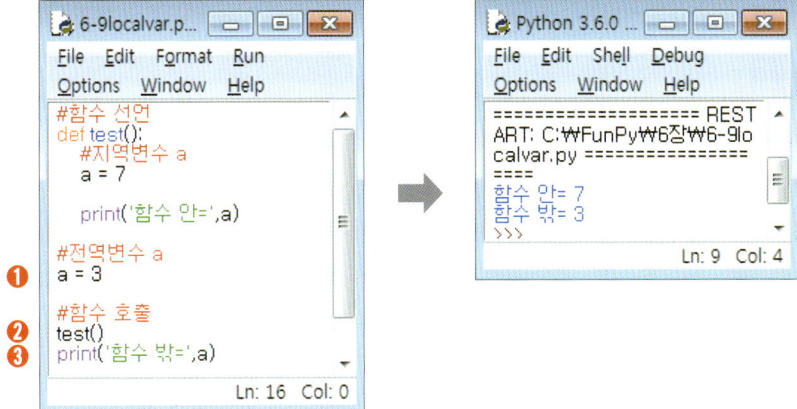

❶ 함수 밖에서 전역 변수 a를 만들고 값으로 3을 할당합니다.
❷ test( )함수를 실행하면 함수 안에서 새로 만든 지역 변수 a 안에 7을 저장하고 지역 변수 a값 7을 출력합니다.
❸ 함수 밖에서 전역 변수 a값 3을 출력합니다.

(3) 함수 안에서 전역 변수 값 변경

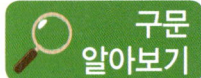

global 전역 변수 이름

지정된 전역 변수를 함수 안에서 사용하겠다고 선언하는 것입니다.

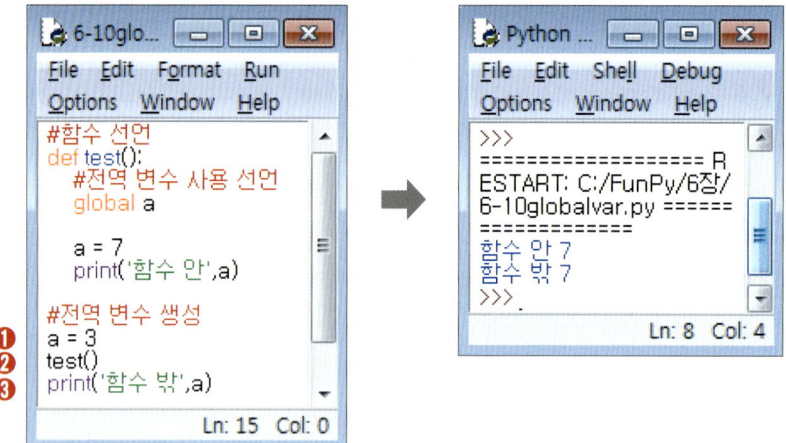

❶ 함수 밖에서 전역 변수 a를 만들고 3을 할당합니다.
❷ test( )함수를 실행하면 함수 안에서 전역 변수 a값을 7로 바꾸고 전역 변수 a를 출력합니다.
❸ test( )함수를 실행한 후에 전역 변수 a를 출력하기 때문에 전역 변수 a값이 7로 출력됩니다.

우리는 지금 아주 작은 단위의 프로그램을 작성하여 연습하고 있습니다. 하지만 실제 프로그램을 작성할 때는 아주 많은 변수와 함수들이 사용됩니다. 따라서 함수안에서 사용하는 변수는 지역 변수만을 사용하는 것이 좋습니다. 프로그램내에서 어떤 형태로 전역 변수가 변경될지 알 수 없기 때문입니다. 함수 외부의 값을 사용하고 싶을 때는 매개변수(parameter)로 받아 사용하는 것이 프로그램을 오류없이 작성하는 안전한 방법입니다.

함수 내에서 전역 변수를 사용하지 않아도 원하는 기능들을 수행할 수 있습니다. 전역 변수를 사용하면 예측할 수 없는 오류가 발생할 가능성이 크고, 발생된 오류가 어느 부분인지를 찾아 수정하기도 힘이 듭니다. 따라서 "global" 이라는 구문은 참고만 하고 사용하지 않는 것을 권장합니다.

6-2 파이썬 기본 함수

1. 파이썬 기본 함수 알아보기

파이썬에서는 총 68개의 기본 함수를 제공합니다. 이 68개의 함수는 내장(Built-in) 함수라고 합니다. 이 내장(Built-in) 함수 외에도 라이브러리(library)나 모듈(module)의 형태로 많은 함수들이 제공되고 있습니다. 우선은 파이썬에서 제공되는 기본 함수 중에서 자주 사용하는 함수에 대해서 알아보겠습니다.

abs()	dict()	help()	min()	setattr()
all()	dir()	hex()	next()	slice()
any()	divmod()	id()	object()	sorted()
ascii()	enumerate()	input()	oct()	staticmethod()
bin()	eval()	int()	open()	str()
bool()	exec()	isinstance()	ord()	sum()
bytearray()	filter()	issubclass()	pow()	super()
bytes()	float()	iter()	print()	tuple()
callable()	format()	len()	property()	type()
chr()	frozenset()	list()	range()	vars()
classmethod()	getattr()	locals()	repr()	zip()
compile()	globals()	map()	reversed()	__import__()
complex()	hasattr()	max()	round()	
delattr()	hash()	memoryview()	set()	

2. 도움말 함수

쉘이나 에디터 화면에서 F1 키를 누르면 파이썬에서 제공하는 도움말을 볼 수 있습니다. 이 이외에 프로그램을 작성하면서 쉘에서 간단하게 사용할 수 있는 몇 가지 도움말 함수들이 있습니다.

1) type()

type() 함수는 파이썬으로 프로그램을 작성할 때, 사용하고 있는 변수의 값이 숫자인지, 문자열인지, 아니면 다른 형태(타입, type)인지를 알고자 할 때 사용합니다. type() 함수는 일반적으로 테스트나 확인용으로 사용하는 함수입니다.

type(object)

object에 해당하는 값의 타입(type)을 결과값으로 돌려줍니다.

파이썬으로 프로그램을 작성하다보면 변수의 타입(type)을 확인해야할 때가 있습니다. 이럴 경우 이 type() 함수가 유용하게 사용됩니다.

➡ print() 함수로 type()함수의 결과를 출력하는 프로그램입니다.

❶ 1과 2는 정수형 'int' 타입(type)입니다.

❷ 1.0, 1.5와 같은 실수형은 'float' 타입(type)입니다.

❸ '1'은 1과 달리 문자열인 'str' 타입(type)입니다.

❹ True, False는 'bool' 타입(type)인데, 이 'bool' 타입은 프로그램 언어에서 많이 사용되는 불리안(Boolean)이라는 참과 거짓값입니다.

❺ '[ ]'사이에 여러값을 얼거하는 방식의 리스트(list) 타입(type)입니다. 리스트는 7장에서 배우게 될 타입(type)입니다

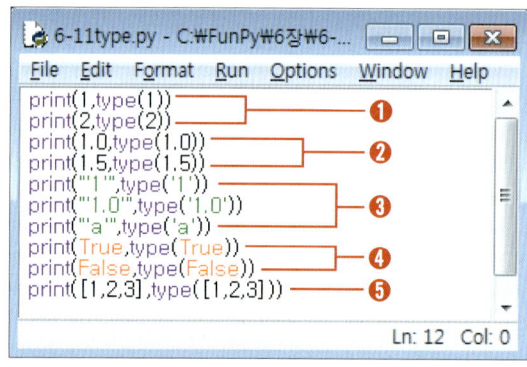

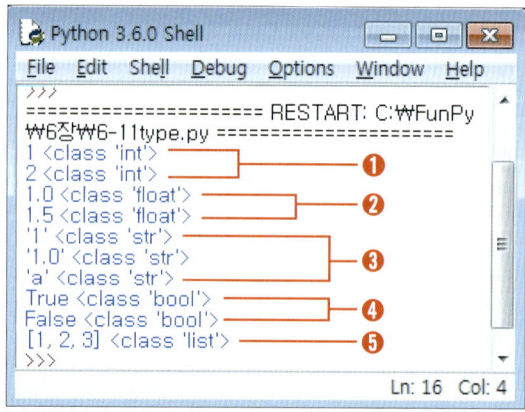

2) help()

help() 함수는 단어 그대로 도움말 함수입니다. F1 키를 눌러 도움말 창을 띄운 후 검색으로 도움말 기능을 사용할 수도 있지만, 함수나 메소드(method)의 기능과 인수, 리턴값등을 간단히 찾아보고자 할 때 사용할 수 있습니다. 이 help() 함수도 프로그램 내에서 사용하기 보다는 프로그램을 작성하면서 정보를 얻고자 할 때 많이 사용하게 되는 함수입니다.

help([object])

object에 해당하는 도움말 정보를 출력합니다.

help() 함수는 쉘 화면에서 직접 사용합니다.

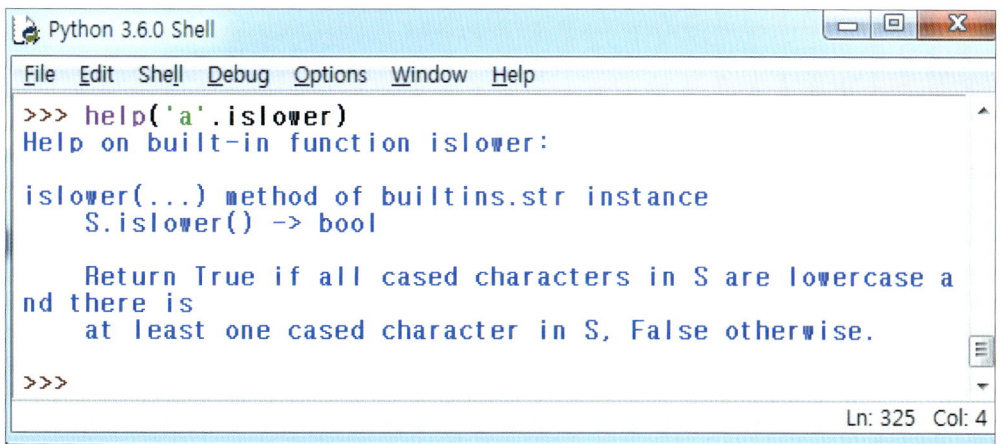

쉘 화면에서 인수(argument)로 정보가 필요한 함수명이나 타입(type)명 등을 주어 help() 함수를 호출할 수 있습니다. 이렇게 호출된 help()함수는 인수(argument)에 해당하는 도움말을 출력합니다.

```
>>> help(input)
Help on built-in function input in module builtins:

input(prompt=None, /)
    Read a string from standard input.  The trailing newline
is stripped.

    The prompt string, if given, is printed to standard output without a
    trailing newline before reading input.

    If the user hits EOF (*nix: Ctrl-D, Windows: Ctrl-Z+Return), raise EOFError.
    On *nix systems, readline is used if available.
```

우리가 지금까지 자주 사용했던 input() 함수에 대한 간략한 설명입니다.

3. 타입(type) 변환 함수

type() 함수에서 우리는 값의 타입(type)을 확인할 수 있었습니다. 파이썬에서는 이런 타입(type)을 변환할 수 있습니다.

int(x), float(x), str(x)

x값을 해당 타입(type)으로 변환하여 변환된 값을 리턴합니다. 숫자 타입(type)으로 변환하는 경우는 x가 숫자형태로 변환이 가능한 값이어야 합니다.

1) str()

str()함수를 사용하여 정수 타입(type)의 값을 문자열 타입(type)으로 변경하는 프로그램을 만들어 보겠습니다.

❶ 변수 x 에 정수 값 1을 할당하고, x 값과 x의 타입(type)을 출력합니다

❷ str( ) 함수를 사용하여 x를 문자열 타입으로 변환한 값을 y에 할당하고 y의 타입을 출력합니다.

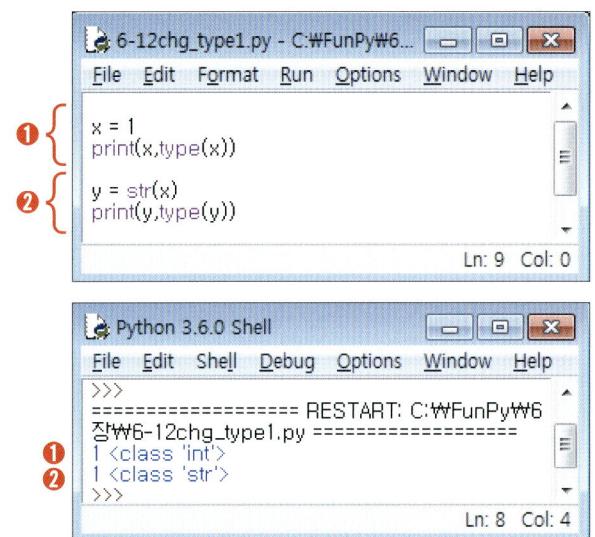

➡ type() 함수를 호출합니다. type()함수는 인수(argument)의 타입(type)을 결과값으로 돌려줍니다.

2) float()

float() 함수를 사용하여 정수 타입(type)의 값을 실수 타입(type)으로 변경하는 프로그램을 만들어 보겠습니다.

❶ 변수 x 에 정수값 1을 할당하고, x값과 x의 타입(type)을 출력합니다.

❷ float( ) 함수를 사용하여 x를 실수 타입(type)으로 변환한 값을 y에 할당하고 y 값과 y의 타입(type)을 출력합니다.

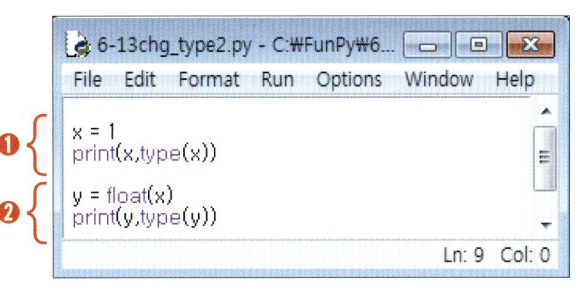

➡ 1과 1.0으로 값도 변경되고 x는 'int' 타입(type), y은 'float' 타입(type) 으로 출력됩니다.

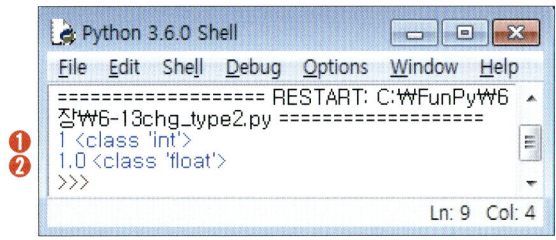

3) int()

int() 함수를 사용하여 실수 타입(type)의 값을 정수 타입(type)으로 변경하는 프로그램을 만들어 보겠습니다.

❶ 변수 x 에 실수값 1.5를 할당하고, x 값과 x의 타입(type)을 출력합니다.

❷ int() 함수를 사용하여 x를 정수 타입(type)으로 변환한 값을 y에 할당하고 y값과 y의 타입(type)을 출력합니다.

➡ 프로그램을 실행하면, 1.5가 1로 바뀌고 x는 float 타입, y는 int 타입으로 출력됩니다. 값이 바뀐 것에서 알 수 있듯이 정수 타입(type)으로 변환될 때 소수점 이하는 무시됩니다

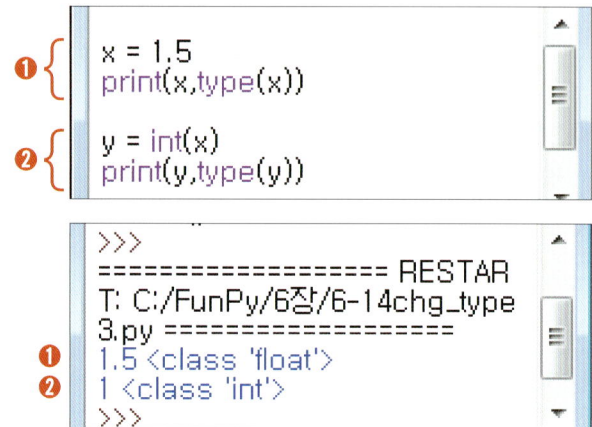

4) 타입(type) 변환 함수들의 사용

int(), float() 함수를 사용하여 문자열 타입(type)의 값을 정수, 실수 타입(type)으로 변경하는 프로그램을 만들어 보겠습니다.

❶ 변수 x 에 문자열 '1'을 할당하고 x값과 x의 타입을 출력합니다.

❷ int() 함수를 사용하여 x를 정수 타입(type)으로 변환한 값을 y에 할당하고 y값과 y의 타입을 출력합니다.

❸ float() 함수를 사용하여 x를 실수 타입(type)으로 변환한 값을 y에 할당하고 y값과 y의 타입을 출력합니다.

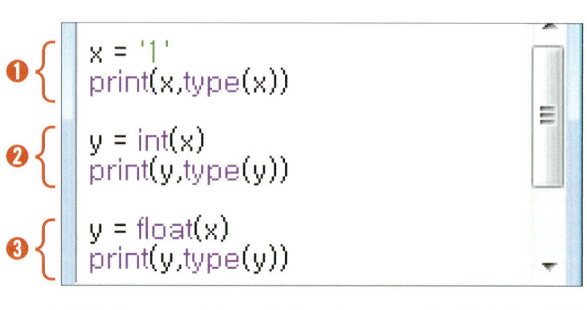

❶ 문자 'one'을 x 에 할당하고, x값과 x의 타입을 출력합니다.

❷ int()함수를 사용하여 x값을 정수로 변환한 값을 y에 할당하고 y 값과 y의 타입을 출력합니다.

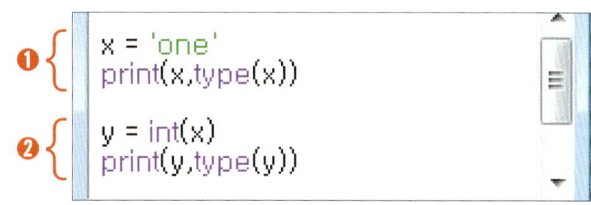

➡ 프로그램을 실행하면 x가 가진 값을 정수('int') 타입(type)으로 변환할 수 없기 때문에 오류가 발생합니다.

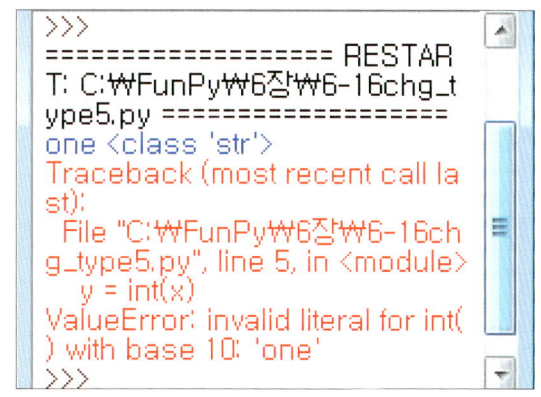

4. 집계 함수

1) min()과 max()

프로그램을 작성하다 보면 가장 작은 값이나 가장 큰 값을 구해야 하는 경우가 많습니다. 이것은 숫자만을 의미하는 것이 아니라 문자도 해당합니다.

min(arg1,arg2,*args[,key]), max(arg1,arg2,*args[,key])

arg1, arg2 등은 가장 작은 값 또는 가장 큰 값을 구해야 하는 여러 값들을 의미합니다. 대상이 되는 값들을 모두 인수(argument)로 줄 수 있습니다. 가장 작은 값과 큰 값을 구할 때, 기준이 되는 key값을 줄 수 있습니다. key값은 필수요소가 아닙니다. min( ) 함수는 가장 작은 값, max( ) 함수는 가장 큰 값을 리턴값(return value)으로 돌려줍니다.

간단한 예제를 통해 min(), max() 함수를 알아보겠습니다.

❶ min(), max() 함수는 인수(argument)로 값들을 직접 줄 수 있습니다.

❷ min(), max() 함수는 인수(argument)로 범위값을 줄 수도 있습니다.

➜ 프로그램을 실행하면 주어진 인수(argument) 안에서 가장 작은 값, 가장 큰 값을 리턴값(return value)으로 받아 출력한 것을 확인할 수 있습니다.

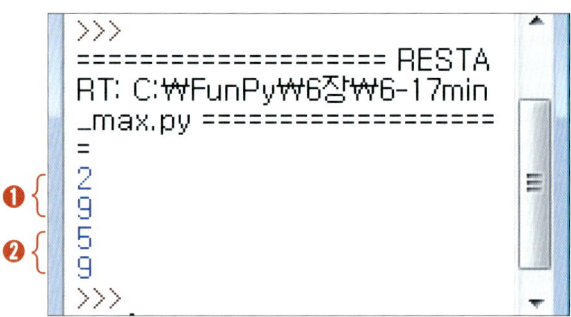

❶ 문자도 알파벳 순서에 따라 작은 값과 큰 값이 정해지는데, 대소문자가 섞인 경우, 대문자가 소문자보다 작은 값이 됩니다.

❷ 첫번째 문자가 같은 경우 두번째 문자를 비교합니다.

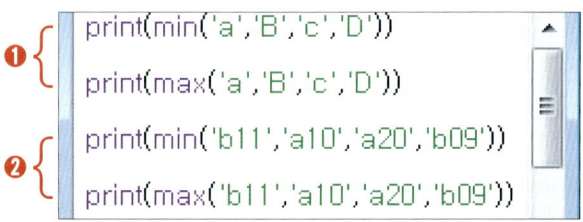

❶ min() 함수는 기본적으로 대소문자를 구분하여 대문자를 정렬순위 앞쪽에 둡니다.

❷ 대소문자를 구분하지 않고, 값을 얻고 싶을 경우에는 key인수(argument)를 str.lower로 설정해주면 가능합니다.

Tip　str.lower는 문자를 소문자로 변환해주는 함수입니다. 따라서 소문자 기준으로 비교가 일어나게 됩니다. 이 key라는 인수(argument)는 자료를 정렬할 때 유용하게 사용하게 될 것입니다.

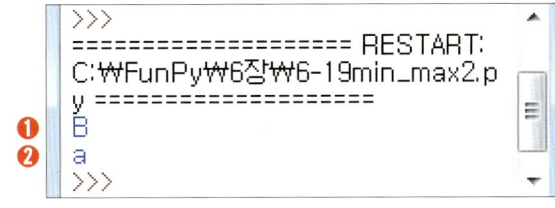

2) sum()

sum() 함수는 함수의 이름에서도 기능을 쉽게 짐작할 수 있듯이 인수(argument)의 전체 합을 구하는 함수입니다. 인수는 숫자 타입(type)의 값이어야 합니다.

sum(iterable[,start])

합을 구하는 함수입니다. 인수(argument)로 범위 값만을 받아서 전달받은 범위들을 모두 합한 값을 리턴값(return value)으로 돌려줍니다. start 인수(argument)를 주면 합에 start값을 더한 결과를 리턴값(return value)으로 돌려줍니다. start는 생략이 가능합니다. 범위 값은 숫자로 이루어져 있어야 하고, 문자일 경우 오류가 발생합니다.

간단한 예제를 통해 sum() 함수를 알아보겠습니다.

❶ sum()함수에는 합을 구하는 값을 직접 인수(argument)로 지정할 수 없습니다. 1과 2를 직접 입력하여 합을 구하면 오류가 발생합니다.

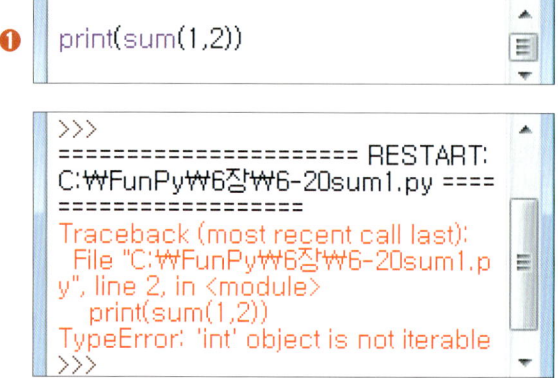

❶ range(3)은 범위 값[0,1,2]을 돌려주는 함수이므로 sum()의 인수(argument)로 사용할 수 있습니다

❷ 앞으로 배우게 될 리스트, 세트, 튜플의 형태로 범위값을 만든 것입니다.

➜ 결과는 모두 3을 출력합니다.

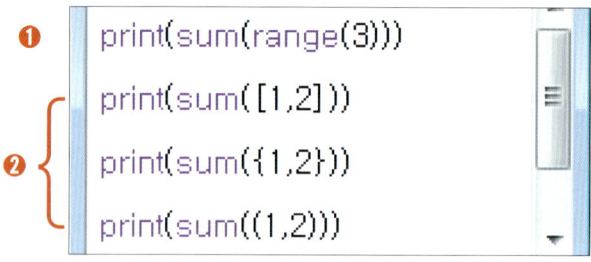

❶ start 인수(argument)를 준 예제입니다.

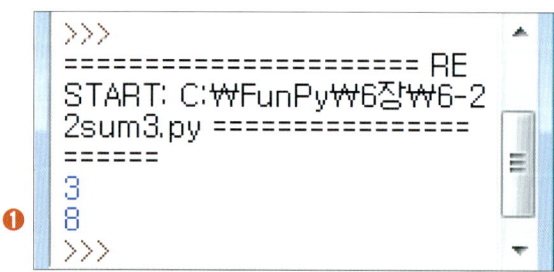

➜ 프로그램을 실행하면 sum(range(3))의 결과값 3에 start인수로 준 5를 더한 결과값(return value) 8을 출력합니다.

3) len()

len() 함수는 변수가 가진 값의 길이를 확인하는 함수입니다. 하지만 인수(argument)가 여러 개의 값을 갖는 경우에는 몇 개의 값을 갖는지를 리턴(return)해 주는 함수이기도 합니다. 파이썬 프로그램에서는 몇 개의 값을 갖는지 확인하기 위해 len( ) 함수를 사용하는 경우가 더 많습니다.

len(s)

s의 길이를 리턴값(return value)으로 돌려줍니다. s는 문자 타입(type)이거나 여러 개의 값을 갖는 리스트(list)같은 타입(type)의 값이어야 합니다. 문자 타입(type)일 경우는 문자의 길이를 리턴값(return value)으로 돌려주고, 리스트(list)같은 타입(type)일 경우는 값의 개수를 리턴값(return value)으로 돌려줍니다.

간단한 예제를 통해 len() 함수를 알아보겠습니다.

❶ 'abcdef'는 문자열 타입(type)이므로 그 길이인 6을 리턴값(return value)으로 돌려줍니다.

❷ '123'도 문자열 타입(type)이므로 길이인 3을 리턴(return)합니다.

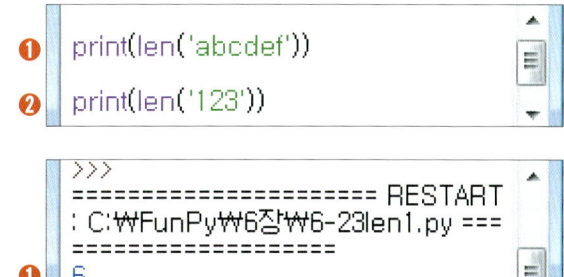

len() 함수는 범위 값을 주면 그 값의 개수를 리턴(return)합니다.

❶ range(1,5)는 1,2,3,4 라는 네 개의 값을 가지므로 리턴값(return value)이 4가 됩니다.

❷ ['abcdef'], ['123', '234']는 문자열이 아닌 리스트(list)라는 타입(type)입니다. 이런 경우 항목의 개수를 리턴(return)하게 됩니다.

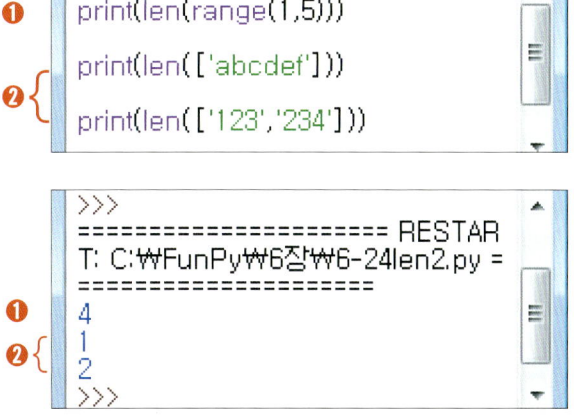

❶ len( )함수는 인수(argument)로 숫자를 줄 수 없습니다. 프로그램을 실행하면 오류가 발생합니다.

❶

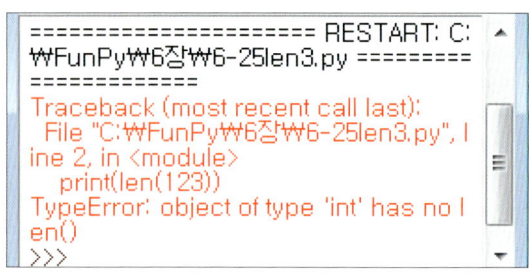

4) eval()

eval() 함수는 문자열로 입력된 연산식을 계산하는 함수입니다.

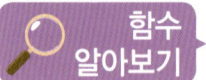

eval(expression)

expression에 문자열('str') 타입(type)으로 제시된 수식을 계산하여 그 결과값(return value)을 돌려줍니다. expression의 수식은 계산 가능한 수식이어야 합니다.

❶ 문자열로 된 수식 '1+2' 를 계산하여 출력합니다.
❷ 문자열로 된 '1+2*(1+2)' 를 계산하여 출력합니다.

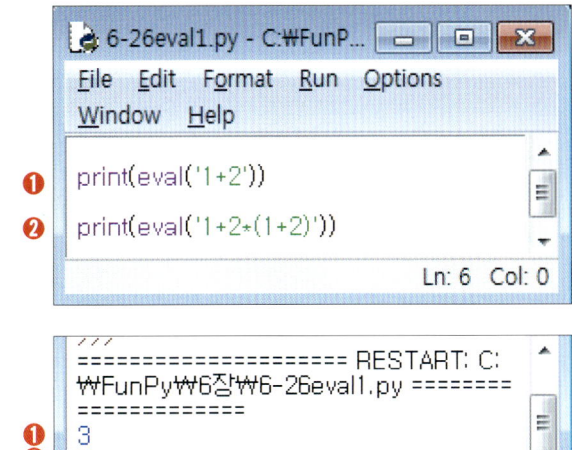

❶ eval() 함수를 호출(call)할 때 인수(argument)는 문자열('str') 타입(type)이어야합니다. 숫자와 연산자로 구성된 수식을 인수(argument)로 전달해서 호출 할 경우 오류가 발생합니다.

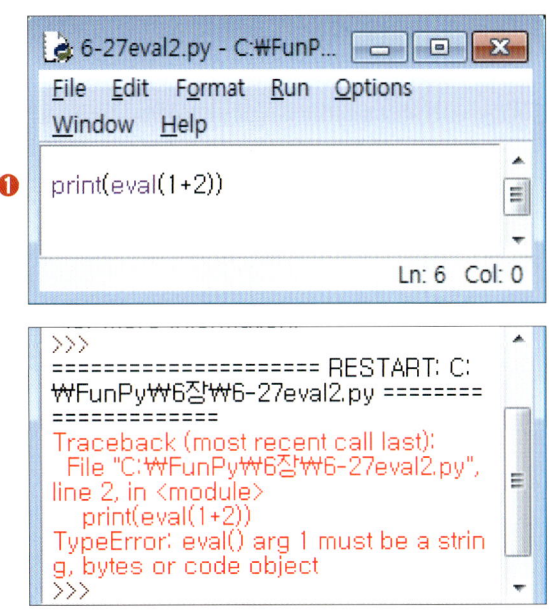

6-3 응용 예제 : 평균 구하기

1. 평균 구하기

국어, 영어, 수학 세 과목의 점수를 입력 받아서 평균을 구하는 프로그램을 작성해보겠습니다. 순서도에서 보여지는 것처럼 입력 받은 세 개의 점수를 합산해서 3으로 나누어 평균을 구한 뒤 출력합니다.

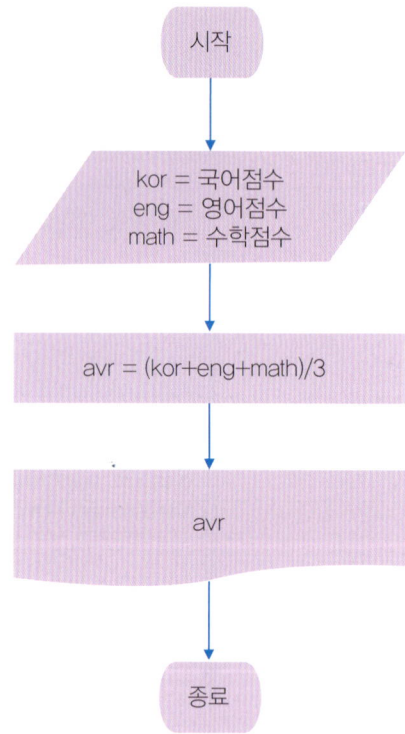

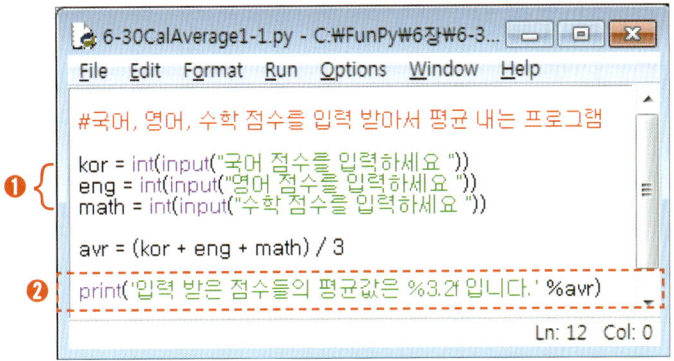

❶ 세 과목의 점수를 입력 받아서 세 개의 변수에 할당합니다. input 함수로 입력 받은 값은 '문자열' 타입이기 때문에 문자열 타입을 정수 형으로 변환해주기 위해서 int() 함수를 사용합니다.

❷ 계산된 평균값을 화면에 출력합니다.

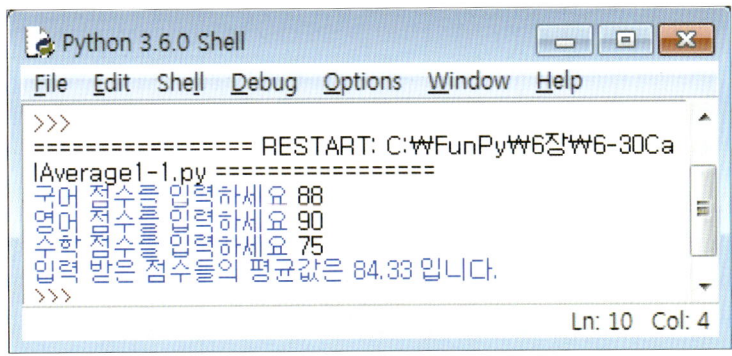

2. 함수를 이용해 평균 구하기

앞에서 작성한 간단한 평균 구하기 프로그램에 있는 평균 구하는 부분을 함수로 변경해 보겠습니다.

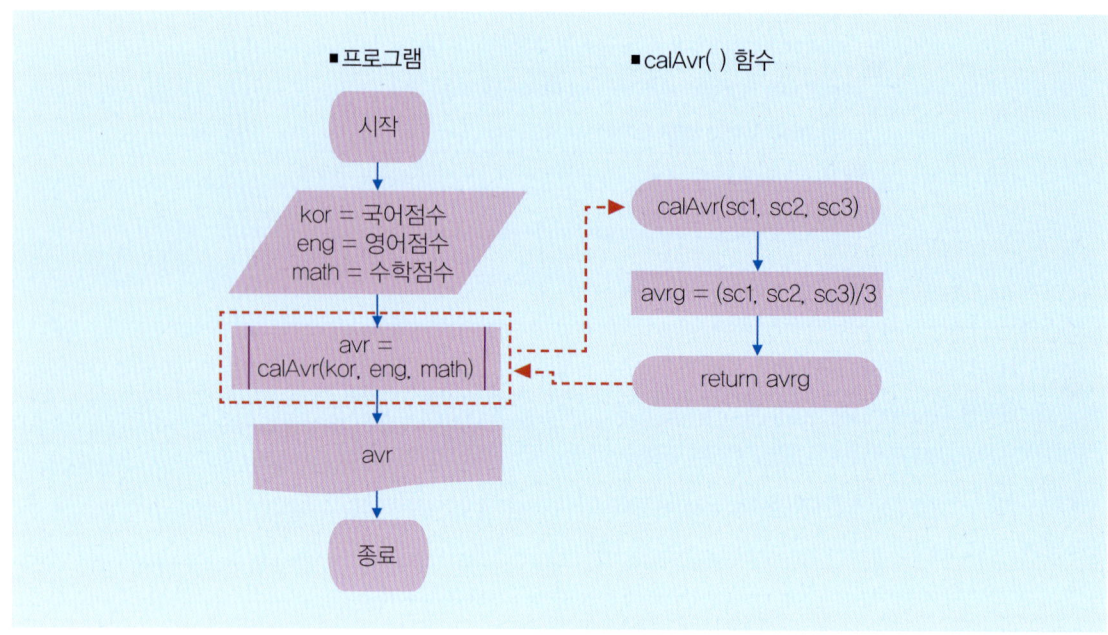

❶ calAvr() 함수를 정의합니다.

❷ calAvr() 함수를 호출합니다.

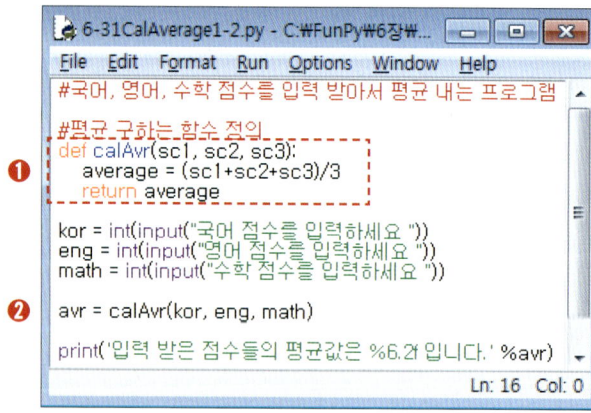

도전해보세요

1. 출력될 결과를 예상하여 적어봅시다.

```
def morning():
    print("아침입니다.")
morning()
```

2. 다음과 같이 함수를 정의하였습니다. 출력될 결과와 동일한 결과를 얻도록 함수를 호출하는 부분을 추가하여 프로그램을 완성해 봅시다.

```
def when(w):
    if (w >= 6) and (w < 12):
        print("아침입니다.")
    elif (w >= 12) and (w <= 18):
        print("오후입니다.")
    elif (w > 18) and (w < 22):
        print("저녁입니다.")
    else:
        print("밤입니다.")
```

결과화면
아침입니다.
오후입니다.
저녁입니다.
밤입니다.

3. 사용자로부터 숫자를 입력받아 계속 더해가는 프로그램입니다. 사용자가 숫자 이외의 값을 입력하면 입력 작업이 종료되고, 지금까지 입력한 수들의 합을 출력합니다. 이 프로그램은 인수로 받은 두 값을 더해서 더한 결과를 리턴하는 함수 add를 정의해서 사용했습니다. 이 함수를 정의해서 프로그램을 완성해 봅시다.

```
def add(    ):


sum_i = 0
while True:
    n = input("숫자를 입력하세요:")
    
    if n.isdigit():
        i = int(n)
        sum_i = add(sum_i,i)
    else:
        break
print("총 합은",sum_i)
```

결과화면
숫자를 입력하세요:1
숫자를 입력하세요:2
숫자를 입력하세요:3
숫자를 입력하세요:4
숫자를 입력하세요:5
숫자를 입력하세요:
총 합은 15

도전해보세요

4. 다음은 파이썬 기본 함수를 사용하여 만든 간단한 계산기 프로그램입니다. 빈 칸에 알맞은 함수를 사용해 봅시다.

```
while True:
    exp = input("수식:")
    if exp == "":
        break
    print(exp,"=",      (exp))
```

결과화면
```
수식:1+2
1+2 = 3
수식:2+3+4
2+3+4 = 9
수식:5*6
5*6 = 30
수식:(1+2)*3
(1+2)*3 = 9
수식:
>>>
```

5. 문자열을 두 개 입력받아 각 문자열의 길이와 두 문자열을 합친 문자열의 길이를 출력하는 프로그램을 함수를 사용하여 작성하려고 합니다. 순서도에 맞게 프로그램을 작성해 봅시다.

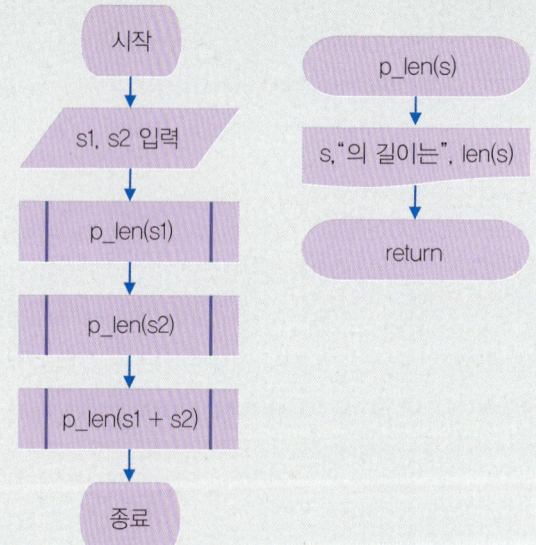

결과화면
```
첫번째 문자열:abcd
두번째 문자열:efghijk
abcd 의 길이는  4
efghijk 의 길이는  7
abcdefghijk 의 길이는  11
```

6. 사용자로부터 숫자를 입력받아 숫자 한자리씩 한글로 수를 변환하는 프로그램을 작성하였습니다. 숫자를 한글로 변환하는 부분은 f_han(n) 이라는 이름의 함수로 작성하고 프로그램에서는 다음과 같이 함수를 호출하여 사용하였습니다. 함수를 작성해보세요.

```
a = input("숫자를 입력하세요:")
for x in a:
    print(f_han(x),end="")
```

결과화면
```
숫자를 입력하세요:34
삼사
```

7. 한 자리 수를 한글로 변환해주는 함수와 자릿값을 받아 단위를 붙여주는 함수를 사용하여 전체 숫자를 한글로 읽는 프로그램을 작성하려고 합니다. (천조까지 셀 수 있는 프로그램입니다.)

```python
def f_han(num):
    number = "영일이삼사오육칠팔구"
    if num.isdigit():
        if num == "0":
            return ""
        else:
            return number[int(num)]
    else:
        return ""
```

숫자를 입력받아 1부터 9사이의 숫자일 경우 한글로 변환하고 그 외의 경우는 공백으로 변환합니다.

```python
def f_unit(num,pos):
    unit1 = " 십백천"
    unit2 = " 만억조"

    index = len(num)-1
    result = ""
    for i in range(len(num)):
        digit = f_han(num[i])
        if digit != "":
            if (digit == "일") and (index > 0):
                result = result +unit1[index]
            else:
                result = result + digit+unit1[index]
        index = index - 1

    result = result.strip()
    if result != "":
        return result + unit2[pos]
    else:
        return ""
```

네 자리 숫자와 만억조에 해당하는 자릿값을 입력받아 네 자리 숫자를 한글로 변환하여 리턴합니다. (일부터 천까지는 자리값이 0, 만단위는 자릿값이 1, 억단위는 2로 표현합니다.)
예를 들어 1234를 한글로 변환하려면 t_unit(1234,0)의 형태로 호출합니다.

이 함수 두 개를 사용하여 숫자를 입력받아 한글로 변환하는 프로그램을 작성하세요.

```
결과화면
숫자를 입력하세요:210034001
이억천삼만사천일
```

> **Tip** 입력받은 숫자형태의 문자열을 숫자의 네 자리 단위씩 구분하여 f_unit()함수를 호출합니다.

도전해보세요

8. 원하는 수를 입력 받아서 1부터 원하는 수까지의 합을 구하는 프로그램을 함수를 이용해서 작성해 보세요.
   (예) 만일 10을 입력받는다면 1+2+3+4+5+..+10이 결과값에 출력되어야 합니다.

```
================
1부터 원하는 수 까지의 합계 구하기
원하는 수를 입력하세요.5
1부터  5 까지의 합계: 15
>>>

================
1부터 원하는 수 까지의 합계 구하기
원하는 수를 입력하세요.11
1부터  11 까지의 합계: 66
>>>
```
결과화면

9. 두 배수를 구하는 함수를 사용해서 두 수의 최소공배수를 구하는 프로그램입니다. 배수를 구하는 함수의 함수명은 multi이고 두번째 인수가 첫번째 인수의 배수이면 True를 리턴하고, 배수가 아니면 False를 리턴합니다. 함수를 정의하여 다음 프로그램을 완성합시다.

```
def multi         :



n1 = int(input("첫번째 숫자를 입력하세요:"))
n2 = int(input("두번째 숫자를 입력하세요:"))

i = max(n1,n2)
while True:
    if multi(n1,i) and multi(n2,i):
        break
    i = i + 1
print(n1,"와",n2,"의 최소공배수:",i)
```

결과화면
```
첫번째 숫자를 입력하세요:11
두번째 숫자를 입력하세요:28
11 와 28 의 최소공배수: 308

첫번째 숫자를 입력하세요:3
두번째 숫자를 입력하세요:2
3 와 2 의 최소공배수: 6
```

Chapter 07

자료 구조

7-1 리스트와 튜플
7-2 리스트 이외의 자료구조
7-3 패스트푸드점 주문서 출력하기

7-1 리스트와 튜플

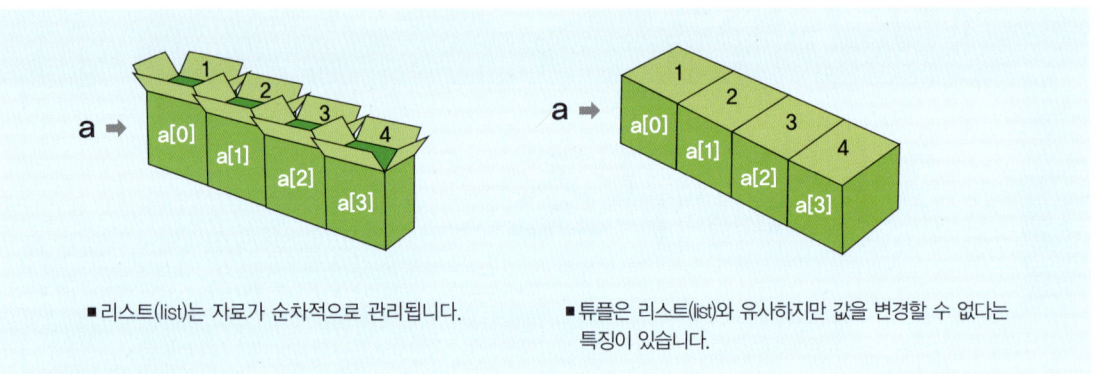

- 리스트(list)는 자료가 순차적으로 관리됩니다.
- 튜플은 리스트(list)와 유사하지만 값을 변경할 수 없다는 특징이 있습니다.

1. 자료구조란?

자료구조(Data Structure)란 자료를 효율적으로 사용하기 위해서 저장하고 표현하는 방법을 의미합니다.

파이썬은 많은 값을 한꺼번에 저장하거나 처리하기 위해 제공하는 자료 구조가 있는데, 가장 대표적인 것이 리스트(list)입니다. 리스트(list)는 하나의 변수 명에 여러 개의 자료를 나열해서 할당하는 형태로, 나열된 순서대로 자료가 저장됩니다. 그래서 각각의 자료에 접근하려면 저장된 순서 번호를 사용합니다.

리스트(list)와 구조가 유사한 자료구조로 튜플(tuple)이 있습니다. 튜플은 리스트와 달리 값을 변경할 수 없다는 특징이 있습니다. 그래서 프로그램 작성시 수정이 필요한 자료들은 리스트를 사용하고 수정이 필요 없는 자료들은 튜플을 사용합니다. 튜플은 리스트보다 데이터 접근속도가 더 빠르다는 장점이 있습니다.

2. 리스트(list)

1) 리스트(list) 변수 만들기

리스트(list) 형태의 변수를 어떻게 선언하여 사용하는지 알아보겠습니다. 우리는 지금까지 변수를 선언할 때, 'x = 1'이라는 형태로 변수를 만들어 왔습니다. 리스트(list) 변수를 만드는 방식도 이와 유사합니다.

리스트변수명 = [값1, 값2, 값3,…]

예시)
  a = [1, 2, 3, 4]
  a = ['one', 'two', 'three', 'four']
  a = [1, 2, 'three', 'four']
  a = [1, 2, ['one', 'two', 'three', 'four']]
  a = [ ]
  a = list()

리스트 변수명을 적고 대괄호([ ]) 사이에 값들을 나열해서 리스트변수에 할당합니다. 문자형, 숫자형 값을 가진 리스트를 만들 수 있고, 두 가지 형태가 섞인 리스트도 만들 수 있습니다. 리스트 자체가 항목일 수도 있습니다. 또 비어있는 대괄호([ ])와 list( ) 함수를 사용하여 값이 없는 리스트를 정의할 수 있습니다.

리스트를 이루는 값들을 리스트 항목(element)이라고 하고, 각 항목(element)의 순서에 따른 번호를 인덱스(index)라고 합니다. 인덱스를 이용해서 리스트에 저장된 항목에 접근할 수 있는데, 인덱스(index)는 0부터 시작합니다.

❶ 1,2,3,4 라는 4개의 값을 갖는 리스트변수 x를 만듭니다.

❷ 리스트 변수 x를 출력합니다.

❸ 리스트 각 항목의 인덱스(index)를 지정해서 값을 출력합니다.

❹ 리스트변수 x의 1번 인덱스에 있는 값부터 3번 인덱스 바로 전까지의 값을 리스트 형태로 가져옵니다.

➡ 문자열 슬라이싱하는 것처럼 대괄호 안에 가져올 값의 범위를 지정하면 리스트 변수 안의 항목들 중 일부분을 가져올 수 있습니다.

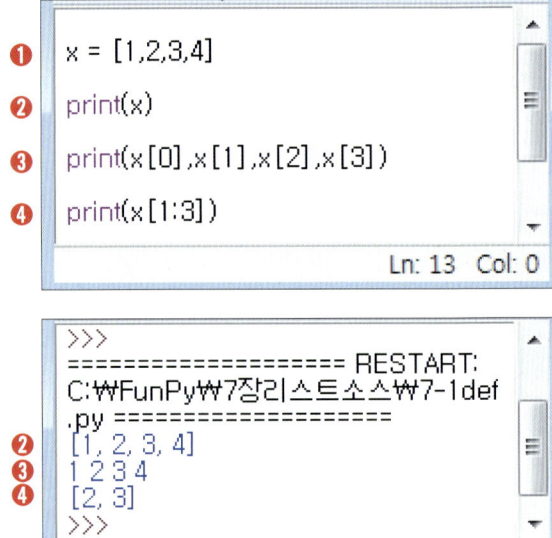

❶ 변수 x에 ["사과","바나나"] 리스트를 할당한 후 출력합니다.

❷ 리스트변수 x에 2를 곱하여 new_x 변수에 할당한 후 new_x를 출력합니다.

➡ 리스트 x의 항목값들이 두 번 반복되어 new_x에 할당됩니다.

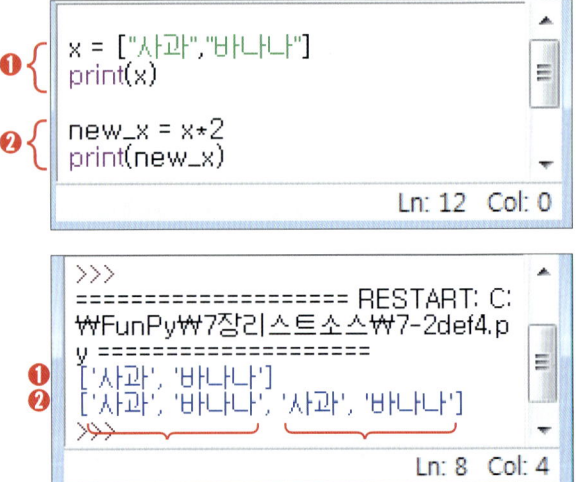

❶ 변수 x1에 리스트 [1,2,3,4]를 할당합니다.

❷ 변수 x2에 리스트 [5,6,7]을 할당합니다.

❸ new_x 변수에 x1과 x2를 더한 값을 할당합니다.

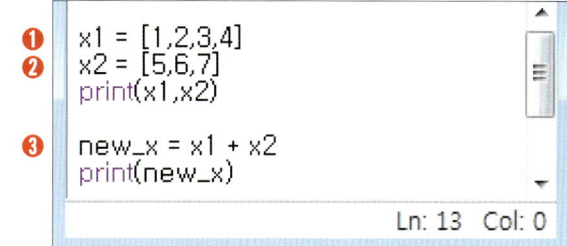

➜ x1과 x2 리스트가 합쳐진 것을 확인할 수 있습니다.

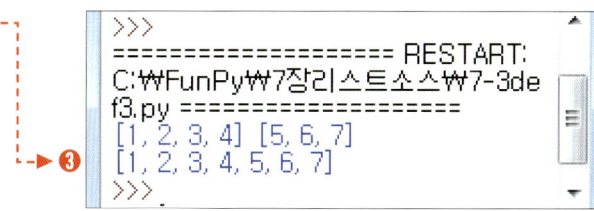

문자열 데이터를 이용해서 리스트를 만들기 전에 문자열 split() 메소드(method)에 대해 간략히 알아보겠습니다.

문자열.split(항목 구분자)

문자열을 주어진 항목 구분자 기준으로 분리해서 새로운 문자열 리스트로 돌려줍니다. 만일 항목 구분자값을 지정하지 않으면 공란을 기준으로 항목을 구분합니다.

❶ fruit에 과일명이 "-"으로 구분된 문자열을 할당합니다.

❷ split( )함수를 사용하여 문자열을 "-" 기준으로 구분해 리스트로 리턴값(return value)을 받아 basket에 저장합니다

❸ fruit에 과일명이 공란(" ")으로 구분된 문자열을 할당합니다.

❹ split( ) 함수를 사용하여 문자열을 공란 기준으로 구분해 리스트로 리턴값을 받아 basket에 할당합니다.

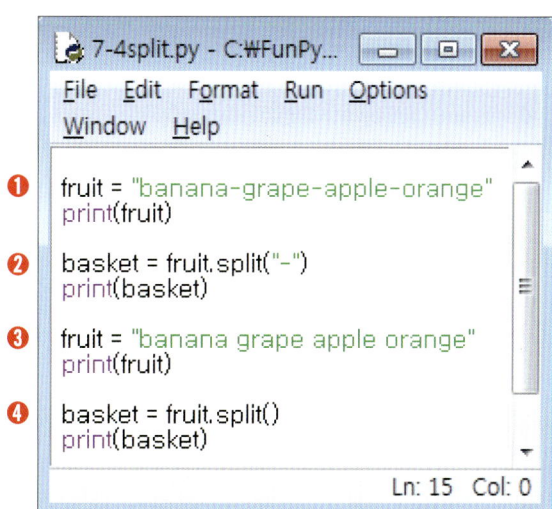

→ 문자열이 항목 분할되어 리스트로 저장되었습니다.

```
>>>
==================== RESTART: C:\FunPy\7장리스트소스\7-4split.py ====================
❶ banana-grape-apple-orange
❷ ['banana', 'grape', 'apple', 'orange']
❸ banana grape apple orange
❹ ['banana', 'grape', 'apple', 'orange']
>>>
```

2) 리스트(list) 항목 변경

리스트에 저장되어 있는 값을 변경하는 방법을 알아보겠습니다.

❶ 변수 x에 리스트 [1,2,3,4] 를 할당합니다.

❷ 리스트 변수 x의 세 번째 값을 5로 바꿉니다. 리스트의 인덱스가 0부터 시작하기 때문에 x[2]는 세 번째 값을 의미합니다.

❸ 리스트 변수 x의 첫 번째 값을 0으로 변경합니다.

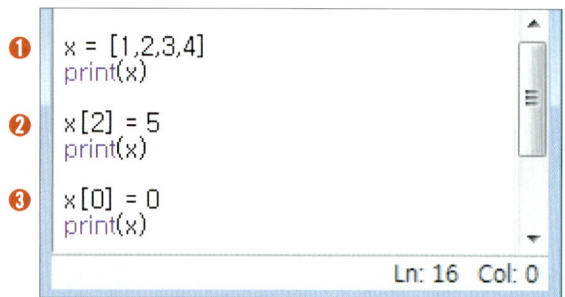

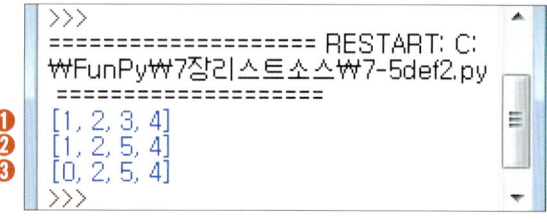

3) 리스트(list)의 복사

❶ 변수 x에 리스트 ["a","b","c"]를 할당합니다.

❷ new_x에 x의 값을 할당합니다.
new_x와 x를 출력하면 두 리스트가 동일합니다.

❸ new_x[0]의 값을 "A"로 변경합니다. 그러면 new_x가 ["A","b","c"]인 리스트 값을 갖고, x는 변경없이 ["a","b","c"]인 리스트라고 예상할 수 있습니다.

❹ 하지만 실행결과는 예상한 것과 달리 리스트 변수 x까지도 x[0]값이 변경되었습니다.

❺ 리스트가 아닌 문자열 타입으로 같은 작업을 하면 원래의 값이 변경되지 않습니다.

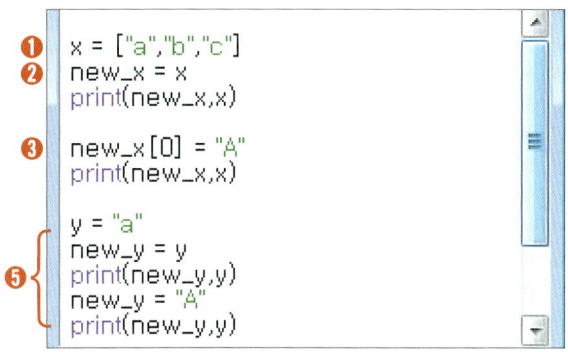

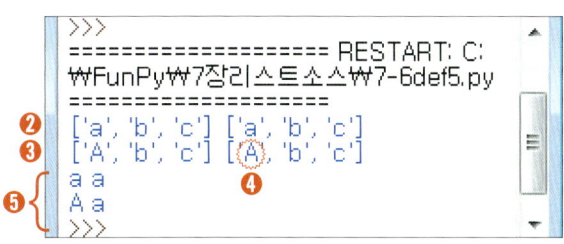

x라는 변수에 'a'를 할당하고 new_x = x를 수행하면 다음 그림처럼 표현할 수 있습니다.

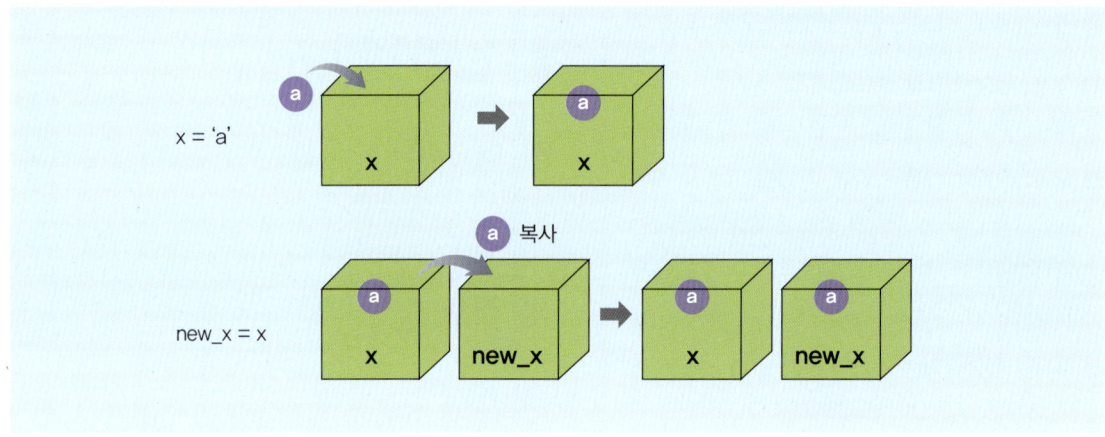

x의 값과 new_x의 값은 서로 다른 상자에 담겨있어서 new_x의 값을 변경해도 x의 값이 변경되지 않습니다.

리스트의 경우는 같은 작업이 어떻게 수행되는지 살펴봅시다.
x라는 변수에 ['a','b','c']라는 리스트를 할당하고 new_x = x를 수행하면 다음 그림처럼 표현할 수 있습니다.

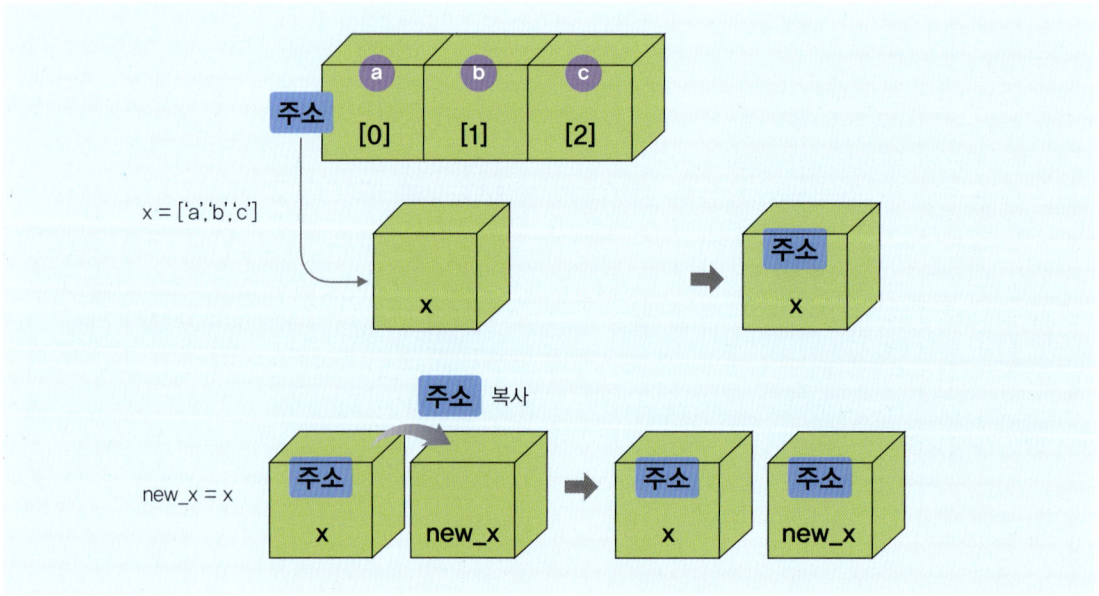

변수 x에 리스트를 할당할 때, x 라는 상자에 리스트 항목(element)값들을 직접 담는 것이 아니라 리스트의 항목 값들이 있는 곳의 주소 값을 x 라는 상자에 담습니다. new_x = x라고 하게 되면 x가 가지고 있는 리스트의 주소 값을 new_x라는 상자에 담는 것입니다. 그래서 new_x 의 항목값을 변경하는 것이 원본인 x의 항목에 영향을 미치게 됩니다.

그러면 리스트의 값을 복사하는 방법을 알아봅시다.

❶ 변수 x에 리스트 ["a","b","c"]를 할당합니다.

❷ 리스트 x 의 슬라이싱을 이용해 항목값 전체에 대한 복사본 리스트를 가져와 y 에 할당합니다.

❸ 리스트 변수 x, y 를 출력합니다.

❹ y[0]의 값을 "A"로 변경합니다.

❺ 리스트 변수 x, y 를 출력합니다.

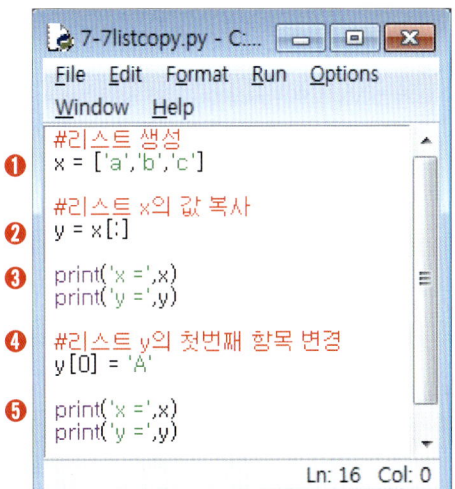

➜ 복사본 리스트인 y의 항목 값만 바뀌어 출력된 것을 확인할 수 있습니다.

Tip y=list(x)를 사용해서 리스트 x를 y로 복사할 수 있습니다.

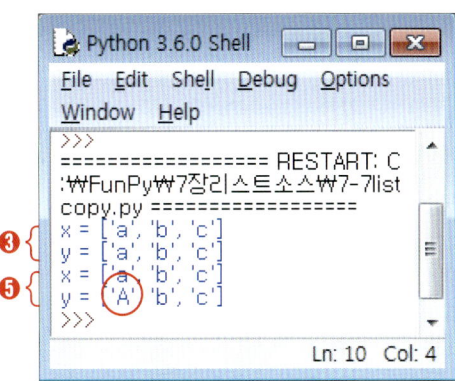

4) 리스트(list)의 인덱스 사용

❶ 변수 x에 리스트 ["a","b","c"] 를 할당합니다.

❷ for문을 사용하여 리스트 x의 항목들을 한 줄씩 출력합니다. 인덱스는 예제처럼 변수로 참조 가능하고, 수식도 가능합니다.

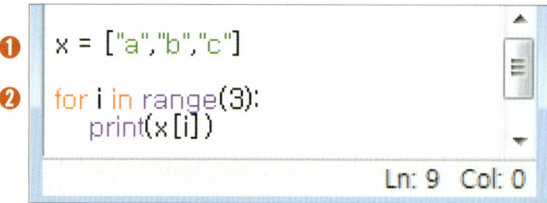

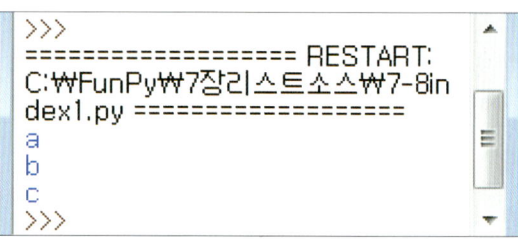

❶ x는 인덱스가 0부터 2까지 있는 리스트 변수입니다.

❷ x[3]에 'd' 를 할당합니다. 그러나 인덱스 자리에 있는 3은 x의 인덱스(index) 범위를 벗어납니다.

➜ 범위에 없는 인덱스(index)를 사용했기 때문에 오류가 발생합니다.

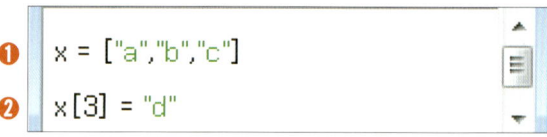

5) 리스트(list)에서 'in' 키워드 사용

➜ for 문에서 인덱스(index) 표현 없이 항목값을 받아올 수도 있습니다.

❶ 리스트 x의 항목(element)들을 e 변수에 하나씩 받으며 for구문이 반복 실행됩니다.

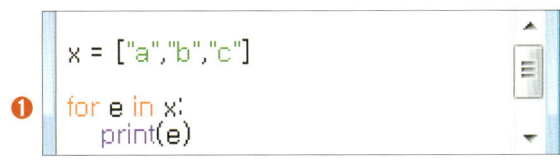

➜ 리스트가 특정값을 항목값으로 포함하고 있는지 확인할 때도 in 키워드를 사용합니다.

❶ 리스트 변수 basket을 정의합니다.

❷ "apple"이라는 항목(element)이 리스트 변수 basket 안에 있는지 "in" 키워드를 사용해서 확인할 수 있습니다.

6) 리스트에 파이썬 기본 함수 적용하기

앞에서 배웠던 파이썬 기본 함수들 중에서 len(), max(), min(), sum() 함수들을 리스트에 적용할 수 있습니다.

❶ 리스트 변수 x와 i를 정의합니다.

❷ len() 함수를 사용하여 x와 i의 항목 개수를 출력합니다

❸ min() 함수를 사용하여 각 리스트의 최소값을 출력합니다.

❹ max() 함수를 사용하여 각 리스트의 최대값을 출력합니다.

❺ sum() 함수를 사용해서 리스트 항목들의 합을 구합니다. x의 항목들은 숫자가 아니므로 x는 sum() 함수를 사용할 수 없습니다.

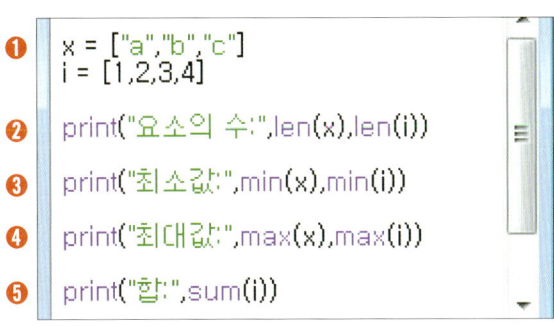

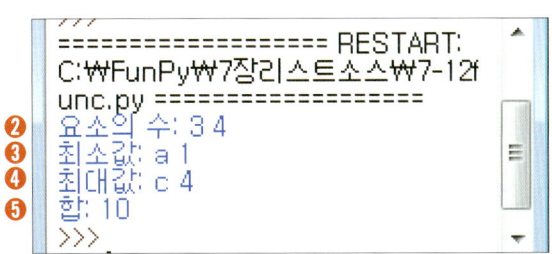

7) 리스트(list) 메소드(method)

지금까지 우리는 "함수"를 많이 다루어 왔습니다. 리스트를 다루게 되면 메소드(method)를 이용하여 작업을 하게 됩니다. 메소드(method)는 객체(object)에 묶여있는 함수입니다.

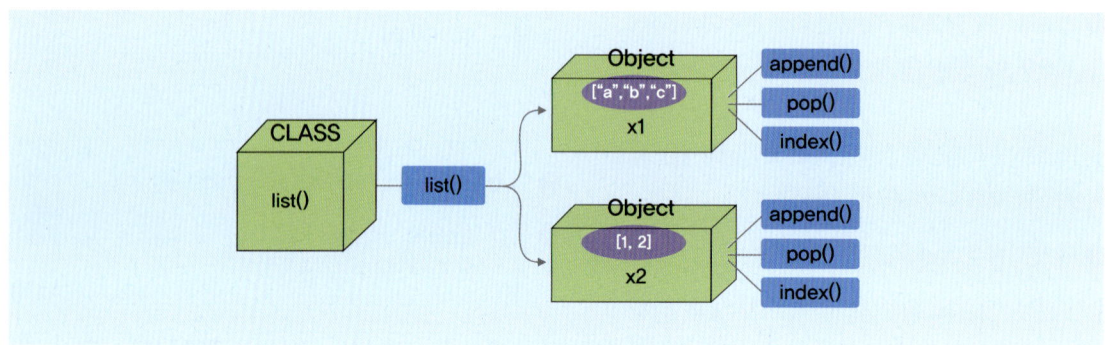

리스트는 list( ) 함수를 제공합니다. 리스트라는 형식의 틀이 있을 때, list( ) 함수를 이용하거나 대괄호를 사용한 [값1, 값2, …] 형태의 값을 변수에 할당해서 리스트 변수들을 만들어낼 수 있습니다. 이렇게 만들어진 변수들을 리스트 객체(object)라고도 부릅니다.

각각의 리스트 객체(object)는 x1, x2처럼 이름이 다릅니다. 또 ['a','b','c'], [1,2] 처럼 가지고 있는 값도 다릅니다. 하지만 리스트 라는 공통의 특징을 가지고 있습니다. 그래서 리스트 객체(object)에 적용할 수 있는 메소드(method)를 사용할 수 있습니다.

메소드(method)를 사용하기 위해서는 메소드를 적용시킬 객체(object)를 지정해주어야 합니다. 예를 들어 위의 그림에서 만든 x1= ['a','b','c'] 리스트에 pop( ) 메소드(method)를 사용하고자 하면 x1.pop() 이라고 써주어야 합니다.

※객체와 클래스에 대해서는 10장에서 자세히 알아보겠습니다.

이제 리스트에서 사용할 수 있는 메소드(method)들에 대해 알아보겠습니다.

메소드(method)	기능	예(a = [0,1])
append(x)	리스트의 끝에 x를 항목으로 추가합니다.	a.append(2) => [0,1,2]
insert(i,x)	인덱스 i에 x를 항목으로 추가합니다.	a.insert(0,2) => [2,0,1]
extend(L)	리스트 L의 모든 항목을 추가합니다.	a.extend([2,3]) => [0,1,2,3]
remove(x)	첫 번째 x값을 항목에서 지웁니다.	a.remove(0) => [1]
pop(i)	인덱스 i의 항목(element)을 가져오고 리스트에서 해당 항목을 지웁니다. 인수가 없을 경우 맨 끝의 항목을 가져오고 리스트에서 맨 끝 항목을 지웁니다.	a.pop() => 리턴 1, [0] a.pop(0) => 리턴 0, [1]
clear()	리스트 안의 모든 항목(element)을 지웁니다.	a.clear() => []
index(x[,start[,end]])	x와 값이 같은 첫번째 항목(element)의 인덱스(index)값을 리턴(return)합니다. start, end값을 주어 검색할 인덱스(index) 범위를 줄 수 있습니다. 찾는 값이 없을 경우 오류가 발생합니다.	a.index(0) => 리턴 0
count(x)	리스트에 x와 값이 같은 항목(element)의 개수를 리턴(return)합니다.	a.count(0) => 리턴 1
sort(key=None, reverse=False)	리스트를 정렬합니다. key,reverse는 필수 입력 인수가 아닙니다.	a.sort() => [0,1]
reverse()	리스트 항목의 순서를 역순으로 만듭니다.	a.reverse() => [1,0]
copy()	항목값을 그대로 복사한 새로운 리스트를 리턴(return)합니다.	a.copy() => 리턴 [0,1] list(a) 와 같은 기능

(1) 항목 추가 – append(), insert(), extend()

❶ extend() 메소드를 사용하여 ["피자","치킨"]이 라는 리스트를 food의 항목으로 추가합니다. extend() 메소드는 인수(argument)로 리스트를 주어야 합니다.

❷ append()를 사용하여 '햄버거'를 food의 마지막 항목으로 추가합니다.

❸ insert()를 사용하여 food의 인덱스 0번 위치에 "도넛"을 항목으로 추가합니다.

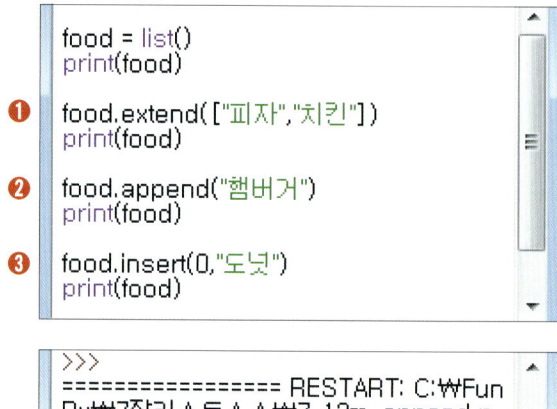

❶ extend() 메소드(method)는 인수로 받은 리스트의 항목을 해당 리스트에 추가합니다.

❷ append()의 인수(argument)를 리스트로 주면 어떤 결과가 나올까요? append()는 주어진 인수(argument)를 하나의 항목으로 추가하는 메소드(method)입니다. 따라서 인수(argument)로 주어진 리스트 자체가 하나의 항목으로 추가됩니다.

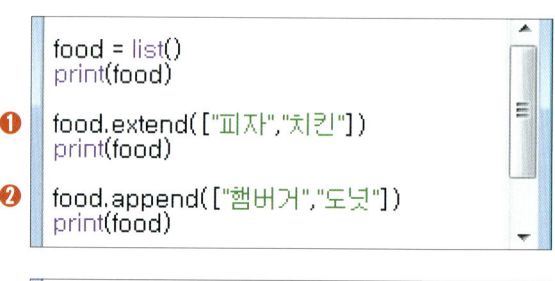

(2) 항목 삭제 – remove(), pop(), clear()

❶ remove() 사용해서 food 에 있는 첫 번째 '피자' 값을 삭제합니다.

❷ pop() 메소드는 인수(argument)가 없으면 리스트의 제일 마지막 항목을 삭제합니다. pop()은 remove()와 달리 삭제된 항목 값을 리턴(return)합니다.

❸ pop()은 인덱스를 지정하여 항목을 삭제할 수 있습니다.

❹ clear() 메소드는 리스트 안의 모든 항목을 삭제하여 리스트를 비웁니다.

➡ 리스트 변수인 food에 "족발"이라는 항목이 없는데 food에 없는 항목을 remove( ) 메소드를 사용해서 삭제하려고 하면 오류가 발생합니다.

➜ pop() 메소드를 사용할 때 리스트의 인덱스 범위를 벗어나는 인수(argument)를 주면 오류가 발생합니다.

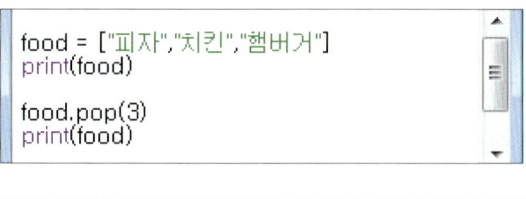

Tip 리스트의 메소드를 사용하지 않고 오른쪽과 같이 del 구문을 사용해서 리스트의 항목을 삭제할 수도 있습니다. del을 사용할 경우 삭제되는 항목 값을 리턴(return)받을 수 없습니다.

(3) 항목 검색 – index(), count()

❶ index( ) 메소드에 인수로 '치킨'을 주고 '치킨'이 위치한 인덱스를 가져옵니다.

만일 리스트 내에 같은 항목이 두 개일 때는 앞에 있는 항목의 인덱스를 리턴(return)합니다

❷ index() 메소드에 첫 번째 인수로 '치킨'을 전달하고, 두 번째 인수로 검색 시작 인덱스로 사용할 값을 전달합니다. 검색 시작위치는 첫 번째 '치킨' 인덱스 다음 값을 전달합니다.

❸ count() 메소드에 '치킨'을 인수로 전달해서 리스트 안에 '치킨'이 있는 개수를 가져옵니다.

❶ index() 메소드에 리스트에 없는 '라면'을 인수로 주면 오류가 발생합니다.

그래서 index() 메소드를 사용하기 전에 count() 메소드를 사용해서 해당 항목 값의 개수가 0이 아닌지 점검할 필요가 있습니다.

> **Tip** 항목 값이 있는지 여부는 "in" 구문을 사용해도 알 수 있습니다.

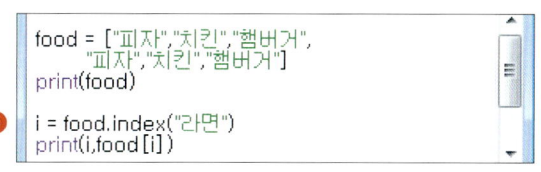

(4) 항목 정렬 – sort(), reverse()

❶ sort( ) 메소드를 사용해서 리스트 안의 항목들을 정렬합니다. 문자와 숫자 모두 정렬하고, 문자의 경우 대문자가 앞에 정렬됩니다.

❷ sort( )메소드 안의 reverse는 키워드인수 (keyword argument)로 따로 설정하지 않으면 기본값으로 False을 가집니다. reverse를 True 로 설정하면 역순으로 정렬합니다.

➜ sort( ) 메소드는 리스트 자체를 변경합니다. 한 번 sort( )를 사용하게 되면 원래의 순서는 알 수 없게 됩니다. 리스트 자체의 순서를 바꾸지 않고 리스트 항목들의 정렬한 상태를 갖고 오기 위해 sorted( ) 함수를 사용하기도 합니다.

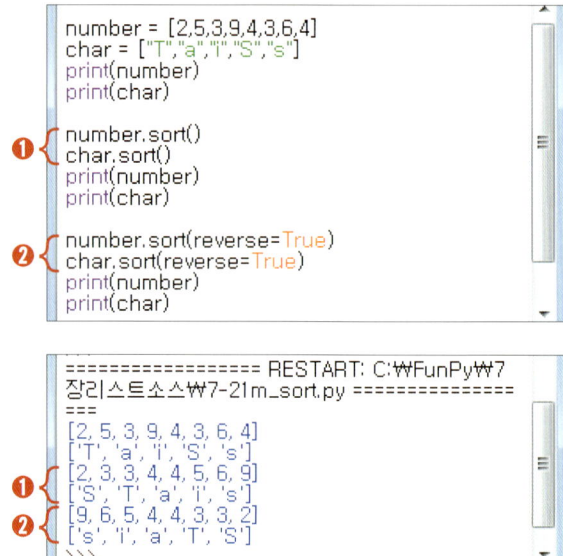

＊sorted() 함수는 7-2장에서 자세히 학습하겠습니다.

❶ sort() 메소드의 key라는 키워드인수(keyword argument)를 str.lower 라고 지정하면는 대문자를 소문자로 전환해서 정렬하기 때문에 대소문자를 구분하지 않고 정렬할 수 있습니다.

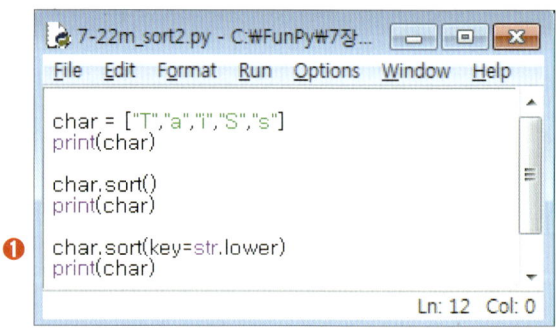

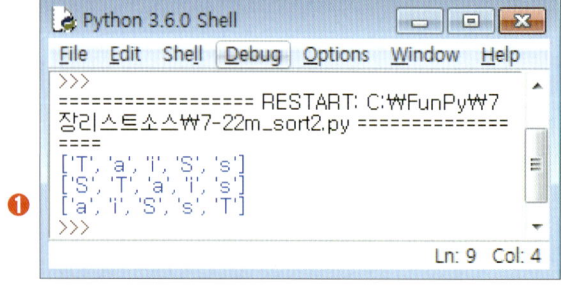

❶ reverse() 메소드를 사용해서 현재 리스트의 항목들을 역순으로 바꿉니다.

sort(reverse=True)와 다른 점은 현재 가지고 있는 순서를 역순으로만 바꿀 뿐 다른 정렬을 하지 않는다는 것입니다.

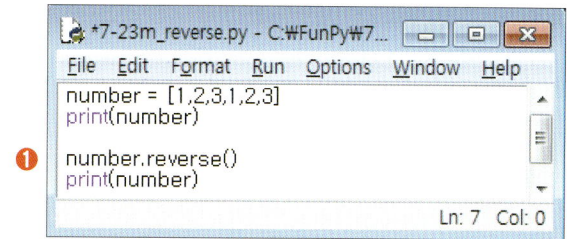

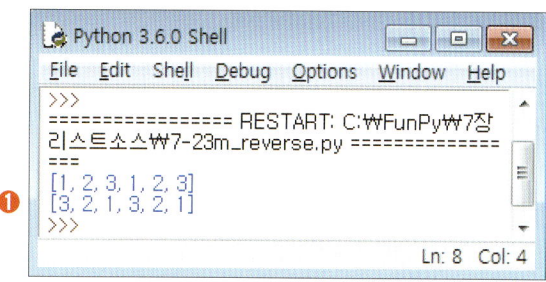

(5) 항목 값 복사 - copy()

❶ copy() 메소드를 사용해서 num1 과 같은 항목을 갖는 새로운 새로운 리스트를 만들어서 num2 에 할당합니다.

❷ num2[0] 값을 0으로 바꾼 후, num1과 num2 를 출력합니다.

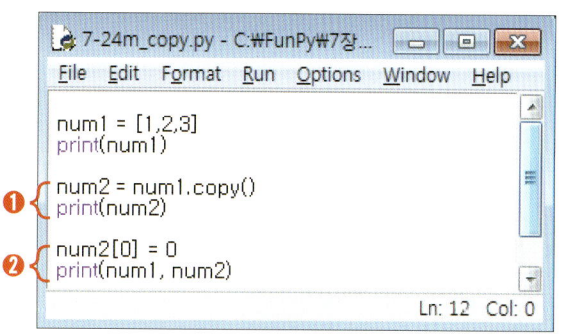

➡ 프로그램을 실행시키면 num2 의 값을 바꿔도 num1에 영향이 없다는 것을 알 수 있습니다. 즉 num1 과 num2 는 별개의 리스트입니다.

➡ copy() 메소드 대신 복사하려는 리스트를 인수(argument)로 주어 list() 함수를 호출하거나 인덱스 슬라이싱을 [:]로 해서 새로운 리스트 변수에 할당해도 같은 결과를 얻을 수 있습니다.

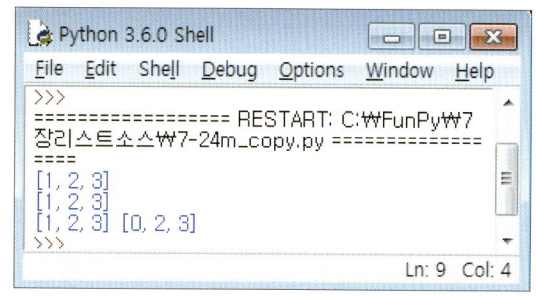

3. 리스트(list) 응용예제 1
1) 리스트를 사용하지 않는 프로그램 작성

리스트를 사용하지 않고 사용자로부터 숫자 다섯 개를 입력 받아 평균, 최대값, 최소값을 구하는 프로그램을 작성해 보도록 하겠습니다.

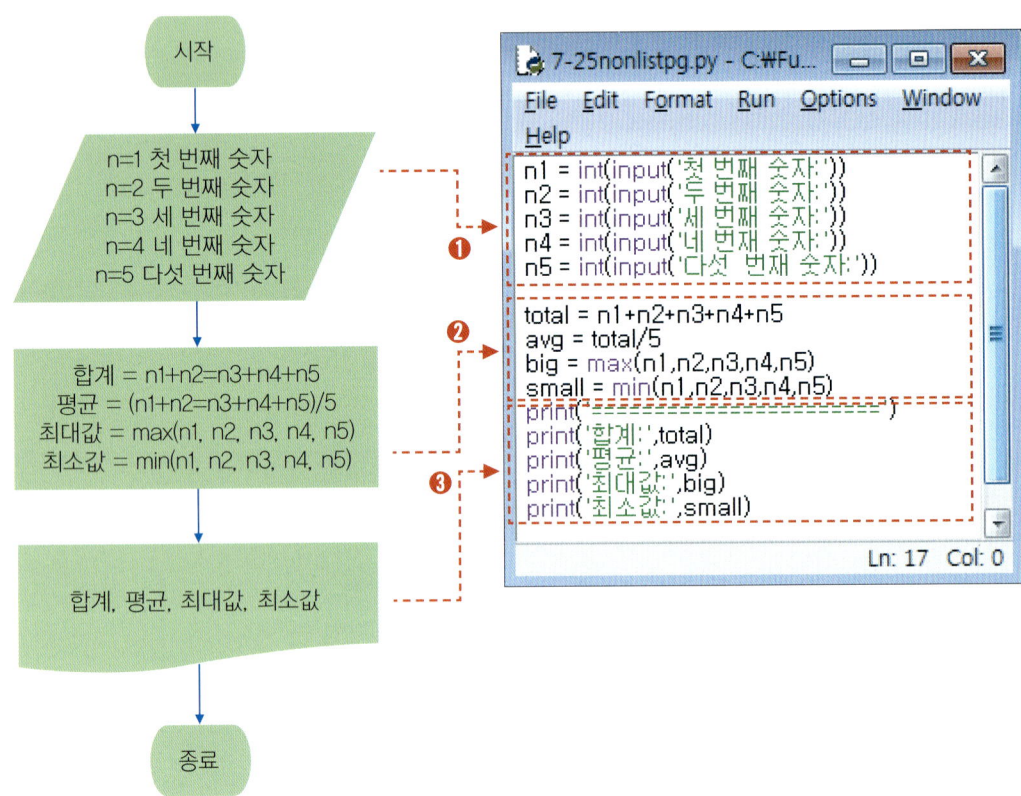

❶ 첫 번째 숫자부터 다섯 번째 숫자까지 input() 함수로 입력 받아 정수로 변환한 후 변수 n1,n2,n3,n4,n5에 할당합니다.

❷ 다섯 개의 숫자를 합한 합계와 합계를 5로 나눈 평균을 구합니다. 최대값과 최소값은 6장에서 설명한 파이썬 기본 함수인 max(), min() 함수를 사용하여 구합니다.

❸ 결과값을 출력합니다

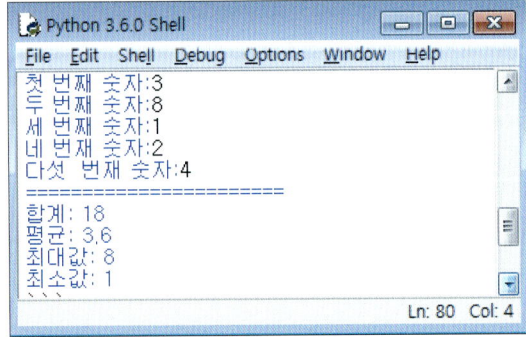

2) 리스트를 사용한 프로그램 작성

리스트를 사용하지 않고 작성한 프로그램을 리스트를 사용한 형태로 변경해 보겠습니다.

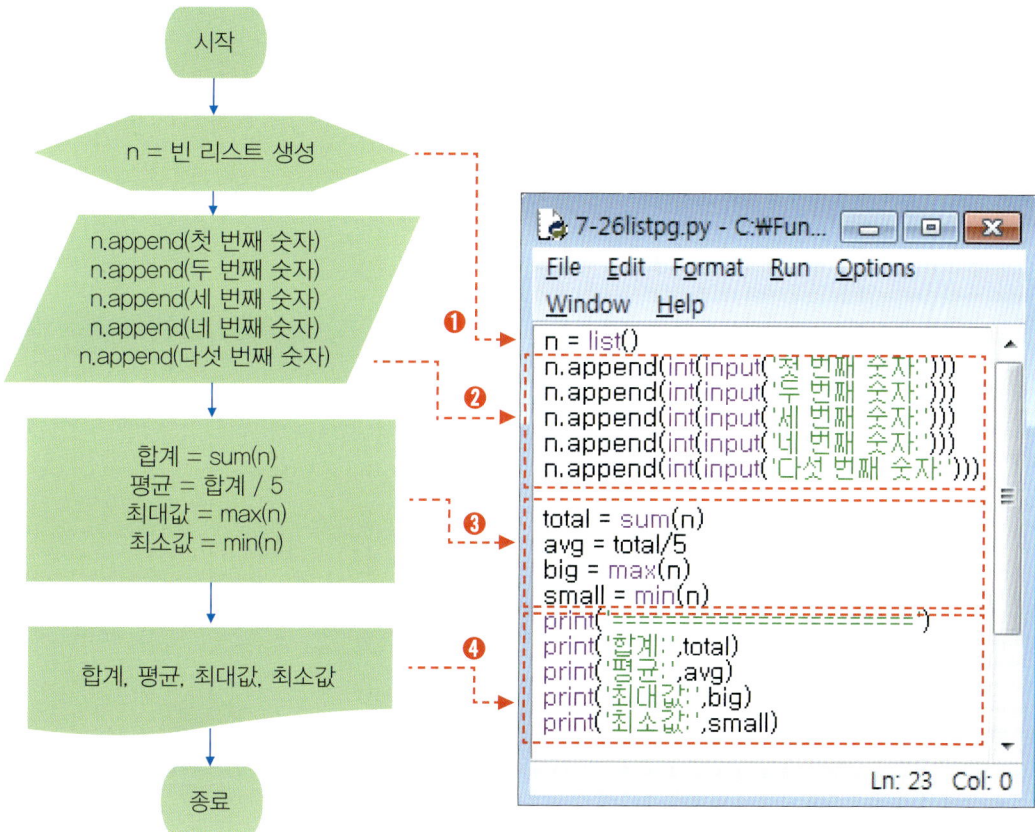

❶ list() 함수를 사용하여 빈 리스트를 갖는 리스트 변수 n 을 만듭니다.

❷ 리스트 변수 n에 append() 메소드를 사용하여 정수로 변환한 입력 값들을 추가합니다.

❸ sum(), max(), min() 함수를 사용하여 합계, 평균, 최대값, 최소값을 구합니다.

❹ 결과값을 출력합니다.

➡ 프로그램 실행 결과는 리스트를 사용하지 않은 프로그램과 같습니다.

4. 리스트(list) 응용예제 2
1) 한 사람의 평균 구하기

6장에서 작성한 평균 구하기 프로그램을 리스트를 이용해서 구현해 보겠습니다. 먼저 리스트 변수 하나를 선언하고 subject 변수가 ('국어','영어','수학') 값을 전달받는 동안 세 과목의 점수를 입력 받아 앞에서 선언한 리스트 변수에 저장한 다음 평균을 구하도록 하겠습니다.

리스트 변수를 사용해서 평균을 구하는 방법이 변수 세 개를 이용하는 것보다 조금 더 복잡해 보일 수 있습니다. 하지만 입력받은 과목 수가 많아지는 경우, 리스트 변수를 사용한 프로그램이 더 유연하게 변경사항을 반영할 수 있습니다.

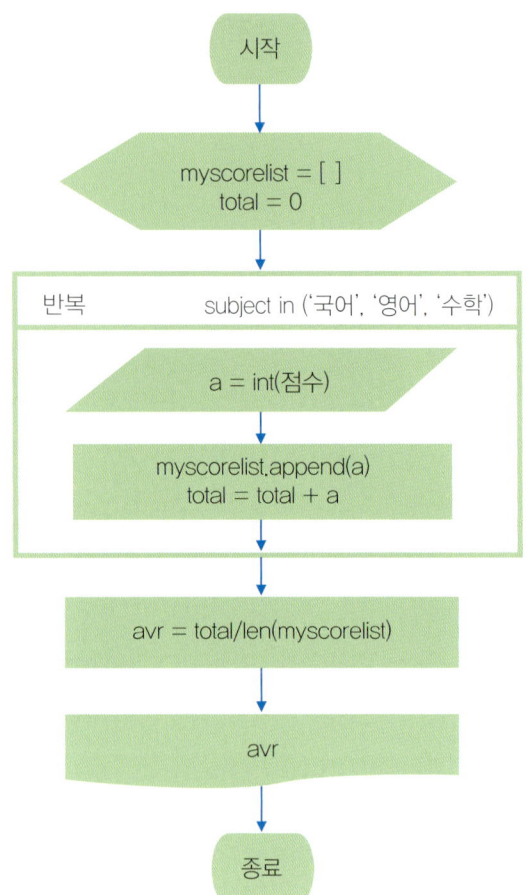

알고리즘을 정리했으니 이제 파이썬으로 구현해보도록 하겠습니다.

```python
#국어, 영어, 수학 점수를 입력 받아서 리스트 변수에 저장한 후
#평균을 계산하는 프로그램
myscorelist=[]
total = 0

for subject in ('국어','영어','수학'):
    a=int(input( subject + "점수를 입력하세요  "))
    myscorelist.append(a)
    total = total + a

avr = total/len(myscorelist)
print('입력 받은 점수들의 평균값은 %3.2f 입니다.' %avr)
```

❶	myscorelist – 입력 받은 점수를 저장하기 위해 사용하는 변수입니다. total – 입력받은 점수를 합산하는 변수로 0으로 초기화 합니다.
❷	subject 라는 변수가 ('국어', '영어', '수학')으로 정의된 문자열의 값을 전달받으면서 점수를 입력 받고 입력 받은 점수 값을 myscorelist 리스트 변수에 append( ) 메소드를 사용해서 추가시킵니다. total 변수에 입력 받은 값을 합산하여 평균값을 구하기 위해 준비합니다.

for 문을 이용한 입력 작업이 끝난 후 total 변수 값을 myscorelist 리스트 변수의 항목 개수로 나눠주면 평균값 계산은 끝이 납니다.

▶ 이 프로그램을 실행한 화면은 아래와 같이 나옵니다.

```
>>> 
=============== RESTART: C:\FunPy\7장리스트소스\7
-58CalAverage2-1.py ===============
국어점수를 입력하세요  91
영어점수를 입력하세요  88
수학점수를 입력하세요  96
입력 받은 점수들의 평균값은 91.67 입니다.
```

리스트 변수를 인수로 전달해서 함수에서 평균을 구하는 프로그램으로 바꿔보겠습니다.

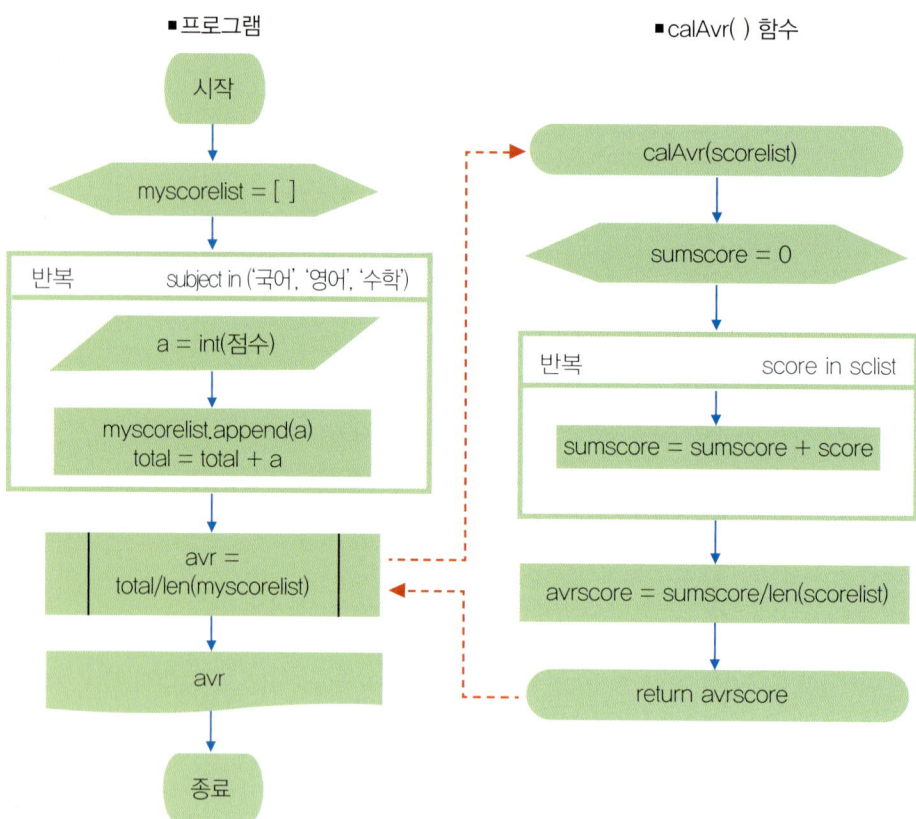

함수를 정의하지 않고 바로 평균을 구한 프로그램과 비교하면, 함수를 정의한 프로그램 메인에서는 점수 입력만 받아 리스트 변수에 저장했습니다. 그 리스트 변수 안의 점수를 합산해서 평균을 구하는 계산 과정을 함수 calAvr( )에서 처리하고 프로그램 메인에서는 함수의 결과값만 전달받아 출력합니다.

```python
#국어, 영어, 수학 점수를 입력 받아서 리스트 변수에 저장한 후
#평균을 계산하는 프로그램
myscorelist=[]

#리스트 변수를 매개변수로 받아서 평균 구하는 함수 정의
def calAvr(scorelist):
    sumscore = 0
    for score in scorelist:
        sumscore = sumscore + score

    avrscore = sumscore/len(scorelist)
    return avrscore

for subject in ('국어','영어','수학'):
    a=int(input( subject + "점수를 입력하세요  "))
    myscorelist.append(a)

avr = calAvr(myscorelist)
print('입력 받은 점수들의 평균값은 %3.2f 입니다.' %avr)
```

표시한 부분이 평균 구하는 함수를 정의한 부분입니다. 함수 calAvr( ) 은 매개변수 scorelist 에 전달 받은 값을 for 반복문을 이용해 하나씩 꺼내와 합산합니다. 그 후에 합산한 값을 len( ) 함수를 사용해서 리스트 변수 scorelist 의 항목 개수로 나눠서 평균값을 계산하고 그 평균값을 리턴합니다.

```
>>>
=============== RESTART: C:\FunPy\7장리스트소스\7-59CalAverage2-2.py ===============
국어점수를 입력하세요  80
영어점수를 입력하세요  94
수학점수를 입력하세요  85
입력 받은 점수들의 평균값은 86.33 입니다.
>>>
```

도전해보세요

1. sum( ) 함수를 사용해서 평균 구하는 함수를 간략하게 바꿔보세요.

2. 숫자가 아닌 값을 입력하거나 값을 입력하지 않은 경우에 제대로 된 값이 입력될 때까지 계속 점수 입력을 시도하도록 점수 입력부분에 while 문을 추가해서 프로그램을 수정해보세요.
(힌트: 문자열.isdigit() 메소드는 현재 문자열이 숫자로 이루어진 값인 지 확인해서 숫자로 입력된 값은 True 로 숫자가 아닌 값은 False 로 결과값을 내는 메소드입니다.)

2) 여러 명의 평균 구하기

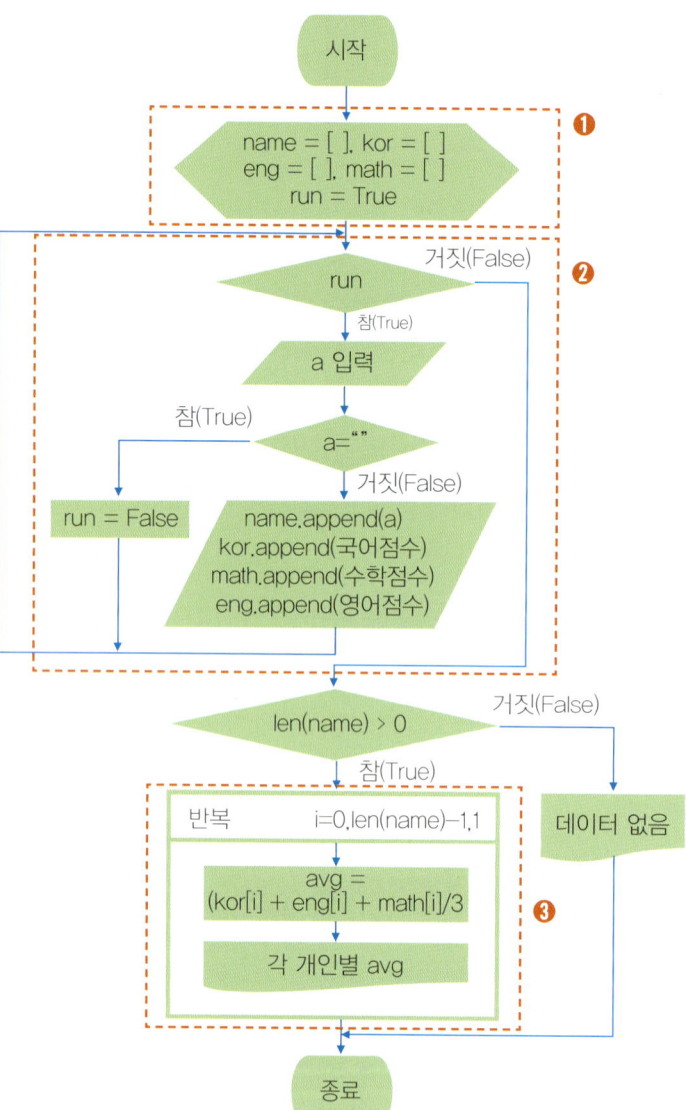

❶ name, kor, eng, math—학생 별 이름, 국어, 영어, 수학 데이터를 받아 저장하기 위해 빈 리스트로 초기화합니다.
run – while 문의 조건식에 사용되는 변수로 run 값이 True 인 동안 계속해서 데이터입력을 받습니다.

❷ 입력받은 이름이 공란이라면 run 변수 값을 False로 바꿔서 조건 반복문을 벗어나게 하고, 공란이 아니라면 국어, 영어, 수학 점수를 입력 받아 각각 해당하는 리스트 변수에 추가시켜 저장합니다.

❸ 학생 이름이 입력된 name 변수의 데이터 개수만큼 반복하며 학생 별 평균값을 구해서 출력합니다.

```
name=[]
kor =[]
eng=[]
math=[]
run = True
print("평균을 구하는 프로그램입니다")
while run:
    a = input("이름을 입력하세요(종료하려면 아무것도 입력하지 말고 엔터키를 치세요):")
    if a == '':
        run = False                              ❶
    else:
        name.append(a)
        kor.append(int(input("국어 점수를 입력하세요:")))
        eng.append(int(input("영어 점수를 입력하세요:")))   ❷
        math.append(int(input("수학 점수를 입력하세요:")))
        print()
if len(name) > 0:
    print("이름      국어     영어     수학     평균")
    for i in range(len(name)):                                    ❸
        avg = (kor[i]+eng[i]+math[i])/3
        print("%9s%10d%10d%10d%10.2f"%(name[i],kor[i],eng[i],math[i],avg))
else:
    print("입력한 데이터가 없습니다.")
```

❶	입력 받은 이름을 확인해서 입력 값이 공란이면 조건식으로 사용되는 변수 run의 값을 False로 바꿔줍니다.
❷	입력 받은 데이터를 각각 항목에 맞는 리스트 변수에 추가시킵니다. 마지막의 print( ) 함수는 개인 별 데이터 입력 후 한 줄 띄기 위해서 사용했습니다.
❸	리스트변수 name에 저장되어 있는 항목 개수를 확인해서 개인 별 평균을 구합니다. 출력 결과를 보기 좋게 하기 위해서 서식 문자열을 사용합니다.

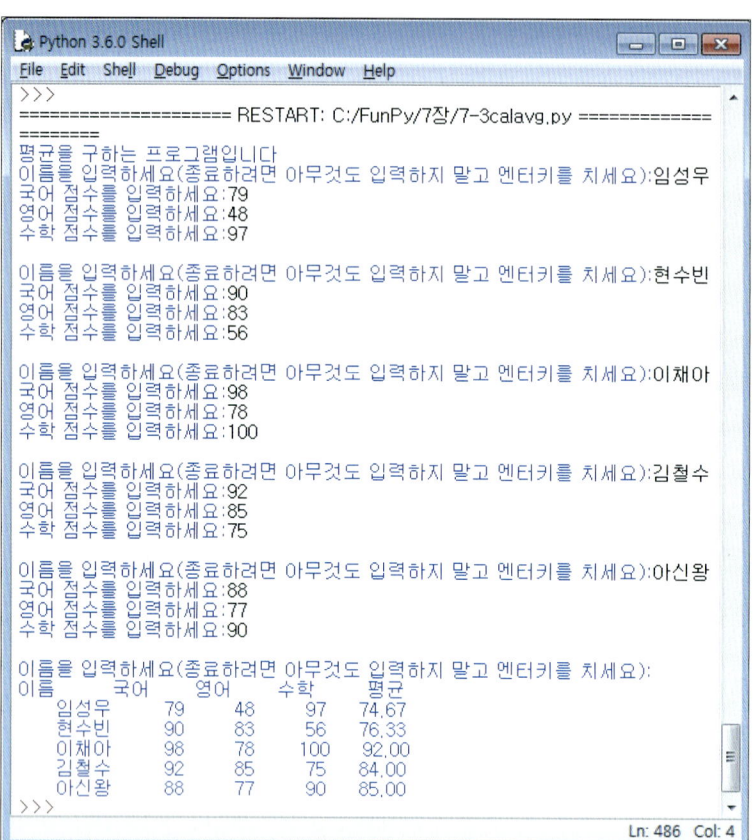

도전해보세요

이름을 입력했는데 점수로 입력한 값이 숫자가 아니면 프로그램은 오류가 발생합니다. 숫자가 아닌 값이 점수 값으로 들어왔을 경우 숫자 값을 입력할 때까지 계속 입력을 시도하도록 프로그램을 수정해보세요.

5. 튜플(tuple)

튜플은 변경할 수 없는 리스트입니다. 리스트와 사용 방식은 같지만 값을 변경할 수 없습니다. 변경할 수 없기 때문에 튜플은 append(), remove(), sort()와 같은 튜플 항목에 변화를 주는 메소드(method)를 사용할 수 없습니다.

튜플은 변경할 수 없다는 특징이 있으므로 프로그램에서 변하지 않는 값들을 나타내기 위해서 사용합니다. 또, 다음에 설명할 딕셔너리라는 타입(type)과 함께 변환하여 많이 사용합니다. 튜플은 프로그램 작성시 자연스럽게 사용하게 되므로 개념만을 알고 있는 것으로 충분합니다.

튜플명 = (값1, 값2, …)

예시)
  basket = ('apple', 'orange', 'pear')
  basket = ('apple',)
  basket = ( )

리스트와 달리 중괄호 '( )'를 사용합니다. 만일 한 개의 항목을 갖는 튜플을 정의하려면 항목 뒤에 콤마(,)를 적어줘야 합니다. 튜플은 한 번 선언되면 변경할 수 없지만, 튜플들을 조합하여 새로운 튜플을 만드는 것은 가능합니다.

튜플을 구성하고 튜플의 항목값을 가져오는 방법을 예제를 통해 알아보겠습니다.

❶ "사과"를 항목(element)으로 하는 튜플을 basket에 할당합니다.
   여기서 하나의 항목(element)만을 갖는 튜플을 정의할 때 항목(element)과 함께 콤마를 적어야 합니다. 그래야 튜플로 선언될 수 있습니다.

❷ 튜플은 항목(element)을 변경할 수 없기 때문에 항목(element)을 추가할 수도 없습니다. 대신 원래의 튜플과 추가할 튜플을 결합하여 새로운 튜플을 만든 후, 원래의 튜플명에 할당하는 방식을 사용합니다.

❸ 튜플의 각 항목을 가져오는 방법은 리스트의 방법과 같습니다.

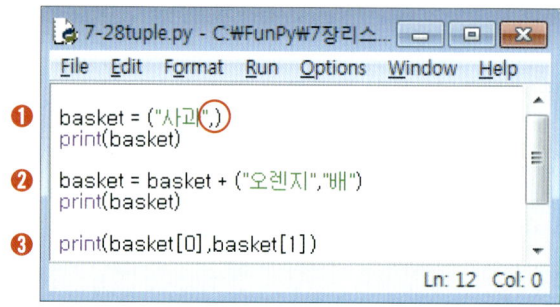

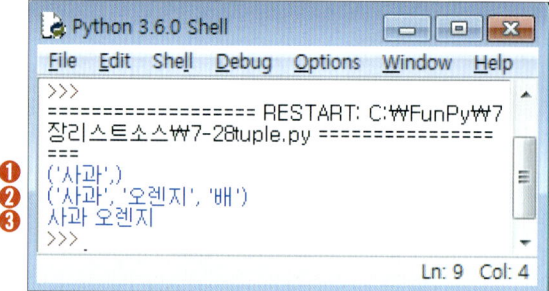

➔ basket을 튜플로 정의한 후 인덱스(index)가 0인 항목(element)에 값을 할당하려고 하면 오류가 발생합니다. 튜플은 생성한 이후 값을 변경할 수 없습니다.

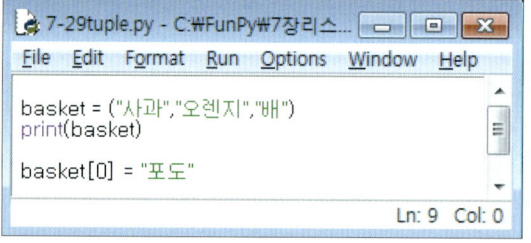

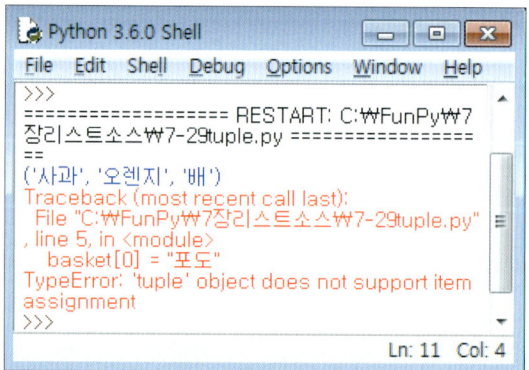

7-2 리스트 이외의 자료구조

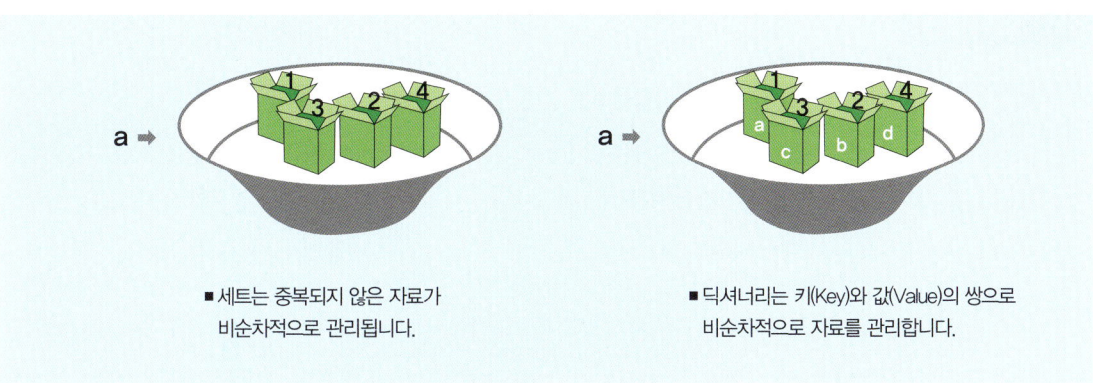

- 세트는 중복되지 않은 자료가 비순차적으로 관리됩니다.
- 딕셔너리는 키(Key)와 값(Value)의 쌍으로 비순차적으로 자료를 관리합니다.

1. 세트(set)와 딕셔너리(dictionary)

세트는 수학에서의 집합과 유사합니다. 중복되지 않은 자료들의 묶음이 세트가 되고, 이 자료들은 리스트와 달리 순차적이지 않습니다. 중복되는 값을 세트(set)안에 넣으면 중복 저장되지 않고 버려집니다. 리스트보다 접근 속도가 빠르다는 장점이 있습니다.

마지막으로 소개할 자료구조는 딕셔너리(dictrionary)입니다. 딕셔너리는 키(Key)와 값(Value)의 쌍으로 이루어져 있고, 키(key)를 통해서 자료에 접근할 수 있습니다. 키(key)는 추가할 수는 있지만 수정할 수는 없습니다. 수정할 수 없다는 특징이 앞서 설명한 튜플과 유사하여 튜플과 서로 전환하여 사용되는 경우가 많습니다.

2. 세트(set)

세트의 가장 큰 특징은 중복된 항목을 갖지 않는다는 것과 세트 안의 항목들이 순서가 없다는 것입니다. 따라서 리스트에서 인덱스(index)를 지정한 것과 같은 방법으로 세트의 항목을 변경할 수 없습니다.

1) 세트(set) 변수 만들기

세트를 정의하고 사용하는 방법에 대해 간단하게 알아보겠습니다.

> 세트 명 = { 값1, 값2, … }
>
> 예시)
>   basket = {'apple', 'orange', 'pear', 'banana'}
>   basket = {'apple', 'orange', 'pear', 'banana',1,2,3}
>   basket = set()
>
> 변수를 세트로 선언하는 방법입니다. '{'와'}'를 사용하여 세트 변수임을 나타내고, 여러 형태의 값을 혼용하여 구성할 수 있습니다. 단, 리스트를 포함하여 세트를 구성할 수는 없습니다. set() 함수를 사용하여 값이 없는 세트를 정의할 수 있으며, 빈 {}를 사용하여 값이 없는 세트 변수를 만들 수 없습니다.

세트 변수를 만들어 보겠습니다.

❶ basket 변수에 항목으로 "사과", "오렌지", "배"를 갖는 세트를 할당합니다. 세트는 '{ }'로 표시됩니다.

❷ 세트의 항목으로 튜플도 가능합니다. 세트 안의 항목들이 모두 같은 타입일 필요는 없습니다.

❸ 세트를 숫자 값으로 구성할 수도 있습니다.

❹ 내용이 없는 세트를 만들기 위해 set() 함수를 이용합니다. 항목이 없는 세트가 출력된 형태를 보면 "{}" 으로 출력되지 않고 set() 으로 출력됩니다.

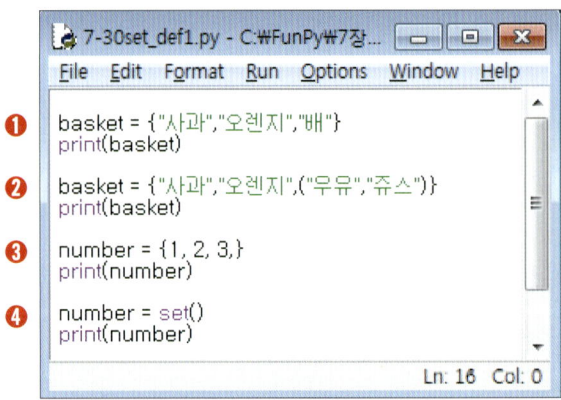

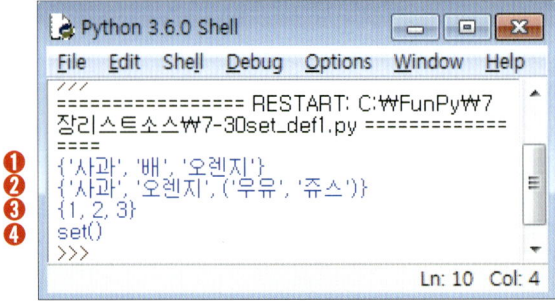

❶ 세트 변수의 항목으로 리스트를 할당할 수 없습니다. 리스트를 할당할 경우 오류가 발생합니다.

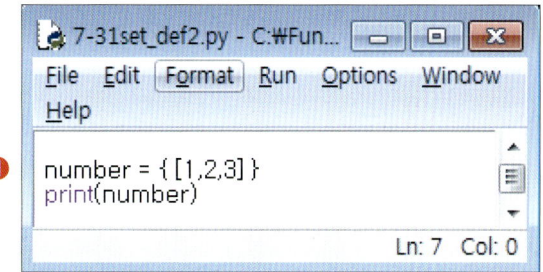

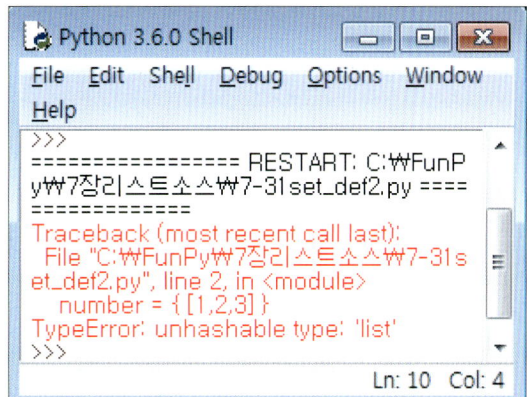

❶ 세트에 리스트를 할당할 수는 없지만 리스트 값을 가지고 세트를 만들 수 있습니다. set() 함수를 사용합니다.

❷ 문자열로 세트를 만들 수 있습니다. 문자열에 같은 문자가 있을 경우, 해당 문자는 하나만 저장됩니다.

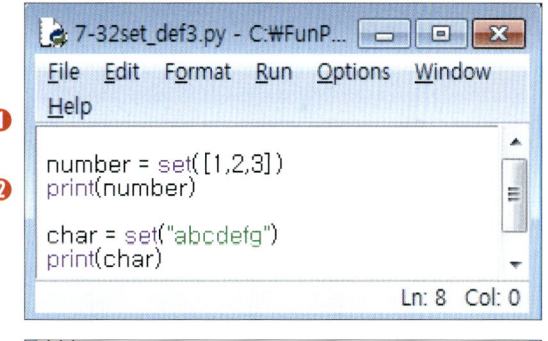

Tip 해싱가능(hashable)

중복되지 않는 고유한 키 값을 이용하여 데이터가 저장된 위치의 주소에 바로 접근하는 검색방법을 해싱(hashing) 이라고 합니다.

세트 변수의 항목은 해싱(hashing)을 이용하여 저장됩니다. 따라서 항목값들은 해싱가능(hashable)해야 합니다. 해싱가능(hashable) 하려면 값이 바뀌지 않아야 합니다. 리스트는 값이 바뀔 수 있기 때문에 세트의 항목값으로 사용할 수 없습니다.

변경할 수 없는 튜플은 세트의 항목값으로 구성할 수 있습니다.

❶ number변수에 숫자로 이루어진 세트를 할당합니다.

❷ 'in' 구문을 사용하여 set 에 해당되는 값이 있는지 확인합니다. for문에서 0부터 4까지의 숫자가 세트 number에 있는지 확인합니다. 0, 4의 경우 세트에 없는 항목이므로 "없습니다" 문장이 출력됩니다.

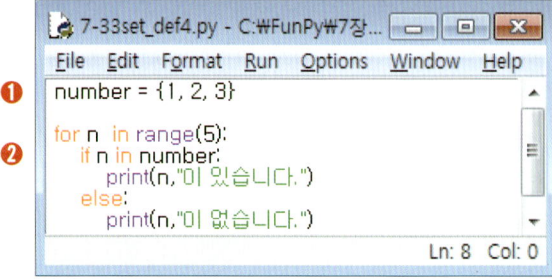

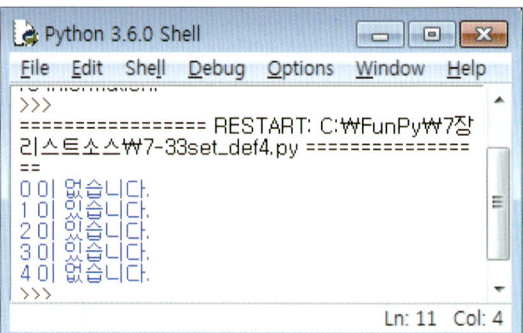

❶ 세트는 리스트와 다르게 인덱스로 값을 확인할 수 없습니다. 세트는 순차적으로 항목을 관리하지 않기 때문입니다. 인덱스를 지정하면 오류가 발생합니다.

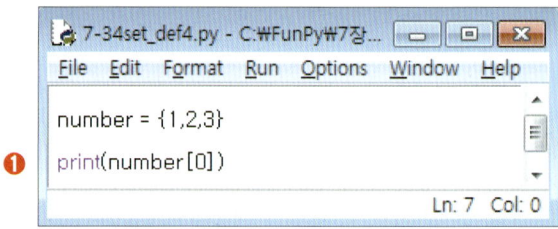

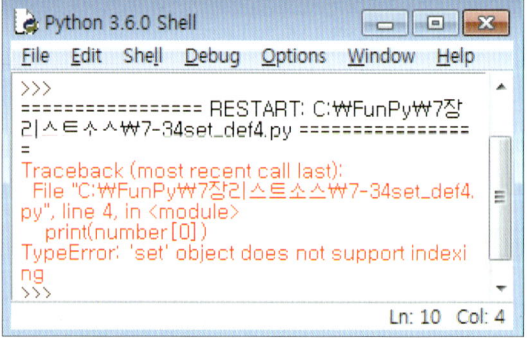

2) 세트(set) 메소드(method)

세트에 항목을 추가하거나 삭제하기 위해서는 세트의 메소드(method)인 add(), update(), discard(), remove(),clear() 를 사용합니다.

(1) 항목 한 개 추가 - add()

❶ "apple"이라는 문자열을 세트로 만들어 char 변수에 할당합니다. 이 경우 중복되는 "p"는 char에 한 번만 들어갑니다.

❷ not in 구문을 사용해서 "d"라는 문자가 char 세트변수에 없는지 확인합니다.

❸ add() 메소드를 사용하여 "d"를 char세트 변수의 항목으로 추가합니다.

➔ add() 메소드는 인수(argument)로 항목 하나만을 받습니다. 리스트의 append() 메소드와 유사한 메소드입니다.

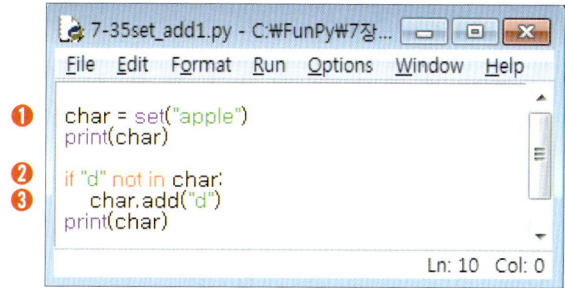

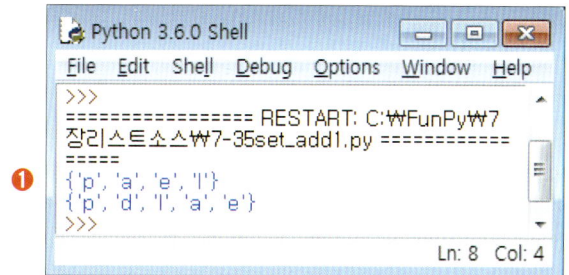

(2) 항목 여러 개 추가 - update()

❶ "apple"이라는 문자열을 세트로 만들어 char 변수에 할당합니다.

❷ update() 메소드에 인수(argument)로 리스트를 이용해서 세트에 값을 추가합니다.

❸ update( ) 메소드에 인수(argument)로 문자열을 받아 세트에 추가합니다. 세트에 이미 있는 항목일 경우에는 추가되지 않습니다.

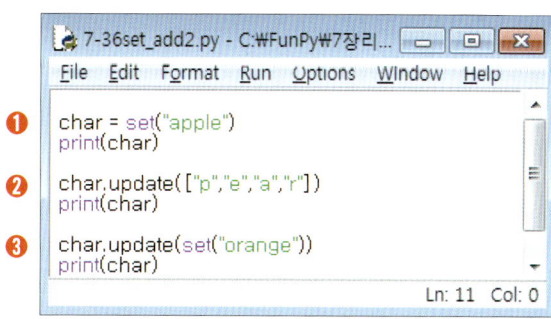

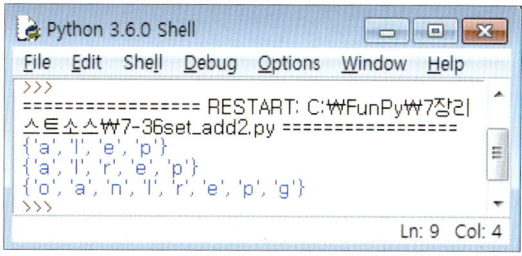

(3) 항목 지우기 – discard(), remove()

➡ 세트에 있는 항목을 지울 때, 사용할 수 있는 메소드는 discard() 메소드입니다.

❶ discard() 메소드에 인수(argument)로 2를 전달해서 세트변수 number 에서 2를 삭제합니다.

❷ discard() 메소드는 세트에 없는 항목을 지정해도 오류가 발생하지 않습니다.

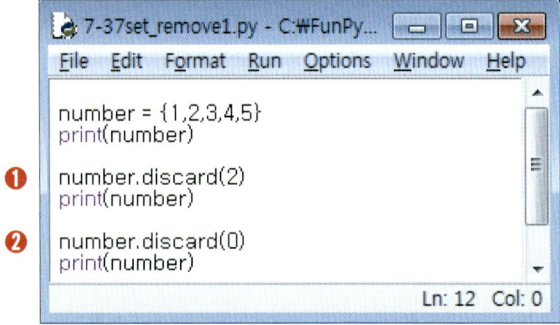

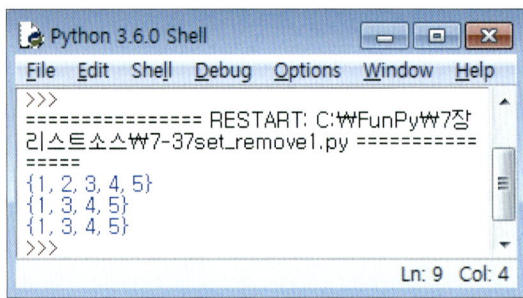

➡ 항목을 삭제하는 메소드로 remove()도 있습니다.

❶ remove() 메소드를 이용해서 2를 세트 number 에서 삭제합니다.

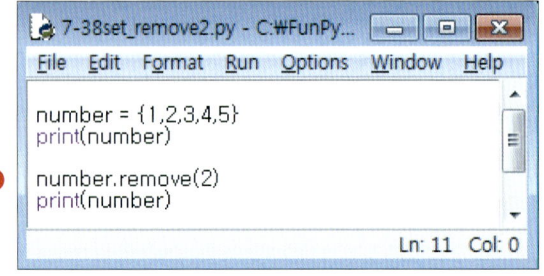

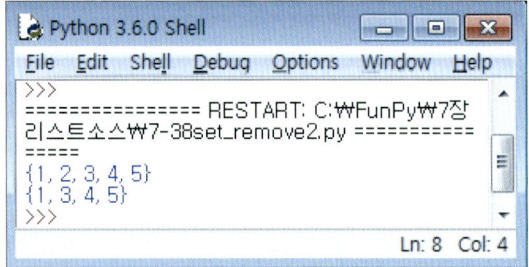

❶ remove() 메소드를 사용해서 세트에 없는 값인 0을 지우려고 합니다.

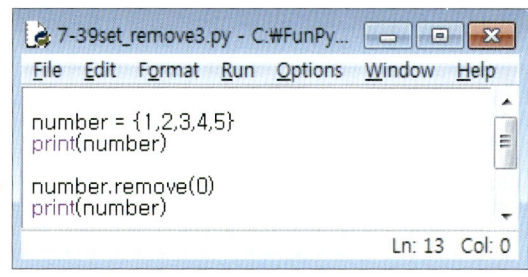

➦ 오류가 발생합니다

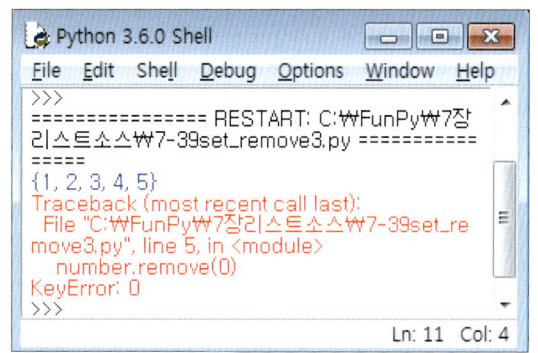

(4) 세트 비우기 - clear()

❶ clear() 메소드를 사용해서 세트 number 를 비웁니다.
clear() 메소드는 세트 안의 항목들을 모두 삭제하여 빈 세트를 만듭니다.

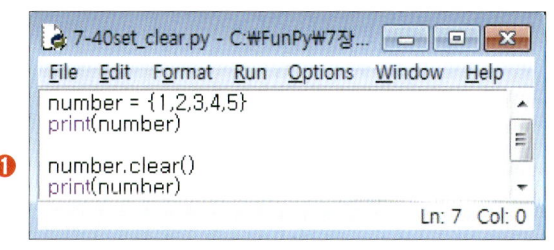

➦ 프로그램을 실행하면 항목이 없는 빈 세트라는 의미인 "set()"가 출력됩니다.

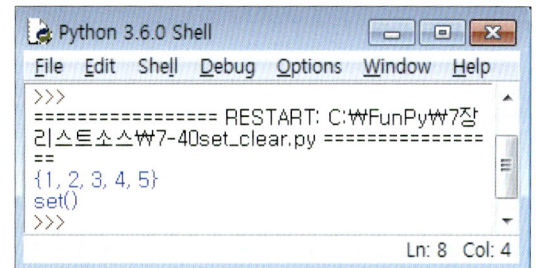

3) 세트(set)를 정렬하여 출력하기

앞의 예제에서 세트의 항목을 출력하면 그 순서가 입력 순서와 다르다는 것을 알 수 있습니다. 세트는 리스트처럼 순차적으로 자료를 관리하지 않습니다. 세트의 항목을 정렬하여 사용하기 위해 sorted() 함수를 사용합니다. 리스트의 sort() 메소드와 같은 방법으로 사용할 수 있습니다. 이 sorted()함수는 인수로 받은 자료를 정렬하여 리스트로 리턴합니다.

❶ "abcdef" 문자열을 set() 함수를 이용하여 세트로 변환하여 char 변수에 할당합니다.

❷ char 변수에 할당된 항목들을 for 구문을 이용하여 출력합니다.
세트는 for 구문에서 리스트나 range() 처럼 범위 값으로 사용할 수 있습니다. 출력된 결과를 살펴보면 순서가 불규칙합니다

❸ sorted() 함수를 사용해서 char 변수에 저장되어 있는 세트 항목들을 정렬해서 출력합니다.

➡ sorted() 함수는 인수로 받은 값을 정렬하여 리스트 타입으로 리턴하는 함수입니다. sorted() 함수를 사용하면 char의 항목을 정렬하여 출력할 수 있습니다.

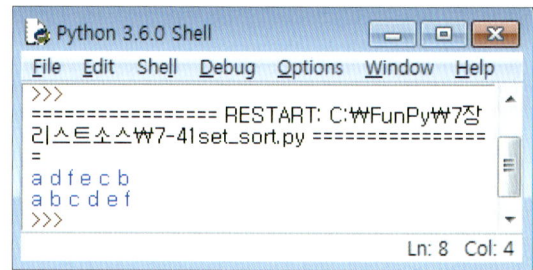

3. 딕셔너리(dictionary)

딕셔너리의 가장 큰 특징은 키(key)와 값(value)의 쌍으로 이루어져 있다는 것입니다.

딕셔너리를 사용하는 이유는 키(key)에 따른 값(value)을 관리하기 위해서입니다. 따라서 딕셔너리의 키(key)는 세트처럼 중복되는 값을 가질 수 없고, 튜플처럼 변경할 수 없습니다.
학급에서 번호별 학생명을 관리 할 때, 학급번호가 두 개일 수 없고, 한 번 결정된 학급번호를 학기 중간에 변경할 수 없는 것과 같습니다. 그러나 학급에 새로운 전학생이 오면 새로운 학급번호를 부여하는 것처럼 딕셔너리에 새로운 키(key)를 추가하여 값(value)을 넣어주는 것은 가능합니다.
딕셔너리의 또 다른 특징은 순서가 없다는 것입니다. 딕셔너리의 항목들을 출력하면 그 순서가 일정하게 출력되지 않습니다. 딕셔너리는 인덱스(index)가 없고, 키(key)를 이용하여 각 항목들을 추가하고 키(key)에 대한 값(value)을 수정, 삭제합니다.

1) 딕셔너리(dictionary) 변수 만들기
딕셔너리 변수를 선언하는 구문을 알아봅시다.

딕셔너리 명 = { 키(key)1:값(value)1, 키(key)2:값(value)2, ⋯ }
예시)
    basket = {'apple':3, 'orange':1, 'pear':5}
    basket = {'apple':'사과', 'orange':'오렌지', 'pear':'배'}
    basket = dict()
    basket = { }

변수를 딕셔너리로 선언하는 방법입니다. '{'와'}'를 사용하고 키(key)와 값(value)은 콜론(:)으로 구분합니다. 키(key)는 중복 되어서는 안되며, 리스트를 사용할 수 없습니다. dict() 함수를 사용하여 값이 없는 딕셔너리를 정의할 수 있습니다. 딕셔너리는 순서가 없습니다.

새로운 딕셔너리를 정의하고 사용하는 방법에 대해 간단하게 알아보겠습니다.

❶ 키(key) '1반'은 값(value)으로 28을 갖고, 키(key) '2반'은 값(value)으로 30을 갖는 딕셔너리를 만들어 s_class에 할당합니다.

❷ 키(key) 1은 값(value)으로 '순이', 키(key) 2는 값(value)으로 '철수', 키(key) 3은 값(value)으로 '영희'를 갖는 딕셔너리를 만들어 c_book에 할당합니다.

➡ 키(key)는 문자열이나 숫자 모두 가능하고, 값(value)도 문자와 숫자 모두 가능합니다.

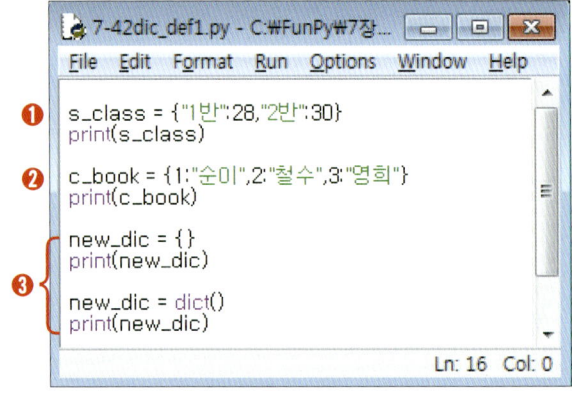

❸ 항목이 없는 딕셔너리는 '{}'나 dict() 함수를 사용해 정의합니다.

출력결과를 살펴보면 항목이 없는 딕셔너리가 '{ }'로 표현 된 것을 알 수 있습니다.

'{,}'는 세트를 표현할 때도 사용했던 기호입니다. '{ }'는 빈 딕셔너리를 표현합니다. 빈 세트는 'set()'라고 표현됩니다.

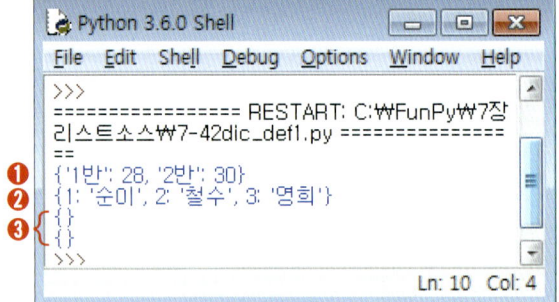

➡ 리스트를 딕셔너리의 키(key)로 사용할 수 없습니다.

세트와 같이 키(key)는 해싱가능(hashable) 해야 합니다.

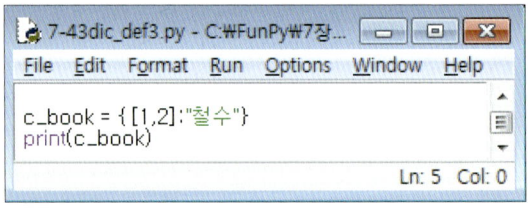

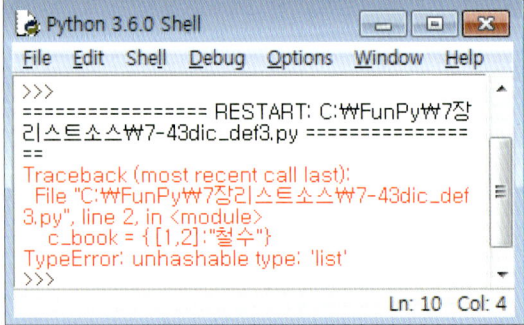

→ 딕셔너리의 값(value)으로는 리스트도 사용할 수 있습니다.

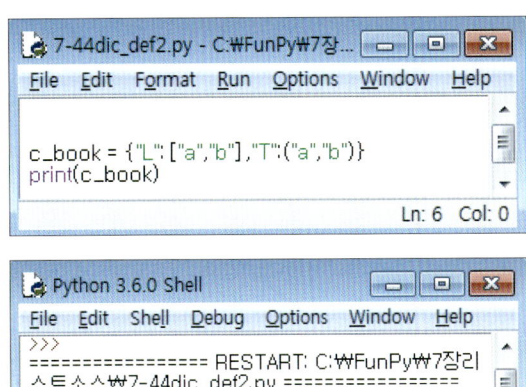

2) 딕셔너리(dictionary) 값 가져오기

→ 리스트에서 항목을 가져오기 위해 인덱스를 지정한 것처럼 딕셔너리에서 값(value)를 가져오려면 키(key)를 지정합니다.

❶ 키(key) '1반' 의 값(value)을 출력합니다.

❷ 키(key) '2반' 의 값(value)을 출력합니다.

❸ for 문을 이용해서 s_class 에 있는 키(key)와 키에 해당하는 값(value)을 출력합니다.

→ for문에서 범위값을 딕셔너리로 지정 하면 딕셔너리의 키(key)들을 받아오게 됩니다. 이렇게 받은 키(key)들을 이용하여 딕셔너리 값(value)을 가져올 수 있습니다.

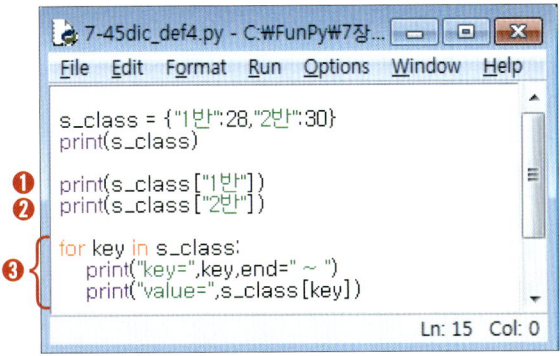

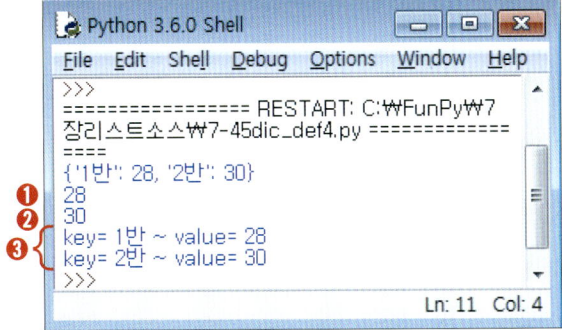

❶ 딕셔너리에 없는 키(key)인 '3반' 을 이용해서 값에 접근하려 하면 오류가 발생합니다. "3반"은 없는 키(key)입니다. in구문을 이용하여 키(key)가 딕셔너리에 있는지 확인하는 작업을 먼저 하는 것이 좋습니다.

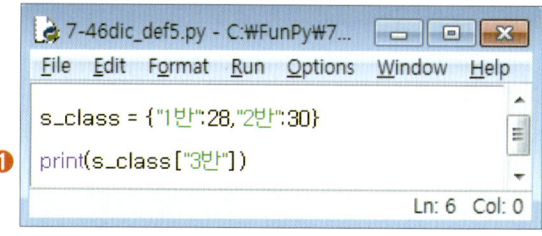

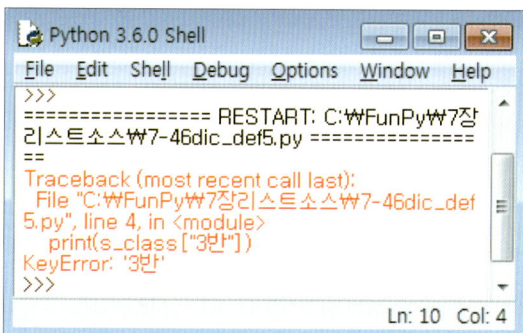

❶ '3반' 이 딕셔너리 s_class의 키(key)로 존재하는지 in 구문으로 확인합니다.

딕셔너리에서 키(key)로 값(value)을 가져오기 전에 키(key)가 있는지 확인하는 작업입니다. 키(key)가 있는 경우 해당 값(value)를 출력하고 없는 경우 "없습니다."를 출력합니다.

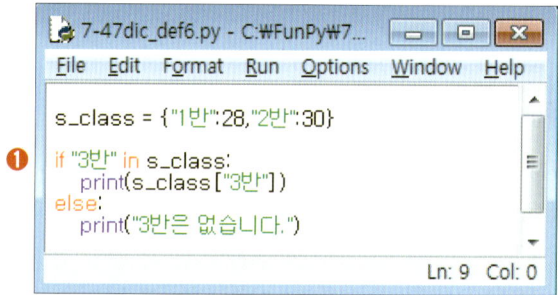

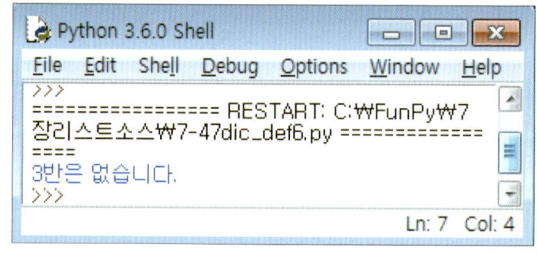

3) 딕셔너리(dictionary) 메소드(method)

메소드를 사용하며 딕셔너리에서 값(value)을 가져오거나, 항목을 추가, 삭제하는 방법을 알아보겠습니다. 딕셔너리 메소드에는 get(), setdefault(), keys(), values(), items(), pop() 등이 있습니다. 이외 clear(), copy() 등은 용도와 사용법이 리스트의 메소드와 같습니다.

(1) 딕셔너리 값(value) 참조하기-get(), setdefault()

❶ get() 메소드를 사용해서 키(key)에 해당하는 값(value)을 가져옵니다.

딕셔너리에서 키(key)의 값(value)를 가져오는 방법은 '[]'를 이용하는 방법 외에도 get() 메소드를 이용할 수 있습니다.

get() 메소드는 인수로 준 키(key)에 해당하는 값(value)를 리턴합니다. 해당 키(key)가 없을 경우 None을 리턴합니다.

❷ get() 메소드에 두 개의 인수를 전달해서 키(key)에 해당하는 값(value)을 가져오는데, 두 번째 인수값은 키(key)가 없을 때 대신 받을 값을 0으로 지정한 것입니다.

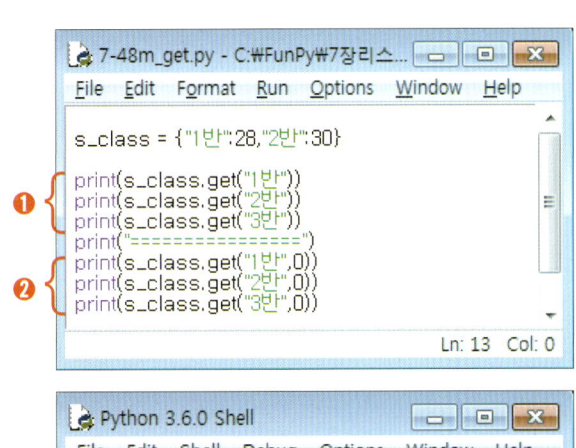

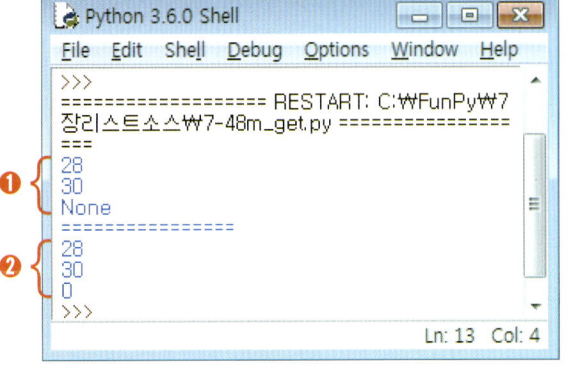

❶ setdefault() 메소드를 사용해서 키(key)에 해당하는 값을 가져옵니다.

setdefautl() 메소드는 get() 메소드처럼 인수로 받은 키(key)의 값(value)을 돌려줍니다. 그런데, get() 메소드와 달리 setdefault() 메소드는 인수로 받은 키(key)가 딕셔너리에 없을 때 해당 키(key)를 딕셔너리에 추가하고 값을 None 으로 설정합니다.

❷ setdefault() 메소드에 두 개의 인수를 전달해서 키(key)에 해당하는 값을 가져옵니다. 키(key)가 없을 경우 첫 번째 인수를 키(key)로 두번째 인수를 값(value)로 하여 딕셔너리에 추가합니다.

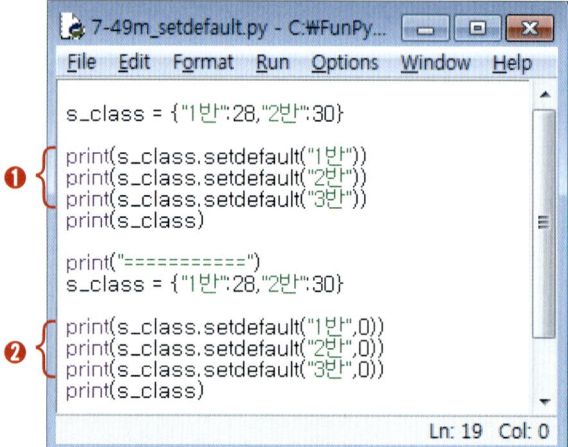

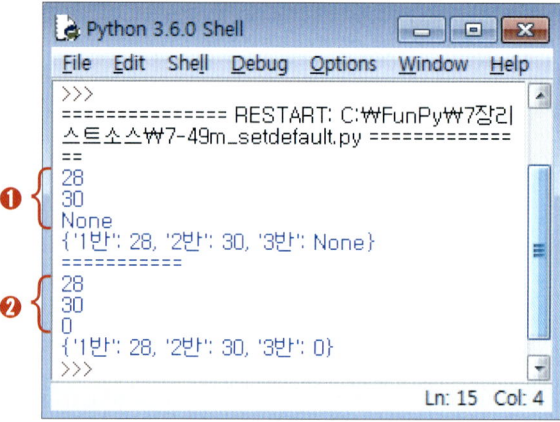

(2) 키(key) 와 값(value) 가져오기 – keys(), values(), items()

딕셔너리는 항목을 편리하게 볼 수 있는 메소드(method)들을 가집니다. 이 메소드들은 미리보기처럼 보여주기 위한 목적으로 원본이 되는 딕셔너리가 변경되면 이 메소드들을 통해 보여지는 값들도 함께 변경됩니다.

❶ keys()메소드를 사용해서 s_class 딕셔너리의 키(key)만 가져와 변수 keys 에 할당합니다.

❷ values()메소드를 사용해서 s_class 딕셔너리의 값(value)만 가져와 변수 values 에 할당합니다.

❸ keys() 메소드와 values() 메소드의 결과값인 keys와 values를 출력하면 각각 dic_keys, dic_values 라는 타입입니다. 리스트처럼 보이지만 리스트가 아니기 때문에 리스트처럼 사용할 수 없습니다.

❹ s_class 딕셔너리의 키 '1반'의 값을 31로 수정합니다.

❺ 앞에서 keys() 메소드와 values() 메소드의 결과값을 받았던 keys 와 values 를 출력하면 s_class["1반"]의 값이 31로 변경된 것이 values에 그대로 반영됩니다.

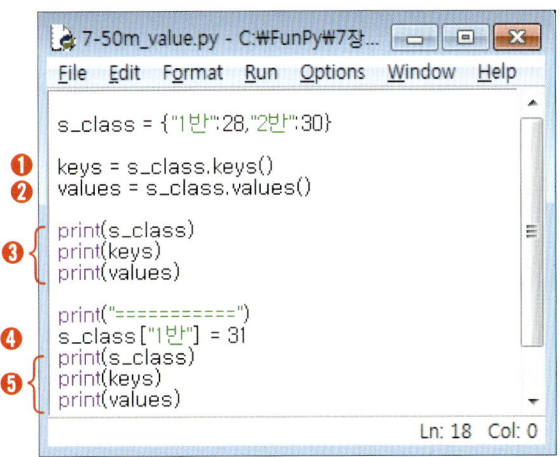

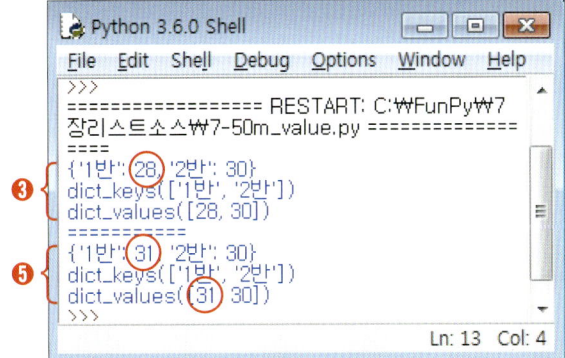

❶ items() 메소드를 사용해서 s_class 딕셔너리의 키(key)와 값(value)을 튜플 형태로 갖고 와 items 변수에 할당합니다.

❷ items() 메소드의 결과값을 갖고 있는 변수 items를 출력합니다.

❸ s_class 딕셔너리의 키(key) '1반'의 값(value)을 31로 수정합니다.

❹ items() 메소드의 결과값을 갖고있는 변수 items를 출력합니다.

❺ items() 메소드를 이용하면 for 구문에서 키(key)와 값(value)을 함께 받아 사용할 수 있습니다.

➔ 원본이 되는 딕셔너리의 값을 변경하면 그 변경 결과가 items() 메소드의 결과값을 갖고 있는 items에 그대로 반영되는 것을 확인할 수 있습니다.

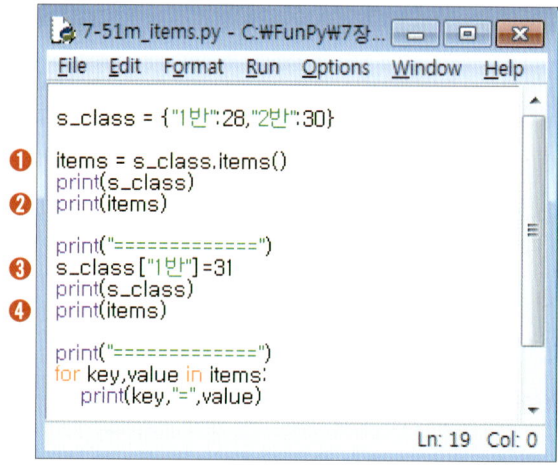

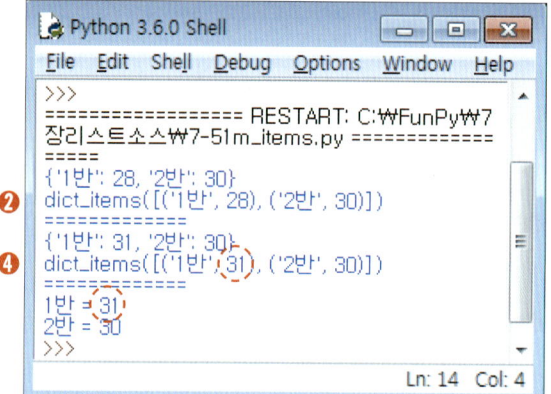

(3) 항목 삭제

❶ pop() 메소드를 사용해서 키(key)가 '1반'인 항목을 삭제합니다.

리스트의 pop() 메소드와 유사하지만, 딕셔너리의 pop() 메소드는 키(key)를 인수로 줘야합니다.

pop() 메소드는 삭제하는 항목의 키(key)에 해당하는 값(value)을 리턴합니다.

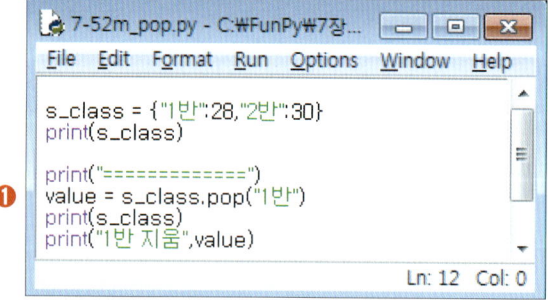

4) 딕셔너리(dictionary) 정렬

딕셔너리는 항목을 순차적으로 관리하지 않습니다. 딕셔너리의 항목을 정렬하기 위해 파이썬 기본 함수인 sorted() 함수를 사용합니다. 딕셔너리는 키(key)와 값(value)의 쌍으로 구성된 자료이므로 sorted() 함수를 사용할 때, 어떤 값을 정렬할지 정확한 구분이 필요합니다.

❶ sorted() 함수에 b 딕셔너리를 인수로 전달해서 순서대로 정렬된 키(key) 리스트를 변수 fruit에 할당하고 출력합니다.

❷ sorted() 함수에 b 딕셔너리의 values() 메소드를 적용한 결과를 인수로 전달해서 순서대로 정렬된 값을 변수 num에 할당하고 출력합니다.

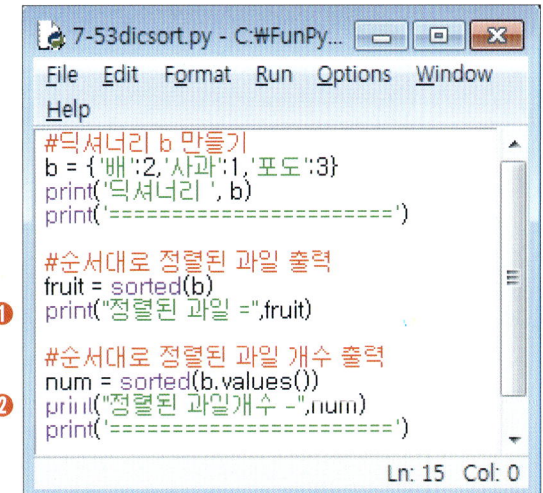

4. 응용 예제

간단한 프로그램을 작성하면서 세트와 딕셔너리를 익혀보겠습니다.

사용자로부터 영어단어를 입력받아 해당 영어 단어를 구성하고 있는 알파벳의 종류를 보여주는 프로그램을 작성해 보겠습니다.
예를 들어 "apple"의 경우 "a","p","l","e" 라는 네 개의 알파벳으로 구성되어 있다는 것을 보여주는 프로그램입니다.

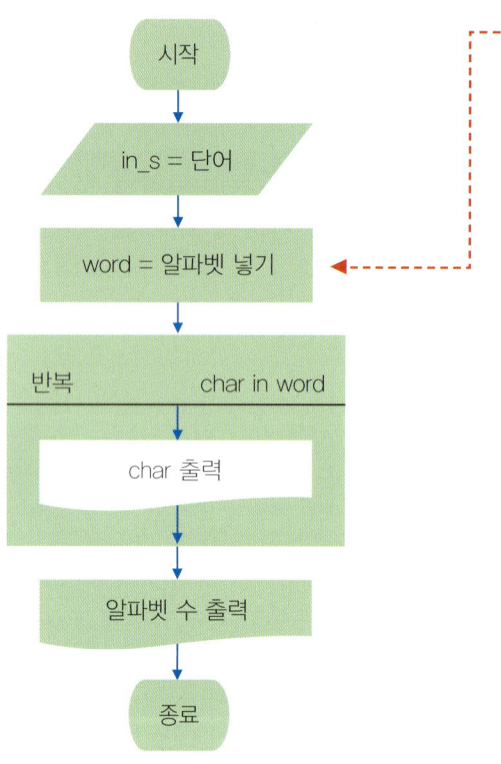

이 프로그램에서 중요한 부분은 word 변수에 입력받은 단어의 알파벳을 넣는 부분입니다. 어떤 타입의 자료구조를 사용하는가에 따라 이 부분을 프로그램으로 구현한 모습이 달라집니다.

1) 리스트를 사용하여 작성하기

리스트를 사용하여 프로그램을 작성해 보겠습니다.

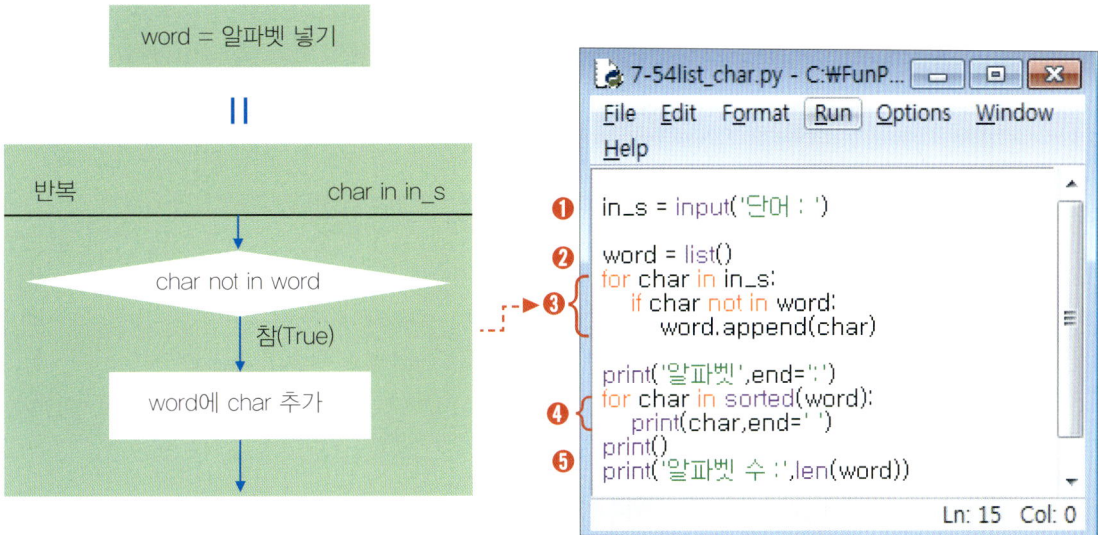

❶ input() 함수를 이용하여 사용자로부터 단어를 입력받아 in_s변수에 할당합니다.

❷ word 변수에 빈 리스트를 할당합니다.

❸ 입력받은 단어를 한 글자씩 읽어들이는 for문을 작성합니다. char의 알파벳이 리스트인 word에 없다면 word에 해당 알파벳을 append()메소드를 사용하여 추가합니다. for문이 종료되면 word에는 사용한 알파벳 정보가 담깁니다.

❹ sorted()함수를 사용하여 word의 알파벳들을 정렬한 후 한 글자씩 출력합니다.

❺ len() 함수를 사용하여 word의 항목의 개수를 출력합니다.

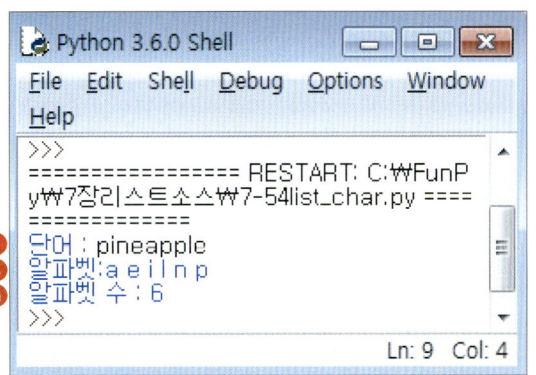

2) 세트를 사용하여 작성하기

위의 기능을 그대로 세트를 사용하여 프로그램을 작성해 보고 리스트를 사용한 경우와 어떻게 다른지 비교해 보겠습니다.

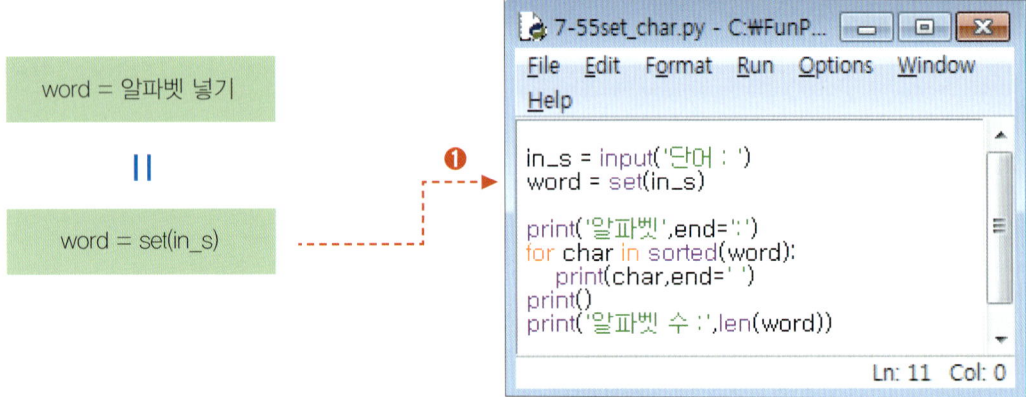

프로그램의 다른 부분은 리스트를 이용한 프로그램과 동일하지만 알파벳 넣는 부분은 다릅니다.

❶ set() 함수를 사용해서 입력 받은 단어를 세트로 변환합니다.

word를 리스트로 사용할 때는 word 변수에 중복되지 않은 알파벳을 넣기 위해 for문을 사용하여 word 에 해당 알파벳이 있는지 확인했습니다. 그러나 세트에서는 set() 함수를 사용하여 문자열을 그대로 세트로 만들어 word 변수에 할당하면 중복된 알파벳은 세트에 들어가지 않습니다.

3) 딕셔너리를 사용하여 작성하기

단어에 사용된 알파벳과 각 알파벳이 단어에 사용된 횟수를 출력하는 프로그램을 딕셔너리를 사용하여 작성해 보겠습니다.

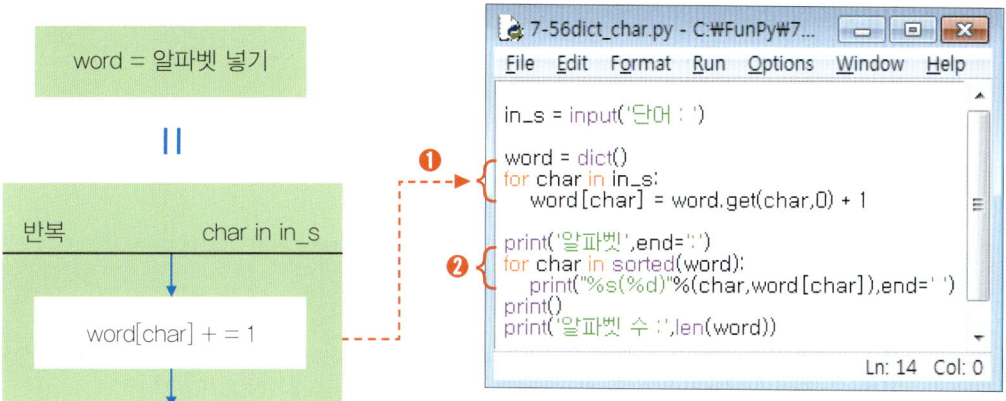

❶ for문을 이용해 입력 받은 단어의 한 글자씩 읽어서 word 딕셔너리의 키(key)로 사용합니다. get() 메소드를 사용하여 읽은 글자가 word 딕셔너리 안의 키(key)로 존재하면 키에 대한 값을 리턴(return)받아 값(value)에 1을 더해서 다시 키에 대한 값을 바꿔줍니다. 읽어온 글자에 해당하는 키(key)가 없다면 get() 메소드(method)는 0을 리턴(return)해 주므로, word 딕셔너리에 읽어온 글자가 키(key)인 항목을 추가하고 값(value)은 1로 할당합니다.

❷ 딕셔너리의 키(key)와 값(value)이 함께 출력할 수 있도록 변경합니다.

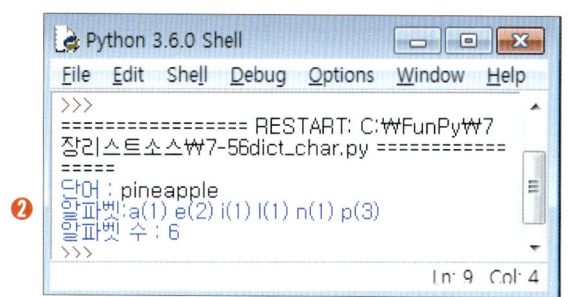

7-3 응용예제 : 주문서 출력하기

패스트푸드점에 가서 음식을 주문하면 주문한 대로 품목, 단가, 수량, 금액이 찍힌 주문서을 출력해줍니다. 우리는 그 주문서를 화면으로 출력하도록 구현하려고 합니다.

주문서를 출력하기 위해서 다음과 같은 절차로 프로그램이 실행되도록 합니다.
① 주문할 품목을 선택해서 입력합니다.
② 선택한 품목의 수량을 입력합니다.
③ 입력 과정을 원하는 만큼 반복하고 종료하려면 선택번호 5번을 입력합니다.
④ 주문 입력이 끝나면 품목별 주문품목, 단가, 수량, 금액을 출력하고 마지막 줄에 합계 금액을 출력합니다.

패스트푸드점에서 취급하는 품목과 단가를 딕셔너리 형태로 저장해서 사용하고, 사용자로부터 입력 받는 주문 품목과 주문 수량도 역시 딕셔너리 형태로 저장합니다. 그리고 사용자가 선택하는 품목 번호를 해당하는 품목명으로 변환하기 위해서 품목명을 순차적으로 저장해서 관리하는 리스트도 사용합니다.

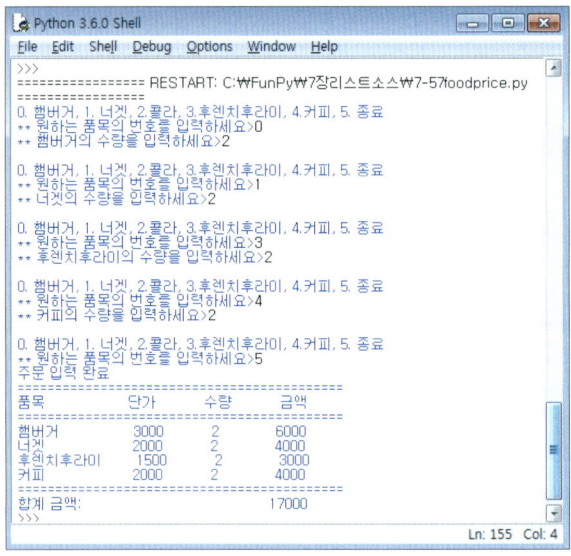

먼저 프로그램의 흐름을 정리 하기 위해서 순서도로 정리하면 아래 그림과 같습니다.

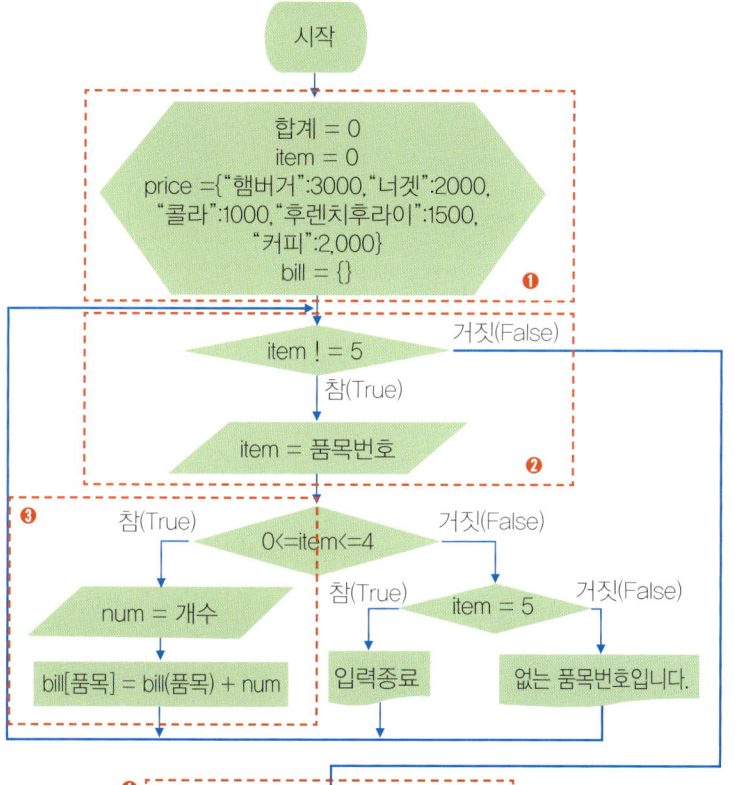

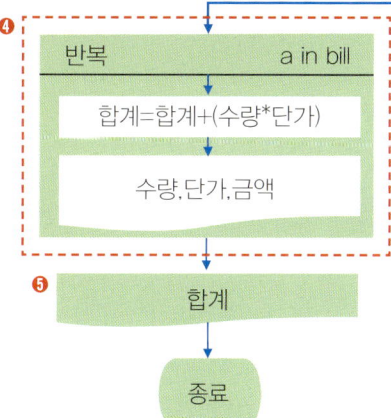

❶ 품목과 단가를 price 딕셔너리에 저장하고 품목번호를 저장할 item변수, 주문내역을 저장할 bill 딕셔너리, 합계를 초기하 합니다.

❷ 현재 가지고있는 입력번호가 입력종료번호인 5와 같지 않으면 주문하는 품목의 번호를 새로 입력 받아 item에 저장합니다.

❸ 유효한 품목번호를 입력 받았다면 선택한 품목에 대한 주문 수량을 입력 받아서 품목명을 키(key) 로 하고 주문 수량을 값(value)으로 해서 bill 딕셔너리에 저장합니다.

❹ 주문 내역이 담긴 bill 딕셔너리의 키(key)를 a 에 전달받아 반복하면서 각 주문 품목별 단가와 주문수량, 주문금액을 출력하고 합계금액에 주문금액을 합산합니다.

❺ 합계금액을 출력합니다.

```
#필요한 변수 초기화
total = 0
item = 0

price = {'햄버거':3000, '너겟':2000, '콜라':1000,
         '후렌치후라이':1500, '커피':2000}
name = list(price.keys())
bill = { }

#주문 입력
while item != 5:
    item = int(input("""0. 햄버거, 1. 너겟, 2.콜라, 3.후렌치후라이, 4.커피, 5. 종료
** 원하는 품목의 번호를 입력하세요>"""))

    if 0 <= item <= 4:
        num = int(input('** ' + name[item] + '의 수량을 입력하세요>'))
        print()
        bill[name[item]] =bill.get(name[item], 0) + num
    elif item == 5:
        print("주문 입력 완료")
    else:
        print("선택한 품목 번호는 없는 번호 입니다.")

#주문 내역 출력 및 합계금액 계산
print("=========================================")
print("품목          단가      수량      금액")
print("=========================================")
for a in bill:
    total = total + ( bill[a] * price[a] )
    print("%s%10d%12d%17d" %(a.ljust(20-len(a)*2), price[a], bill[a], price[a]*bill[a]))
print("=========================================")
print("합계 금액:%48d" %total)
```

❶ 변수들을 초기화 합니다. 리스트 변수 name 에 price 딕셔너리의 키(key)들을 저장하기 위해서 keys() 메소드를 사용한 후 리스트로 변환해서 저장합니다.

❷ 현재 가지고 있는 입력번호가 입력종료번호인 5와 같지 않으면 주문하는 품목의 번호를 새로 입력 받아 정수 값으로 변환한 뒤 item변수에 저장합니다.

❸ 유효한 품목번호를 입력 받았다면 선택한 품목에 대한 주문 수량을 입력 받습니다. 주문 수량을 입력받은 후, 딕셔너리의 get( ) 메소드를 사용해서 bill 딕셔너리에 현재 주문 중인 주문품목을 키(key)로 갖는 주문수량이 이미 저장되어 있다면 지금 입력받은 값을 더해주고, 만일 없다면 지금 입력받은 주문품목을 키(key) 로 하고 주문수량을 값(value)으로 갖는 항목을 추가해줍니다.

❹ for문을 이용해서 주문 내역이 담긴 bill 딕셔너리의 키(key)에 저장되어 있는 주문항목을 a 에 전달받아 주문금액을 계산해서 합계금액에 합산하고, 각 주문 품목별 단가와 주문수량, 주문금액을 반복 출력합니다.

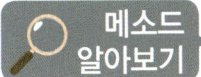

> **메소드 알아보기**
>
> **문자열.ljust(길이 [, 채우는 문자])**
>
> 전달된 인수 길이의 왼쪽으로 정렬된 문자열을 리턴합니다. 만일 두 번째 인수로 문자를 전달한다면 문자열을 왼쪽 정렬한 뒤 남는 공간을 두 번째 인수로 전달된 문자로 채웁니다. 만일 두 번째 인수를 전달하지 않으면 남는 공간은 빈 칸으로 채워집니다.

a.ljust(20) 이라고 하면 문자열 a를 20의 길이를 갖는 왼쪽으로 정렬된 문자열로 리턴(return) 합니다. 위의 코드에서는 a.ljust(20-len(a)*2) 라고 메소드 안에 수식을 넣어주었습니다. 이것은 20 에서 원래 문자열 a 길이의 2배만큼을 뺀 나머지 길이만큼만 왼쪽 정렬된 문자열을 출력하도록 조정한 것입니다.

결과에서 알 수 있듯이 화면상으로 한글이 차지하는 공간은 숫자가 차지하는 공간의 두 배가 됩니다. 물론 len( )함수를 사용해서 숫자 '1' 과 한글 '가'의 결과를 보면 똑같이 1이지만 화면상 차지하는 공간은 숫자와 한글이 2배 정도 차이가 납니다. 그렇기 때문에 수식을 사용해서 조정해주지 않으면 아래와 같이 다른 품목보다 이름이 긴 '후렌치후라이'를 출력한 경우 줄이 비뚤어진 것을 확인할 수 있습니다. 품목 이름이 길면 길수록 짧은 품목 이름과의 차이가 더 많이 납니다.

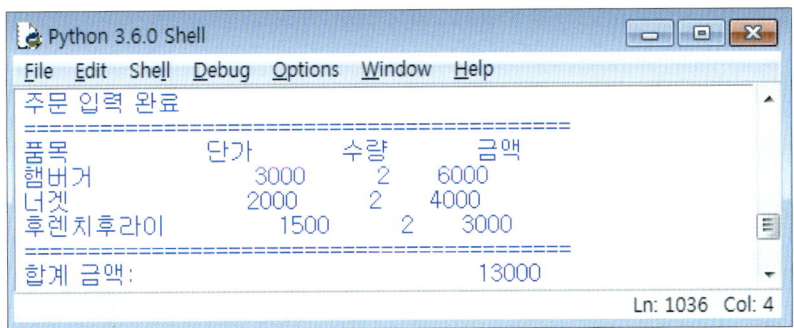

참고로 ljust( ) 와 반대로 rjust( ) 라는 메소드가 있는데 이 메소드는 문자열을 오른쪽으로 정렬할 때 사용하고 그 사용법은 ljust( )와 같습니다.

도전해보세요

1. 출력될 결과를 예상하여 적어봅시다.

```
x = ["a","b","c","d"]

print("x[0] =",x[0])
print("x[1:] =",x[1:])
print("len(x) =",len(x))
```

2. 출력될 결과를 예상하여 적어봅시다.

```
x1 = ["사과","포도"]
x2 = ["오렌지","배"]

x3 = x1 + x2
print("x1 =",x1,len(x1))
print("x2 =",x2,len(x2))
print("x3 =",x3,len(x3))
print("x1*2 =",x1*3,len(x1*3))
```

3. 과목이 열거된 문자열이 있습니다. 이 문자열들을 분리하여 리스트 자료로 만들려고 합니다. 빈칸을 채워 프로그램을 완성하고 결과를 확인하세요.

```
subject = "국어 영어 수학 과학 사회 음악 미술"

subjects = subject.____()
print(subject)
print(subjects)
```

결과화면
국어 영어 수학 과학 사회 음악 미술 ['국어', '영어', '수학', '과학', '사회', '음악', '미술']

4. 과목명 리스트가 있습니다. "수학"을 출력하고 싶다면 인덱스를 몇으로 해야할까요? "음악"이 "미술"로 바뀌도록 프로그램 빈 칸을 채워봅시다.

```
subject = ["국어","영어","수학",
          "과학","사회","음악"]
print(subject[ ])
subject[ ] = "미술"
print(subject)
```

결과화면
```
수학
['국어', '영어', '수학', '과학', '사회', '미술']
```

5. 과목명을 입력하면 해당 과목의 수업이 있는지 없는지를 출력하는 프로그램입니다. 이 프로그램은 과목명을 입력하지 않을 때까지 반복합니다. 빈 칸을 채워봅시다.

```
subject = ["국어","영어","수학",
          "과학","사회","음악"]
while True:
    a = input("과목명:")
    if a == "":
        break
    if         :
        print(a,"수업이 있습니다.")
    else:
        print(a,"수업이 없습니다.")
```

결과화면
```
과목명:국어
국어 수업이 있습니다.
과목명:미술
미술 수업이 없습니다.
과목명:과학
과학 수업이 있습니다.
과목명:
```

6. for 문을 사용하여 리스트의 항목들을 출력하는 프로그램을 완성해 봅시다.

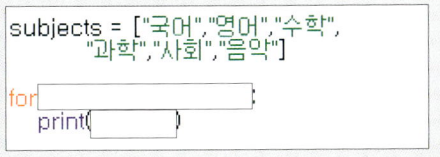

도전해보세요

7. 사용자로부터 숫자를 계속 입력받아 최소값, 최대값, 합을 출력하는 프로그램을 작성하려고 합니다.
   리스트를 사용하며, 사용자가 입력을 하지 않을 때까지 무한 반복합니다.
   다음 순서도를 보고 프로그램을 작성해 봅시다.

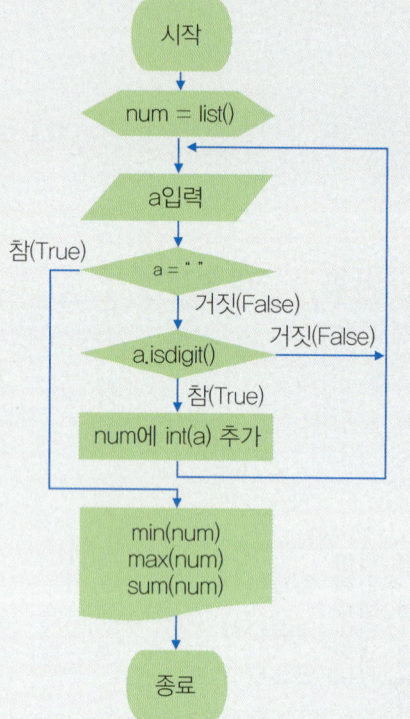

8. 구구단을 출력하는 프로그램을 함수와 리스트를 사용해서 작성하려고 합니다.
   리스트에 구구단 출력 결과를 저장하여 리스트 리턴하는 함수를 작성하였습니다.
   사용자로부터 단수를 입력받아 구구단을 출력하는 프로그램을 완성합시다

```
def f_gugu(d):
    result = list()
    for i in range(1,10):
        result.append("%d x %d = %2d"%(d,i,d*i))
    return result

a = int(input("단수를 입력하세요:"))
```

결과화면
```
단수를 입력하세요:3
3 x 1 =  3
3 x 2 =  6
3 x 3 =  9
3 x 4 = 12
3 x 5 = 15
3 x 6 = 18
3 x 7 = 21
3 x 8 = 24
3 x 9 = 27
```

9. 앞의 구구단 함수를 이용하여 구구단 전체를 리스트 변수로 만들었다가 출력하는 프로그램을 작성했습니다. 구구단 전체의 내용을 담고 있는 리스트 변수인 "gugu"는 어떤 형태로 자료가 저장되어 있는지 알아봅시다. 이렇게 저장되어 있는 구구단을 출력하기 위한 빈칸을 작성해 봅시다.

```
def f_gugu(d):
    result = list()
    for i in range(1,10):
        result.append("%d x %d = %2d"%(d,i,d*i))
    return result

gugu = list()
for d in range(2,10):
    gugu.append(f_gugu(d))
for           :
    for line in d:
        print(line)
    print()
```

결과화면
```
2 x 1 =  2
2 x 2 =  4
2 x 3 =  6
2 x 4 =  8
2 x 5 = 10
2 x 6 = 12
2 x 7 = 14
2 x 8 = 16
2 x 9 = 18

3 x 1 =  3
3 x 2 =  6
```

결과화면
```
8 x 9 = 72

9 x 1 =  9
9 x 2 = 18
9 x 3 = 27
9 x 4 = 36
9 x 5 = 45
9 x 6 = 54
9 x 7 = 63
9 x 8 = 72
9 x 9 = 81
```

10. 앞의 구구단 함수를 이용하여 구구단 전체를 출력하는 프로그램을 작성했습니다. 출력 형태는 다음과 같습니다. 빈 칸을 채워 프로그램을 완성하세요

```
def f_gugu(d):
    result = list()
    for i in range(1,10):
        result.append("%d x %d = %2d"%(d,i,d*i))
    return result

gugu = list()

for i in range(2,10):
    gugu.append(f_gugu(i))

for line in range(9):
    for d in range(4):
        print(gugu[    ][    ],end="  ")
    print()

print()
for line in range(9):
    for d in range(4,8):
        print(gugu[    ][    ],end="  ")
    print()
```

결과화면

2 x 1 = 2	3 x 1 = 3	4 x 1 = 4	5 x 1 = 5
2 x 2 = 4	3 x 2 = 6	4 x 2 = 8	5 x 2 = 10
2 x 3 = 6	3 x 3 = 9	4 x 3 = 12	5 x 3 = 15
2 x 4 = 8	3 x 4 = 12	4 x 4 = 16	5 x 4 = 20
2 x 5 = 10	3 x 5 = 15	4 x 5 = 20	5 x 5 = 25
2 x 6 = 12	3 x 6 = 18	4 x 6 = 24	5 x 6 = 30
2 x 7 = 14	3 x 7 = 21	4 x 7 = 28	5 x 7 = 35
2 x 8 = 16	3 x 8 = 24	4 x 8 = 32	5 x 8 = 40
2 x 9 = 18	3 x 9 = 27	4 x 9 = 36	5 x 9 = 45
6 x 1 = 6	7 x 1 = 7	8 x 1 = 8	9 x 1 = 9
6 x 2 = 12	7 x 2 = 14	8 x 2 = 16	9 x 2 = 18
6 x 3 = 18	7 x 3 = 21	8 x 3 = 24	9 x 3 = 27
6 x 4 = 24	7 x 4 = 28	8 x 4 = 32	9 x 4 = 36
6 x 5 = 30	7 x 5 = 35	8 x 5 = 40	9 x 5 = 45
6 x 6 = 36	7 x 6 = 42	8 x 6 = 48	9 x 6 = 54
6 x 7 = 42	7 x 7 = 49	8 x 7 = 56	9 x 7 = 63
6 x 8 = 48	7 x 8 = 56	8 x 8 = 64	9 x 8 = 72
6 x 9 = 54	7 x 9 = 63	8 x 9 = 72	9 x 9 = 81

도전해보세요

11. 식당에서 손님이 많을 때, 자리배정을 위해 대기자 명단을 관리하려고 합니다. 손님의 이름을 기재하고, 순서대로 손님을 호출하는 프로그램을 작성해 봅시다.

    대기자를 추가하는 명령어는 "A", 호출하는 명령어는 "C", 프로그램 종료를 위한 명령어는 "E"입니다.

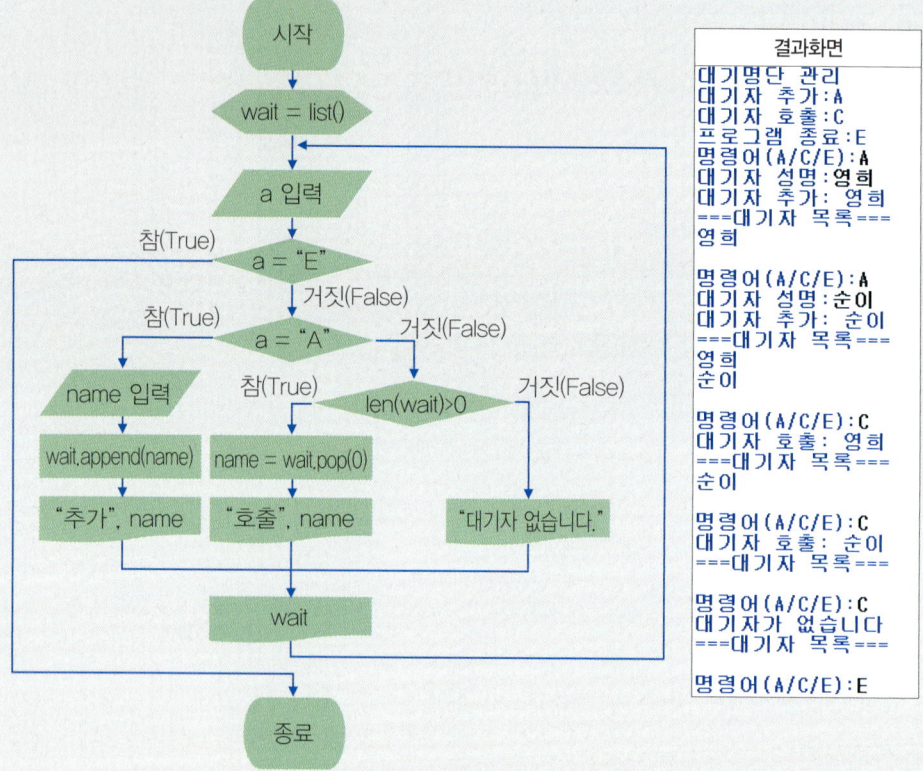

12. 백화점으로 쇼핑을 가려고 합니다. 가기전에 사야할 품목을 적어 출력해 가기로 하였습니다. 빈 칸을 채워 품목을 입력하고 출력하는 프로그램을 완성해 봅시다.

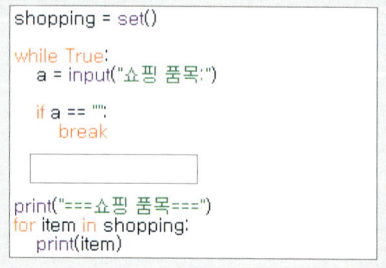

13. 24절기 중 봄의 절기를 설명해주는 프로그램을 만들었습니다. 빈칸을 채워 완성해봅시다.

```
spring = {"입춘":"봄의 시작",
          "우수":"봄비 내리고 싹이 틈",
          "경칩":"개구리 겨울잠에서 깨어남",
          "춘분":"낮이 길어짐",
          "청명":"봄 농사준비",
          "곡우":"농사비가 내림"}
a = input("봄의 절기:")
if ▭ :
    print(▭)
else:
    print("봄의 절기가 아닙니다.")
```

결과화면
```
봄의 절기:입춘
봄의 시작


봄의 절기:동지
봄의 절기가 아닙니다.
```

14. 버스요금표는 아래와 같습니다. 유아, 어린이, 청소년, 일반의 구분을 1, 2, 3, 4로 입력받아 해당하는 버스 요금을 출력해주는 프로그램을 딕셔너리를 사용하여 작성해 봅시다.

구분	버스요금
유아 [1]	무료
어린이 [2]	500원
청소년 [3]	750원
일반 [4]	1300원

결과화면
```
유아[1], 어린이[2], 청소년[3], 성인[4]
구분[1,2,3,4]:3
요금은 750 원입니다.
```

15. 버스요금표는 아래와 같습니다. 유아, 어린이, 청소년, 일반의 구분을 1, 2, 3, 4로 입력받고 인원수를 추가로 입력 받아 해당하는 버스 요금을 출력해주는 프로그램을 딕셔너리를 사용하여 작성해 봅시다. 입력 완료는 5를 입력합니다.

구분	버스요금
유아 [1]	무료
어린이 [2]	500원
청소년 [3]	750원
일반 [4]	1300원

결과화면
```
유아[1], 어린이[2], 청소년[3], 성인[4]
입력완료[5]
구분[1,2,3,4]:2
인원수:3
구분[1,2,3,4]:4
인원수:2
구분[1,2,3,4]:5
총 요금은 4100 원
```

도전해보세요

16. 긴 영어문장에서 어떤 단어가 나오는지를 알아보기 위한 프로그램을 작성해 봅시다. 문장에 속한 단어들을 정렬하여 출력합니다.

```
tutorial = """Peter Piper picked a peck of pickled pepper
A peck of pickled pepper Peter Piper picked
If Peter Piper picked a peck of pickled pepper
Where's the peck of pickled pepper Peter Piper picked"""

words = tutorial.split()
result = ▢(words)
for item in ▢(result):
    print(item)
```

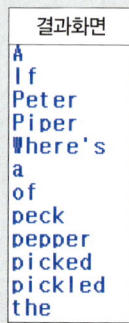

17. 긴 영어문장에서 어떤 단어가 몇 회 나오는지를 알아보기 위한 프로그램을 작성해 봅시다. 대문자인 단어들은 소문자로 전환하여 같은 단어로 처리합니다. 단어순으로 정렬하여 출력합니다.

```
tutorial = """Peter Piper picked a peck of pickled pepper
A peck of pickled pepper Peter Piper picked
If Peter Piper picked a peck of pickled pepper
Where's the peck of pickled pepper Peter Piper picked"""

words = tutorial.split()

word_dict = dict()
for word in words:
    item = ▢
    word_dict[item] = ▢

for key in sorted(word_dict):
    print(key, ▢)
```

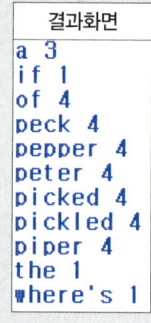

18. 시장에 장을 보러갔습니다. 각 품목별로 가격과 수량을 관리해서 총 지불액을 알아보려 합니다. (단, 같은 품목을 두 번 입력할 수 없습니다.) 딕셔너리를 사용하여 프로그램을 작성해봅다.

Tip {품목:[가격, 수량, 가격*수량]}의 형태로 딕셔너리를 만들어 사용합니다.

```
결과화면
구매 품목:오이
가격:1200
수량:2
구매 품목:버섯
가격:1700
수량:3
구매 품목:감자
가격:2500
수량:1
구매 품목:
오이  1200원  *  2개  =  2400원
버섯  1700원  *  3개  =  5100원
감자  2500원  *  1개  =  2500원
총 지불액: 10000
```

19. 영희는 책상정리를 잘 하지 않는 아이입니다. 그래서 책들을 책상위에 쌓아두고 필요할 때마다 그때 그때 찾아야합니다. 영희와 같이 책을 쌓아 두었다가 찾는 작업을 시뮬레이션 해봅시다.

다음과 같이 책이 A부터 E까지 쌓여있을 때, C책을 꺼내기 위해 E와 D책을 먼저 꺼내고 C책을 꺼내야 합니다. 책상 위에 책을 찾을 때는 "1"을 입력한 후 꺼낼 책을 입력하고, 책상 위에 책을 놓을 때는 "2"를 선택한 후 놓아둘 책을 입력합니다. "1"과 "2"외의 입력값을 받은 경우, 프로그램이 종료됩니다.

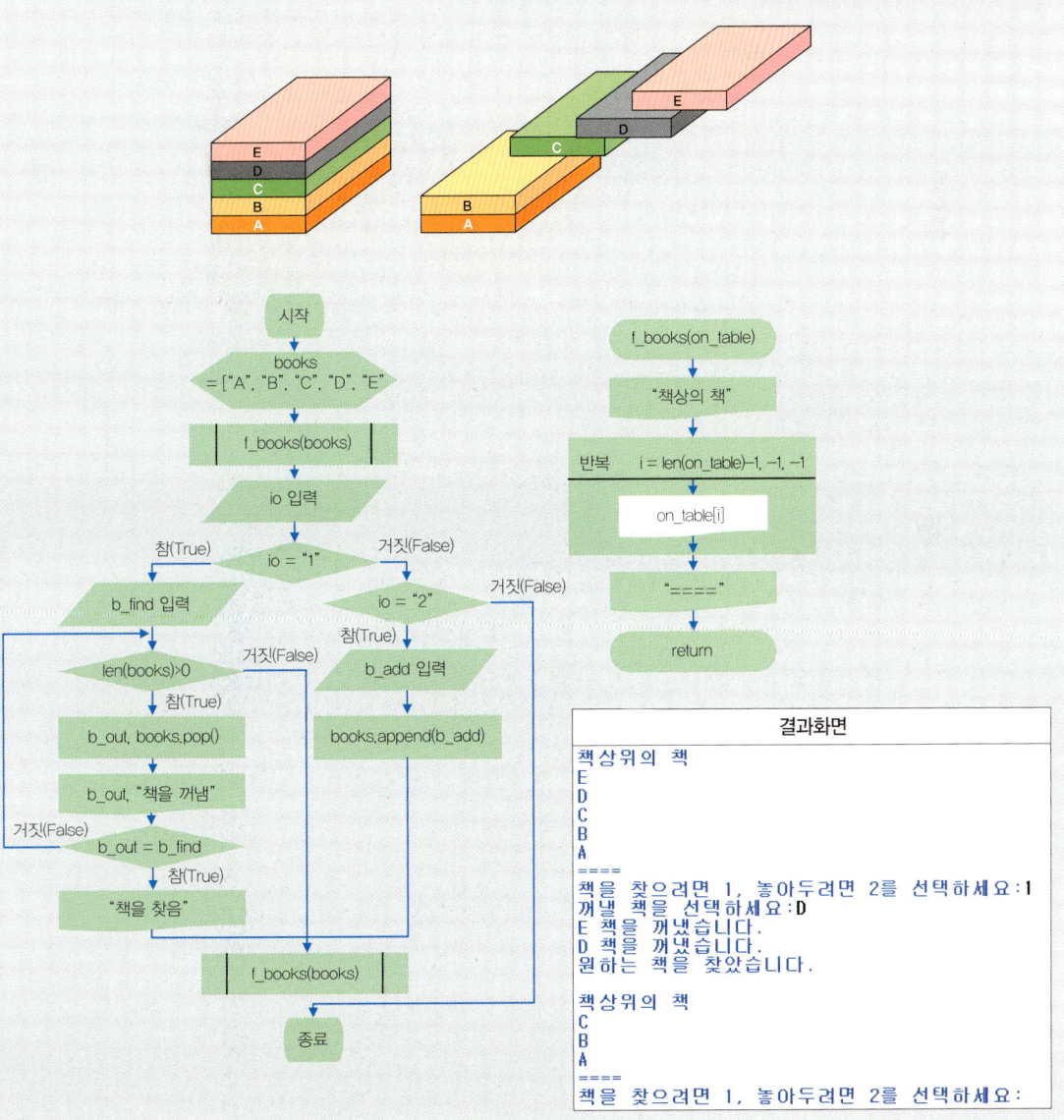

Memo

Chapter 08

응용 예제 1 : 텍스트게임

8-1 가위, 바위, 보 게임
8-2 타이핑 게임

8-1 가위, 바위, 보 게임

사람과 컴퓨터가 하는 가위, 바위, 보 게임을 간단하게 만들어 보겠습니다.
가위, 바위, 보 게임 실행 절차를 정리하면 아래와 같습니다.

① s-가위(scissors), r-바위(rock), p-보(paper), e-게임종료(end)를 의미한다는 설명을 보여줍니다.
② 사용자는 원하는 것을 선택해서 입력 합니다.
③ 컴퓨터도 s-가위, r-바위, p-보 중 하나를 선택합니다.
④ 사용자가 선택한 것과 컴퓨터가 선택한 것을 비교해서 가위, 바위, 보의 승패를 판단해서 보여주고 승패 결과를 저장합니다.
⑤ 다시 사용자의 선택을 입력 받습니다. 사용자가 게임 종료를 선택할 때까지 계속 반복합니다.
⑥ 게임 종료 후, 사용자가 몇 번 이기고, 몇 번 졌고, 몇 번 비겼는지 결과를 출력합니다.

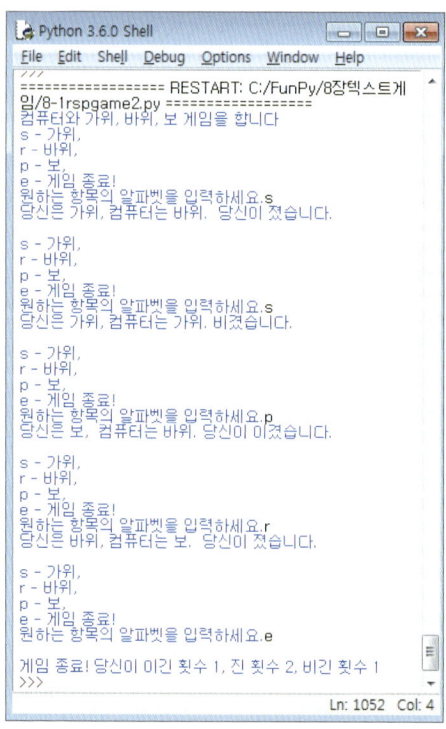

1. 순서도 정리

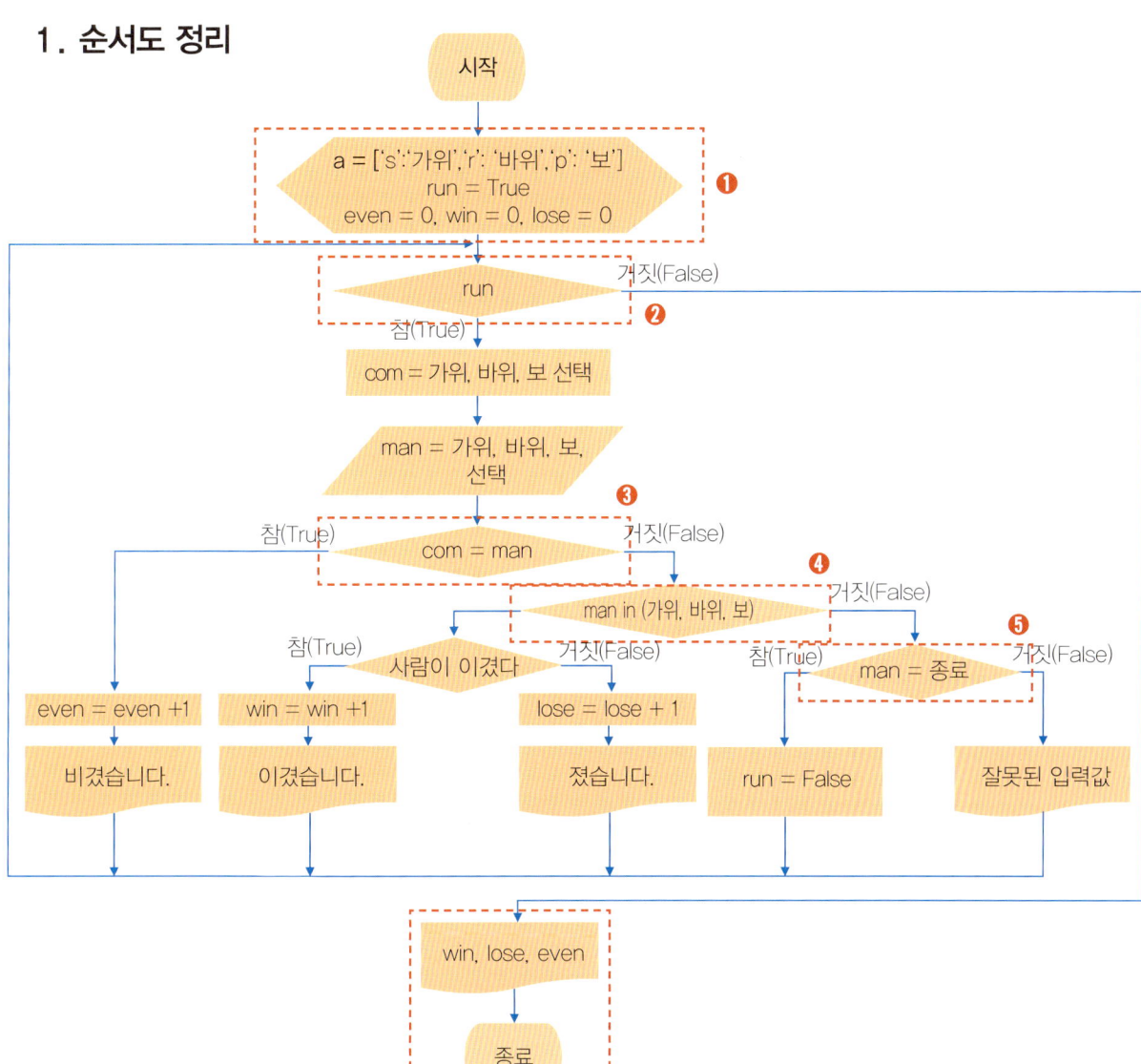

❶	변수들을 초기화 합니다. a – 입력 값과 입력 값이 갖는 의미를 딕셔너리 변수로 초기화 run – while 문의 조건 연산으로 사용할 변수로 True로 초기화 win – 이긴 횟수 lose – 진 횟수 even – 비긴 횟수

❷	변수 run 값이 True 인 동안 반복 루프 안의 명령들이 반복됩니다.
❸	사용자가 입력한 값과 컴퓨터가 선택한 값이 같으면 비겼다고 판단하고 비긴 횟수를 1만큼 증가시킵니다.
❹	사용자 입력 값이 '가위', '바위', '보' 승패를 판단하기에 유효한 값인 지 검사합니다. 게임 승패를 판단하기에 유효한 값이면 사람이 선택한 값을 컴퓨터가 선택한 값과 비교해서 승패를 결정합니다.
❺	사용자가 선택한 값이 게임 종료인지 검사합니다. 사용자가 게임 종료를 선택하면 run 변수 값을 False 로 변경하여 while문의 반복을 끝나게 합니다

게임의 승패를 판단하기 위해서 사용자가 선택할 수 있는 '가위', '바위', '보' 세 가지의 경우에 대해서 컴퓨터가 가질 수 있는 값을 제시하고 게임 승패를 정리하면 아래와 같습니다.

사용자가 입력한 값	컴퓨터가 선택한 값	게임 승패 판단
가위(s)	보(p)	사용자가 컴퓨터에게 이겼다.
	보(p)가 아닌 값	사용자가 컴퓨터에게 졌다.
바위(r)	가위(s)	사용자가 컴퓨터에게 이겼다.
	가위(s)가 아닌 값	사용자가 컴퓨터에게 졌다.
보(p)	바위(r)	사용자가 컴퓨터에게 이겼다.
	바위(r)가 아닌 값	사용자가 컴퓨터에게 졌다.

2. 파이썬 코드로 구현

```python
import random
a = {'s' : '가위', 'r' : '바위', 'p' : '보'}
run = True

win = 0      # 이긴 횟수
lose = 0     # 진 횟수
even = 0     # 비긴 횟수

print("컴퓨터와 가위, 바위, 보 게임을 합니다")

while run:
    com = random.choice(['s','r','p'])
    print('''s - 가위,
r - 바위,
p - 보,
e - 게임 종료!''')
    man = input('원하는 항목의 알파벳을 입력하세요.').lower()

    if man == com:
        even = even + 1
        print("당신은 %s, 컴퓨터는 %s. 비겼습니다." %(a[man], a[com]))
    else:
        if man in a:
            if man == 's':      #사람이 가위를 고른 경우
                if com == 'p':      #컴퓨터가 보를 고른 경우
                    win = win + 1
                    print("당신은 %s, 컴퓨터는 %s. 당신이 이겼습니다." %(a[man], a[com]))
                else:
                    lose = lose + 1
                    print("당신은 %s, 컴퓨터는 %s. 당신이 졌습니다." %(a[man], a[com]))
            elif man == 'r':    #사람이 바위를 고른 경우
                if com == 's':      #컴퓨터가 가위를 고른 경우
                    win = win + 1
                    print("당신은 %s, 컴퓨터는 %s. 당신이 이겼습니다." %(a[man], a[com]))
                else:
                    lose = lose + 1
                    print("당신은 %s, 컴퓨터는 %s. 당신이 졌습니다." %(a[man], a[com]))
            elif man == 'p':    #사람이 보를 고른 경우
                if com == 'r':      #컴퓨터가 바위를 고른 경우
                    win = win + 1
                    print("당신은 %s, 컴퓨터는 %s. 당신이 이겼습니다." %(a[man], a[com]))
                else:
                    lose = lose + 1
                    print("당신은 %s, 컴퓨터는 %s. 당신이 졌습니다." %(a[man], a[com]))
        elif man == 'e':
            run = False
        else:
            print("잘못된 값을 선택하셨습니다!")

    print()
print("게임 종료! 당신이 이긴 횟수 %d, 진 횟수 %d, 비긴 횟수 %d"%(win, lose, even))
```

❶	프로그램 실행을 위해서 필요한 변수들을 초기화 합니다.
❷	컴퓨터가 '가위', '바위', '보' 중 하나를 선택해서 변수 com 에 저장합니다. 임의 선택을 위해서 사용한 함수는 random 모듈의 choice( ) 함수입니다.
❸	사용자가 가위, 바위, 보, 게임 종료 중 선택해서 입력한 값에 lower( )메소드를 적용해서 소문자로 변환시킨 후 변수 man에 저장합니다.
❹	사용자가 선택해서 입력한 값이 딕셔너리 변수 a의 키(key)에 해당하는 값인 경우, 게임의 승패를 판정하고 승패의 결과를 집계합니다. 그리고 판정 결과를 출력할 때는 사용자와 컴퓨터가 선택한 키(key)에 해당하는 딕셔너리 변수 a의 값(value)을 가져와서 화면에 출력합니다.
❺	사용자가 게임 종료를 선택했을 때 while 문의 조건식에서 사용하는 변수인 run 의 값을 False 로 변경합니다.

컴퓨터가 '가위', '바위', '보'를 선택하기 위해서 random 모듈의 choice( ) 함수를 사용했습니다. choice( ) 함수를 사용하는 방법은 아래와 같습니다.

random.choice(여러 항목이 있는 값)
리스트 혹은 문자열 등 여러 항목이 있는 값을 인수로 전달하면 그 중에서 임의의 값 하나를 돌려줍니다.

random.choice(['s', 'r', 'p']) 혹은 random.choice('srp') 라고 사용하면 's', 'r', 'p' 중 하나를 임의로 가져옵니다.

Tip ❹부분을 아래와 같은 논리 연산을 이용해서 코드의 길이를 줄일 수 잇습니다.

```
if man in a:
    if ((man == 's' and com == 'p') or
        (man == 'r' and com == 's') or
        (man == 'p' and com == 'r')):
        win = win + 1
        print("당신은 %s, 컴퓨터는 %s. 당신이 이겼습니다." %(a[man], a[com]))
    else:
        lose = lose + 1
        print("당신은 %s, 컴퓨터는 %s. 당신이 졌습니다." %(a[man], a[com]))
```

8-2 타이핑 게임

컴퓨터가 제시하는 다섯 개의 영어 단어를 입력해서 타이핑 속도와 정확도를 계산해서 보여주는 타이핑 게임을 작성해보겠습니다. 타이핑 게임 프로그램의 실행 절차를 정리하면 아래와 같습니다.

① 화면에 게임 소개와 설명이 나옵니다.
② 엔터 키를 누르면 게임이 시작됨과 동시에 타이핑 시간 측정에 들어갑니다.
③ 순차적으로 제시된 다섯 개의 단어를 모두 입력하면 게임이 종료됩니다.
④ 분당 타이핑 속도와 정확도를 계산해서 출력합니다.

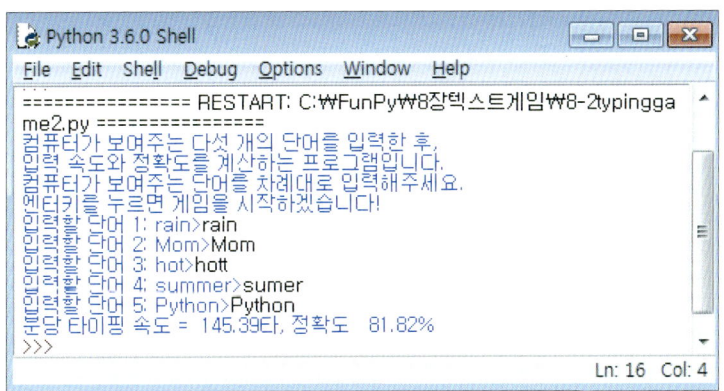

1. 순서도 정리

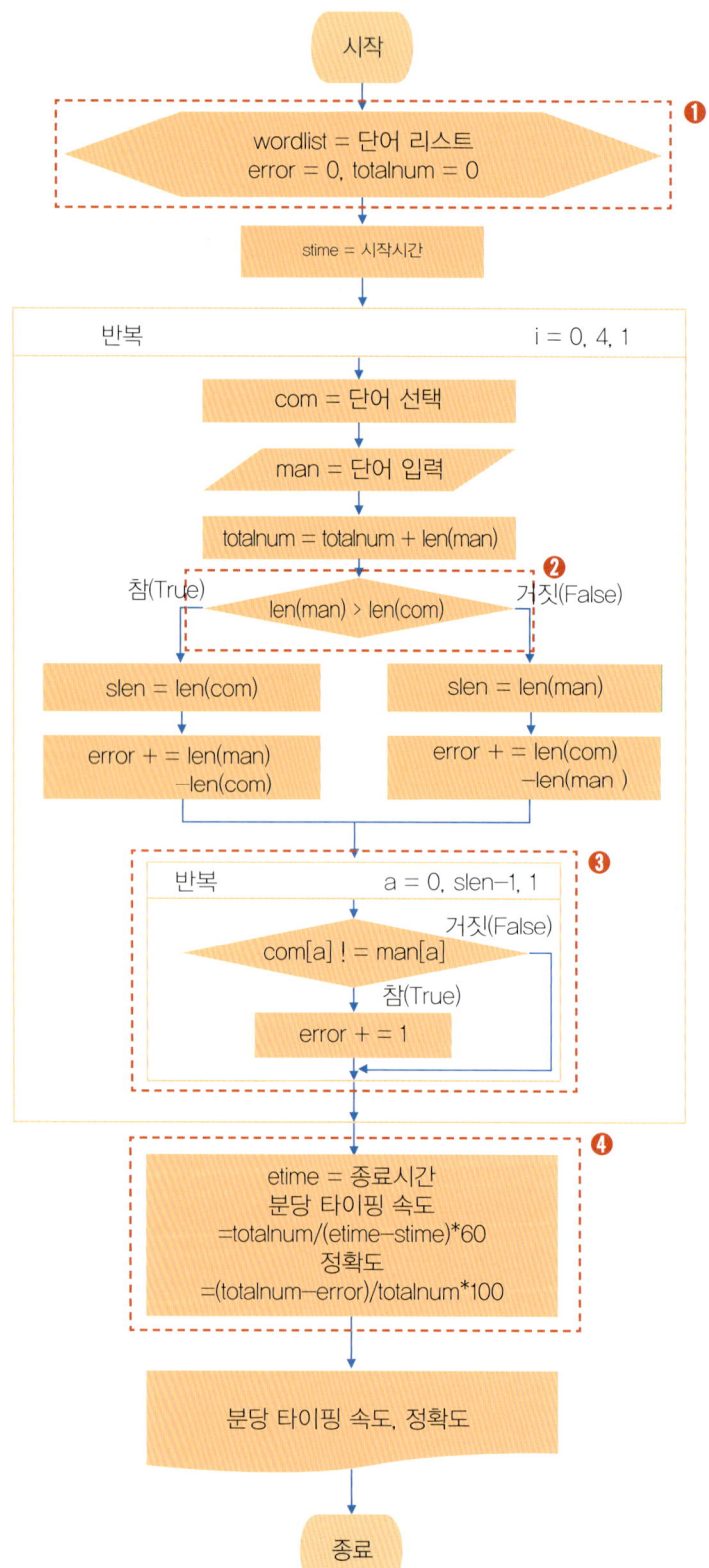

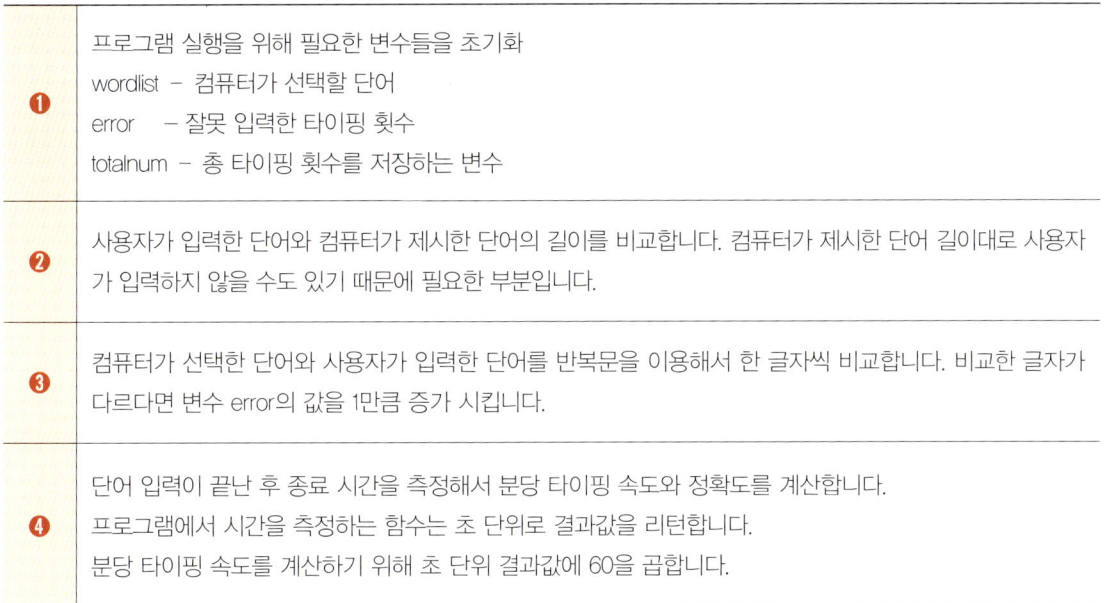

❶ 프로그램 실행을 위해 필요한 변수들을 초기화
wordlist - 컴퓨터가 선택할 단어
error   - 잘못 입력한 타이핑 횟수
totalnum - 총 타이핑 횟수를 저장하는 변수

❷ 사용자가 입력한 단어와 컴퓨터가 제시한 단어의 길이를 비교합니다. 컴퓨터가 제시한 단어 길이대로 사용자가 입력하지 않을 수도 있기 때문에 필요한 부분입니다.

❸ 컴퓨터가 선택한 단어와 사용자가 입력한 단어를 반복문을 이용해서 한 글자씩 비교합니다. 비교한 글자가 다르다면 변수 error의 값을 1만큼 증가 시킵니다.

❹ 단어 입력이 끝난 후 종료 시간을 측정해서 분당 타이핑 속도와 정확도를 계산합니다.
프로그램에서 시간을 측정하는 함수는 초 단위로 결과값을 리턴합니다.
분당 타이핑 속도를 계산하기 위해 초 단위 결과값에 60을 곱합니다.

컴퓨터가 제시한 단어길이와 사용자가 입력한 단어 길이를 비교한 이유는 단어 길이가 다른 만큼 잘못 입력된 타이핑 수로 집계해야 하기 때문입니다. 그래서 사용자가 입력한 단어의 길이와 컴퓨터가 제시한 단어의 길이 차이만큼 error 변수에 더합니다. 철자 비교 길이값을 갖는 slen 변수에는 사용자가 입력한 단어와 컴퓨터가 제시한 단어 중 더 짧은 단어의 길이를 할당합니다.

2. 파이썬 코드로 구현

```
❶ import random
  import time

❷ wordlist = ['Dad','Mom','love','Apple','lion','rain','baby','winter','summer',
              'hot','dog','cat','mouse','game','Python']
  error = 0
  totalnum = 0
❸ print("""컴퓨터가 보여주는 다섯 개의 단어를 입력한 후,
  입력 속도와 정확도를 계산하는 프로그램입니다.""")
  print("컴퓨터가 보여주는 단어를 차례대로 입력해주세요.")
  input("엔터키를 누르면 게임을 시작하겠습니다!")

❹ stime = time.time()               #시작 시간 저장
❺ com = random.sample(wordlist, 5)  #다섯 개의 단어 선택하기

  for i in range(5):
❻     man = input("입력할 단어 %d: %s>"%(i + 1,com[i]))
       totalnum = totalnum + len(man)
       if len(man) > len(com[i]):
           slen = len(com[i])
           error = error + (len(man) - len(com[i]))
       else:
           slen = len(man)
           error = error + (len(com[i]) - len(man))
       for a in range(slen):
           if com[i][a] != man[a]:
               error += 1
  etime = time.time()

❼ v = totalnum/(etime - stime) * 60
  c = (totalnum - error)/totalnum * 100

❽ print("분당 타이핑 속도 = %7.2f타, 정확도 %7.2f%%" %(v, c))
```

❶	필요한 모듈을 가져옵니다. 임의의 단어를 선택하기 위해서 random 모듈이 필요하고 시간을 측정하기 위해서 time 모듈이 필요합니다.
❷	컴퓨터가 선택할 단어들을 wordlist변수에 리스트 항목들로 나열합니다.
❸	프로그램에 대한 소개 및 실행방법을 출력합니다. 첫번째 print( ) 함수는 삼중따옴표를 사용해서 두 줄의 문자열을 출력합니다. 마지막 input( ) 함수는 사용자의 게임 시작을 위한 엔터키 입력을 기다리게 하기 위해 사용합니다.
❹	현재 시각을 가져와 stime 변수에 시작시간으로 저장합니다.
❺	wordlist 에 저장되어 있는 단어들을 컴퓨터가 임의로 다섯 개를 선택해서 변수 com에 리스트 형태로 저장합니다.
❻	컴퓨터가 제시한 단어를 보고 입력하도록 컴퓨터가 선택한 단어와 현재 반복 인덱스로 사용하고 있는 변수 i 값에 1 더한 것을 입력 문자열로 출력합니다. print( ) 함수에서 사용한 것처럼 input( ) 함수의 입력 문자열에도 서식 문자열을 사용합니다.
❼	분당 타이핑 속도와 정확도를 계산합니다. 분당 타이핑 속도 = 총 타이핑 횟수/(종료 시간 – 시작 시간) * 60 정확도 = (총 타이핑 횟수 – 잘못 입력한 횟수)/ 총 타이핑 횟수 * 100

프로그램 실행 중 시간 측정하는 함수로 time 모듈의 time( ) 함수를 사용합니다.

time.time( )

1970년 1월 1일 0시부터 현재까지의 시각을 초 단위로 계산한 실수 값을 리턴합니다 다섯 개의 단어를 임의로 선택하기 위해서 random 모듈의 sample( ) 함수를 사용합니다.

random.sample(여러 항목이 있는 값, size)

리스트 혹은 문자열 등 여러 항목이 있는 값을 첫 번째 인수로 전달하고, 첫 번째 인수 중에서 선택할 개수를 size로 전달하면 첫 번째 인수로 전달한 값들 중에서 임의로 size값 만큼의 개수를 컴퓨터가 선택해서 리스트 형태로 돌려줍니다. 만일 첫 번째 인수로 전달한 값의 항목 개수 보다 큰 값을 size로 지정하면 오류가 발생합니다.

random.sample(wordlist, 5) 라고 사용하면 리스트 변수 wordlist 에 있는 항목들 중 다섯 개를 컴퓨터가 임의로 중복되지 않게 선택해서 리스트 형태로 돌려줍니다.

Chapter 09
파일 처리

9-1 파일 입출력 기초
9-2 파일 데이터 이용한 평균 구하기
9-3 데이터 다루기 연습

9-1 파일 입출력 기초

1. 파일(File)이란?

컴퓨터가 하드 디스크 등과 같은 저장 장치에 저장하는 데이터들의 모음을 '파일(File)'이라고 합니다.

우리는 컴퓨터를 사용하면서 많은 파일들을 접하고 있습니다. 숙제나 보고서로 작성한 워드나 파워포인트 파일, 사진이나 그림을 저장하고 있는 이미지 파일, 음악을 담고 있는 사운드 파일, 게임 등을 실행할 수 있게 해주는 실행 파일, 문자들만 저장되어 있는 텍스트 파일 등 많은 종류의 파일들을 접해 왔습니다.

이번 장에서는 메모장에서 내용을 확인해 볼 수 있는 텍스트(txt)파일을 읽어 작업을 수행하고, 파일에 내용을 쓰는 방법을 알아보도록 하겠습니다.

2. 파일 열기

파이썬에서 파일을 사용하기 위해서는 다음과 같은 절차가 필요합니다.

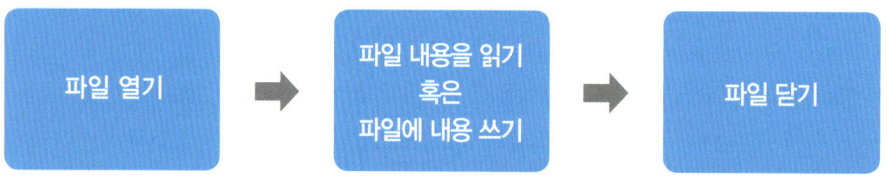

파이썬에서 파일을 사용하려면 사용 목적에 따라서 파일을 열고 파일을 다루기 위한 객체를 가져와야 합니다. 파일을 여는 방법은 아래와 같습니다.

 **open('파일명', '파일 오픈 모드')**

주어진 파일명에 해당하는 파일을 해당 모드로 열고 파일 객체를 돌려줍니다. 현재 실행중인 프로그램과 같은 폴더 안에 파일이 있다면 경로명을 써 주지 않아도 되지만 프로그램과 다른 폴더에 파일이 있다면 파일 명에 경로명도 붙여서 적습니다.

■ 파일 오픈 모드

모드	의미
'r'	읽기 전용으로 파일을 엽니다. (파일 오픈 모드의 기본값입니다.)
'w'	쓰기 전용으로 파일을 여는데 파일이 없으면 새로 파일을 생성합니다. 작업 폴더에 파일이 존재하면 기존의 내용을 지우고 새로 작성하는 내용으로 덮어씁니다.
'a'	쓰기 전용으로 파일을 여는데 파일이 없으면 새로 파일을 생성합니다. 작업 폴더에 파일이 존재하면 기존의 내용 뒤에 새로 작성하는 내용을 붙입니다.
'x'	쓰기 전용으로 파일을 여는데, 파일을 새로 만들기 위해 사용합니다. 만일 같은 이름의 파일이 작업 폴더에 존재한다면 오류가 발생합니다. 즉, 같은 이름의 파일이 현재 작업 폴더에 존재하지 않아야 합니다.

작성중인 프로그램과 같은 폴더에 있는 'hello.txt' 파일을 읽기 전용으로 열기 위해 아래와 같이 적습니다.

```
myfile = open("hello.txt","r")
```

작성중인 프로그램과 다른 폴더에 'hello.txt' 파일이 존재한다면 아래와 같이 'hello.txt' 파일이 있는 경로를 적습니다.

```
myfile = open("c://funpy/9장/hello.txt","r")
```

3. 파일 쓰기

파일에 내용을 쓰는 방법은 두 가지가 있습니다.

파일객체명.write(파일에 쓸 문자열)

파일에 전달된 문자열을 적습니다. 문자열을 파일에 쓴 후, 자동 줄바꿈이 되지 않습니다.

print(파일에 쓸 문자열, file=파일객체명)

print( ) 함수에 파일객체명을 file 인자 값으로 전달하면 화면 출력 대신 해당 파일에 내용을 출력합니다. 문자열을 파일에 쓴 후, 자동 줄바꿈이 이루어 집니다.

파일에 쓰는 두 가지 방법의 차이점을 알아보기 위해서 간단한 예제를 작성해보겠습니다.

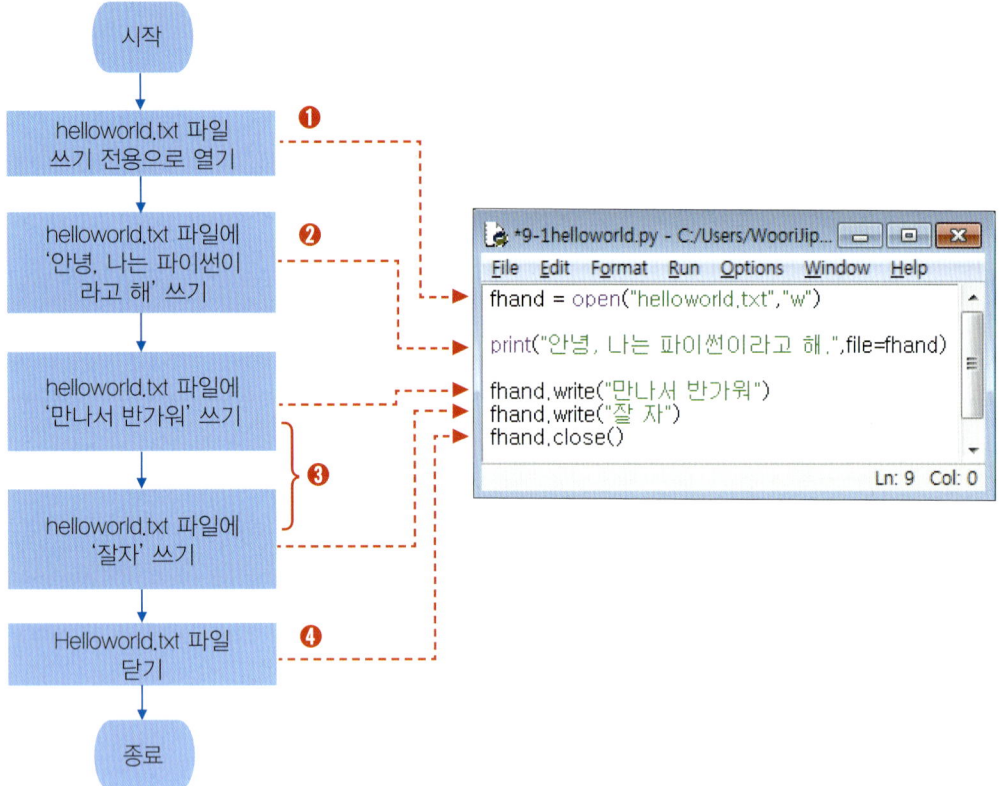

❶ helloworld.txt 파일을 쓰기 전용으로 열고 파일을 가리키는 객체를 생성해서 fhand변수에 할당합니다. 폴더 경로명은 대소문자를 구분하지 않습니다.
❷ print() 함수를 사용해서 파일에 내용을 출력합니다.
❸ fhand파일 객체에 대한 write() 메소드를 사용해서 파일에 내용을 씁니다.
❹ fhand파일 객체가 가리키는 파일을 닫습니다.

제일 마지막에 사용한 close( ) 메소드는 파일 사용이 끝난 후 파일을 닫아주는 역할을 합니다. 닫아주지 않는다면 파일에 내용이 제대로 저장되지 않을 수도 있고, 다른 프로그램에서 그 파일을 사용할 수 없는 경우도 있습니다. 파일을 닫는 함수의 사용법은 아래와 같습니다.

파일객체명.close( )
파일 객체가 가리키고 있는 파일을 닫아줍니다.

앞에서 작성한 예제는 'helloworld.txt' 라는 파일을 쓰기 전용으로 연 후, print( ) 함수와 write( ) 메소드를 사용해서 파일에 내용을 적어준 것입니다. 프로그램을 실행하면 쉘 화면에는 출력 결과가 나타나지 않습니다.

➡ 파일을 열 때 경로명 없이 이름만 적어줬기 때문에 탐색기 화면으로 프로그램을 작성한 폴더를 찾아가면 'helloworld.txt' 파일이 생성된 것을 확인할 수 있습니다.

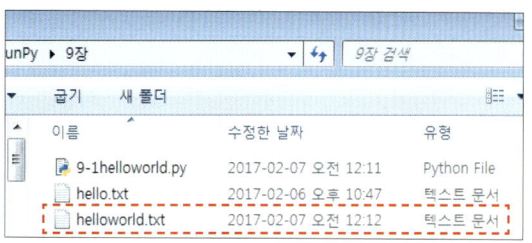

➡ 'helloworld.txt' 파일을 메모장에서 열면 오른쪽과 같습니다.

➡ print( ) 함수에 의해서 출력된 문자열은 자동으로 줄바꿈이 됩니다. 따라서 write('만나서 반가워') 함수에 의해 작성된 '만나서 반가워' 는 두 번째 줄에 쓰여있습니다.

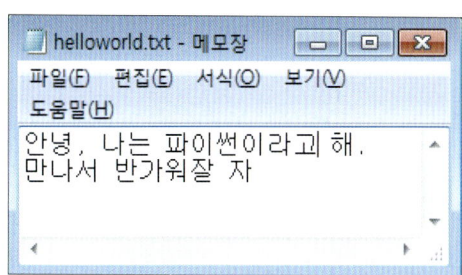

그러나 두 번째 write( ) 함수에 의해 작성된 '잘 자' 는 첫 번째로 쓰여진 write( ) 함수가 줄바꿈을 해주지 않았기 때문에, '만나서 반가워' 뒤에 바로 작성되었습니다. write( ) 함수를 사용할 때 줄바꿈을 해 주고 싶다면 문자열 뒤에 줄바꿈 문자인 '₩n'를 덧붙여주어야 합니다.

4. 파일 읽기

파일의 내용을 읽는 메소드는 세 가지가 있습니다.

파일객체명.read( )

파일의 내용을 한 번에 다 읽어서 한 개의 문자열 데이터로 가져옵니다.

파일객체명.readline( )

파일의 내용을 한 번에 한 줄씩 읽어오는 메소드입니다. readline( ) 메소드를 사용한 후 같은 프로그램에서 다시 readline( ) 메소드를 사용하면 조금 전에 읽었던 데이터의 다음 줄을 읽어옵니다.

파일객체명.readlines( )

read( ) 메소드와 다르게 파일 내용의 한 줄, 한 줄을 리스트의 개별 항목으로 생성해서 가져옵니다. 파일 안의 데이터 줄 수만큼 리스트의 항목 개수가 생깁니다.

1) 파일 준비

하드드라이브 'C://' 아래에 'Funpy' 폴더를 만들고 그 안에 아래의 내용을 갖는 파일을 하나 만들어 'test.txt'로 저장합니다.

➡ test.txt파일을 읽어와 출력하는 파이썬 프로그램을 작성하며 파일 내용을 읽어오는 세 가지 메소드의 차이점을 알아보겠습니다.

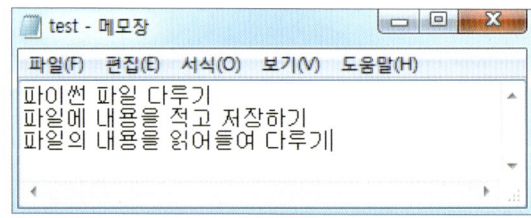

2) read( ) 메소드 이용

read( ) 메소드는 파일 전체 내용을 읽어 하나의 문자열로 가져오는 메소드입니다. read( )메소드를 이용해서 test.txt 파일의 내용을 읽는 프로그램을 작성하겠습니다.

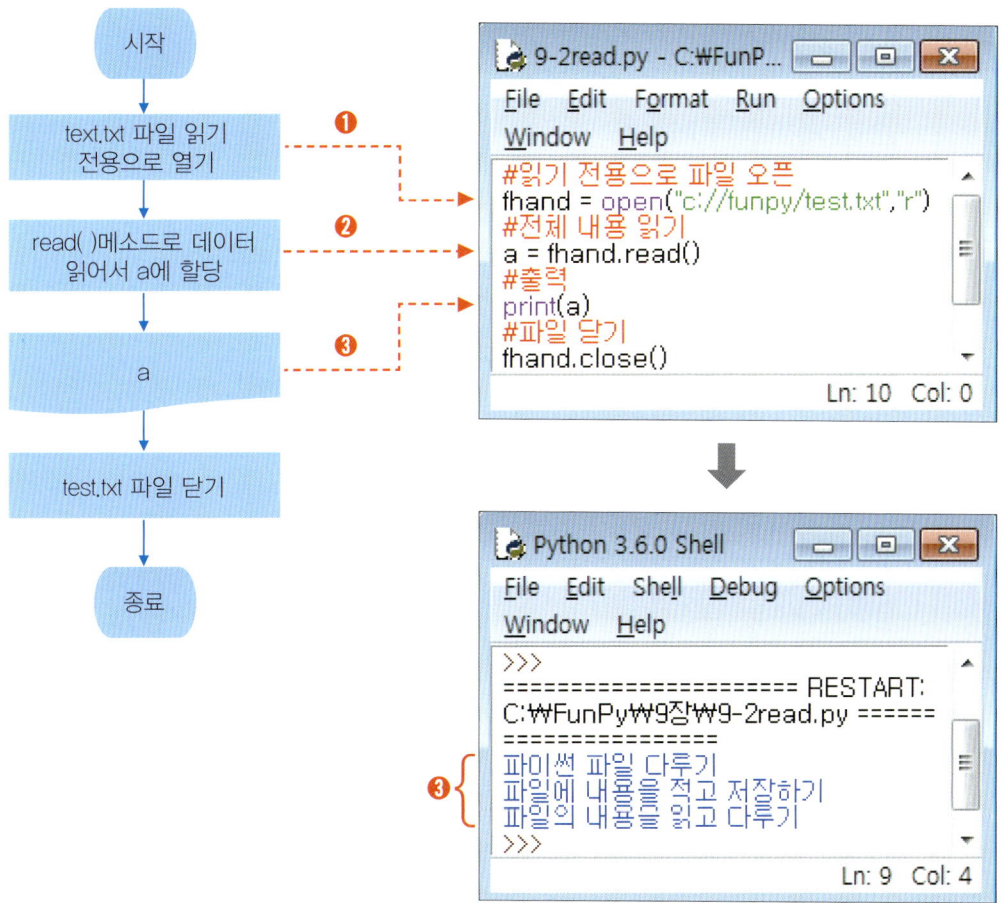

❶ test.txt 파일이 있는 전체 폴더 경로를 포함한 파일명을 주고 파일 오픈모드를 읽기 전용으로 엽니다. 폴더 경로명은 대소문자를 구분하지 않습니다.
❷ read( ) 메소드로 파일 내용 전체를 읽어서 변수 a에 할당합니다.
❸ 변수 a 를 출력하면 파일 내용 전체가 하나의 문자열로 출력됩니다.

3) readline( ) 메소드 이용

readline( ) 메소드는 파일의 내용을 한 줄씩 읽어오는 메소드입니다. readline( ) 메소드를 사용해서 test.txt 파일을 읽어오는 프로그램을 작성해 보겠습니다.

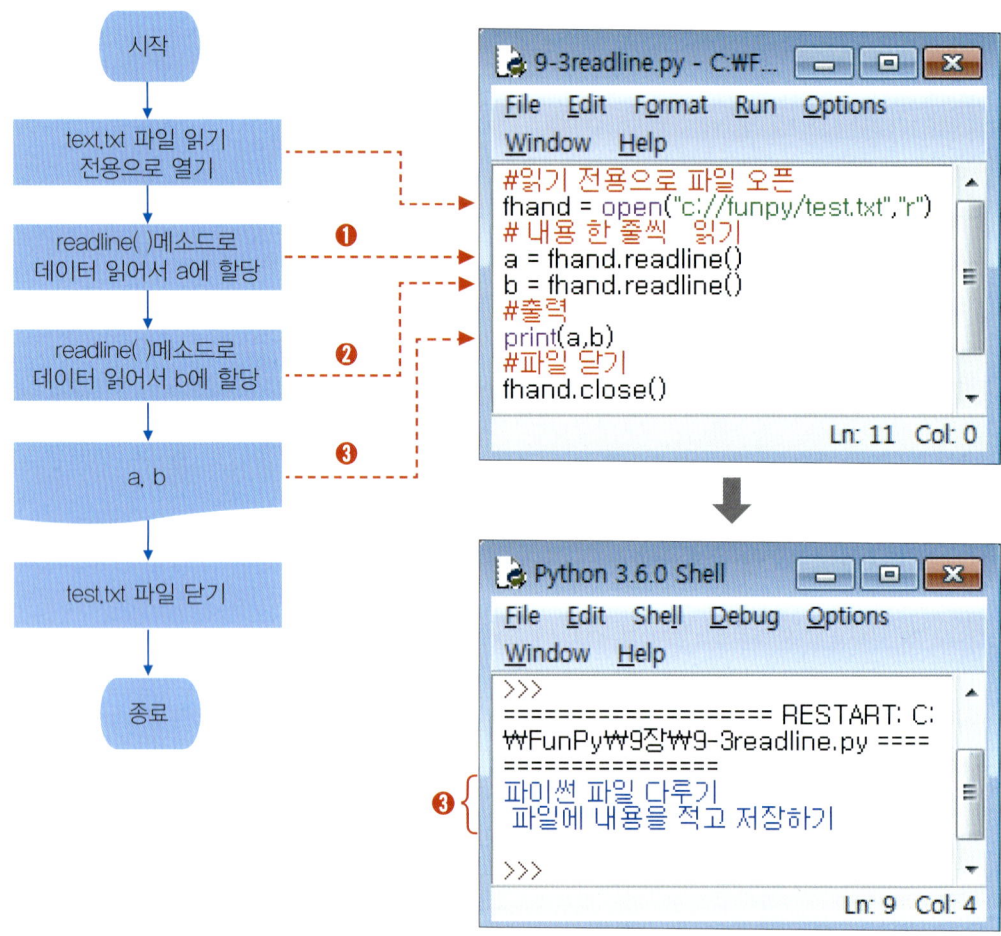

❶ readline( ) 메소드를 이용해서 test.txt파일의 첫 번째 줄을 읽어서 변수 a에 할당합니다.
❷ readline( ) 메소드를 이용해서 test.txt파일의 두 번째 줄을 읽어서 변수 b에 할당합니다.
❸ 변수 a, b 를 출력합니다. 사용한 print( ) 함수는 하나인데, 출력 결과가 두 줄로 나옵니다. 이유는 데이터로 읽은 파일 내용의 각 줄 끝에 줄바꿈 문자(₩n)가 있기 때문입니다.

readline( ) 메소드를 사용해서 한 줄 읽어오면 파일 안에서 데이터를 읽어온 위치를 기억하고 있습니다. 그래서 다시 readline( ) 함수를 사용하면 그 다음 줄의 데이터를 읽어옵니다.
만일 데이터를 읽는 위치를 변경하고 싶으면 파일 객체에 대한 seek( ) 메소드를 사용해서 데이터 읽는 위치 값을 변경합니다.

메소드 알아보기

파일객체명.seek(파일 내 위치를 나타내는 숫자)

숫자로 지정된 위치로 데이터를 가져오는 위치를 옮깁니다. 숫자는 파일 시작 지점을 기준으로 바이트(byte) 수를 나타냅니다. 파일의 처음 위치는 숫자 입니다.

4) readlines( ) 메소드 이용

readlines( ) 메소드는 read( )메소드처럼 파일의 내용을 한꺼번에 다 읽어오는 메소드입니다. readlines( ) 메소드를 사용해서 test.txt 파일을 읽어오는 프로그램을 작성해서 read( ) 메소드와의 차이점을 확인해 봅니다.

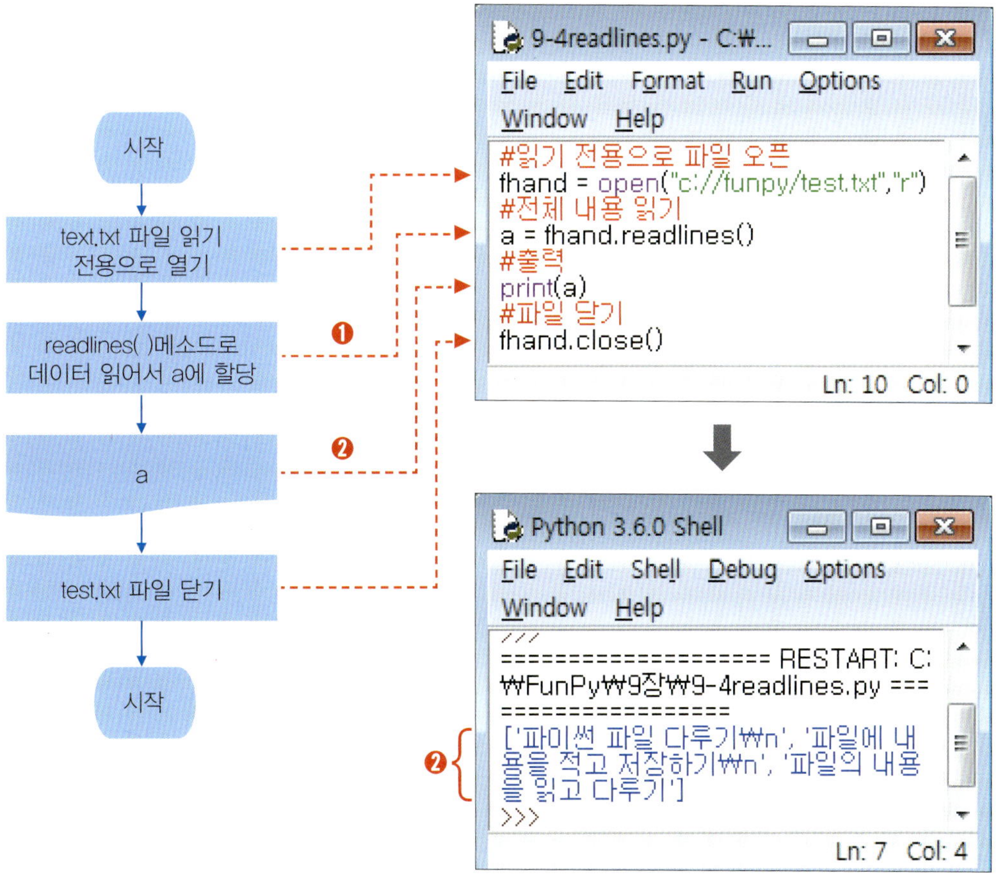

```
#읽기 전용으로 파일 오픈
fhand = open("c://funpy/test.txt","r")
#전체 내용 읽기
a = fhand.readlines()
#출력
print(a)
#파일 닫기
fhand.close()
```

실행 결과:
```
['파이썬 파일 다루기\n', '파일에 내용을 적고 저장하기\n', '파일의 내용을 읽고 다루기']
```

❶ readlines( ) 메소드를 이용해서 test.txt파일의 전체 내용을 읽어서 각 줄 별 리스트 항목을 만든 후 변수 a 에 할당합니다.

❷ 변수 a를 출력합니다.

출력 결과에서 알 수 있듯이 test.txt 파일의 각 줄이 리스트 항목이 되어 저장됩니다. 첫 번째 항목 끝과 두 번째 항목 끝에 줄바꿈 문자가 있는 것을 확인할 수 있습니다. 마지막 항목에 줄바꿈 문자가 없는 이유는 test.txt 파일을 작성할 때 마지막 줄 입력 후 엔터키를 누르지 않았기 때문입니다.

5) 메소드를 사용하지 않고 파일 데이터 읽기

위에서 소개한 메소드를 사용하지 않고도 파일 오픈 후 파일 내용을 가져올 수 있습니다. 그 방법을 이용한 예제를 만들어 보겠습니다.

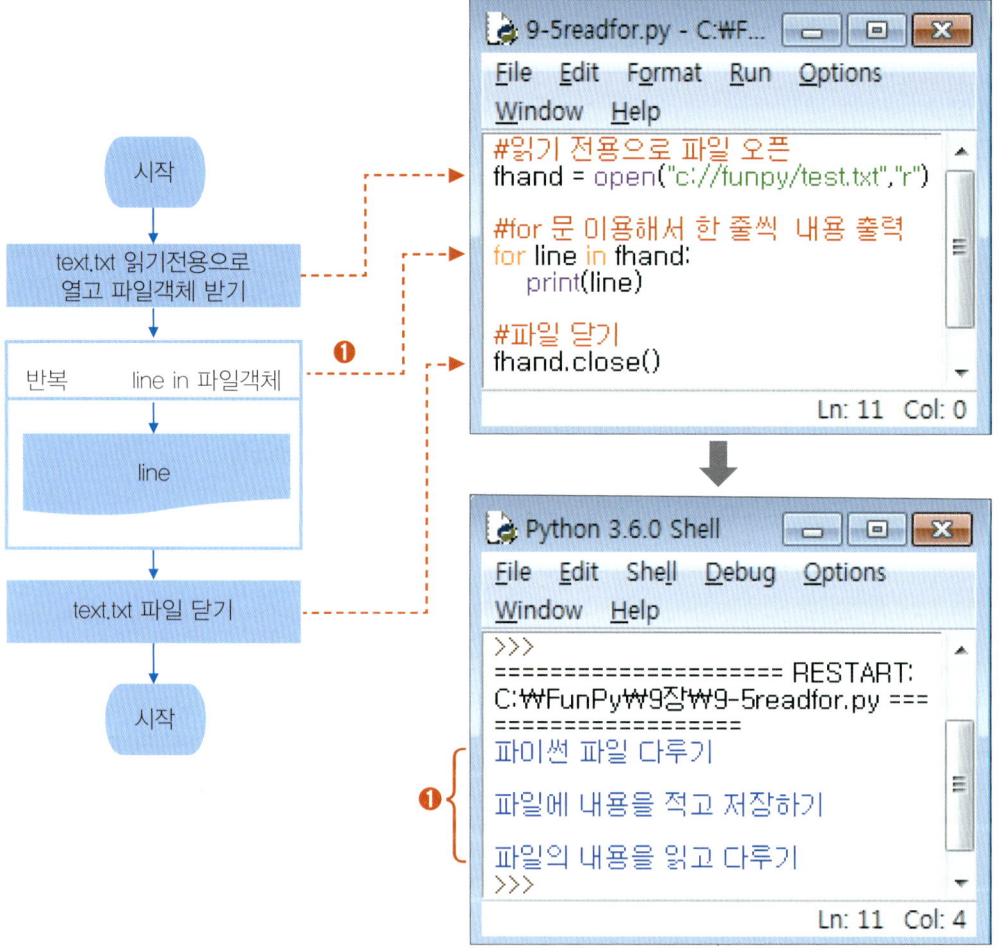

❶ for 문을 사용해서 파일객체로부터 파일의 내용 한 줄씩 전달받아 출력합니다.

print( ) 함수는 기본적으로 출력 후 줄바꿈을 하고, 여기에 파일에서 읽어들인 데이터 끝에 줄바꿈이 되어 있으므로 위의 프로그램을 통해 데이터를 출력하면 한 줄씩 띄어서 출력이 됩니다.

9-2 응용예제 : 평균 구하기

1. 여러 개의 리스트 변수로 작성

여러 명의 점수를 파일로 입력 받아 평균을 구하는 프로그램을 작성해 보겠습니다.

사용할 데이터 파일은 score.txt 라는 파일이름으로 저장되어 있습니다.

데이터 파일의 제일 첫 번째 줄에는 각각의 줄에 저장되어 있는 항목이 무엇인지 항목별 제목을 적고, 항목을 구분하기 위해 콜론(:)을 구분자로 사용합니다.

우리가 평균을 구하기 위해서 실제로 사용할 데이터는 두 번째 줄부터 마지막 줄까지입니다. 이름과 각 과목의 점수는 콜론(:)을 이용해서 구분합니다.

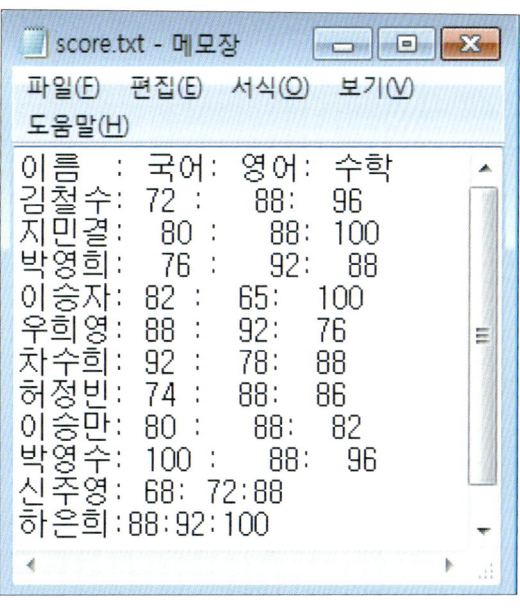

❶ 파일에서 읽어올 데이터를 저장할 리스트 변수를 만듭니다.

❷ readlines( ) 함수를 사용해서 파일 내용을 전부 읽어서 데이터 한 줄 한 줄을 항목으로 갖는 datalines 리스트를 생성합니다.

datalines 리스트 변수가 데이터를 갖고 있는 모습은 아래와 같습니다.

datalines[0]	이름: 국어: 영어: 수학₩n
datalines[1]	김철수: 72: 88: 96₩n
datalines[2]	지민결: 80: 88: 88₩n
datalines[3]	박영희: 76: 92: 100₩n
datalines[4]	이승자: 82: 65: 100₩n
......	......

❸ datalines 로부터 for 문을 사용해서 항목을 하나씩 받아와서 구분자로 사용한 콜론(:)을 기준으로 각각 이름, 국어, 영어, 수학 항목을 분리시키고 필요 없는 공란과 줄 바꿈 문자를 지운 후에 name, kor, eng, math 리스트 변수에 추가시킵니다.

❹ name, kor, eng, math 리스트 변수에 저장된 데이터를 가지고 각각의 제목이 저장되어 있는 첫 번째 항목을 제외한 나머지 항목을 이용해서 개인별 평균을 구하고 출력합니다.

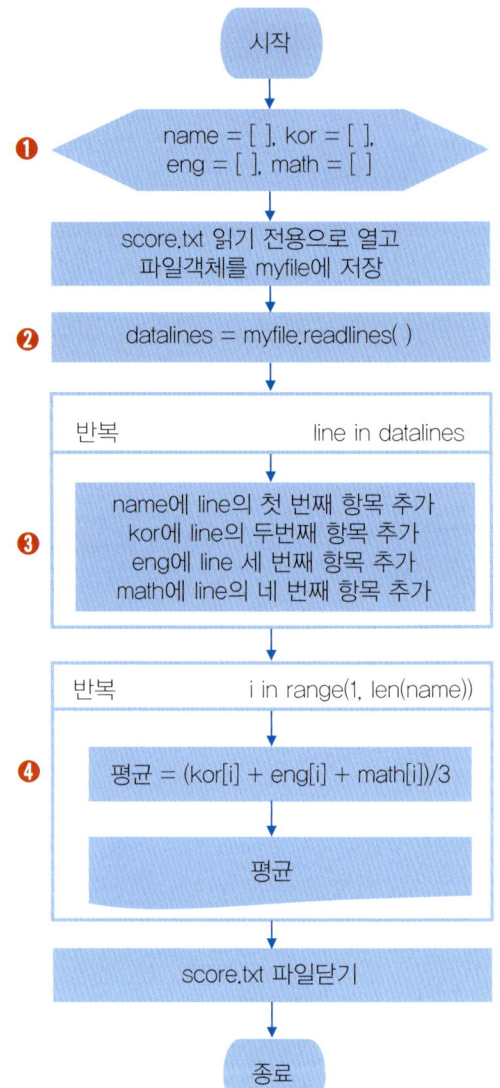

```
#과목별 리스트 변수 생성
name = []
kor = []
eng = []
math = []

#파일 열기
myfile = open('score.txt','r')

#데이터를 읽어서 datalines 에 저장
❶ datalines = myfile.readlines()

#데이터 항목 분리
for line in datalines :
    record = line.split(':')
❷   name.append(record[0].strip())
    kor.append(record[1].strip())
    eng.append(record[2].strip())
    math.append(record[3].strip())

#제목줄 출력
❸ print("%10s %4s %4s %4s %6s" %("이름","국어","영어","수학","평균"))
#계산 결과 출력
for i in range(1, len(name)):
❹   avr = (int(kor[i]) + int(eng[i]) + int(math[i]))/3
    print("%10s %6s %6s %6s %6.2f" %(name[i],kor[i],eng[i],math[i],avr))
#파일 닫기
myfile.close()
```

❶ readlines( ) 함수를 이용해서 파일 처음부터 끝까지 데이터를 읽어 datalines 변수에 저장합니다.

❷ for 문을 이용해서 datalines 에 저장되어 있는 데이터들을 각 과목별 리스트 변수에 저장합니다.

split( ) 메소드를 이용하면 각 항목을 구분해서 record 리스트 변수에 저장할 수 있습니다. split( ) 메소드 사용하는 법은 아래와 같습니다.

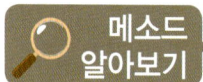

문자열.split(항목 구분자)
문자열을 인수로 주어진 항목 구분자 기준으로 분리해서 새로운 문자열 리스트로 돌려줍니다. 만일 항목 구분자 값을 전달해 주지 않으면 공란을 기준으로 항목을 구분합니다.

split( ) 메소드의 결과로 record 리스트 변수에 저장되어 있는 것을 그림으로 간단히 나타내면 아래 표와 같습니다.

record[0]	record[1]	record[2]	record[3]
"김철수"	" 72"	" 88"	" 96₩n"

record 변수에 저장되어 있는 값은 공란과 줄 바꿈 문자가 붙어있기 때문에 평균계산을 할 수 없습니다. 문자열에 대한 strip( ) 메소드를 사용해서 데이터 앞 뒤에 있는 공란을 지운 후 각 과목에 해당하는 리스트 변수에 추가시켜 줍니다. strip( ) 함수 사용법은 아래와 같습니다.

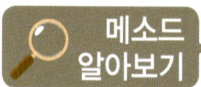

문자열.strip(문자들)
해당 문자열의 앞, 뒤에서 인수로 전달된 문자들의 조합을 지웁니다. 만일 인수 값이 없으면 해당 문자열 앞, 뒤에 있는 공란을 지웁니다.

kor 리스트 변수에 record[1].strip( )의 결과값을 추가하면 앞, 뒤 공란 없는 점수 값만 저장됩니다. 나머지 항목들도 이와 같은 방법으로 작성합니다.

■ name

0	1	2	3	4	…
김철수	지민결	박영희	이승자	우희영	…

■ kor

0	1	2	3	4	…
72	80	76	82	88	…

■ eng

0	1	2	3	4	…
88	88	92	65	92	…

■ math

0	1	2	3	4	…
96	100	88	100	76	…

❸ 결과 값을 출력하기 전에 각 항목의 제목을 출력해줍니다.
   아래 쪽에 출력될 결과값의 위치와 맞추기 위해서 포맷코드를 사용합니다. 각 항목별 차지하는 길이의 값은 프로그램을 실행하면서 조정할 수 있습니다.

❹ i 변수가 1부터 name 리스트 변수의 항목 개수까지 바뀌면서, 과목별 점수를 순서대로 가져와 평균값을 구하고 출력합니다.

프로그램을 실행하면 아래와 같은 결과가 나옵니다. 데이터로 사용할 파일인 'score.txt'가 프로그램과 같은 폴더에 있어야 오류 없이 실행됩니다.

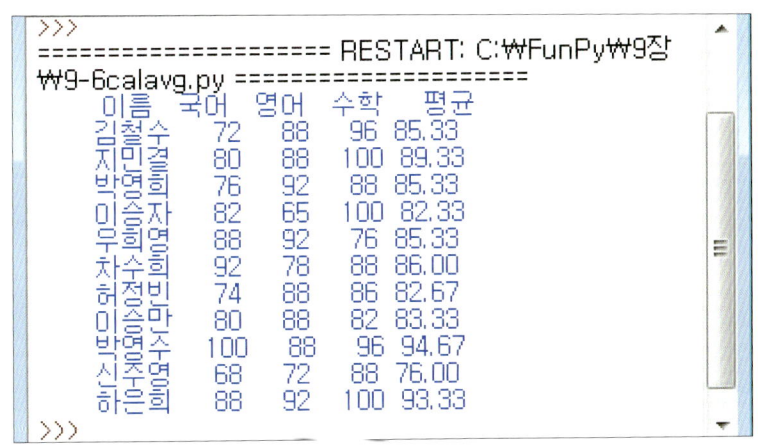

2. 한 개의 리스트 변수로 작성

평균을 계산하는 과목 수가 변경이 되더라도 프로그램을 수정하지 않고 바로 실행시킬 수 있도록 하나의 리스트 변수에 모든 과목의 점수들을 저장하도록 프로그램을 수정해 보겠습니다.

학생 별 데이터를 리스트 형태의 데이터로 만들고, 그 리스트 데이터를 하나의 리스트 항목으로 갖는 또 다른 students 라는 리스트 변수에 저장해서 사용하겠습니다. 그림으로 나타내면 아래와 같은 형태입니다.

■ students

0	1	2	3	...
[김철수, 72, 88, 96]	[지민결, 80,88,100]	[박영희,76,92,88]	[이승자,82,65,100]	...

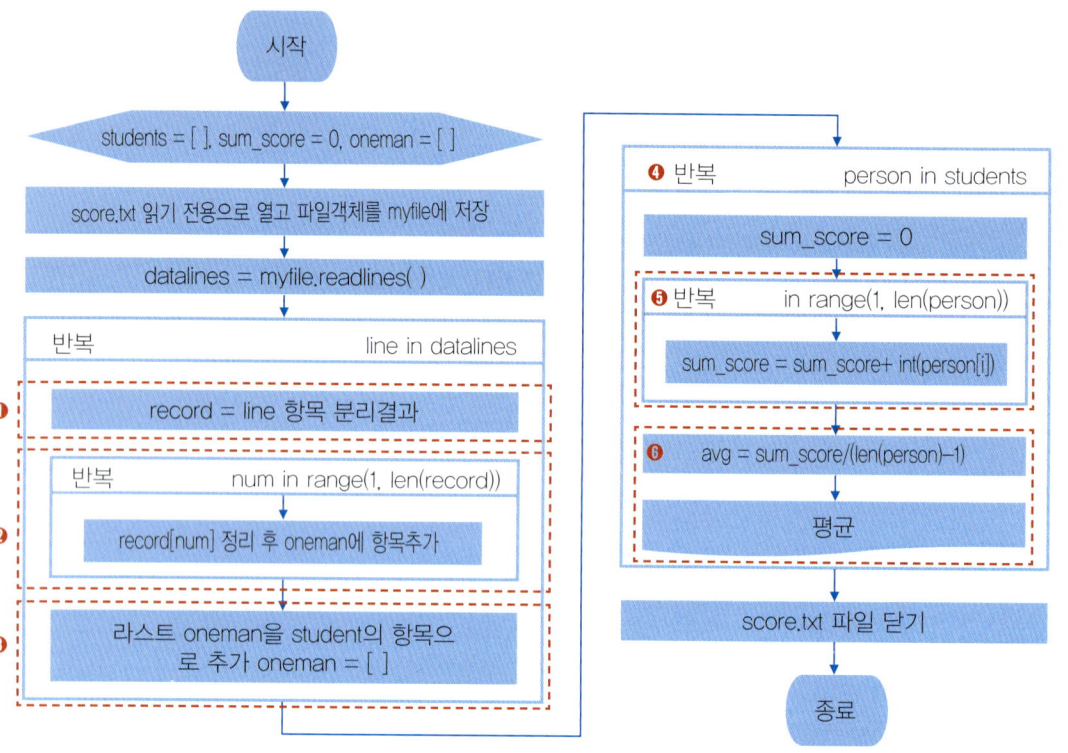

❶ 데이터 한 줄을 읽어와 항목을 분리시켜서 리스트변수 record에 저장합니다.

❷ record의 각 항목을 가져와 리스트 변수 oneman 항목에 추가합니다.

❸ record 의 모든 항목이 oneman에 전달되었으면 리스트변수 oneman의 값을 리스트 변수student 의 항목으로 추가하고 다음 데이터를 읽어오기 위해서 oneman 변수는 초기화합니다.

❹ 개인별 평균을 구하기 위해 리스트 변수 students에서 개인별 데이터를 리스트변수 person으로 가져옵니다.

❺ person에 있는 각 과목별 점수를 sum_score 에 합산합니다.
　반복 인덱스가 1부터 시작하는 이유는 인덱스 0에는 이름이 저장되어 있기 때문입니다.

❻ 평균을 구하고 결과를 출력합니다.
　person[0] 에 이름이 저장되어 있기 때문에 과목의 개수를 구하기 위해서는 person의 항목 개수에서 1을 빼야 합니다.

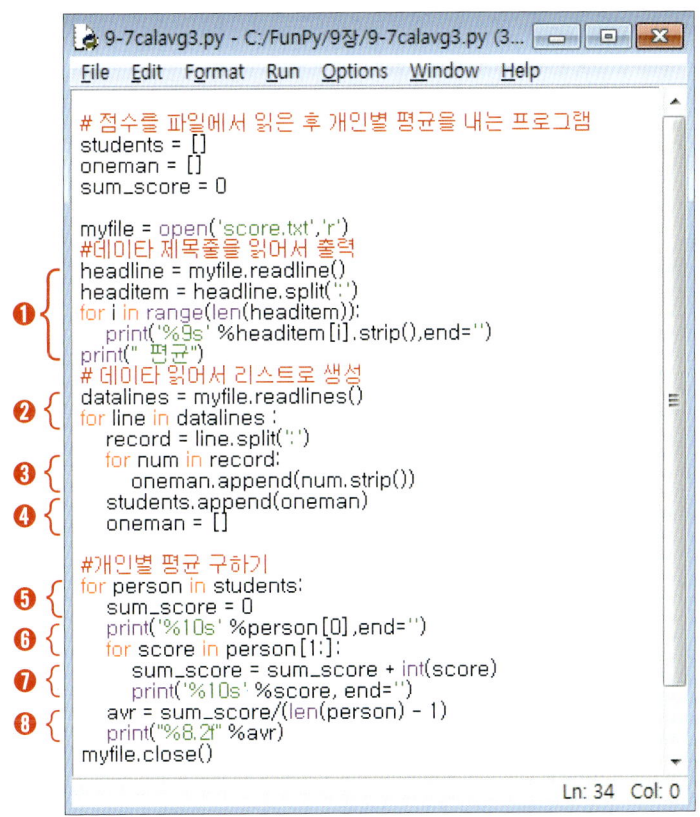

❶ readline( ) 함수를 이용해서 score.txt 의 첫 번째 줄을 읽어와 한 줄로 계산 결과의 제목으로 출력합니다.

데이터 파일의 첫 번째 줄에 각 항목의 제목이 나열되어 있기 때문에 readline( )을 이용해서 첫 번째 줄만 읽어 문자열변수 headline에 저장합니다. 구분자인 콜론(:)을 기준으로 분리해서 다시 리스트변수 headitem에 저장합니다. 리스트 변수 headitem의 항목들을 포맷코드를 사용해서 제목들이 9칸씩 자리하도록 하고, end 매개변수에 ' '을 전달해서 줄 바꿈 하지 않고 하나씩 출력해 줍니다.

한 줄로 리스트변수 headitem의 항목들에 대한 출력이 끝난 후 마지막으로 '평균'이라고 출력하면 결과 제목 출력이 완성됩니다.

❷ readlines( ) 함수를 사용해서 score.txt 의 두 번째 줄부터 끝까지 읽어 datalines에 저장하고 for 문을 이용해서 datalines에 저장된 값을 하나씩 가져와 콜론(:)을 기준으로 구분된 항목을 record 리스트 변수에 저장합니다.

❸ 리스트변수 record에서 하나씩 항목을 가져와 strip( )함수를 이용해 공백을 지운 후 리스트변수 oneman에 추가해줍니다.

❹ 한 사람에 대한 데이터 정리가 완료되면 리스트변수 oneman이 가지고 있는 값을 전체 학생 데이터를 저장하는 리스트변수 students의 한 항목으로 추가합니다.

다음 학생 데이터를 처리하기 위해서 oneman 변수를 빈 리스트로 초기화 합니다.

❺ for 문을 이용해서 students 리스트에 저장되어 있는 학생 별 데이터를 하나씩 person 으로 가져옵니다.

❻ person의 첫번째 항목인 이름을 출력하고 줄바꿈을 하지 않기 위해서 end 매개변수에 ' '를 전달합니다.

❼ for 문을 이용해서 person[1] 부터 person의 마지막 항목까지 저장되어 있는 과목별 점수를 출력하며 sum_score 변수에 합산시키고 줄바꿈 하지 않으면서 과목별 점수를 출력합니다.

❽ 합산된 점수를 이용해서 평균을 계산하고 계산결과를 출력합니다.

평균을 구할 때 점수를 합산한 값인 sum_score를 (person의 항목 수-1) 로 나눠준 이유는 person의 첫 번째 항목이 학생 이름이기 때문입니다.

작성한 프로그램을 실행해 보면 아래와 같은 결과가 출력됩니다. 학생 별 점수 파일인 score.txt 가 프로그램과 같은 폴더 안에 있어야 정상적으로 실행됩니다.

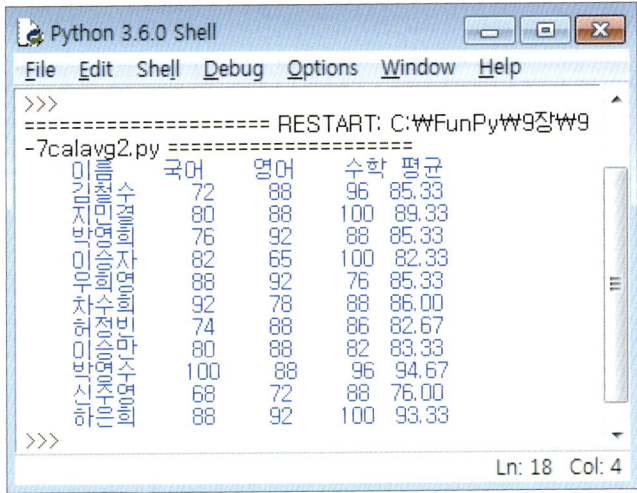

도전해보세요

1. 만일 작업 폴더에 데이터 입력으로 사용할 'score.txt' 파일이 존재하지 않는다면 프로그램 실행시 오류가 발생합니다. 프로그램 실행할 때 'score.txt' 파일이 지금 작업 폴더에 존재하는지 확인한 후에 평균 계산을 하도록 프로그램을 수정 추가해주세요. (힌트 : os.path 모듈의 isfile( )함수를 이용하면 현재 작업 폴더에서의 파일 존재 여부를 체크할 수 있습니다. "파일명" 을 인수로 전달해주세요.)

2. score.txt 파일은 존재하지만 파일 안에 데이터가 없는 경우에도 오류가 발생합니다. 이를 대비하기 위한 코드를 추가해보세요.

9-3 응용예제 : 대용량 자료 다루기

1. 대용량 자료 다루기

파이썬은 대용량의 자료를 쉽게 다룰 수 있도록 여러 강력한 기능을 제공하는 프로그래밍 언어입니다. 앞서 우리는 리스트, 튜플, 세트, 딕셔너리 대해 배웠습니다. 이런 자료구조(data structure)들을 사용하면, 대용량의 자료를 프로그램 안에서 쉽게 다룰 수 있습니다.

파일의 자료를 검색하고, 가공하기 위해서는 자료구조(data structure)를 잘 파악하고 있는 것이 도움이 됩니다. 이를 위해 같은 기능의 프로그램을 서로 다른 자료구조를 사용하여 작성해 보겠습니다.

2. 데이터 추출

1) 우편번호 데이터 가져오기

데이터를 추출하기 위해서는 추출의 대상이 되는 파일이 필요합니다.
우리는 쉽게 구할 수 있는 자료인 우편번호를 가지고 원하는 데이터를 추출하는 프로그램을 작성해 보려합니다. 우편번호는 우체국 홈페이지에서 자료를 받을 수 있습니다.

우편번호 데이터를 받는 간단한 방법을 소개합니다.
www.epost.go.kr에 접속합니다.

 를 클릭합니다.

→ 우편번호 내려받기를 선택합니다.

→ 고시파일 내려받기에서 지역별 주소 DB 받기를 선택합니다.

→ 압축파일을 압축풀기하여 C:\FunPy\ 폴더 안에 우편번호 파일을 저장합니다.

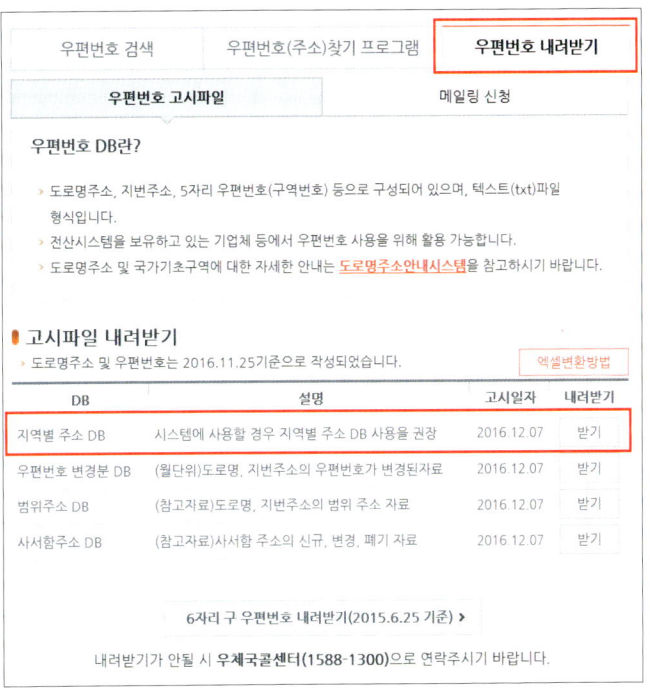

→ 이와 같은 파일들이 폴더 안에 생성된 것을 확인할 수 있습니다. 이 파일 중에 하나를 메모장으로 열면 내용을 확인할 수 있습니다.

메모장으로 파일을 열면 위와 같은 형태의 자료를 볼 수 있습니다. 첫번째 줄에 자료의 순서에 따른 항목이 명시되어 있고, 각 항목은 파이프('|')구분자로 구분되어 있습니다.

우편번호 데이터는 우리가 알고 싶은 정보보다 더 많은 정보를 가지고 있고, 용량도 커서 다루기가 쉽지 않습니다. 따라서 이 우편번호 데이터를 가지고 원하는 정보만을 추출하는 작업을 하려고 합니다.

2) 리스트(list)를 사용한 데이터 추출

원본 파일을 읽고, 원하는 항목들을 선택해서 새로운 형태의 결과 파일에 내용을 써 주는 프로그램을 작성해 보겠습니다.

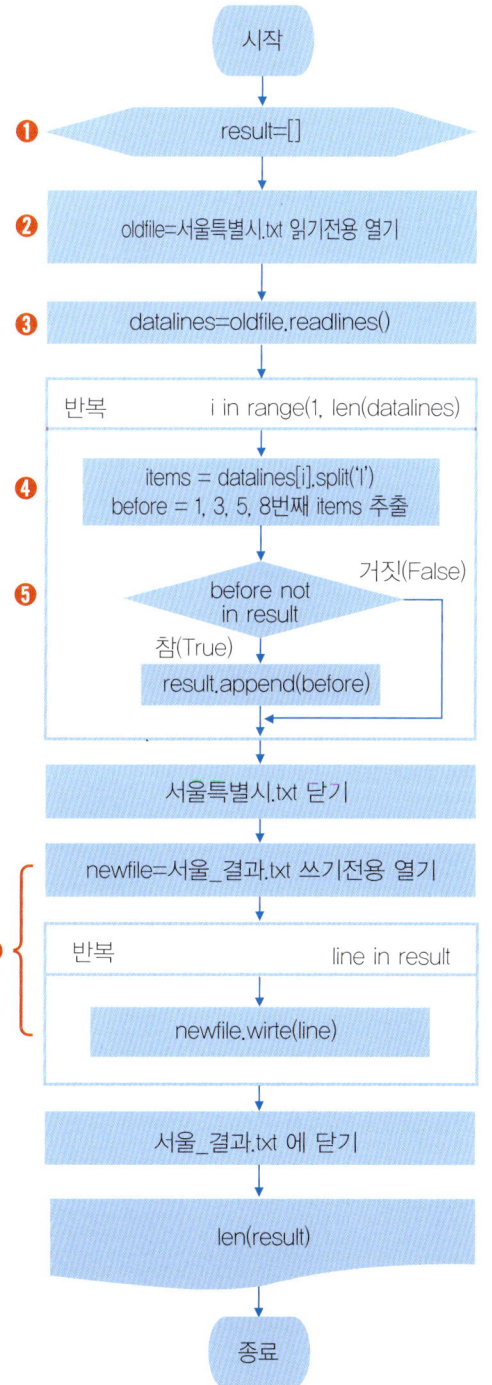

❶ 구성한 내용을 저장하기 위한 리스트 변수 result를 초기화 합니다.

❷ 원본파일로 사용할 '서울특별시.txt'를 열고 파일 객체를 oldfile에 할당합니다.

❸ 파일에 있는 데이터를 모두 읽어서 datalines에 각 라인별 리스트 형태로 저장합니다.

❹ 원본 데이터를 '|' 로 항목구분을 해서 리스트변수 items에 저장하고 '시도', '시군구', '읍면', '도로명' 에 해당하는 항목인 items[1], items[3], items[5], items[8] 만을 변수 before에 저장합니다.

❺ 결과 파일에 중복된 내용이 들어가지 않도록, before 의 내용이 결과 내용을 모아두는 리스트변수 result에 없으면 result에 추가합니다.

❻ 결과 파일로 사용할 '서울_결과.txt'을 열고 result에 저장되어 있는 항목들을 씁니다.

위의 순서도를 기초로 파이썬 코드로 작성하면 아래와 같습니다.

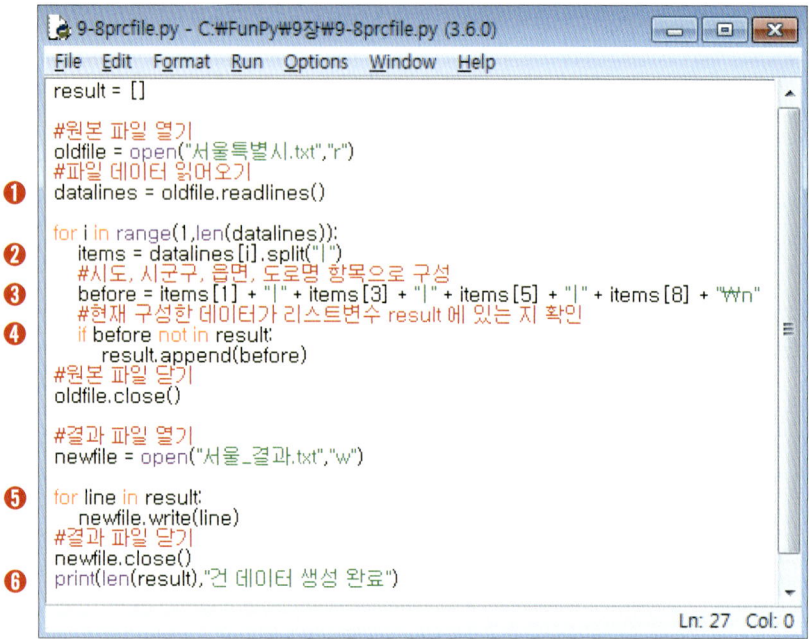

❶ 원본 데이터 파일에서 모든 데이터를 읽고 각 라인 별로 리스트 항목을 만들어서 datalines에 저장합니다.

❷ 원본 데이터의 첫 번째 줄이 각 항목에 대한 제목 줄이므로 dalatlines[1] 부터 읽습니다. split( ) 메소드를 사용해서 '|' 기준으로 항목을 분리해서 리스트 변수 items에 저장합니다.

❸ '시도', '시군구', '읍면', '도로명' 항목만 가져와 항목 구분자로 사용하는 문자인 파이프('|')를 각 항목마다 붙여서 문자열을 구성하고 문자열 마지막에는 줄바꿈문자('\n')를 붙여 변수 before 에 저장합니다.

서울특별시.txt 파일을 열어보면 파일 제일 윗 줄에 ' 새우편번호|시도|시도영문|시군구|시군구영문|읍면|읍면영문|도로명코드|도로명|도로명영문|지하여부|… ' 의 형태로 각 줄에 저장되어 있는 데이터 항목에 대한 제목이 붙어 있습니다.(57만건이 넘는 데이터가 있어서 파일을 여는데 시간이 조금 걸립니다.)

각 줄의 데이터를 구분자로 구분해서 리스트 items 에 저장하면, 우리가 원하는 항목은 두 번째, 네 번째, 여섯 번째, 아홉 번째 항목에 위치합니다. 그래서 items[1], items[3], items[5], items[8]를 사용해 결과 문자열을 구성합니다.

❹ 현재 구성한 문자열이 결과 파일에 써줄 내용을 모아놓은 리스트 변수 result에 없는 지 not in 키워드를 사용해서 검사하고 없으면 result 리스트에 append( ) 메소드를 사용해서 추가합니다.

❺ 리스트 변수 result의 항목들을 결과 파일인 '서울_결과.txt'에 씁니다.

❻ 결과 데이터의 개수를 출력합니다.

이 프로그램을 실행시키면 아래와 같이 출력되고 프로그램이 저장된 폴더에 새로운 '서울_결과.txt'파일이 생성된 것을 확인할 수 있습니다.

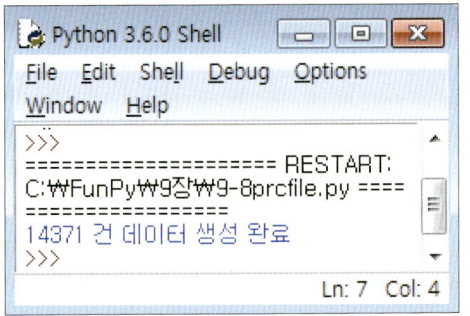
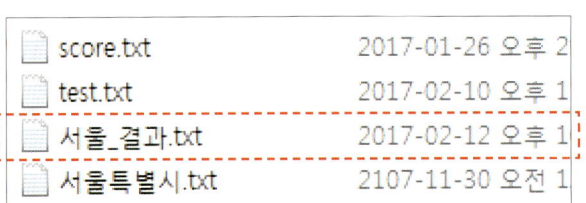

3) 세트(set)을 사용한 데이터 추출

앞서 우리는 리스트를 사용하여 데이터를 추출하는 프로그램을 작성하였습니다. 사용되는 컴퓨터 사양마다 다르겠지만 결과 파일을 만들기까지 2분여의 시간이 소요됩니다. 프로그램에서 이 시간이 소요되는 부분은 리스트에 중복되는 값이 있는지 점검하는 비교구문 부분입니다. 리스트에 비교하는 값이 있는지 확인하기 위해 리스트 값을 하나하나 비교하게 되는데 이 비교는 자료가 많을수록 더 오래 걸립니다.

세트(set)는 중복이 불가능합니다. 그리고 세트 변수 안에 있는 값은 해싱(hashing)을 이용하여 저장됩니다. 해싱(hashing)을 이용해서 저장된 값은 해싱 알고리즘을 이용해 빠르게 검색할 수 있습니다. 이러한 세트(set)의 특징을 이용하여 프로그램을 조금 변경해 보겠습니다.

결과 데이터를 취합하기 위한 변수를 값이 없는 빈 세트로 선언하고 결과값을 그 세트에 저장해보겠습니다. 세트를 사용해서 구현한 프로그램은 아래와 같습니다.

```python
rset = set()

#원본 파일 열기
oldfile = open("서울특별시.txt","r")
#파일 데이터 읽어오기
datalines = oldfile.readlines()

for i in range(1,len(datalines)):
    items = datalines[i].split("|")
    #시도, 시군구, 읍면, 도로명 항목으로 구성
    before = items[1] + "|" + items[3] + "|" + items[5] + "|" + items[8] + "\n"
    #현재 구성한 데이터를 rset 에 추가
    rset.add(before)
#원본 파일 닫기
oldfile.close()

#결과 파일 열기
newfile = open("서울_결과.txt","w")

for line in rset:
    newfile.write(line)
#결과 파일 닫기
newfile.close()
print(len(rset),"건 데이터 생성 완료")
```

❶ 결과 데이터를 취합하는 자료구조를 리스트에서 세트로 바꿨습니다.

❷ 구성한 데이터를 세트로 선언한 rset에 추가했습니다.

리스트를 사용해서 결과 데이터를 취합할 때는 'in'으로 자료가 있는지 여부를 확인하는 if 구문이 있었지만 세트를 사용할 때는 데이터 존재 여부를 확인하는 구문이 없어졌습니다. 세트는 자료구조 자체가 데이터 중복을 허용하지 않기 때문에 굳이 비교하여 넣을 필요가 없기 때문입니다.

세트를 이용한 프로그램을 실행해 보면 리스트로 작성했던 프로그램과 비교하여 확실한 속도 차이를 느낄 수 있습니다.

3. 파일의 자료에서 원하는 정보를 획득하기
1) 서울시 시군구 개수 구하기

→ 앞에서 추출한 결과 파일을 열어보면 오른쪽 그림과 같습니다.

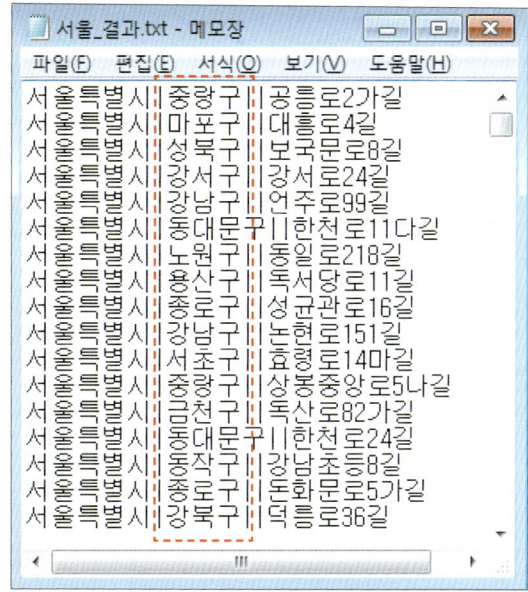

이렇게 추출한 결과를 이용해서 원하는 정보 몇 가지를 찾아낼 수 있습니다. 우선 서울시에 몇 개의 시군구가 있는 지 알아보는 프로그램을 작성해 보겠습니다.

시군구는 데이터 파일 안에서 두 번째 항목에 해당하는 값들입니다.

시군구 값이 몇 종류가 되는 지 알려면 세트 자료구조를 사용하는 게 프로그램 실행 효율성 면에서 유리합니다.

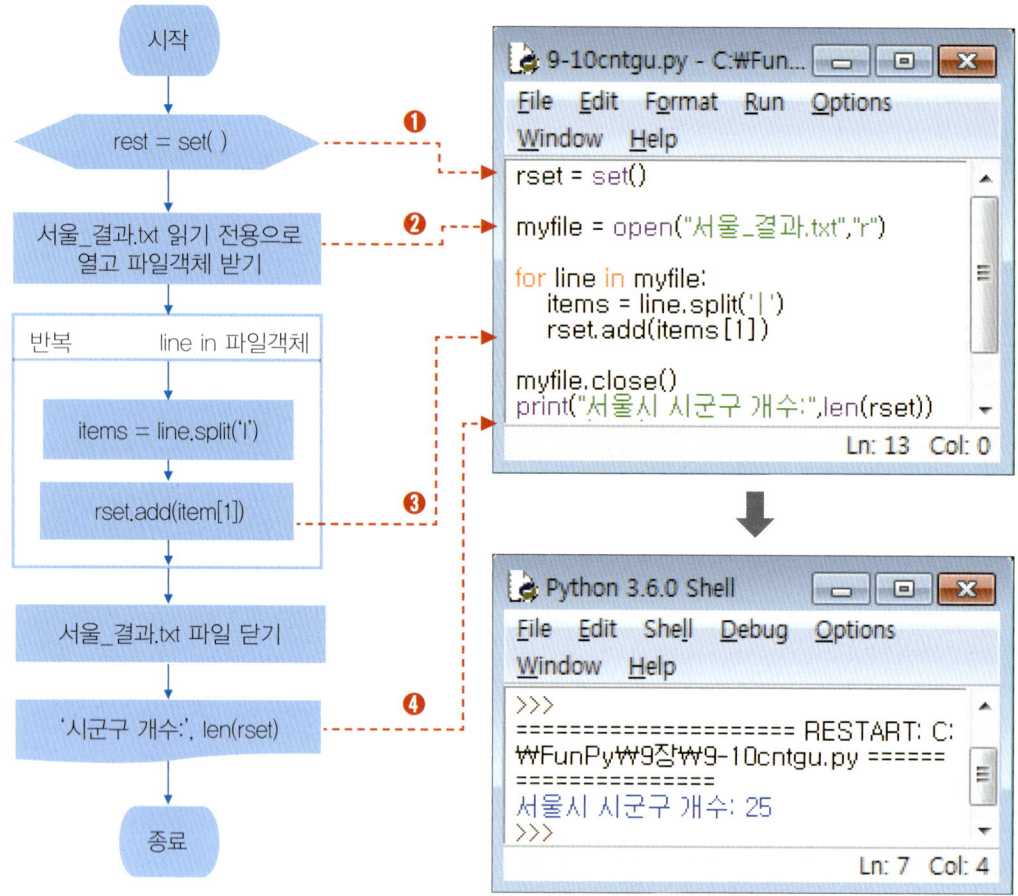

❶ 빈 세트를 만들어서 변수 rset에 할당해서 데이터를 취합할 자료구조로 사용합니다.

❷ 읽기 전용으로 '서울_결과.txt' 파일을 엽니다.

❸ 파일에서 읽어온 데이터를 항목 구분자 '|'를 기준으로 구분해서 items에 저장합니다. items의 두 번째 항목만 가져와서 rset 변수에 추가합니다. rset에 이미 있는 시군구 데이터가 나오더라도 세트의 특성 상 추가되지 않습니다.

❹ 취합된 데이터 개수를 출력합니다.

2) 서울시 시군구 출력

서울시 시군구의 개수만이 아니라, 시군구의 목록을 알고 싶다면 어떻게 하는 것이 좋을까요? 이미 시군구의 자료를 가지고 있으므로 print(rset) 명령을 추가하여 결과를 얻을 수 있습니다.

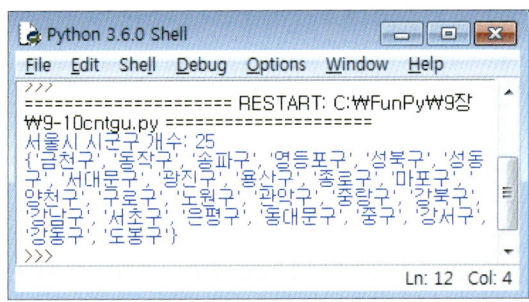

이 자료를 가나다 순으로 정리하여 한 줄씩 출력하도록 하겠습니다.

sorted() 함수를 이용해서 세트에 저장되어 있는 자료들을 정렬하고 for 문을 이용해서 한 줄씩 출력합니다.

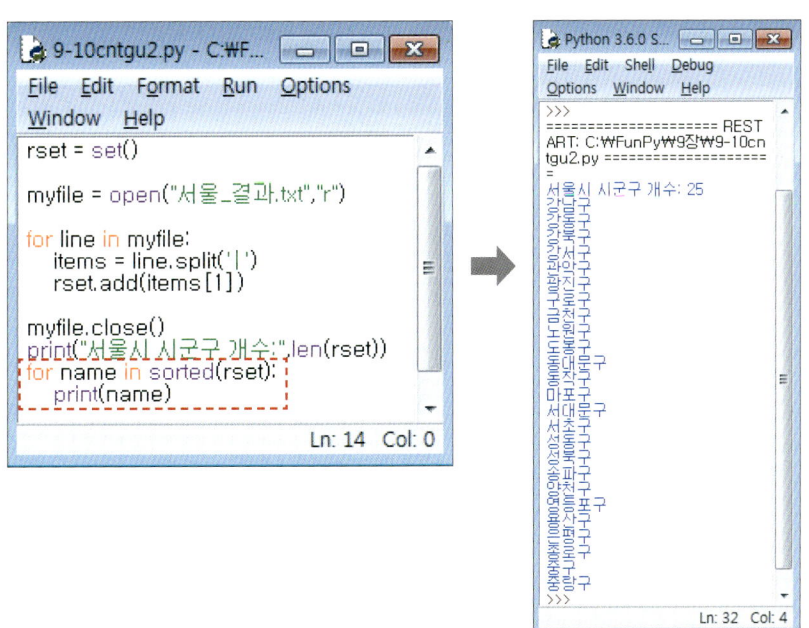

3) 각 시군구 도로명 개수

시군구별로 몇 개의 도로명을 가지고 있는지 알아보려 합니다. 즉 각 시군구 이름과 도로명의 개수가 한 쌍이 되는 자료구조가 필요한 것입니다.

데이터를 키(key) 와 값(value)의 한 쌍으로 처리하는 딕셔너리를 사용해서 시군구에 몇 개의 도로 명이 있는지 파악하는 프로그램을 작성해 보겠습니다.

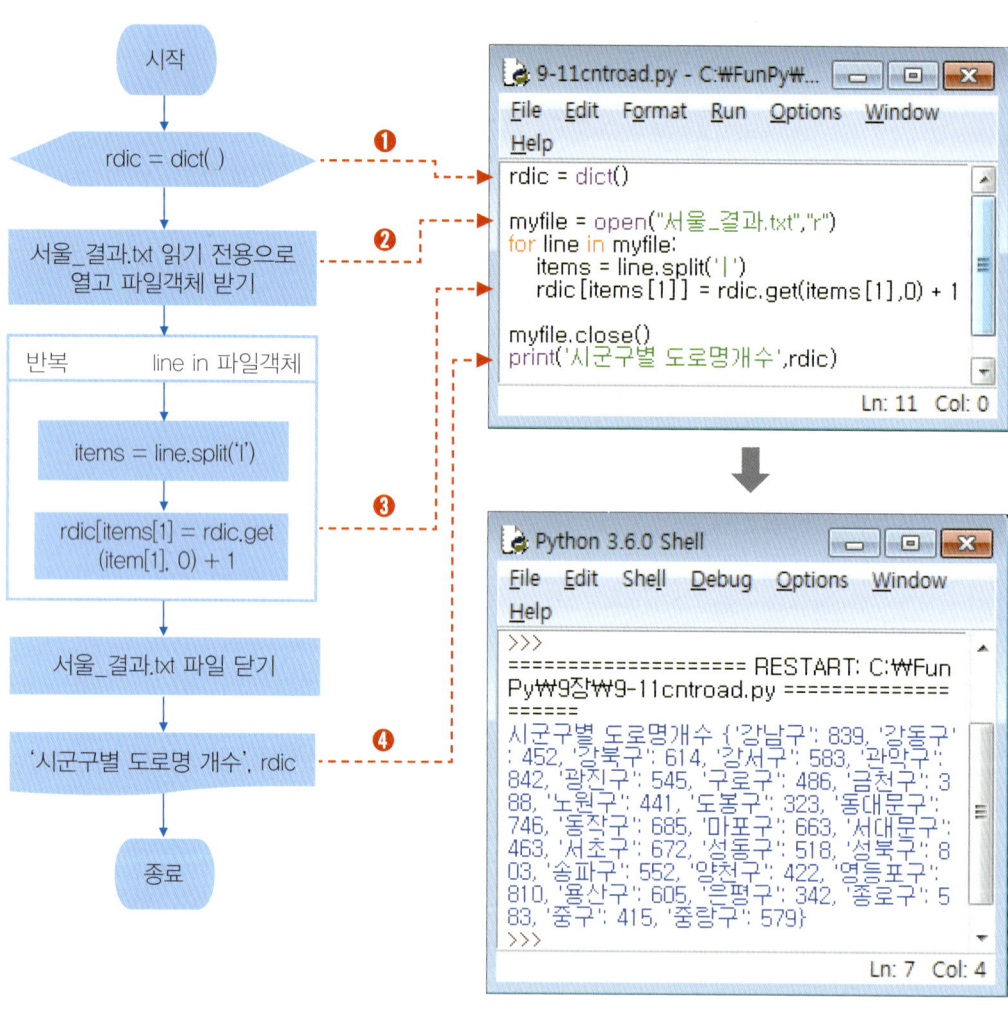

❶ 빈 딕셔너리를 만들어서 변수 rdic에 할당해서 데이터를 취합할 자료구조로 사용합니다.

❷ 읽기 전용으로 '서울_결과.txt' 파일을 엽니다.

❸ 파일에서 읽어온 데이터를 항목 구분자 '|'를 기준으로 구분해서 items에 저장합니다. items의 두 번째 항목을 키(key)로 하는 값(value)을 rdic에서 가져오기 위해 get( ) 메소드를 사용합니다.

❹ 취합된 데이터를 출력합니다.

이 자료를 시군구의 가나다 순으로 정리하여 한 줄씩 출력하도록 바꿔보겠습니다.

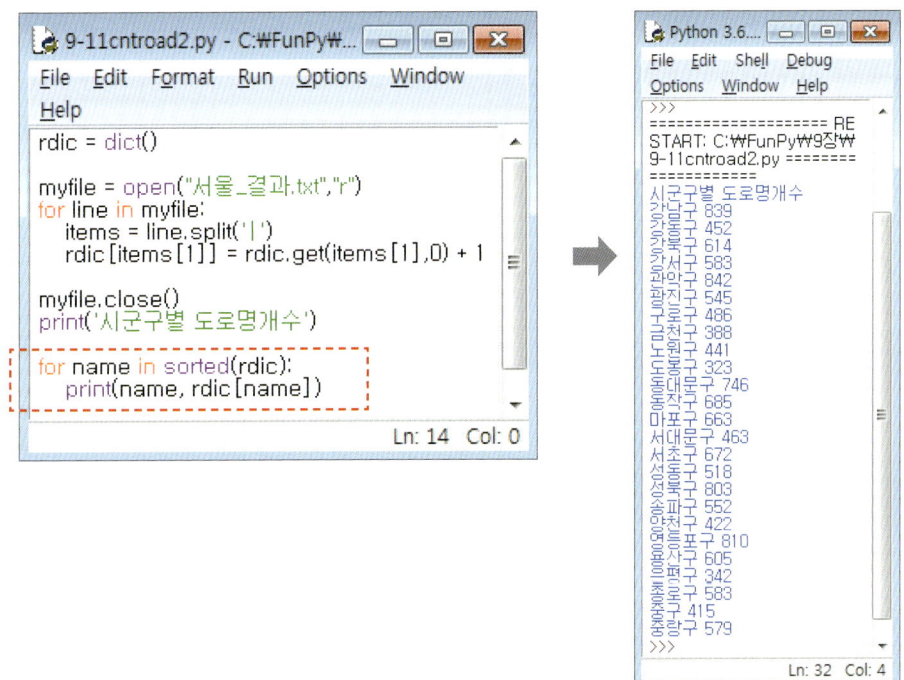

앞에서 시군구를 정렬해서 출력했던 것처럼 sorted( ) 함수를 사용해서 딕셔너리의 키(key) 값을 기준으로 정렬한 후 for 문을 사용해서 딕셔너리의 키(key)와 그에 해당하는 값(value)을 출력 했습니다.

4. 정렬 하기
1) 자료구조를 변경하여 정렬
도로명의 개수별로 정렬하여 가장 많은 시군구부터 출력해 보는 프로그램을 작성하겠습니다.

딕셔너리의 값(value)의 크기에 따라 정렬이 돼야 하는데 sorted( ) 함수에 딕셔너리를 인수로 넣어주면 항목의 앞에 위치한 딕셔너리의 키(key)의 크기에 따라 정렬이 됩니다. 그래서 값(value)이 앞에 나오고 키(key)가 뒤에 나오는 데이터 쌍을 만들어 정렬해야 합니다.

딕셔너리의 키(key)는 변경할 수 없는 값인데, 변경할 수 없는 특징을 가진 자료구조가 바로 튜플입니다. 딕셔너리의 항목들을 튜플의 형태로 변경하고 변경된 항목으로 구성된 리스트를 정렬 하겠습니다.

튜플로 구성할 때 순서를 (키, 값)의 순서가 아닌 (값, 키)의 순서로 구성해야 sorted( ) 함수를 사용해서 정렬할 때 값(value)을 기준으로 정렬한 결과를 얻을 수 있습니다.

변형할 형태를 그림으로 나타내면 아래와 같습니다.

딕셔너리 형태	{ '도봉구' : 323, '중랑구' : 579, '강북구' : 614, … }
항목이 튜플로 된 리스트 형태	[(323, '도봉구') (579, '중랑구'), (614, '강북구'), …]

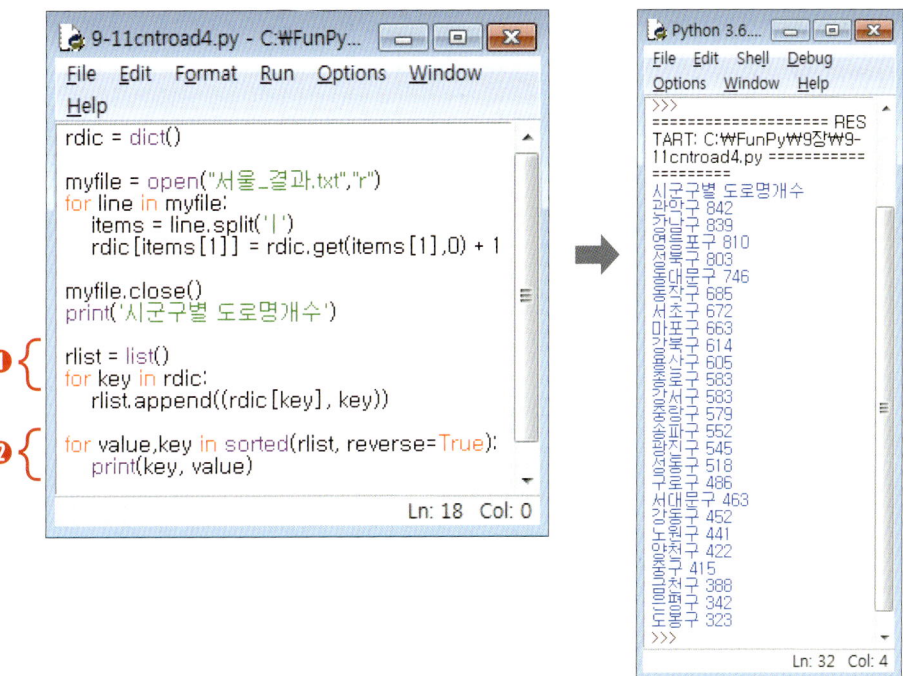

❶ 빈 리스트를 만들어서 딕셔너리에 저장되어 있는 키(key)와 값(value)으로 된 튜플을 항목으로 하나씩 추가시킵니다. 이 때 튜플의 앞에 값(value)을 주고 뒤에 키(key)를 줍니다.

❷ sorted( ) 함수를 사용해서 새로 만든 리스트를 정렬하는데, reverse 매개변수에 True를 할당해서 역순으로 정렬된 값을 for 문을 이용해 출력합니다.

2) 람다 함수를 이용하여 정렬

딕셔너리의 키(key)가 아닌 값(value)으로 직접 정렬하는 방법이 있습니다. 값(value)으로 정렬하기 위해서는 sorted()함수의 key라는 매개변수에 정렬 기준에 영향을 주는 함수를 적어줘야합니다. key라는 매개변수는 sorted( )함수를 사용할 때 설정하지 않으면 None으로 처리되어 무조건 첫 번째 항목이 가진 값을 기준으로 자료를 정렬하게 됩니다.

람다함수라는 것에 대해 먼저 알아보겠습니다.

lambda 매개변수1[, 매개변수2, …] : 계산식
이름을 정의하지 않습니다.
여러 개의 매개변수를 가질 수 있고 한 줄로 된 계산식으로 이뤄진 함수입니다.
return 구문은 사용하지 않지만 계산식에 의한 리턴값이 반드시 하나만 있어야 하고, 전역변수는 사용할 수 없습니다.

람다함수를 사용해서 sorted( ) 함수의 정렬 기준을 딕셔너리의 각 항목에 두 번째로 등장하는 값으로 변경시킵니다.

❶ rdic에 {시군구명:도로명 개수} 형태로 저장된 데이터를 sorted( ) 함수를 사용해서 정렬합니다. key에 정렬 기준을 바꿔주는 람다함수를 사용합니다.

람다함수는 rdic이 전달하는 키(key)와 값(value)의 쌍으로 된 데이터를 매개변수 city에 받습니다. 그러면 쌍으로 된 데이터의 첫 번째 즉 앞에 있는 키(key)는 city[0]가 되고 뒤에 있는 값(value)은 city[1] 이 됩니다. 람다함수는 지금 리턴값으로 city[1] 을 주고 있기 때문에 정렬 기준이 뒤에 있는 값(value)이 되도록 key 항목에 설정하게 됩니다.

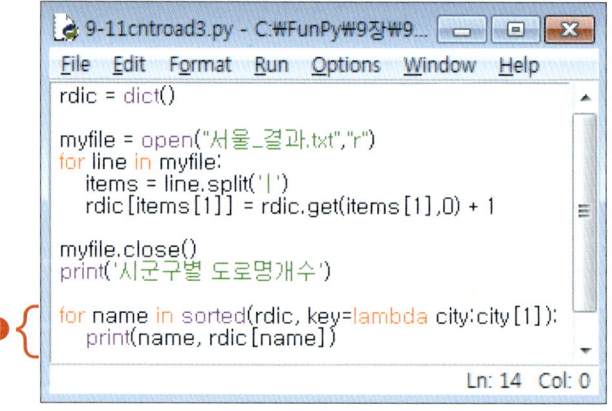

Chapter 10

tkinter : GUI 프로그램

10-1 객체(object)와 클래스(class)
10-2 tkinter - GUI 프로그래밍
10-3 tkinter로 메모장 만들기

10-1 객체(object)와 클래스(class)

객체 지향 프로그래밍(OOP: ojected-oriented programming)은 객체(object)를 기본으로 하여 프로그램한다는 의미입니다. 이 객체(object)는 영어사전에서 찾으면 물건, 물체라는 뜻입니다.

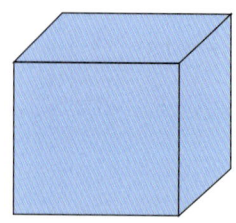

여기 이런 상자가 하나 있습니다. 이 상자는 파란색 색상을 가지고 있습니다. 파란색 상자를 초록색 상자로 색을 변경할 수 있습니다. 하지만 변의 개수, 꼭지점의 개수 등을 변경할 수는 없습니다. 변경하게 되면 더 이상 상자가 아니기 때문입니다. 이렇게 물체는 고유의 특징이 있고, 그 중에 상태를 변경할 수 있는 것들이 있습니다. 이러한 상자가 하나의 객체입니다.

파이썬에서 사용했던 정수, 실수, 문자열 변수 뿐만 아니라 리스트, 튜플 등의 변수들도 모두 객체입니다. 우리는 계속 객체들을 사용하여 객체 지향 프로그래밍을 하고 있었습니다.

객체들은 속성값(attribute)과 동작(메소드, method)을 갖습니다. 객체가 어떤 속성과 메소드를 가질지 정의해 놓은 것이 클래스(class)입니다. 클래스는 일종의 객체의 설계도라고 할 수 있습니다.

지붕과 벽으로 구성된 집을 생각해 보겠습니다. 집을 짓기 위해 오른쪽과 같은 지붕의 모양과 벽의 모양을 정한 설계도가 있습니다. 이 설계도는 지붕의 색을 변경할 수 있다고 설정했습니다. 여기에서 지붕의 모양과 색, 벽면의 모양과 색은 짓게 될 집의 속성이 되고, 지붕의 색을 변경하는 것은 짓게 될 집에 하게 될 동작입니다.

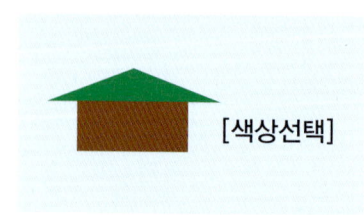

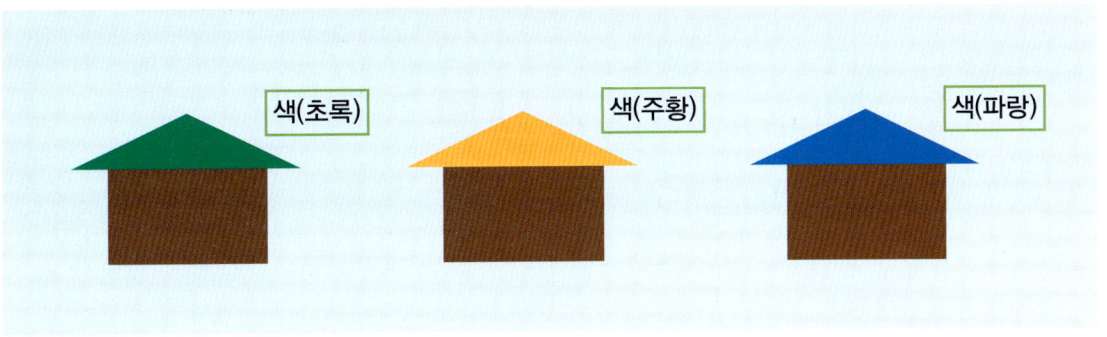

설계도에 따라 지붕의 색을 초록, 주황, 파랑으로 칠한 집을 지었습니다. 여기서 집을 짓기 위한 설계도가 클래스(class)입니다. 이 설계도에 따라 지어진 집이 객체입니다. 설계도가 있으면 같은 형태의 집을 계속 만들어낼 수 있는 것처럼, 클래스를 통해 같은 형태의 객체를 계속 만들어 낼 수 있습니다. 지붕의 색을 변경할 수 있도록 설계도에 미리 설정되어 있는 것처럼 객체가 사용할 수 있는 메소드는 클래스에 정의되어 있습니다.

파이썬에서 문자열 'abc'는 객체입니다. type() 함수를 사용해서 'abc' 객체의 클래스 이름을 알아보겠습니다.

➡ class라는 단어를 볼 수 있습니다. 'abc' 는 'str' 클래스로 만들어낸 객체입니다.

```
>>> type('abc')
<class 'str'>
```

리스트, 튜플 등의 변수도 클래스 이름이 'list', 'tuple'입니다.

파이썬은 객체 지향 프로그래밍 언어입니다. 다루었던 모든 자료들은 클래스에서 정의한 대로 생성된 객체입니다. 객체 지향 프로그래밍의 장점은 클래스와 객체에 대해 모르더라도 자연스럽게 사용할 수 있다는 것입니다. 우리가 실제 세계에서 물건을 다루는 것과 유사한 방식으로 프로그래밍 할 수 있기 때문입니다.

10-2 tkinter – GUI 프로그래밍

1. GUI 프로그래밍

GUI(Graphical user interface)는 사용자가 그래픽을 통해 컴퓨터와 상호작용할 수 있도록 하는 방식을 말합니다. 마우스를 이용하여 메뉴나 버튼 등을 선택하여 작업을 수행하는 방식이 바로 GUI입니다. 대표적인 GUI는 윈도우이고, 윈도우에서는 대부분의 프로그램들이 GUI 방식을 제공합니다. 쉘에 키보드를 통해 작업을 수행시키는 파이썬은 GUI 방식을 사용하고 있지 않습니다. 요즘의 프로그램들은 사용자의 편리를 제공하기 위해 GUI방식을 많이 사용합니다.
파이썬에서도 이런 GUI 프로그램을 프로그래밍할 수 있도록 tkinter라는 라이브러리를 제공합니다.

tkinter는 GUI를 제공할 수 있는 많은 요소들을 가지고 있습니다. 레이블, 버튼, 입력창 등의 요소가 있고, 이런 요소들을 위젯(widget)이라고 부릅니다. 위젯들을 객체로 생성할 수 있는 클래스들이 tkinter에 정의되어 있습니다. tkinter는 현재 파이썬 2.7버전까지 지원합니다. 2.7 이후 버전에서는 오류가 발생할 수 있습니다.

2. tkinter 배우기

1) 윈도우 화면 만들기

tkinter를 이용하여 "안녕하세요"를 보여주는 윈도우 화면을 만들어 보겠습니다.

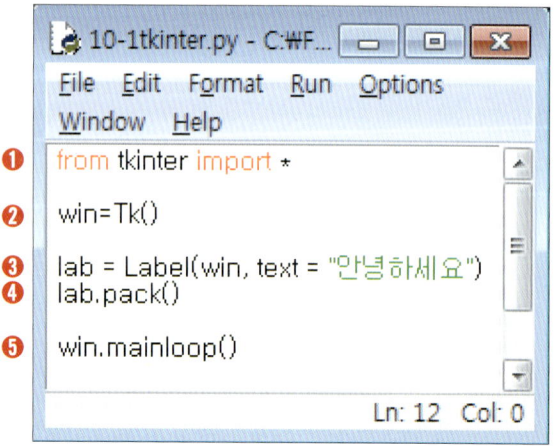
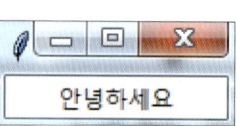

❶ tkinter를 사용하기 위해 import합니다.

❷ Tk 클래스로 윈도우 객체를 생성하여 win에 할당합니다. 생성한 윈도우에 위젯들을 추가할 수 있습니다.

❸ Label 클래스로 위젯 lab을 생성합니다. Label 클래스로 만든 위젯은 문자열을 표시합니다. Label 클래스로 위젯을 생성할 때는 위젯이 속할 윈도우를 설정해야 합니다. 위젯에 표시할 문자열은 text 키워드 인수로 지정할 수 있습니다.

❹ lab은 생성되긴 했지만 크기나 위치를 지정하지 않았습니다. 크기와 위치가 정해지지 않은 상태의 위젯은 윈도우 화면에 나타나지 않습니다. pack() 메소드는 문자열의 크기에 lab의 크기를 맞추어 윈도우 화면에 위치 시킵니다.

❺ mainloop()는 윈도우에 발생한 이벤트(키보드 입력, 마우스 클릭 등)를 기다리고 윈도우를 새로고침 합니다. 새로고침을 하지 않아도 윈도우 화면에는 "안녕하세요"가 나타납니다. 하지만, mainloop()를 호출하지 않은 경우, 간혹 변경 사항이 반영되는데 시간이 지체될 수도 있습니다. 따라서, 프로그램 끝에 항상 mainloop()를 써 줍니다.

2) 위젯

tkinter에는 다양한 위젯들이 있습니다. 몇몇 위젯들에 대해 간략하게 설명하도록 하겠습니다. 위젯 이름 자체가 클래스 이름이므로 위젯 이름을 영문 그대로 사용하겠습니다.
위젯에 관련된 더 자세한 사항은 https://infohost.nmt.edu/tcc/help/pubs/tkinter/web/index.html 를 참조하시기 바랍니다.

> Label(레이블) – 문자열이나 이미지를 표시합니다.
> 한 번 표시된 문자열은 수정할 수 없습니다.

Label(parent, option, …)

parent – 위젯이 속해서 나타나게 될 윈도우입니다.

option
   text – 위젯에 표시할 문자열
   height – 줄(line) 수를 지정하여 높이 지정
   width – 글자 수를 지정하여 너비 지정
   (이 외에 많은 옵션들이 있습니다.)

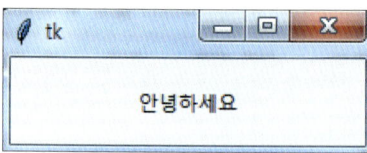

```
from tkinter import *
win=Tk()
lab = Label(win, text = "안녕하세요",
        height = 3, width = 30)
lab.pack()

win.mainloop()
```

Button(버튼) – 마우스로 클릭하여 기능을 수행할 수 있는 윈도우 버튼입니다.

구문 알아보기

Button(parent, option, …)

parent – 위젯이 속해서 나타나게 될 윈도우입니다.

option
 text – 버튼 위에 표시될 문자열
 height – 버튼의 높이 지정
 width – 버튼의 너비 지정
 command – 버튼을 클릭했을 때 호출할 함수명 지정
      (이 외에 많은 옵션들이 있습니다.)

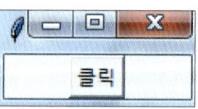
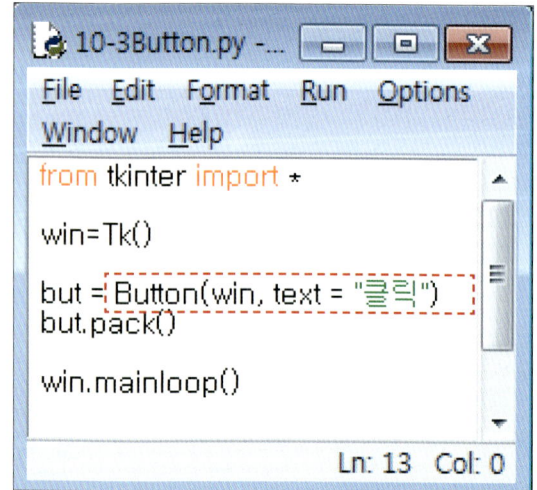

```
from tkinter import *
win=Tk()

but = Button(win, text = "클릭")
but.pack()

win.mainloop()
```

Entry(엔트리) - 한 줄 입력창입니다. 사용자로부터 간략한 입력을 받을 때 사용합니다.

 **구문 알아보기**

Entry(parent, option, …)
parent – 위젯이 속해서 나타나게 될 윈도우입니다.

option
   show – 패스워드 입력형태일 때 보여줄 문자를 지정
   width – 버튼의 너비 지정
         (이 외에 많은 옵션들이 있습니다.)

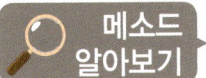 **메소드 알아보기**

delete(first, last=None)
first에 위치한 문자를 (last 지정위치 전까지) 지웁니다.

get()
entry의 현재 문자열을 리턴합니다.

insert(index , s)
index에 s를 추가합니다.

```
from tkinter import *

win=Tk()

ent = Entry(win)
ent.pack()

win.mainloop()
```

```
from tkinter import *

win=Tk()

ent = Entry(win)
ent.insert(0,"입력창입니다")
ent.pack()

win.mainloop()
```

Text(텍스트) – 여러 줄의 문자열을 입력할 수 있는 위젯입니다.

Text(parent, option, …)
parent – 위젯이 속해서 나타나게 될 윈도우입니다.
option
   height – 높이 지정
   width – 너비 지정
         (이 외에 많은 옵션들이 있습니다.)

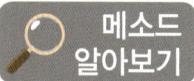

delete(index1, index2=None)
index1 이후부터 (index2 위치 이전까지) 내용을 지웁니다.

get(index1, index2=None)
index1 이후부터 (index2 위치 이전까지) 내용을 리턴합니다.

insert(index, text, tags=None)
index 위치에 text를 추가합니다.

> **Tip** Text 위젯의 위치 지정 방식은 조금 독특합니다. 간단한 사항만 알아보겠습니다.
> 1. 1.0 = 첫 번째 줄의 첫 번째 문자 위치. 전체 문자열의 시작.
> 2. 2.3 = 두 번째 줄의 네 번째 문자의 위치
> 3. 3.end = 세 번째 줄의 마지막 문자의 위치
> END = 전체 문자열의 끝 위치

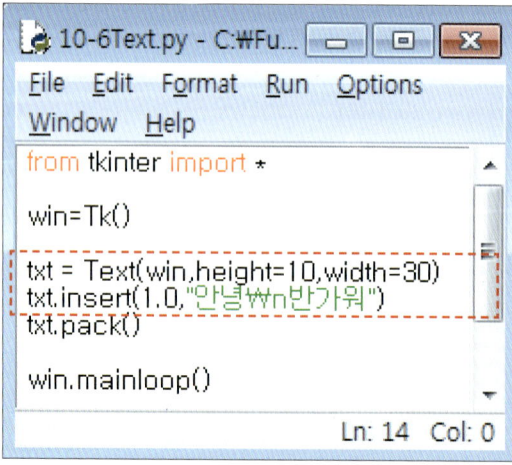
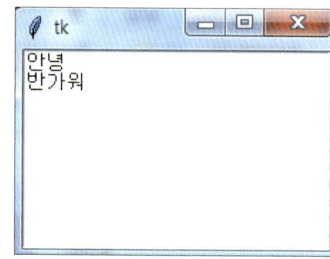

3) 위젯을 윈도우에 위치시키기
(1) pack() 메소드

위젯들을 생성하는 것만으로 위젯을 윈도우에 포함시킬 수 없습니다. 앞서 위젯을 설명하면서 pack() 이라는 메소드를 사용하여 위젯들을 윈도우에 포함시켰습니다. 일반적인 GUI 프로그램에서는 다양한 위젯들을 윈도우에 포함시켜 사용합니다. 여러 개의 위젯을 생성하고 pack() 메소드를 사용해 화면을 구성해 보겠습니다.

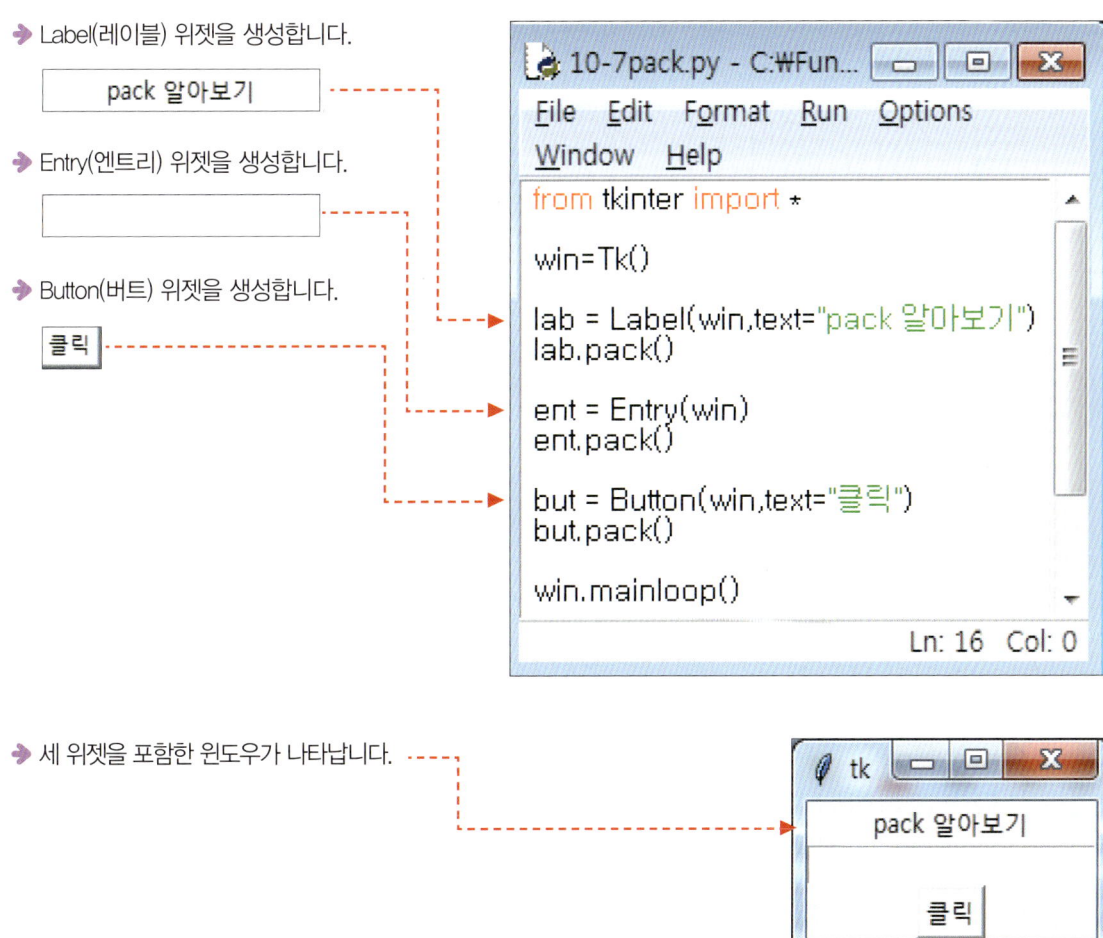

이번에는 "pack 알아보기"라는 문구가 위쪽에 나오고 Entry(엔트리) 위젯 옆에 Button(버튼) 위젯을 위치시켜 보겠습니다.

➜ pack() 메소드에 side를 지정하였습니다.
  side 옵션
  – "top" 또는 TOP
  – "bottom" 또는 BOTTOM
  – "left" 또는 LEFT
  – "rigth" 또는 RIGTH

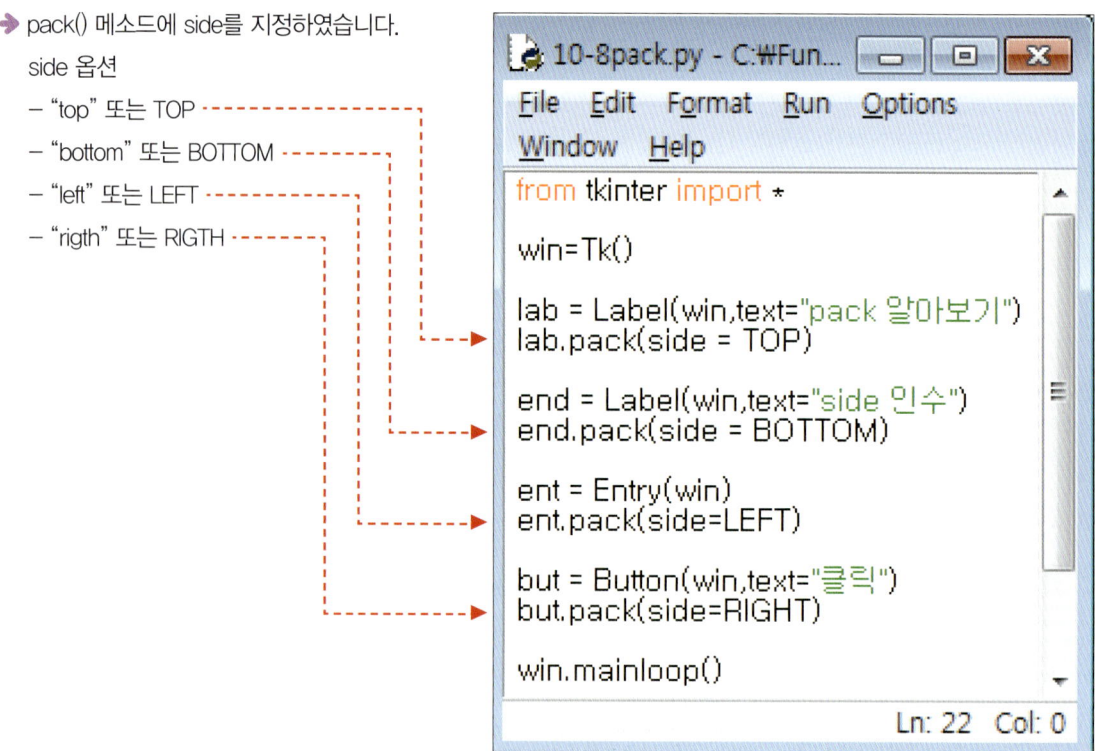

➜ side를 지정하면 위젯의 구성 위치가 변경됩니다. "side 인수"라는 레이블(label)을 먼저 생성하여 윈도우에 포함시켰더라도 "bottom""으로 지정되어 윈도우에서는 바닥에 위치하게 됩니다.

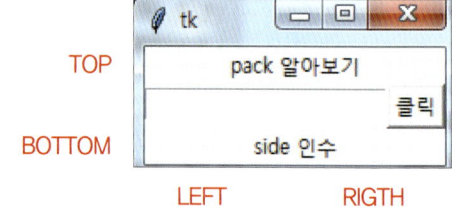

(2) grid() 메소드

pack() 메소드를 사용하여 GUI화면을 구성하는 것은 위젯의 개수가 작을 때 편리합니다. 그러나 사용하는 위젯들이 많고, 윈도우에서의 위치를 다양하게 구성하고자 할 때는 pack() 메소드 대신에 grid() 메소드를 사용합니다. grid() 메소드는 윈도우를 일종의 표처럼 생각하여 위젯들을 위치시키는 방식입니다.

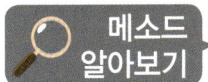 **메소드 알아보기**

grid(option=value, …)

위젯을 놓을 위치를 지정합니다.

option

  row - 행의 번호. 0부터 시작.
        지정하지 않은 경우 가장 큰 row + 1
  column - 열의 번호. 0부터 시작
        지정하지 않은 경우 0
  columnspan - 위젯이 차지할 열의 개수
  rowspan - 위젯이 차지할 행의 개수
  sticky - 위젯이 한 칸 안에서 놓일 위치를 지정

> **Tip** sticky 옵션에 대해서
>
> 하나의 칸에 위젯이 놓일 경우 위젯의 크기와 한 칸의 크기가 같지 않는 경우가 있습니다. 이럴 경우 위젯이 칸 안에서 어디에 놓일지 지정하는 옵션이 sticky 입니다. sticky를 지정하지 않은 경우 가운데에 위치하게 됩니다. sticky=value 형태로 지정하며, value는 N,W,S,E의 조합으로 이루어집니다.

N : 위쪽 가운데
NE : 오른쪽 위
N + S : 위부터 바닥까지 세로로 길게 위치
N + E + S + W : 한 칸을 모두 채움

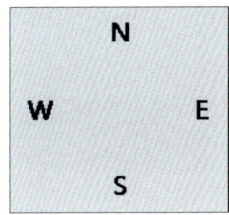

➔ grid() 메소드를 사용하기 위해서는 행(row)과 열(column)의 개념이 필요합니다. 행은 세로배치, 열은 가로 배치를 의미합니다. 위젯 하나는 기본적으로 한 칸에 놓이게 됩니다. 칸의 너비는 특별히 지정하지 않으면 같은 열(column)에서 가장 긴 너비를 갖는 위젯의 너비로 정해집니다. 칸의 높이도 높이값이 큰 위젯 기준으로 정해집니다. grid()는 위젯이 놓일 칸의 행(row)과 열(column)의 위치를 직접 지정해주므로 위젯의 배치를 자유롭게 할 수 있습니다.

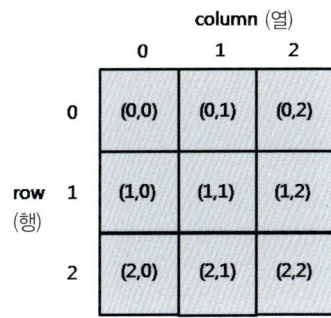

우리가 앞서 pack() 메소드로 배치했던 윈도우를 grid() 메소드를 사용하여 배치해보려 합니다. 위젯이 위치할 행(row), 열(column)을 그림과 같이 하여 grid() 메소드를 사용해 보겠습니다.

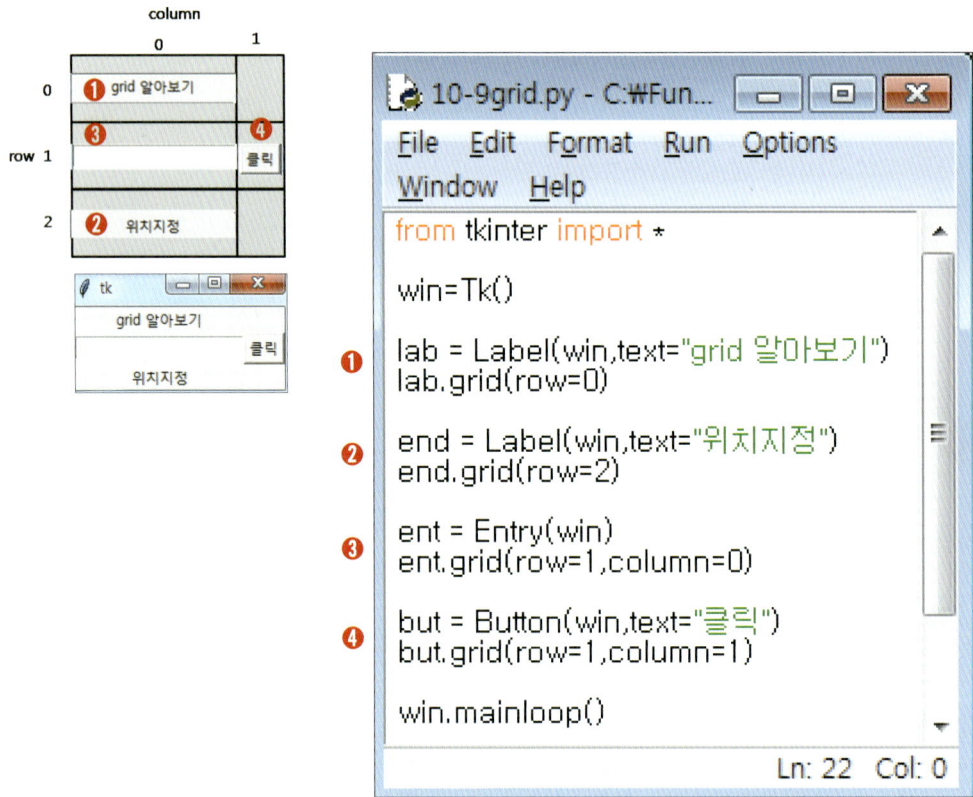

grid() 메소드는 한 칸에 하나의 위젯이 놓이는 것이 기본입니다. "grid 알아보기" Label(레이블)과 "위치지정" Label(레이블)의 경우 0번 열(column)위치하게 되어 전체 윈도우에서 살짝 왼쪽으로 보이게 됩니다. 이 위젯을 윈도우의 가운데에 놓기 위해 columnspan 옵션을 사용하겠습니다. 또 위젯들의 다양한 옵션들도 사용하겠습니다.

❶ Label(레이블) 위젯의 크기를 설정합니다.

❷ 바닥색을 회색으로 합니다.
색깔 지정은 "grey"와 같이 지정된 색을 사용할 수도 있고, rgb 숫자를 직접 사용할 수도 있습니다.

❸ columnspan을 2로 하여 위젯이 두 칸을 차지하도록 합니다.

❹ "위치지정"Label(레이블)의 바닥색을 회색으로 지정합니다. 놓일 위치의 칸 크기가 위젯보다 크므로 지정 위치의 가운데 놓이게 됩니다.

❺ 버튼의 크기를 설정합니다.

❻ 바닥색을 rgb값으로 지정합니다.

❼ 버튼을 클릭했을 때 색이 변경되도록 activebackgroud를 설정합니다.

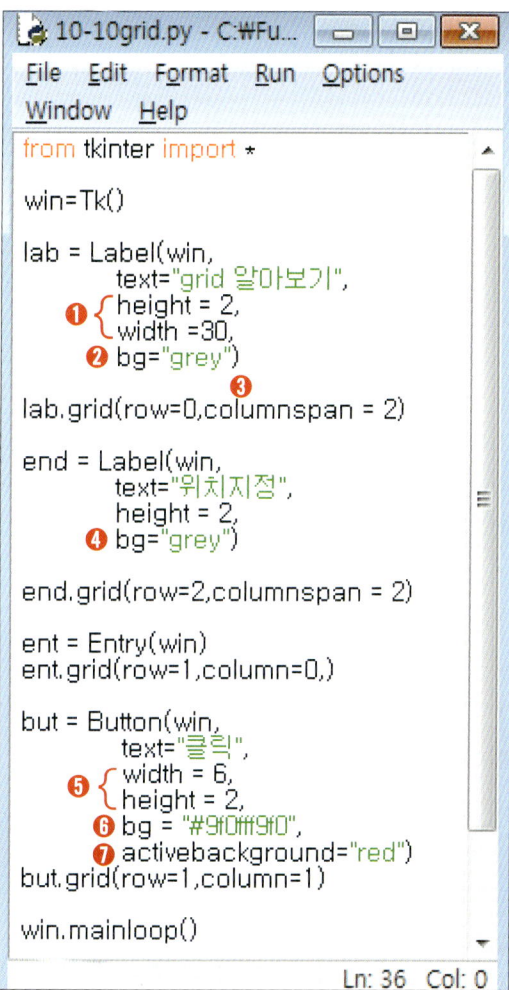

➜ "grid 알아보기" Label 위젯의 너비가 넓으므로 이 위젯의 너비를 기준으로 다른 위젯들이 놓이기 됩니다.

➜ "위치지정" Label의 경우 위젯 크기는 작으나 차지하는 칸의 너비가 넓습니다.

➜ Button 위젯을 마우스로 클릭하면 activebackground에 설정된 색으로 위젯의 색이 바뀝니다.

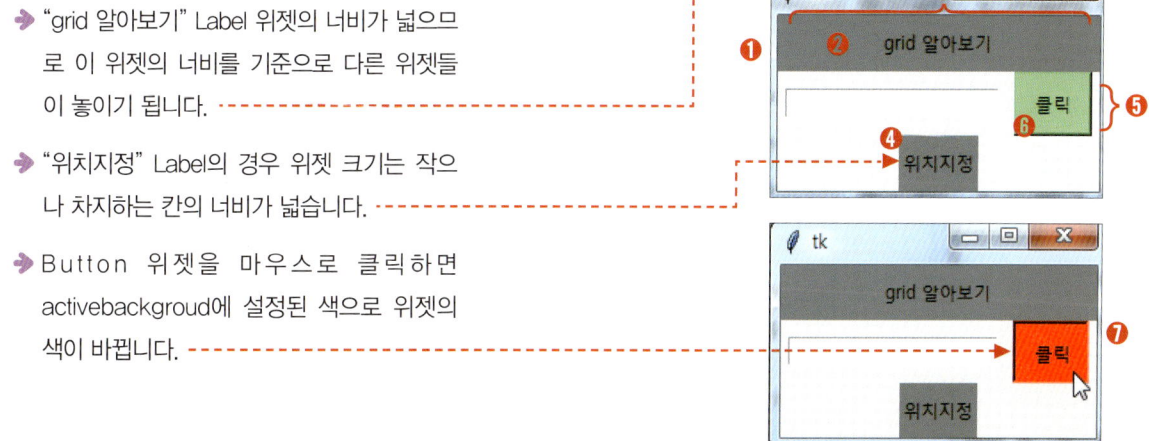

4) 이벤트 처리

버튼을 마우스로 클릭하면 Entry(엔트리) 위젯에 "버튼을 클릭하셨습니다"가 보이는 이벤트 처리를 하겠습니다.

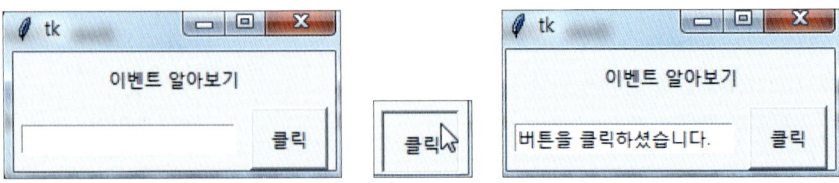

마우스가 움직이는 것, 마우스 버튼을 클릭하는 것, 키보트 버튼을 누르는 것 등을 프로그래밍에서는 이벤트라고 합니다. 컴퓨터가 인지할 수 있는 어떤 동작들이 모두 이벤트입니다. 마우스로 버튼을 눌렀을 때, "마우스가 버튼을 누름"이라는 의미를 가진 이벤트가 발생합니다. 발생한 이벤트에 따라 프로그램에서 기능을 수행하도록 할 수 있습니다.

앞서 프로그램에서 만든 GUI 프로그램은 위젯들이 화면에 나타날 뿐 어떤 기능도 가지고 있지 않습니다. 버튼을 눌러도 아무런 변화가 없습니다. 버튼이 눌렸다는 이벤트가 발생했지만, 그 이벤트에 어떤 동작을 하라는 설정을 해주지 않았기 때문입니다. 버튼이 눌렸다는 이벤트에 동작을 연결해주는 작업이 필요합니다.

command는 Button(버튼)이 클릭되었을 때, 호출할 함수명을 지정하는 옵션입니다.

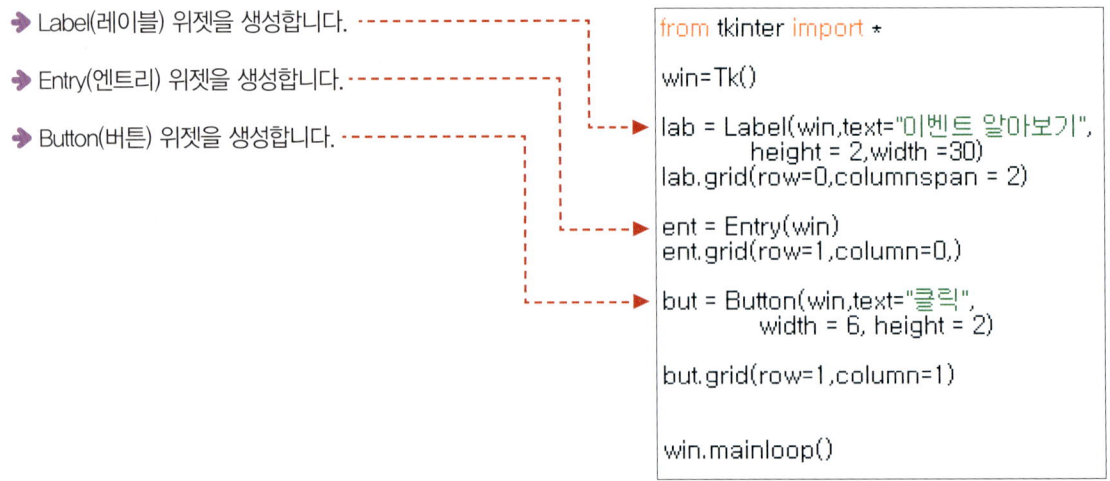

➤ Label(레이블) 위젯을 생성합니다.
➤ Entry(엔트리) 위젯을 생성합니다.
➤ Button(버튼) 위젯을 생성합니다.

```
from tkinter import *
win=Tk()

lab = Label(win,text="이벤트 알아보기",
            height = 2,width =30)
lab.grid(row=0,columnspan = 2)

ent = Entry(win)
ent.grid(row=1,column=0,)

but = Button(win,text="클릭",
             width = 6, height = 2)
but.grid(row=1,column=1)

win.mainloop()
```

이제 버튼을 클릭했을 때, "버튼을 클릭하셨습니다."라는 문장이 Entry(엔트리) 위젯에 나타나도록 하는 프로그램을 만들어야합니다. Entry(엔트리) 위젯에 "버튼을 클릭하셨습니다."가 나타나도록 하는 함수가 필요합니다.

❶ 함수명을 b_click으로 하여 함수를 정의합니다.

```
def b_click():
    ent.insert(0,"버튼을 클릭하셨습니다.")
```

➡ Entry(엔트리) 위젯의 입력창에 "버튼을 클릭하였습니다."를 추가합니다.

❷ Button(버튼) 위젯의 command 옵션에 함수 b_click을 연결합니다.

```
but = Button(win,text="클릭",
             width = 6, height = 2,
             command = b_click)
```

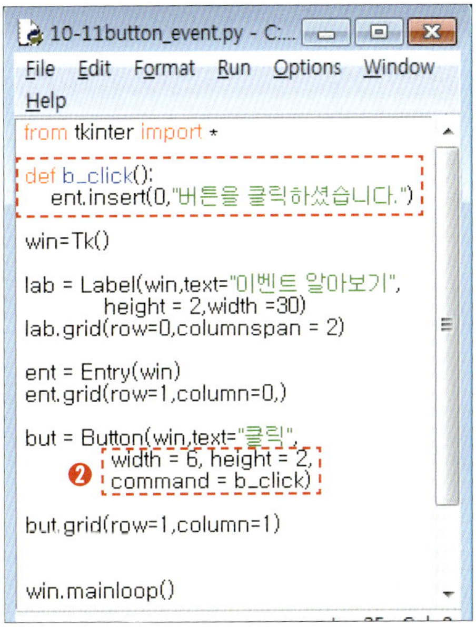

```
10-11button_event.py - C:...
File  Edit  Format  Run  Options  Window  Help
from tkinter import *

❶ def b_click():
       ent.insert(0,"버튼을 클릭하셨습니다.")

win=Tk()

lab = Label(win,text="이벤트 알아보기",
            height = 2,width =30)
lab.grid(row=0,columnspan = 2)

ent = Entry(win)
ent.grid(row=1,column=0,)

but = Button(win,text="클릭",
   ❷        width = 6, height = 2,
             command = b_click)
but.grid(row=1,column=1)

win.mainloop()
```

Button(버튼) 위젯의 경우는 이벤트와 동작을 연결할 command 옵션이 있어 쉽게 작업할 수 있습니다. 그러나 모든 위젯에 이런 command 옵션이 제공되는 것은 아닙니다. command 옵션이 없는 위젯의 경우 이벤트와 동작을 연결하기 위해 bind() 메소드를 사용합니다.

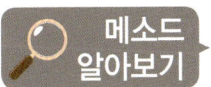

위젯.bind(sequence,func)
위젯에 발생한 이벤트와 수행할 함수를 연결합니다.
sequence는 발생한 이벤트 이름을 의미합니다. func은 동작할 함수명을 설정합니다.

자주 사용되는 이벤트 이름을 알아보겠습니다.

이벤트 명	발생한 이벤트
〈Button-1〉	마우스 버튼 클릭. 1일 때 왼쪽 버튼, 3일 때 오른쪽 버튼
〈ButtonReleas-1〉	마우스 버튼 클릭이 풀렸을 때 1일 때 왼쪽 버튼, 3일 때 오른쪽 버튼
〈KeyPress-a〉	키보드에서 키가 눌렸을 때, a에 누른 키의 문자 엔터키의 경우 '〈KeyPress-return〉'으로 표시 〈KeyPress〉부분을 생략하고 키의 문자만으로도 이벤트 발생
〈Enter〉	마우스의 포인터가 위젯 안으로 들어왔을 때.

Button(버튼) 위젯의 command 옵션을 사용하지 않고, bind() 메소드를 사용하여 앞에서 작성한 프로그램과 같은 기능을 하는 프로그램을 작성해 봅시다.

➡ bind()로 연결할 함수는 발생 이벤트 정보를 받을 매개변수(parameter)가 하나 필요합니다. 매개변수 이름은 무엇이든 상관없으나 일반적으로 이벤트(event)라고 합니다.

➡ 마우스 왼쪽 버튼이 클릭되었을 때 발생하는 이벤트 이름은 〈Button-1〉 입니다. bind()로 이 이벤트와 b_click 함수를 연결합니다.

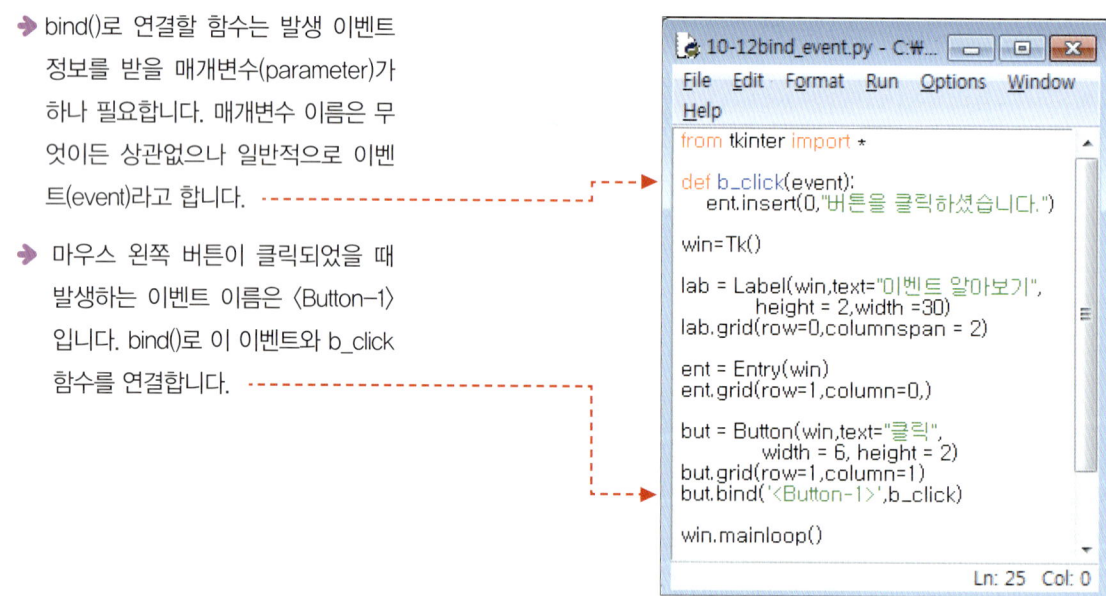

10-3 응용예제 : 메모장 만들기

사용자가 파일명을 입력하고 열기 버튼을 누르면, 파일 내용을 보여주고 내용 수정 후 저장하는 기능만 있는 메모장을 만들어 보겠습니다.

1. 메모장 화면 만들기

화면만 있는 메모장 화면을 만들어 보겠습니다. 어떤 요소들이 필요할까요? 우리가 만들 메모장은 다음의 네가지 위젯이 필요합니다.

Entry(엔트리)	파일명 입력 칸
Button(버튼)	파일 열기 버튼
Button(버튼)	파일 저장 버튼
Text(텍스트)	파일의 내용을 보여주고, 사용자가 수정가능한 메모칸

grid() 메소드를 사용하여 다음과 같이 위젯을 위치시키도록 합니다.

➜ 위젯들을 생성하여 grid()함수로 위치를 지정합니다. 높이, 너비등을 적당히 조정합니다.

➜ Text(텍스트) 위젯의 경우 너비는 세 칸 차지합니다.

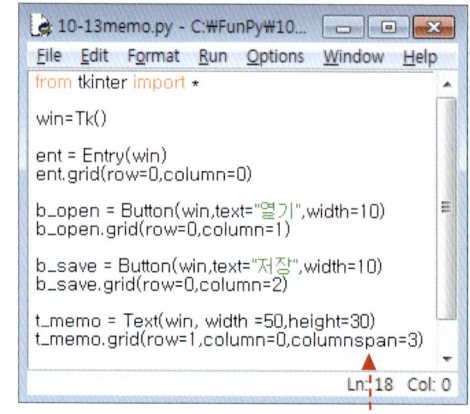

2. 파일의 내용 읽고, 파일에 저장하기

파일을 읽어들여 Text(텍스트) 위젯에 보여주는 함수와, Text(텍스트) 위젯의 내용을 파일로 저장하는 함수를 작성해보겠습니다. 여기서 우리는 C 드라이브의 FunPy 폴더에서 파일을 읽어들이고 저장하도록 하겠습니다.

먼저, 파일을 읽어들이여 Text(텍스트) 위젯에 보여주는 함수를 작성합니다.

❶ Text(텍스트) 위젯인 ent에서 입력된 문자를 읽어들이는 메소드는 get()입니다. 이렇게 읽어들인 파일명에 경로명을 붙여서 f_name에 할당합니다.

❷ 파일을 읽기모드('r')로 엽니다.

❸ 파일을 읽어들여 t_memo에 내용을 추가합니다.

```
def f_open():
 ❶ f_name = "C:/FunPy/"+ent.get()
 ❷ fhand = open(f_name,"r")
 ❸ t_memo.insert(END,fhand.read())
    fhand.close()
```

다음으로 Text(텍스트) 위젯의 내용을 파일로 저장하는 함수를 작성합니다.

❶ 파일을 쓰기모드('w')로 엽니다.

❷ t_memo의 내용을 가져와 파일에 적습니다.

```
def f_save():
    f_name = "C:/FunPy/"+ent.get()
 ❶ fhand = open(f_name,"w")
 ❷ memo_txt = t_memo.get("1.0",END)
    fhand.write(memo_txt)
    fhand.close()
```

이제 읽기 버튼과 저장 버튼을 클릭했을 때, 각 함수들을 연결해주면 프로그램이 완성됩니다.

❶ 열기 버튼에 command를 f_open으로 지정하여 버튼을 클릭하는 이벤트가 발생하면 f_open함수가 실행되도록 합니다.

❷ 저장 버튼에 command를 f_save으로 지정하여 버튼을 클릭 하는 이벤트가 발생하면 f_save함수가 실행되도록 합니다.

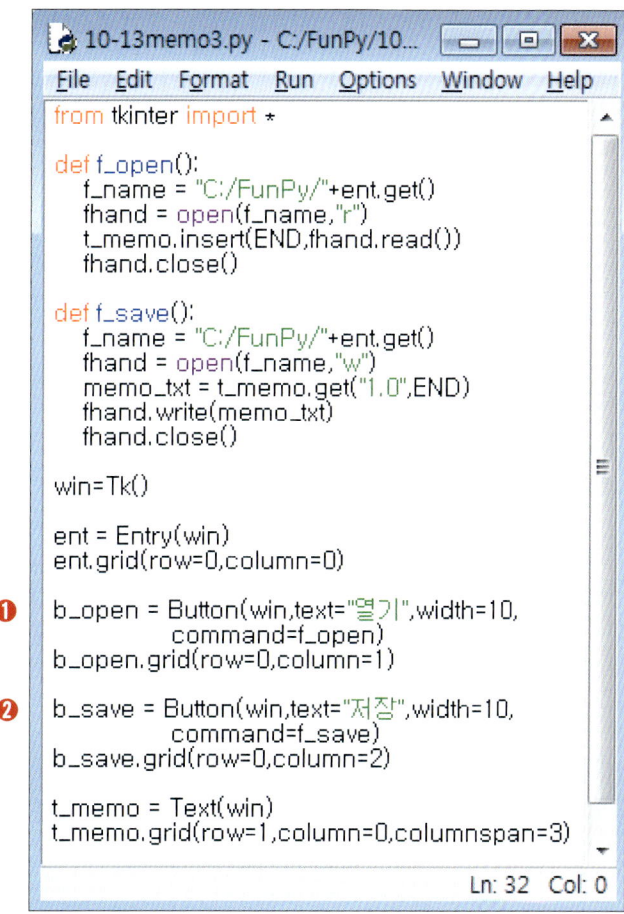

Memo

Chapter 11

응용 예제 2 : 파이게임 (Pygame)

11-1 파이게임(Pygame) 설치
11-2 파이게임(Pygame) 이용하기
11-3 우박 피하기 게임

11-1 파이게임(Pygame) 설치

1. 파이 게임(Pygame) 소개

파이썬 표준 라이브러리 이외에 그래픽 게임이나 통계분석, 수치연산 등을 쉽게 구현할 수 있도록 도와주는 수 많은 추가 라이브러리가 있습니다. 이런 라이브러리들은 PYPI(Python Package Index)라는 서드파티 라이브러리 저장소로 관리되고 있습니다. PYPI 사이트(https://pypi.python.org/pypi)에 접속하면 약 10만개에 가까운 라이브러리 설치 패키지들이 있고 수 많은 파이썬 개발자들이 서로의 협력을 위해 자신들이 작성한 라이브러리를 PYPI에 올리며 계속 수정 업그레이드 하고 있습니다.

파이게임 역시 PYPI에 등록되어 있는 서드파티 라이브러리입니다. 파이게임 라이브러리에 있는 함수를 사용하면 윈도우 화면에 기본적인 그림 그리기를 비롯해서 애니메이션 같은 그래픽 처리, 사운드 재생, 키보드, 마우스, 조이스틱 같은 입력장치를 이용한 게임 등을 비교적 간단하게 프로그램으로 구현할 수 있습니다.

2. 파이 게임 설치

파이게임은 파이썬이 기본적으로 제공하는 라이브러리가 아니기 때문에 추가 설치가 필요합니다.
PYPI에 저장되어 있는 라이브러리를 추가 설치하기 위해서는 'pip' 프로그램을 사용합니다. 'pip' 프로그램은 파이썬 라이브러리 패키지를 PYPI에서 다운받아 설치해주는 프로그램으로 파이썬 2.7.9이후 버전과 파이썬 3.4 이후 버전에 기본적으로 포함되어 있습니다.
이제 파이게임을 설치해 보겠습니다.

➜ 윈도우 시작 메뉴의 모든 프로그램 목록에서 [보조 프로그램] 그룹의 하위 메뉴 중 '명령 프롬프트'를 선택하면 '명령 프롬프트' 창이 나타납니다.

➜ 또는 '프로그램 및 파일 검색' 란에 'cmd'를 입력한 후 '엔터'키를 쳐도 마찬가지로 '명령 프롬프트' 창이 나타납니다.

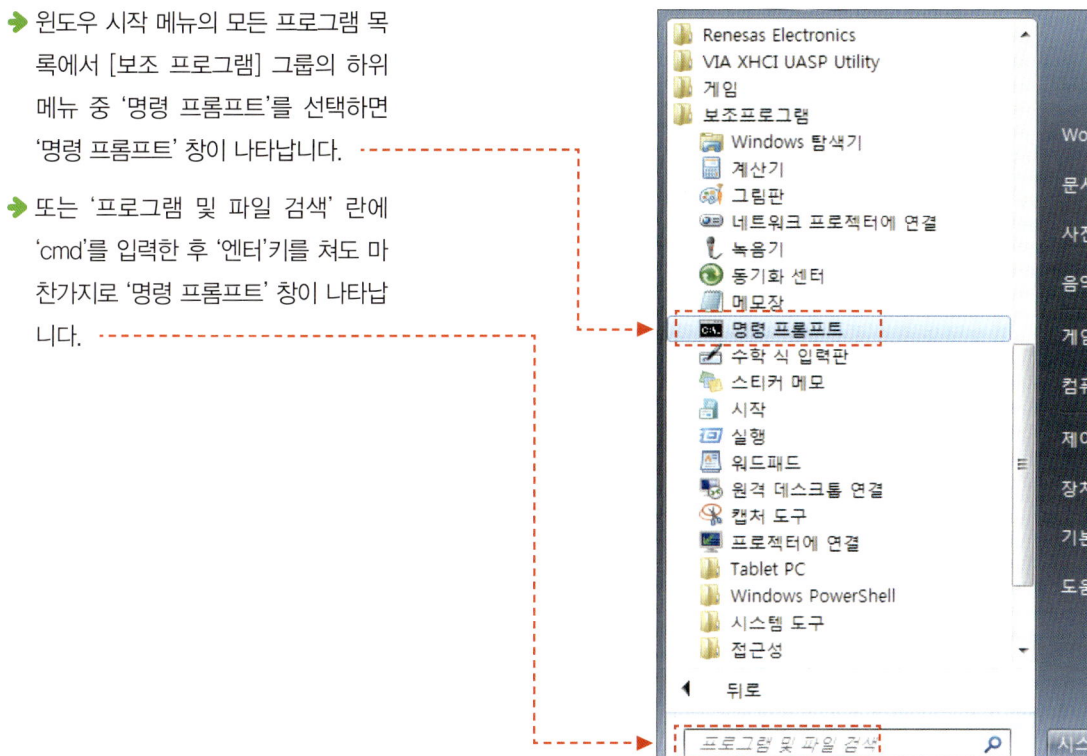

➜ 명령 프롬프트 창에서 pip 프로그램을 이용하여 pygame 라이브러리를 설치하겠습니다. 라이브러리 설치를 위해 오른쪽과 같이 입력합니다.

pip install 라이브러리명

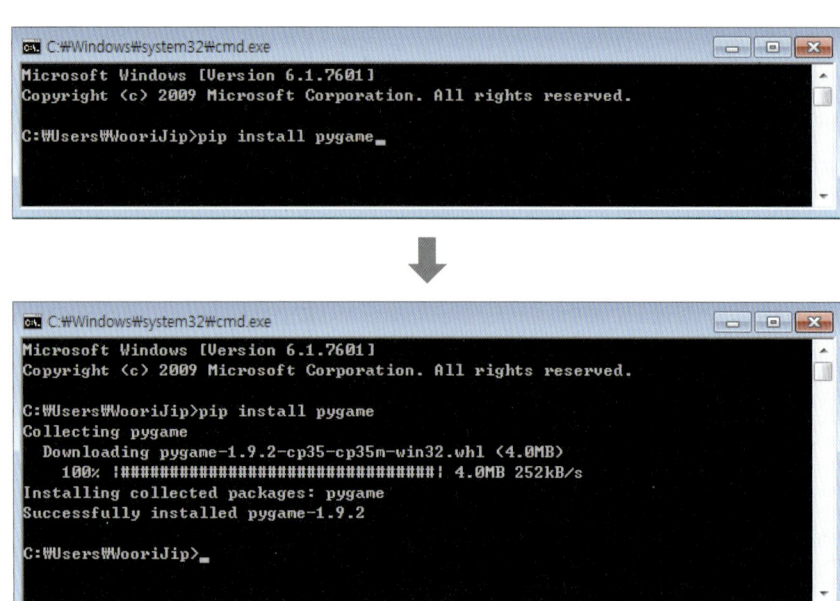

➔ 위의 화면처럼 성공적으로 파이게임이 설치되었다는 메시지가 나오며 파이게임 설치가 종료 됩니다.

Tip 또 다른 pip 사용법

➔ 설치된 라이브러리를 컴퓨터에서 삭제하기

> pip uninstall 라이브러리명

예) 컴퓨터에서 'panda' 라이브러리를 삭제하기

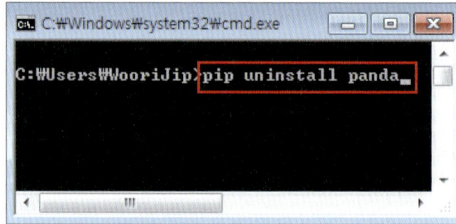

➜ 컴퓨터에 설치된 라이브러리 보기

> pip list

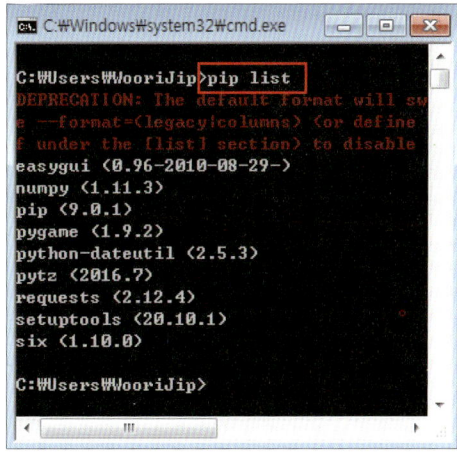

➜ 이미 설치된 라이브러리 업그레이드 하기

> pip install -- upgrade 라이브러리명

예) numpy 라이브러리 업그레이드 하기

11-2 파이게임(Pygame) 이용하기

1. 윈도우 생성

먼저 파이게임을 사용해서 윈도우를 생성하는 프로그램을 작성해보려 합니다. 작성한 프로그램을 실행시키면 오른쪽과 같은 윈도우가 나타나고, 마우스로 윈도우 닫기 버튼을 클릭하면 윈도우가 닫히며 프로그램이 종료되는 아주 단순한 기능만 가진 것입니다. 하지만 처음으로 작성하는 파이게임 프로그램인 만큼 이해해야 할 내용들이 많습니다.

작성할 프로그램을 순서도로 먼저 만나 보도록 하겠습니다.

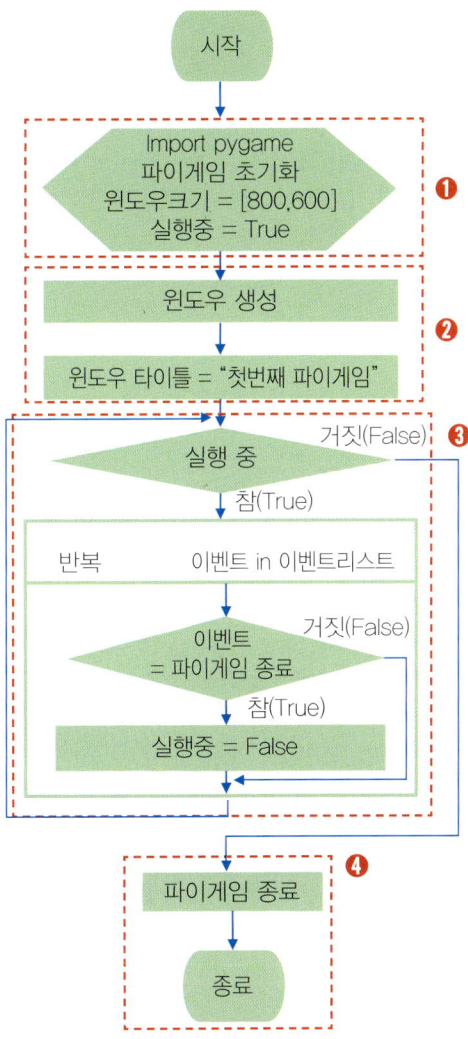

❶ 파이게임 윈도우를 생성하기 위한 준비작업을 합니다.

pygame을 import 한 후에 파이게임을 시작하겠다는 의미로 pygame.init() 함수를 적어주고 윈도우 크기를 가로 800픽셀, 세로 600픽셀 짜리로 생성하기 위해서 변수 하나에 리스트의 형태로 윈도우 크기 값을 할당해줍니다. 그리고 프로그램을 실행하고 있다는 것을 나타내는 변수에 True라는 값을 할당해주면 기본적인 윈도우를 생성하기 위한 준비는 끝납니다. 실제로 파이썬 코드로 구현하면 아래와 같습니다.

```
import pygame

pygame.init()
size = [800,600]
running = True
```

❷ 위에서 준비한 것을 토대로 pygame.display.set_mode() 함수를 사용해서 윈도우를 만들고 나중에 그림을 그릴 수 있는 윈도우 표면을 돌려줍니다. 그리고 생성한 윈도우의 타이틀을 pygame.display.set_caption() 함수를 이용해서 정해줍니다.

pygame.display.set_mode([윈도우 가로크기, 윈도우 세로길이])
주어진 크기대로 윈도우를 생성하고 결과로 윈도우 표면을 나타내는 값을 돌려줍니다.

pygame.display.set_caption(문자열)
매개변수로 주어진 문자열을 윈도우 타이틀로 정해줍니다.

실제로 파이썬 코드를 구현한 모습은 아래와 같습니다.

```
screen = pygame.display.set_mode(size)
pygame.display.set_caption("첫 번째 파이게임")
```

❸ 변수 running의 값이 'True'인 동안에, pygame.event.get()함수를 사용해서 사용자가 발생시킨 모든 이벤트 리스트를 가져옵니다. for 문을 이용해 이벤트 리스트를 확인해서 '프로그램 종료(pygame.QUIT)' 라는 파이게임 이벤트가 있다면 변수 running의 값을 'False'로 변경시켜서 이벤트 루프[1]를 종료할 수 있도록 합니다. 그것을 구현한 파이썬 코드는 아래와 같습니다.

```
while running:
    for event in pygame.event.get():
        if event.type == pygame.QUIT:
            running = False
```

❹ 파이게임을 종료시키는 함수 pygame.quit()를 사용해서 프로그램을 마무리합니다.
파이게임 윈도우를 만드는 프로그램 전체 코드는 아래와 같습니다.

---

[1] 이벤트 루프(event loop) : 사용자가 프로그램 실행 중에 발생시키는 이벤트을 계속 검사하며 명령을 실행하는 반복문

```
import pygame

pygame.init()
size = [800,600]
running = True

screen = pygame.display.set_mode(size)
pygame.display.set_caption("첫 번째 파이게임")

while running:
    for event in pygame.event.get():
        if event.type == pygame.QUIT:
            running = False

pygame.quit()
```

2. 도형 그리기

이번에는 윈도우를 다른 색으로 채우고 원, 네모 같은 기본 도형을 그려보겠습니다.

1) 화면 좌표

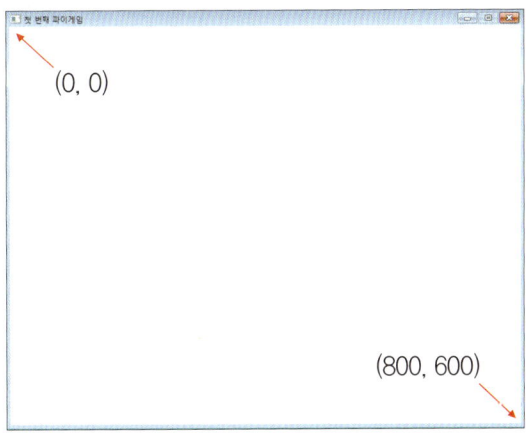

윈도우 화면에 무언가를 그리려면 화면 상의 어느 곳에 그릴 것인지 정해줘야 합니다. 터틀 그래픽과 달리 파이게임은 좌표 값 (0, 0)이 화면 중앙을 나타내는 것이 아니라 윈도우의 왼쪽 위 모서리를 나타냅니다. 그래서 800×600 사이즈의 윈도우를 만든 경우 오른쪽 아래쪽의 좌표 값은 (800, 600)이 되는 것입니다.

2) 색깔 상수 정의

파이게임에서 색을 지정하는 방법은 (Red, Green, Blue) 즉 세 개의 항목을 갖는 튜플로 표현한 값을 사용합니다. 터틀 그래픽과는 달리 각 항목 값의 범위는 0~255 를 사용합니다.

프로그램 내에서 (255, 0, 0) 이런 식으로 써주는 게 번거롭기 때문에 대부분은 프로그램 코드 시작 부분에 변수 정의하는 방법으로 오른쪽과 같이 정의해주고 색깔 리스트가 필요할 때 간단하게 변수명만 가져다 씁니다. 이렇게 정의한 색깔 변수는 프로그램 내에서 값을 바꾸지 않기 때문에 '색깔 상수' 라고 부릅니다.

```
BLACK = (0, 0, 0)
WHITE = (255, 255, 255)
RED = (255, 0, 0)
BLUE = (0, 0, 255)
GREEN = (0, 255, 0)
```

3) 원 그리기

윈도우 색을 흰색으로 채워준 후 빨간색 원을 그려보도록 하겠습니다. 앞에서 윈도우 생성하는 프로그램에 아래와 같이 표시된 부분을 추가합니다.

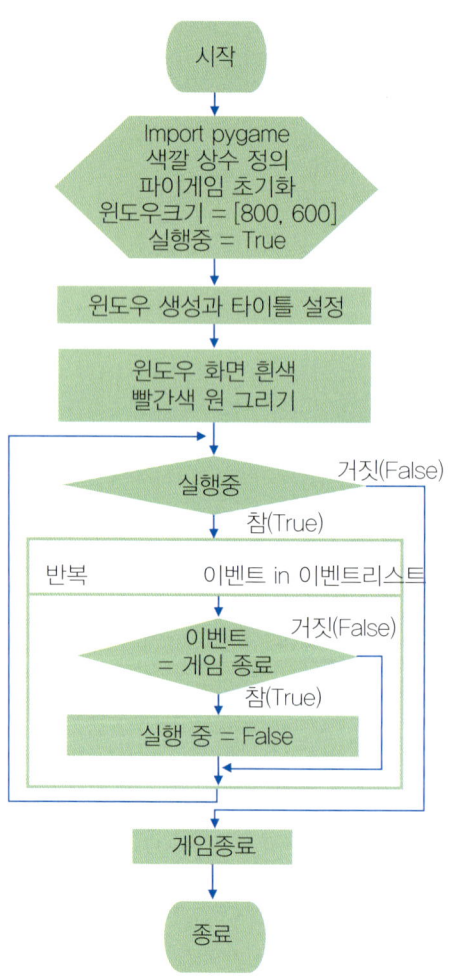

```
import pygame

BLACK = (0, 0, 0)
WHITE = (255, 255, 255)     ❶
RED = (255, 0, 0)
BLUE = (0, 0, 255)
GREEN = (0, 255, 0)

pygame.init()
size = [800,600]
running = True

screen = pygame.display.set_mode(size)
pygame.display.set_caption("원 그리기")

screen.fill(WHITE)
pygame.draw.circle(screen, RED, [400,200], 50, 0)   ❷
pygame.display.flip()

while running:
    for event in pygame.event.get():
        if event.type == pygame.QUIT:
            running = False

pygame.quit()
```

❶ 색깔 상수를 정의합니다.
❷ 윈도우 색을 흰색으로 채우고 빨간색 원을 그립니다. pygame.display.set_mode() 함수는 윈도우를 생성한 다음 그 윈도우 표면을 조작할 수 있도록 윈도우 표면을 나타내는 값을 돌려주는데 우리는 그 값을 screen 이라는 변수에 저장했습니다. screen 변수를 사용해서 윈도우 표면에 색을 채우거나 그 표면 위에 그림을 그릴 수 있습니다.

윈도우 표면에 색을 채우는 함수는 아래의 형식으로 사용합니다.

표면이름.fill(색깔 값)
주어진 색깔 값으로 표면을 채웁니다.

이제 원을 그리기 위해서는 pygame.draw.circle() 함수를 사용해야 합니다. 사용 형식은 아래와 같습니다.

pygame.draw.circle(표면 이름, 색깔값, 중심좌표 리스트 값, 반지름, 굵기=0)

굵기 값을 전달하지 않아도 되는데, 굵기 값을 전달하지 않으면 기본적으로 '0'으로 인식해서 주어진 색깔로 채워진 원을 그려줍니다. 만일 굵기 값을 전달한다면 주어진 색과 굵기의 테두리를 가진 원을 그립니다.

pygame.draw.circle(screen, RED, [400, 200], 50, 0)은 생성한 윈도우 표면의 [400, 200] 위치에 원의 중심점을 가진 반지름 50 픽셀의 빨간색 원을 그립니다.

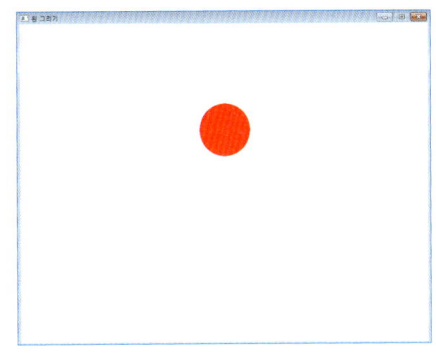

파이게임은 화면에 도형을 그리거나 변경사항을 추가하면 모니터 화면에 즉시 적용되지 않습니다. 가상의 모니터 역할을 하는 메모리 공간에 프로그래머가 작성한 코드대로 그림을 그리거나 변경해 놓고 대기합니다. 그러다가 pygame.display.flip() 함수를 호출하는 순간에 변경한 그림들을 한꺼번에 모니터 화면에 나타나게 합니다. 따라서 screen.fill() 함수와 pygame.draw.circle() 함수를 사용해서 그린 그림을 모니터에 나타나게 하려면 pygame.display.flip() 함수를 호출해야 합니다.

작성한 프로그램을 실행시키면 흰색 윈도우에 빨간색 원이 그려집니다.

4) 직사각형 그리기

직사각형을 그리는 함수의 형식은 아래와 같습니다.

pygame.draw.rect(표면 이름, 색깔값,
**　　　　　　　　[x좌표,y좌표,가로길이,세로길이] , 굵기=0)**

굵기 값을 전달하지 않으면 '0'으로 인식해서 주어진 색깔로 채워진 사각형을 그려줍니다. 굵기 값을 전달한다면 주어진 색과 굵기의 테두리를 가진 사각형을 그립니다.

x 좌표, y 좌표는 사각형은 왼쪽 상단의 좌표 점을 나타내는 것입니다.
앞에서 작성한 프로그램에 사각형을 그리는 부분을 추가해 보도록 하겠습니다.

```python
import pygame

BLACK = (0, 0, 0)
WHITE = (255, 255, 255)
RED = (255, 0, 0)
BLUE = (0, 0, 255)
GREEN = (0, 255, 0)

pygame.init()
size = [800,600]
running = True

screen = pygame.display.set_mode(size)
pygame.display.set_caption("원 그리기")

screen.fill(WHITE)
pygame.draw.circle(screen, RED, [400,200], 50, 0)
pygame.draw.rect(screen, BLUE, [100,100,200,100])
pygame.display.flip()

while running:
    for event in pygame.event.get():
        if event.type == pygame.QUIT:
            running = False

pygame.quit()
```

※주의 : 사각형이 그려질 위치와 가로,세로 길이 값이 하나의 리스트 값으로 전달돼야 합니다.

　　　그림을 그릴 때 윈도우표면을 채우는 함수를 먼저 실행시키고 나서 그림을 그려야 합니다. 만일 우리 예제에서 원과 사각형을 그린 후에 screen.fill(WHITE) 를 실행하도록 한다면 원과 사각형을 그린 것을 다 지워지고 흰색의 윈도우만 남아있게 됩니다.

추가한 프로그램을 저장한 후 실행하면 아래와 같이 그림이 그려진 윈도우가 나타나게 됩니다. 윈도우의 숫자는 이해하기 쉽도록 추가한 것입니다.

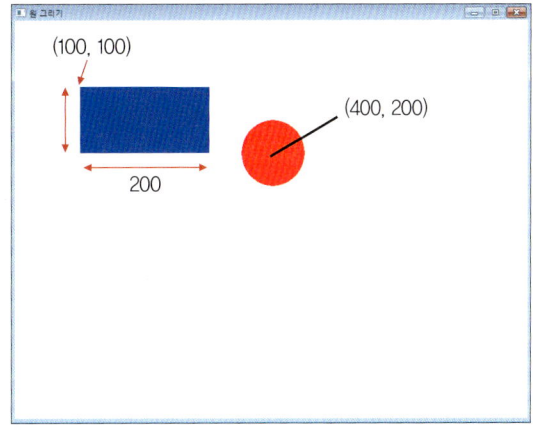

5) 기타 다른 도형 그리는 함수

그 밖의 도형 그리는 함수로는 삼각형을 비롯한 여러 다각형을 그릴 때 사용하는 pygame.draw.polygon() 함수와 선을 그릴 때 사용하는 pygame.draw.line() 함수가 있습니다. 사용 형식은 아래와 같습니다

pygame.draw.polygon (표면 이름, 색깔 값,
　　　　　　　　　[[x1,y1], [x2,y2], [x3, y3], …] , 굵기=0)
다각형의 꼭지점 쇼뇨 리스트 값의 개수는 원하는 대로 추가시킬 수 있습니다 따라서 삼각형 이상의 다각형을 그릴 때 사용합니다.

pygame.draw.line (표면이름, 색깔 값,[시작점x, 시작점y],
　　　　　　　　　[끝점x, 끝점y], 굵기=1)
굵기 값을 전달하지 않으면 1픽셀 굵기의 선이 그려지게 됩니다.

3. 윈도우에 글씨 그리기

1) 고정된 글씨 그리기

파이게임은 한글을 지원하지 않아서 화면에 그려줄 수 있는 문자는 '영어'뿐입니다. 영어로 쓰여진 문자를 화면에 표시하는 것은 도형을 그리는 것보다는 복잡한 단계가 필요합니다.

① 문자를 표시할 때 사용할 글꼴, 크기를 지정해서 하나의 변수 값에 그 정보를 저장합니다.
② 표시할 문자의 이미지를 생성합니다. 파이게임은 그래픽 모드이기 때문에 문자를 써 준다는 의미보다는 표시할 문자의 이미지를 만들어서 찍어준다는 개념으로 이해할 수 있습니다.
③ 문자가 나타날 위치 좌표를 지정해서 생성한 윈도우 표면에 찍어줍니다.

이것을 실제 코드로 구현하기 위해 필요한 함수는 아래와 같습니다.

pygame.font.Font(사용할 글꼴이름, 글자 크기)
화면에 표시할 문자의 글꼴과 크기 형식을 만들어서 돌려주는 함수입니다. 글꼴은 영어로 지정하는데, 파이게임 기본글꼴을 사용할 때는 None을 전달합니다. 파이썬 쉘에서 pygame.font.get_fonts() 를 실행하면 사용 가능한 글꼴을 확인할 수 있습니다.

pygame.font.Font.render(표시할 문자열, 앤티어리어스 여부, 색깔 값)
문자열을 주어진 색깔의 그림으로 생성하는 함수입니다.
'엔티어리어스(antialias)'는 컴퓨터 그래픽 용어로 표시할 문자열의 모서리처리를 부드럽게 할 것이냐를 True/False 중에 골라서 전달하는데 보통 True로 전달합니다.

pygame.Surface.blit(원본 그림, [x 좌표, y 좌표])
원본 그림을 현재 함수를 실행하고 있는 표면의 [x좌표, y좌표] 위치에 그려줍니다.

위에 소개한 함수를 이용해서 크기는 50픽셀, 녹색의 'Timer:' 문자열을 생성해서 윈도우에 그려주는 프로그램을 작성해 보도록 하겠습니다.

```
import pygame

BLACK = (0, 0, 0)
WHITE = (255, 255, 255)
RED = (255, 0, 0)
GREEN = (0, 255, 0)
BLUE = (0, 0, 255)

pygame.init()
size = [400, 300]
running = True

screen = pygame.display.set_mode(size)
pygame.display.set_caption("TEXT test")
screen.fill(WHITE)

❶ font1 = pygame.font.Font(None, 50)
❷ text = font1.render("Timer : ", True, GREEN)
❸ screen.blit(text, [100, 150])

pygame.display.flip()

while running:
    for event in pygame.event.get():
        if event.type == pygame.QUIT:
            running = False

pygame.quit()
```

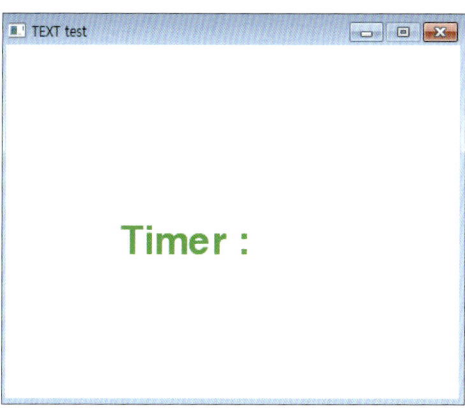

❶ 화면에 보여줄 문자열의 글꼴은 시스템폰트 즉 None으로 하고 크기는 50픽셀로 설정한 정보를 font1 이라는 변수에 저장합니다.

❷ 첫 번째 줄에서 생성한 글꼴 정보를 토대로 화면에 표시할 문자열을 하나의 그림으로 생성해서 그 정보를 text 변수에 할당합니다.

❸ text 변수에 할당되어 있는 문자열 그림을 우리가 생성한 윈도우 표면의 [100, 150] 위치에 그립니다.

2) 시간에 따라 변하는 글씨 그리기

Timer 문자 옆에 시간에 따라 변하는 숫자가 표시되도록 프로그램을 수정해 보겠습니다.

지금까지 도형과 문자를 그릴 때는 이벤트 루프 밖에서 한 번만 그림을 그렸는데, 이벤트 루프 안에 그림 그리는 프로그램 코드를 적어서 이벤트 루프가 실행되는 동안 계속 그림을 그리도록 변경해볼 것입니다.

Timer 라는 문자열 옆에 시간이 흐름에 따라 하나씩 커지는 숫자를 그려줄 것입니다. 따라서 시간이 흘러가는 것에 따라 프로그램이 실행되는 것을 제어하기 위해서 pygame.time.Clock() 함수를 사용해서 시간을 측정하는 객체를 생성하고, 하나씩 커지는 숫자를 저장하기 위해서 변수를 추가할 것입니다. 그것을 구현한 코드는 아래와 같습니다.

```
❶ font1 = pygame.font.Font(None, 30)
❷ clock = pygame.time.Clock()
❸ tic = 0
```

❶ 글자 크기는 30, 시스템 글꼴을 사용하는 폰트 생성 후 font1에 저장합니다.
❷ 파이게임에서 시간을 측정하기 위한 객체를 생성해서 clock 변수에 할당 합니다.
❸ 시간이 흘러감에 따라 커지는 숫자를 나타내기 위해 tic이라는 변수를 만들어 초기값을 0으로 할당 합니다.

이벤트 루프 안에 문자를 그리는 코드를 추가 합니다. 변화된 이벤트 루프의 모습은 아래와 같습니다.

```
while running:
    for event in pygame.event.get():
        if event.type == pygame.QUIT:
            running = False
❶   text = font1.render("Timer : "+str(tic), True, GREEN)
    screen.blit(text, [100, 150])
❷   pygame.display.flip()
    tic = tic + 1
    clock.tick(1)
    screen.fill(WHITE)
```

❶ 변수 tic을 문자열 형태로 변환해서 Timer 문자열에 붙여 문자 그림을 만든 뒤 text 변수에 할당하고 그것을 우리가 생성한 윈도우 표면 [100, 150] 위치에 그립니다.
❷ 윈도우 변경사항을 적용하고 tic 값을 증가시킨 뒤 윈도우를 다시 흰색으로 채웁니다. clock.tick(1) 의 역할은 1초 동안 이벤트 루프가 실행되는 횟수를 1로 지정한 것입니다. 따라서 이 프로그램을 실행시키면 Timer 옆의 숫자는 초당 1번씩 바뀌어 나타나게 될 것입니다. 만일 clock.tick()에 전달한 수의 크기를 더 큰 수로 바꾼다면 더 빠른 주기로 숫자가 바뀝니다.

마지막에 screen.fill(WHITE)를 사용해서 화면을 다시 흰 색으로 채워줬습니다. 만일 이 문장을 써 주지 않고 프로그램을 실행하면 오른쪽 화면처럼 이전 루프에서 그린 그림이 그대로 남아있는 채 새로 문자 그림이 그려지게 됩니다. 따라서 이벤트 루프를 반복하며 새로 그림을 그려줄 때는 배경에 해당하는 윈도우의 배경색을 다시 칠해서 이전에 그렸던 그림을 지워줘야 합니다.

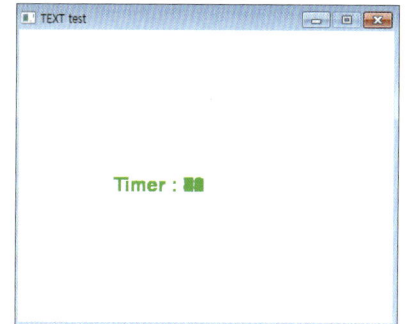

Timer를 윈도우에 표시하는 전체 프로그램 소스는 아래와 같습니다.

```python
import pygame

BLACK = (0, 0, 0)
WHITE = (255, 255, 255)
RED = (255, 0, 0)
GREEN = (0, 255, 0)
BLUE = (0, 0, 255)

pygame.init()
size = [400, 300]
running = True

screen = pygame.display.set_mode(size)
pygame.display.set_caption("TEXT test")
screen.fill(WHITE)

font1 = pygame.font.Font(None, 30)
clock = pygame.time.Clock()
tic = 0

while running:
    for event in pygame.event.get():
        if event.type == pygame.QUIT:
            running = False

    text = font1.render("Timer : "+str(tic), True, GREEN)
    screen.blit(text, [100, 150])

    pygame.display.flip()
    tic = tic + 1
    clock.tick(1)
    screen.fill(WHITE)

pygame.quit()
```

4. 움직이는 원 그리기

지금까지 우리가 그려온 도형들은 화면에 고정되어 있는 것들이었습니다. 이번에는 화살표키 입력에 따라서 이동하는 도형을 그려보도록 하겠습니다.

발생된 이벤트 중에서 지금까지는 프로그램 종료 이벤트에 대한 처리만 정의해줬지만 이제는 키보드를 누르는 이벤트가 발생했는지 확인하고 눌린 키에 따라 명령을 실행하도록 정의할 것입니다. 움직이는 도형을 구현하기 위해서 화살표 키 입력에 대한 이벤트 처리 방법에 대해 순서도를 사용해서 표현하면 아래와 같습니다.

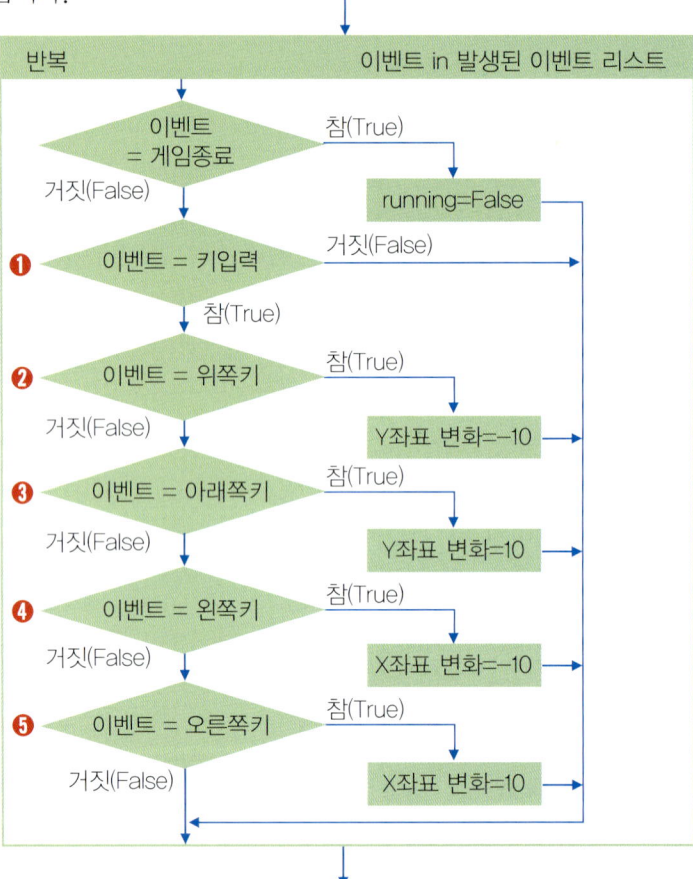

화살표 키를 움직이면 화면 속 도형은 10픽셀만큼 움직이도록 프로그래밍을 할 것입니다.

앞에서 살펴본 것처럼 파이게임 윈도우는 왼쪽으로 이동하면 x 좌표 값이 감소하고, 오른쪽으로 이동하면 x 좌표 값이 증가합니다. 위로 이동하면 y 좌표 값이 감소하고, 아래로 이동하면 y 좌표 값이 증가합니다. 이 특징을 이용해서 키보드 키가 눌린 이벤트가 발생했을 때 눌린 키가 화살표 키인지 확인해서 각각의 화살표키를 눌렀을 때 좌표의 변화 값을 지정해주고 그 변화 값을 원의 중심점에 더해준 뒤에 원을 다시 그리면 화면 속 원은 움직인 것처럼 보일 것입니다.

순서도에서 설명한 이벤트 처리하는 법을 파이썬 코드로 구현하면 아래와 같이 할 수 있습니다.

❶ 발생한 이벤트가 pygame.KEYDOWN(키보드 키가 눌렸을 때 발생하는 이벤트)인 지 확인합니다.

❷ 눌린 키가 위쪽 화살표인 지 확인합니다. 위쪽 화살표가 눌렸으면 y좌표 변화 값을 –10으로 할당합니다.

❸ 눌린 키가 아래쪽 화살표인 지 확인합니다. 아래쪽 화살표가 눌렸으면 y좌표 변화 값을 10으로 할당합니다.

❹ 눌린 키가 왼쪽 화살표인 지 확인합니다. 왼쪽 화살표가 눌렸으면 x좌표 변화 값을 –10으로 할당합니다.

❺ 눌린 키가 오른쪽 화살표인 지 확인합니다. 오른쪽 화살표가 눌렸으면 x좌표 변화 값을 10으로 할당합니다.

```
for event in pygame.event.get():
    if event.type == pygame.QUIT:
        running = False
❶   elif event.type == pygame.KEYDOWN:
❷       if event.key == pygame.K_UP:
            y_change = -10
❸       elif event.key == pygame.K_DOWN:
            y_change = 10
❹       elif event.key == pygame.K_LEFT:
            x_change = -10
❺       elif event.key == pygame.K_RIGHT:
            x_change = 10
```

이렇게 좌표 변화 값을 설정한 후에 그 변화 값을 우리가 그릴 원의 중심점에 더해주고 난 뒤에 원을 그리는 코드를 while 문 안에 작성하면 아래와 같습니다.

```
❶ x_circle = x_circle + x_change
  y_circle = y_circle + y_change
❷ screen.fill(WHITE)
  pygame.draw.circle(screen, RED, [x_circle,y_circle],50)
  pygame.display.flip()
❸ clock.tick(5)
```

❶ 원의 중심 x, y좌표에 각각의 변화 값을 더합니다.

❷ 윈도우를 흰 색으로 채우고 변화 값이 반영된 중심좌표 위치에 반지름이 50픽셀인 빨간색 원을 그립니다. 이벤트 루프를 반복할 때마다 윈도우를 흰 색으로 칠한 뒤 빨간색 원을 그리면 이전에 그렸던 원을 지우고 새로운 좌표에 원이 나타나는 것이므로 원이 이동한 것처럼 보입니다.

❸ clock.tick()을 사용해서 1초에 이벤트 루프가 실행되는 횟수를 5번으로 지정합니다. 횟수는 다른 수로 지정할 수 있습니다.

❶ screen.get_width() 함수는 윈도우의 가로 크기를 가져오는 함수이고 screen.get_height() 함수는 윈도우의 세로 길이를 가져오는 함수입니다. 프로그램 시작할 때 원을 그릴 중심점을 윈도우의 가운데로 지정합니다.

❷ 각 좌표의 변화값을 0 으로 초기화 합니다. 이렇게 함으로 해서 프로그램이 실행되는 동안에 화살표키를 누르지 않으면 원은 움직이지 않고 이전에 있던 자리에 새로 그림을 그리게 됩니다.

```python
import pygame

WHITE = (255, 255, 255)
RED = (255, 0, 0)

size = [500, 400]
pygame.init()
running = True

screen = pygame.display.set_mode(size)
pygame.display.set_caption("Moving Circle")
screen.fill(WHITE)

clock = pygame.time.Clock()

x_circle = screen.get_width()//2
y_circle = screen.get_height()//2    ❶

while running:
    x_change = 0
    y_change = 0                      ❷

    for event in pygame.event.get():
        if event.type == pygame.QUIT:
            running = False
        elif event.type == pygame.KEYDOWN:
            if event.key == pygame.K_UP:
                y_change = -10
            elif event.key == pygame.K_DOWN:
                y_change = 10
            elif event.key == pygame.K_LEFT:
                x_change = -10
            elif event.key == pygame.K_RIGHT:
                x_change = 10

    x_circle = x_circle + x_change
    y_circle = y_circle + y_change

    screen.fill(WHITE)
    pygame.draw.circle(screen, RED, [x_circle,y_circle],50)
    pygame.display.flip()

    clock.tick(5)
pygame.quit()
```

화살표 키 이외에 파이게임에서 자주 사용하는 키 코드는 오른쪽 표와 같습니다.

파이게임 키 코드	의미
K_BACKSPACE	백 스페이스 키
K_SPACE	스페이스 키
K_ESCAPE	Esc 키
K_RETURN	엔터 키
K_DELETE	Delete 키
K_TAB	탭 키
K_a	알파벳 키 a
K_1	숫자 키 1

도전해보세요

1. 지금 우리가 만든 프로그램은 화살표 키를 누르면 원이 윈도우 화면을 벗어나도 계속 제한 없이 움직입니다. 원이 윈도우를 벗어나게 되면 화살표 키를 눌러도 움직이지 않도록 프로그램을 수정해보세요.

2. 아래 그림처럼 흰색 파이 게임 윈도우에 현재 시각을 나타내는 시계 프로그램을 작성해 보세요.

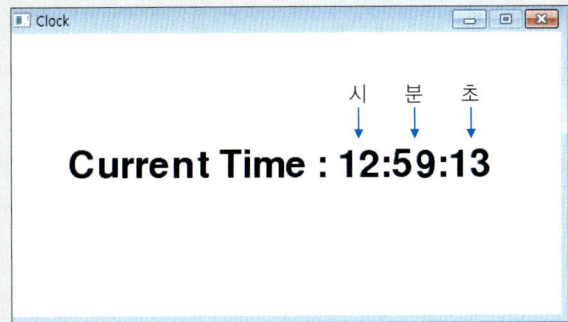

현재 시각을 문자열로 가져오기 위해서는 time 모듈을 import 한 후 time.strftime( ) 함수를 사용해야 합니다. 현재의 시각을 원하는 문자열의 형태로 가져오기 위해서는 아래의 포맷코드를 조합해서 인수로 전달해야 합니다.

포맷코드	의미
%H	현재 시를 00부터 23까지의 숫자로 된 문자열 값으로 리턴합니다.
%I	현재 시를 01부터 12까지의 숫자로 된 문자열 값으로 리턴합니다.
%M	현재 분을 0부터 59까지의 숫자로 된 문자열 값으로 리턴합니다.
%S	현재 초를 0부터 59까지의 숫자로 된 문자열 값으로 리턴합니다.
%P	현재 시각에 맞춰 'AM'과 'PM' 중 맞는 값을 리턴합니다.

더 많은 포맷모드는 [F1] 도움말키를 눌러서 strftime( ) 함수를 찾아보시기 바랍니다.

예) time.strftime("%H:%M%p") ➜ '01:46PM'
    time.strftime("%I - %M") ➜ '01 - 46'

11-3 우박 피하기 게임

1. 우박 피하기 게임의 구성

파이게임을 이용해서 위에서 떨어지는 우박을 피하는 게임을 만들어보겠습니다. 기존에 많이 해봤던 장애물 피하기 게임과 비슷하게 동작하는 게임인데 파이게임으로 어떻게 구현할 수 있는지 알아보겠습니다.

우리가 만들 우박 피하기 게임이 실행되는 절차를 정리하면 아래와 같습니다.

❶ 프로그램이 시작하면 화면 아래쪽에 우산이 나오고 화면 위에서는 두 개의 우박이 천천히 떨어집니다.
❷ 우산의 위치는 키보드를 이용해서 이동시킬 수 있습니다.
❸ 나타나는 우박을 피해서 버티는 시간이 길어서 게임이 계속 실행된다면 3초마다 우박의 개수가 하나씩 늘어나고 우박이 내려오는 속도도 빨라집니다. 한 번에 내려오는 우박의 최대 개수는 15개입니다.
❹ 위에서 내려오는 우박을 우산이 피하지 못하면 게임을 종료합니다.

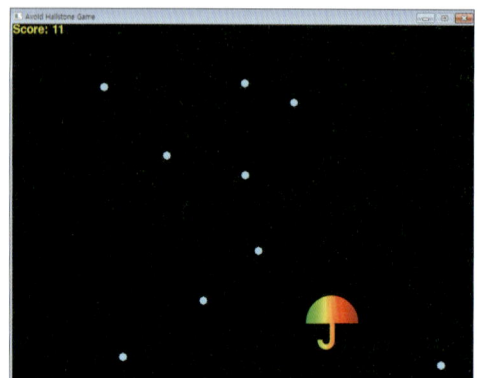 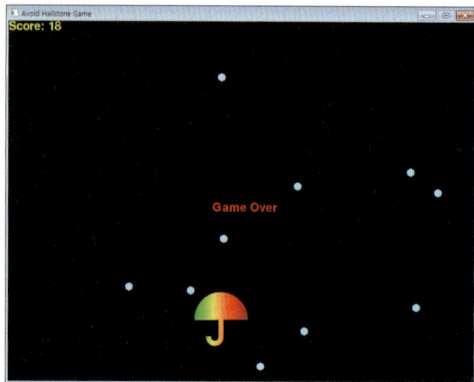

〈 게임 실행 화면 〉

2. 우박 피하기 게임에 필요한 것들

게임을 만들기 위해 필요한 구성요소와 기본 특징을 하나씩 정리하도록 하겠습니다.

1) 우산

➔ 'umbrella.png' 라는 이미지 파일을 로드해서 파이게임 윈도우에 가져옵니다. 이미지 파일을 파이게임 윈도우로 가져오는 함수를 사용하는 방법은 아래와 같습니다.

* 이미지 파일이 png 파일인 경우
  pygame.image.load('이미지 파일 명').convert_alpha( )
  이미지 파일명으로 지정된 그림이 파이게임 윈도우에 나타납니다. png 이미지 파일 안의 그림의 배경이 투명하다면 파이게임 윈도우에도 배경이 투명하게 나타납니다.

* 이미지 파일이 png 파일이 아닌 경우
  pygame.image.load('이미지 파일 명').convert( )
  이미지 파일명으로 지정된 그림이 파이게임 윈도우에 나타납니다. 이미지 파일이 png형식인 경우에도 사용 가능하지만 이미지의 배경이 투명하더라도 배경 영역을 투명하게 나타내주지 못합니다.

➔ 우산은 키보드의 화살표 키를 이용해서 상, 하, 좌, 우 이동이 가능하도록 구현할 것입니다.

➔ pygame이 제공하는 colliderect() 함수를 사용해서 우산영역과 우박영역이 부딪힌다면 프로그램이 종료되게 합니다.

2) 우박

➔ random.randint() 함수를 이용해서 임의의 (x, y)좌표 15개를 만들어 윈도우에 우박이 처음 등장할 장소를 리스트변수에 저장합니다.

➔ 우박은 pygame.draw.circle() 함수를 이용해서 하늘색 원으로 표현합니다.

➔ 프로그램이 시작할 때 나타나는 우박의 개수는 2개이지만 3초마다 나타나는 우박의 개수는 하나씩 증가해서 최대 15개까지 내려오도록 하고 내려오는 속도도 빨라지게 합니다.

➔ 만일 우산이 무사히 우박을 피해서 우박이 바닥에 닿아 사라지게 되면 점수는 1점 올라가고, 사라진 우박은 random.randint( ) 함수를 사용해서 새로운 좌표를 만들어 윈도우에 나타나도록 합니다.

3) 화살표 키 이벤트

화살표키는 우산의 위치를 바꿔주는 역할을 합니다.

▶ 오른쪽 화살표키 이벤트가 발생하면 우산은 x좌표 값을 10 픽셀만큼 증가시키고, 왼쪽 화살표키 이벤트가 발생하면 10픽셀만큼 감소시킵니다. 이 때 y좌표값은 변경시키지 않습니다. 그런데, 화살표키를 계속 누르고 있으면 특별한 설정이 없는 한 KEYDOWN 이벤트는 한 번만 발생하기 때문에 우산은 한 번만 움직입니다.

▶ 화살표 키를 계속 누르면 KEYDOWN 이벤트가 여러 번 발생하도록 하는 함수가 있습니다. 그 함수를 사용해서 방향키를 누르고 있으면 계속 우산이 움직이도록 지정해줄 수 있습니다. 그 함수의 사용법은 아래와 같습니다.

pygame.key.set_repeat(반복 시작시간, 반복 간격시간)
KEYDOWN 이벤트의 반복이 시작되기 위해서 키가 눌린 다음 얼마나 기다려야 하는 지 반복시작 시간을 밀리 세컨드 단위로 적어주고, 두 번째 매개변수로는 이벤트가 반복되는 시간 간격을 밀리 세컨드 단위로 지정해줍니다.

▶ 위 쪽 화살표키 이벤트가 발생하면 우산은 y좌표 값을 10픽셀 만큼 감소시킵니다. 반대로 아래쪽 화살표키 이벤트가 발생하면 y좌표 값을 10픽셀만큼 증가시킵니다. 두 경우 모두 x좌표 값은 바꾸지 않습니다.

4) 점수

윈도우 왼쪽 상단에 노란색 글씨로 점수를 보여줄 것입니다. 우박이 우산에 닿지않고 우박이 윈도우 아래로 내려가게 되면 점수가 1점씩 증가하고 그 결과를 화면에 보여주도록 하겠습니다.

3. 윈도우에 우산 이미지 로드

앞에서 설명한 내용을 바탕으로 파이게임 윈도우를 생성한 후 우산 그림으로 사용할 'umbrella.png' 라는 이미지 파일을 로드해서 키보드 방향키로 그림을 움직이는 것까지 작성해보겠습니다.

```python
import pygame
import random

❶  WHITE = (255, 255, 255)
    BLACK = (0,0,0)
    LIGHTBLUE = (150, 230, 255)
    YELLOW = (255, 255, 0)
    RED = (255, 0, 0)

    size = [800, 600]
    #파이게임 초기화
    pygame.init()
    running = True
❷  fps = 4
    #우산 좌표
    um_x = 400
    um_y = 500

    #윈도우 생성
    screen = pygame.display.set_mode(size)
    pygame.display.set_caption("Avoid Hailstone Game")
❸  umbrella = pygame.image.load("umbrella.png").convert_alpha()

❹  pygame.key.set_repeat(100, 50)
    clock = pygame.time.Clock()

    while running:
        #우산 좌표 변화값 초기화
        um_x_change = 0
        um_y_change = 0

❺      for event in pygame.event.get():
            if event.type == pygame.QUIT:
                running = False
            elif event.type == pygame.KEYDOWN:
                if event.key == pygame.K_LEFT:
                    um_x_change = -10
                elif event.key == pygame.K_RIGHT:
                    um_x_change = 10
                elif event.key == pygame.K_DOWN:
                    um_y_change = 10
                elif event.key == pygame.K_UP:
                    um_y_change = -10
                elif event.key == pygame.K_ESCAPE:
                    running = False
        #우산 좌표 설정
        um_x = um_x + um_x_change
        um_y = um_y + um_y_change

        screen.fill(BLACK)
❻      rec_umbrella = screen.blit(umbrella, [um_x, um_y])

        pygame.display.flip()
        clock.tick(fps)

    pygame.quit()
```

❶ 색깔 상수를 정의합니다. 노란색이 빨간색 빛과 초록색 빛이 합쳐져서 만들어졌고, 하늘색이 [150,230,255] 입니다. 원하는 색을 만들고 싶으면 아래 그림처럼 윈도우즈의 그림판 프로그램의 색편집 기능을 사용해서 빨강,녹색, 파랑란의 숫자를 참고해서 만들수 있습니다.

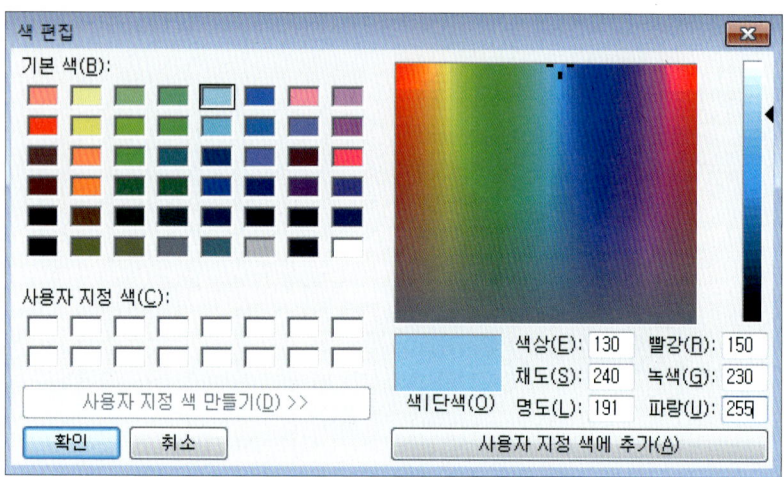

❷ 이벤트 루프가 1초 당 반복되는 횟수를 나타내는 변수 fps에 4를 할당합니다.
❸ 우산 그림을 파이게임 윈도우에서 사용하기 위해 가져오는 부분입니다. 아직 그림을 실제로 윈도우에 보여주는 것은 아니고 이 그림을 사용하겠다고 파이게임에게 알려주고 그 그림에 대한 개체를 생성합니다.
❹ 화살표키를 계속 누르는 동안, KEYDOWN 이벤트가 반복해서 발생하도록 설정하는 부분입니다. 위에서는 키가 눌린 후 0.1초간 기다린 다음에 계속 키가 눌려있다면 0.05초 간격으로 KEYDOWN 이벤트가 발생하도록 설정하였습니다.
❺ 이벤트 키가 발생했을 때 처리해줘야 하는 명령을 적어놓은 부분입니다. 각각의 화살표키 이벤트가 발생했을 경우에 따라 x좌표, y좌표 변화 값을 지정했습니다. 화살표 키와 별개로 pygame.K_ESCAPE 는 키보드의 'Esc' 키를 나타내는 것입니다. 즉 'Esc' 키를 누르면 이벤트 루프를 빠져나가서 프로그램에 종료하게 됩니다.
❻ 우산 이미지 파일을 변수 um_x와 변수 um_y에 지정한 값을 이용해 [400, 500] 좌표에 보여주고 우산이 차지하는 네모난 영역을 rec_umbrella 로 할당합니다.

작성한 프로그램과 같은 폴더에 이미지 파일이 존재해야 프로그램이 오류 없이 실행됩니다.

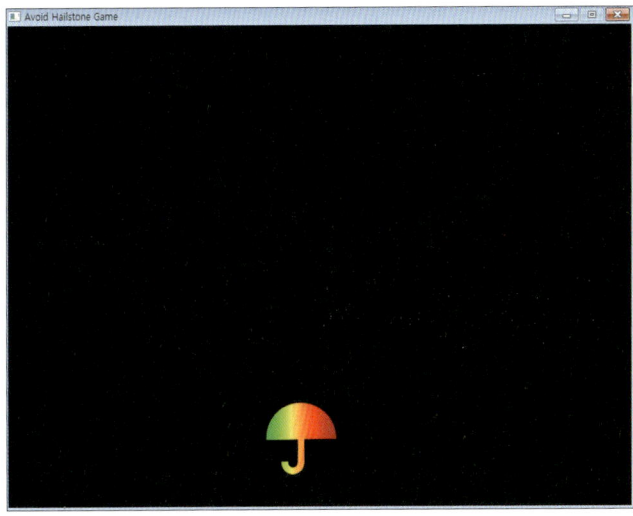

4. 위에서 내려오는 우박을 그리기

이제 임의의 위치에서 떨어져 내려오는 우박을 구현해 보겠습니다.

프로그램 처음 시작할 때는 2개만 보여지다가 일정 시간 간격을 두고 내려오는 우박의 개수를 하나씩 증가시켜서 최대 15개까지 나타나도록 하겠습니다. 프로그램 처음 시작할 때 15개의 우박 좌표를 생성해서 리스트 변수에 저장합니다. 임의의 좌표를 만들기 위해서 random 모듈의 randint() 함수를 사용하는데 사용법은 아래와 같습니다.

random.randint(a, b)
a 보다 크거나 같고 b 보다 작거나 같은 임의의 정수를 가져오는 함수입니다.

이 함수를 이용해서 15개의 우박 좌표를 생성하는 것을 위에서 작성한 프로그램 내에서 파이게임 초기화 명령 다음에 추가합니다.

```
size = [800, 600]
#파이게임 초기화
pygame.init()
running = True
fps = 4

#우박 좌표
❶ stone = []
❷ for i in range(15):
    x = random.randint(1,750)
    y = random.randint(-50, 100)
    stone.append([x,y])

#우산 좌표
um_x = 400
um_y = 500

#윈도우 생성
screen = pygame.display.set_mode(size)
pygame.display.set_caption("Avoid Hailstone Game")
```

❶ 우박 좌표 저장을 위한 리스트변수 stone에 빈 리스트를 할당합니다.

❷ for 문 안에서 15개의 우박좌표 [x, y] 를 만들어 stone 리스트에 추가합니다. 리스트 안에 리스트가 들어간 형태이므로 만일 첫 번째 우박좌표의 x좌표 값을 가져오려면 stone[0][0]으로 접근해야 합니다.

x 좌표를 만들기 위해서 임의의 정수 값의 범위는 윈도우 가로길이에 맞춰서 1부터 750까지 주었습니다. y좌표를 만들기 위한 정수 값의 범위는 파이게임 윈도우 위 쪽에서 나타나게 하기 위해서 -50부터 100까지로 주었습니다.

이제 생성된 좌표를 기초로 화면 위에서 아래로 내려오는 하늘색 원을 그려서 우박으로 나타내보겠습니다. 위에서 아래로 내려오는 우박을 표현하려면 이벤트 루프 안에서 원을 그릴 때, 원의 중심 의 y 좌표 값이 조금씩 증가해줘야 합니다.

우박이 윈도우 아래로 넘어간 후 다시 윈도우에 나타나도록 우박의 y 좌표가 윈도우의 세로 길이를 넘어가게 되는 경우 우박의 좌표를 random 함수를 사용해서 다시 지정해줍니다.

위에서 설명한 내용을 추가한 코드는 아래와 같습니다.

```
#우박 좌표 y 변화값
❶ stone_y_change = 10
while running:
    #우산 좌표 변화값 초기화
    um_x_change = 0
    um_y_change = 0

    for event in pygame.event.get():
        if event.type == pygame.QUIT:
            running = False
        elif event.type == pygame.KEYDOWN:
            if event.key == pygame.K_LEFT:
                um_x_change = -10
            elif event.key == pygame.K_RIGHT:
                um_x_change = 10
            elif event.key == pygame.K_DOWN:
                um_y_change = 10
            elif event.key == pygame.K_UP:
                um_y_change = -10
            elif event.key == pygame.K_ESCAPE:
                running = False
    #우산 좌표 설정
    um_x = um_x + um_x_change
    um_y = um_y + um_y_change

    screen.fill(BLACK)
    rec_umbrella = screen.blit(umbrella, [um_x, um_y])
❷  #우박 그리기
    for i in range(len(stone)):
        rec_stone = pygame.draw.circle(screen, LIGHTBLUE, stone[i], 7)
        stone[i][1] = stone[i][1] + stone_y_change
        #우박이 윈도우 영역을 벗어나면 새로 좌표 지정
        if stone[i][1] > 600:
            stone[i][0] = random.randint(1, 750)    # x 좌표
            stone[i][1] = random.randint(-50, 100)  # y 좌표

    pygame.display.flip()
    clock.tick(fps)
```

❶ 우박의 y좌표가 변화하는 값을 10픽셀로 지정합니다.

❷ pygame.draw.circle( ) 함수를 이용해서 반지름 7인 하늘색 원을 그리고 그 원이 차지하는 영역을 rec_stone 변수에 돌려줍니다. 우박의 좌표는 stone 리스트 변수에 저장되어 있는데, 이벤트 루프를 반복할 때마다 y좌표가 10픽셀만큼 증가하게 지정합니다. 그런데 만일 우박의 y좌표가 윈도우의 영역을 벗어나게 된다면 해당되는 우박의 좌표를 다시 새로 지정해서 게임이 계속되도록 합니다.

5. 우박의 개수와 속도 조절

게임 구성에 대해 이야기 할 때 처음 나타나는 우박의 개수는 2개이고 3초마다 우박의 개수와 내려오는 속도가 증가한다고 했습니다. 우박 좌표를 15개를 생성했는데 처음에는 15개 모두 보여주는 게 아니라 2개만 보여주기 위해서, 화면에서 감추는 우박 개수값을 갖는 변수 control_num을 13으로 지정합니다. 3초라는 시간을 측정하기 위해서 time 모듈을 import 시킨 후 프로그램 시작할 때의 시각을 초 단위로 가져오기 위해서 time.time( ) 함수를 사용해서 st_time 변수에 저장합니다.

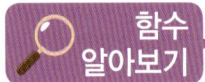

time.time( )
1970년 1월 1일 이후 현재까지의 시각을 초 단위로 계산해서 실수 값의 형태로 돌려줍니다.

위에서 설명한 내용을 윈도우 생성하는 명령 아래쪽에 아래 표시한 부분과 같이 추가합니다.

```
#윈도우 생성
screen = pygame.display.set_mode(size)
pygame.display.set_caption("Avoid Hailstone Game")

umbrella = pygame.image.load("umbrella.png").convert_alpha()

❶ control_num = 13
#기준시각으로 현재 시간 저장
st_time = time.time()
```

❶ 숨기는 우박 개수를 13개로 지정하고 기준시각을 정하는 변수인 st_time 에 현재 시각을 저장합니다.

이제 우박 그리기 아래쪽에서 우박의 개수와 속도를 조절하기 위한 코드를 추가합니다.

```
#우박 그리기
❶ for i in range(len(stone)-control_num):
    rec_stone = pygame.draw.circle(screen, LIGHTBLUE,stone[i],7)
    stone[i][1] = stone[i][1] + stone_y_change
    #우박이 윈도우 영역을 벗어나면 새로 좌표 지정
    if stone[i][1] > 600:
        stone[i][0] = random.randint(1, 750)    # x 좌표
        stone[i][1] = random.randint(-50,100) # y 좌표

pygame.display.flip()

c_time = time.time()      #현재 시각
#증가시킬 수 있는 우박이 남아있고 기준시각과 현재 시각의 차이가 3초보다 크다면
# 우박의 개수와 속도 증가
❷ if (c_time - st_time) > 3 and control_num > 0:
    control_num = control_num - 1
    fps += 1
    st_time = time.time()    # 기준 시각 변경
clock.tick(fps)
```

❶ 우박 그리기 위한 반복 조건 부분인데 15개의 stone 리스트 변수를 모두 순회하는 것이 아니라 control_num 의 수를 빼준 만큼 반복하도록 반복조건을 변경시켰습니다.
❷ 기준시각과 현재 시각간의 차이가 3초 보다 크고 숨기고 있는 우박의 개수가 남아있다면 초당 이벤트 루프의 반복 횟수 값을 갖고 있는 변수인 fps 를 증가시키고, 화면에 숨기는 우박 개수 값을 갖고 있는 control_num 값을 감소시킨 후 기준시작을 현재 시각으로 바꿔줍니다.

6. 우산과 우박이 부딪히면 게임 종료

이제 우산과 우박이 부딪혔을 때, 정확하게 말하면 이동하는 우산 영역과 우박 영역이 닿았을 때 처리하는 코드를 추가할 것입니다.

두 영역이 서로 닿았는지 확인하는 방법으로 파이게임에서 제공해주는 pygame.Rect.colliderect( ) 함수가 있습니다. 우산을 화면에 보여줄 때 rec_umbrella 변수에 우산 영역 값을 할당해준 이유가 두 개체가 닿았는지 확인할때 사용하기 위함입니다. 그래서 우박을 그려줄 때도 rec_stone 변수에 우박의 영역 값을 할당했습니다. pygame.Rect.colliderect( ) 사용법은 아래와 같습니다.

RectA.colliderect(RectB)
사각형 영역인 RectA와 RectB가 겹치면 True 값을 돌려주고 겹치지 않으면 False 값을 돌려줍니다.

우박을 그리는 부분에서 우박과 우산이 닿았는지 확인하는 명령을 추가하면 아래와 같습니다.

```
#우박 그리기
for i in range(len(stone)-control_num):
    rec_stone = pygame.draw.circle(screen, LIGHTBLUE,stone[i],7)
    if rec_stone.colliderect(rec_umbrella):
        running = False
    else:
        stone[i][1] = stone[i][1] + stone_y_change
```

■표시한 부분이 추가된 조건문입니다.

❶ 두 영역이 닿았다면 프로그램을 종료할 것이고 닿지 않았다면 우박이 정상적으로 아래로 내려갑니다.

7. 점수 보여주기

게임은 잘 실행되는 것을 확인했습니다. 이제 화면 왼쪽 위에 노란색으로 Score를 표시하도록 추가하겠습니다. 파이게임 윈도우에 문자를 표시해주기 위해서는 먼저 폰트 객체를 생성해야 합니다. 윈도우 생성하는 아래 부분에 font 객체를 생성하는 코드를 아래 그림처럼 추가합니다.

```
#윈도우 생성
screen = pygame.display.set_mode(size)
pygame.display.set_caption("Avoid Hailstone Game")

font = pygame.font.Font(None,30)   #폰트 생성
score = 0                          #점수 저장할 변수
```

점수는 이벤트 루프를 반복하면서 계속 표시해줍니다. 그래서 이벤트 루프 안 우산 그림을 보여주는 곳 앞에 점수를 표시하는 문자 이미지를 생성하고 스크린에 점수 이미지를 보여주는 코드를 추가하면 아래 그림과 같습니다.

```
screen.fill(BLACK)
#점수 보여주기
msg = font.render("Score: " + str(score), True, YELLOW)
screen.blit(msg, [0,0])

rec_umbrella = screen.blit(umbrella, [um_x, um_y])
```

그렇다면 점수는 언제 증가시켜 줄까요? 우산이 우박을 피하면 우박은 파이게임 윈도우 아래쪽으로 사라집니다. 우박이 윈도우 영역 밖으로 나가는 순간에 점수를 증가시켜주도록 하겠습니다. 즉, 우박이 윈도우 영역 밖으로 나가는 경우 새 좌표를 지정해 줄 때 점수 값을 갖고 있는 score 변수를 증가시키면 됩니다. 아래 그림처럼 조건문 안에 score를 증가시키는 명령을 추가합니다.

```
#우박 그리기
for i in range(len(stone)-control_num):
    rec_stone = pygame.draw.circle(screen, LIGHTBLUE,stone[i],7)
    if rec_stone.colliderect(rec_umbrella):
        running = False
    else:
        stone[i][1] = stone[i][1] + stone_y_change
    #우박이 윈도우 영역을 벗어나면 새로 좌표 지정
    if stone[i][1] > 600:
        stone[i][0] = random.randint(1, 750)   # x 좌표
        stone[i][1] = random.randint(-50,100)  # y 좌표
        score += 1
```

8. 프로그램 종료 메시지

우박 피하기 게임의 모습이 완성되어 있습니다. 마지막으로 pygame.quit()가 실행되어 프로그램이 종료되기 전에 사용자에게 게임 끝이라는 메시지를 보여주는 것으로 마무리 합니다. 'Game Over' 메시지를 화면에 찍어주고 나서 사용자가 그 메시지를 볼 수 있도록 프로그램 실행을 잠시 멈추기 위해서 pygame.time.delay() 함수를 사용합니다.

pygame.time.delay(time)
time 에 전달된 '밀리 초' 시간만큼 프로그램 실행을 잠시 멈춥니다. 만일 1초만큼 잠시 정지하게 하려면 time 값으로 1000을 전달합니다.

점수 출력을 위해서 생성한 font 객체를 이용해서 'Game Over' 라는 문자 이미지를 생성하는 부분을 아래와 같이 pygame.quit() 명령 위 쪽에 추가해줍니다.

```
#종료 메시지
❶ endmsg = font.render("Game Over", True, RED)
   screen.blit(endmsg, [350,300])
   pygame.display.flip()
❷ pygame.time.delay(1500)

pygame.quit()
```

❶ 빨간색 글씨로 [350, 300] 위치에 "Game Over" 라는 메시지가 나타납니다.
❷ pygame.time.delay() 함수를 사용해서 1.5초 동안 프로그램 실행이 정지됩니다.

다음은 지금까지 작성한 우박 피하기 게임 프로그램의 전체 코드입니다.

■ 11-8_UmbrellawithHailScore.py

```python
import pygame
import random
import time

WHITE = (255, 255, 255)
BLACK = (0,0,0)
LIGHTBLUE = (150, 230, 255)
YELLOW = (255, 255, 0)
RED = (255, 0, 0)

size = [800, 600]
#파이게임 초기화
pygame.init()
running = True
fps = 4

#우박 좌표
stone = []
for i in range(15):
    x = random.randint(1,750)
    y = random.randint(-50, 100)
    stone.append([x,y])

#우산 좌표
um_x = 400
um_y = 500

#윈도우 생성
screen = pygame.display.set_mode(size)
pygame.display.set_caption("Avoid Hailstone Game")

font = pygame.font.Font(None,30)    #폰트 생성
score = 0                            #점수 저장할 변수

umbrella = pygame.image.load("umbrella.png").convert_alpha()

control_num = 13
#기준시각으로 현재 시간 저장
st_time = time.time()

pygame.key.set_repeat(100, 50)
clock = pygame.time.Clock()
#우박 좌표 y 변화값
stone_y_change = 10
while running:
    #우산 좌표 변화값 초기화
    um_x_change = 0
    um_y_change = 0
```

※뒷장에 이어서

```python
    for event in pygame.event.get():
        if event.type == pygame.QUIT:
            running = False
        elif event.type == pygame.KEYDOWN:
            if event.key == pygame.K_LEFT:
                um_x_change = -10
            elif event.key == pygame.K_RIGHT:
                um_x_change = 10
            elif event.key == pygame.K_DOWN:
                um_y_change = 10
            elif event.key == pygame.K_UP:
                um_y_change = -10
            elif event.key == pygame.K_ESCAPE:
                running = False
    #우산 좌표 설정
    um_x = um_x + um_x_change
    um_y = um_y + um_y_change

    screen.fill(BLACK)
    #점수 보여주기
    msg = font.render("Score: " + str(score), True, YELLOW)
    screen.blit(msg, [0,0])

    rec_umbrella = screen.blit(umbrella, [um_x, um_y])

    #우박 그리기
    for i in range(len(stone)-control_num):
        rec_stone = pygame.draw.circle(screen, LIGHTBLUE,stone[i],7)
        if rec_stone.colliderect(rec_umbrella):
            running = False
        else:
            stone[i][1] = stone[i][1] + stone_y_change

            #우박이 윈도우 영역을 벗어나면 새로 좌표 지정
            if stone[i][1] > 600:
                stone[i][0] = random.randint(1, 750)   # x 좌표
                stone[i][1] = random.randint(-50,100) # y 좌표
                score += 1

    pygame.display.flip()

    c_time = time.time()        #현재 시각
    #증가시킬 수 있는 우박이 남아있고 기준시각과 현재 시각의 차이가 3초보다 크다면
    # 우박의 개수와 속도 증가
    if (c_time - st_time) > 3 and control_num > 0:
        control_num = control_num - 1
        fps += 1
        st_time = time.time()    # 기준 시각 변경
    clock.tick(fps)
#종료 메시지
endmsg = font.render("Game Over",True, RED)
screen.blit(endmsg, [350,300])
pygame.display.flip()
pygame.time.delay(1500)

pygame.quit()
```

도전해보세요

1. 위에서 작성한 우박 피하기 게임에서 우박의 개수를 15개에서 원하는 대로 증가시켜보세요.

2. 위에서 작성한 프로그램은 화면에 나타난 우박의 개수가 15개가 되면 더 이상 우박의 속도가 빨라지지 않습니다. 15개가 다 나온 이후에도 3초마다 우박이 내려오는 속도를 빠르게 하려면 이벤트 반복회수를 증가시키기 위해 사용한 아래의 조건문을 어떻게 바꿔줘야 할까요?

```
c_time = time.time()        #현재 시각
#증가시킬 수 있는 우박이 남아있고 기준시각과 현재 시각의 차이가 3초보다 크다면
# 우박의 개수와 속도 증가
if (c_time - st_time) > 3 and control_num > 0:
    control_num = control_num - 1
    fps += 1
    st_time = time.time()   # 기준 시각 변경
clock.tick(fps)
```

INDEX

INDEX

(ㄱ)
가우스의 덧셈	56

(ㄴ)
논리연산자	165

(ㄷ)
데이터표현(Data Representation)	19
도스(DOS)	113
딕셔너리(dictionary) 변수 만들기	279

(ㄹ)
람다함수	350
리스트 변수 만들기	243
리스트 복사	249
리스트 슬라이싱	244

(ㅁ)
매개변수(parameter)	206, 209
메소드(method)	252, 352
문자열인덱스	149

(ㅂ)
반복구조	38
버블정렬(Bubble sort)	61
변수(variable)	138
변수를 만드는 규칙	139
벡터이미지	83
병렬화(Parallelization)	19
분해(Decomposition)	19
비둘기집 원리	29
비교연산자	164
비버들의 달리기	40
비트맵이미지	83

(ㅅ)
색깔상수	380
서식문자열	146
선택구조	36
선택정렬(Selection sort)	62
선형검색(Linear search)	65
세트(set) 변수 만들기	272
속성값(attribute)	352
순서도	33, 60
순차구조	35
시뮬레이션(Simulation)	19

(ㅇ)
알고리즘(Algorithm)	58
알고리즘디자인(Algorithm Design)	19
여러 줄 문자열	142
연산자	101
연산장치(ALU)	73
위젯(widget)	354
위치인수(positional argument)	215
이벤트루프(event loop)	378
이진검색(Binary search)	65
인수(argument)	209
인터프리터(Interpreter)	93
의사코드(Pseudocode)	59

(ㅈ)
자동화(Automation)	19
자료구조	242
자료분석(Data Analysis)	19
자료수집(Data Collection)	19
자연어(Natural Language)	59
전역변수(global variable)	218
정렬(Sort)	61
제어장치	73
중앙처리장치(CPU)	72
중첩반복	39
지역변수(local variable)	218
진공관	70
집적회로	70

(ㅊ)
추상화(Abstraction)	19, 21, 29

(ㅋ)
컴파일러(Compiler)	92
컴퓨팅사고력(Computational Thinking)	18
퀵정렬(Quick sort)	64
클래스(class)	352
키워드인수(keyword argument)	215

(ㅌ)
튜플 변수 만들기	269
트랜지스터	70

(ㅍ)
파스칼 계산기	68
파이게임에 이미지 로드	393
파이게임 키코드	390
파일(File)	318
파일 오픈 모드	319
패턴인식(Pattern Recognition)	19
패턴일반화(Pattern Generalization)	19
폰 노이만	69
표면이름.fill() – pygame 모듈	381

(ㅎ)
함수호출(function call)	206
해싱가능(hashable)	273
홀러리스	68

(A)
add()	275
and연산자	164
append()	253, 254

(B)
backward() – turtle모듈	121
begin_fill() – turtle모듈	125
bind() – tkinter 모듈	365
bit	76
break	193
Button	356
Byte	77

(C)
choice() – random모듈	310
circle() – turtle모듈	119
clear() – turtle모듈	121
clear()	253, 255, 277
close()	320
color() – turtle모듈	125
copy()	253, 259
count()	253, 257

(D)
del	256
delete() – tkinter모듈	357
dict()	279, 291
discard()	276
display.set_mode() – pygame 모듈	378
display.set_caption() – pygame 모듈	378
draw.circle() – pygame 모듈	381
draw.line() – pygame 모듈	383

INDEX

draw.polygon() – pygame 모듈 383
draw.rect() – pygame 모듈 382

(E)
EDSAC 69
EDVAC 69
elif 161
else 160
end_fill() – turtle모듈 125
ENIAC 69
Entry 357
eval() 232
event.get() – pygame모듈 378
exit() – sys모듈 185
extend() 253, 254

(F)
float() 224
font.Font() – pygame 모듈
font.Font.render() – pygame 모듈 384
for 126, 177
forward() – turtle모듈 120

(G)
get() 283
get() –tkinter 모듈 371
global 228
goto() – turtle모듈 121
grid() – tkinter 모듈 360
GUI 354

(H)
help() 223
home() – turtle모듈 121

(I)
IDLE편집기 105
if 159
in 251, 274, 282
index() 253, 257
input() 144
insert() 253, 254
insert() – tkinter모듈 357
int() 224
Intel 4004 chip 71
isdigit() 191

items() 285

(K)
key.set_repeat() – pygame 모듈 394
keys() 285

(L)
Label 355
left() – turtle모듈 125
len() 231
list() 243
ljust() 295
lower() 193

(M)
mainloop() – tkinter모듈 355
max() 227
min() 227

(N)
not연산자 164

(O)
open() 318
or연산자 164

(P)
pack() – tkinter 모듈 359
pendown()/down() – turtle모듈 121
pensize() – turtle모듈 125
penup()/up() – turtle모듈 121
pi상수 – math모듈 148
pip소개 372
pop() 253, 264, 286
print() 104, 319
PYPI 372

(R)
randint() – random모듈 168, 397
range() 178
read() 322
readline() 322
readlines() 322
rect.colliderect() – pygame 모듈 401
reset() – turtle모듈 125
remove() 253, 245, 276

reverse() 253, 258
RGB칼라값 84
right() – turtle모듈 125
ROM(Read Only Memory) 74
RAM(Random Access Memory) 74

(S)
sample() – random 모듈 316
seek() 325
set() 272, 290
setdefault() 284
setx() – turtle모듈 125
sety() – turtle모듈 125
shape() – turtle모듈 119
sort() 253, 258
sorted() 278
split() 245, 330
str() 224
strip() 330
sum() 229
surface.blit() – pygame 모듈 384

(T)
Text 358
time() – time 모듈 315, 400
time.Clock() – pygame 모듈 386
time.Clock.tick() – pygame 모듈 386
time.delay() – pygame 모듈 403
type() 222

(U)
undo() – turtle모듈 121
update() 275
upper() 193

(V)
values() 285

(W)
while 189
write() 319

(Z)
Z1컴퓨터 69

409